Christoph Klug

BDSG - Interpretation

BDSG – Interpretation

Materialien zur EU-konformen Auslegung

Christoph Klug

Rechtsanwalt, Köln

Gesellschaft für Datenschutz und Datensicherung e. V., Bonn

2. aktualisierte und erweiterte Auflage

DATAKONTEXT-FACHVERLAG

Bibliographische Information der Deutschen Bibliothek

Die Deutsche Bibliothek verzeichnet diese Publikation in der Deutschen Nationalbibliographie; detaillierte bibliographische Daten sind im Internet über http://dnb.ddb.de abrufbar.

ISBN 3-89577-287-9

2. aktualisierte und erweiterte Auflage 2004

Alle Rechte vorbehalten

© 2004 by DATAKONTEXT-FACHVERLAG GmbH

Augustinusstraße 9d, 50226 Frechen

www.datakontext.com – www.datakontext-press.de

E-Mail: fachverlag@datakontext.com

Umschlaggestaltung: Henneböhl, DATAKONTEXT, Frechen

Druck: Raimund Roth GmbH, Solingen

Printed in Germany

Vorwort

Ab dem 23. Mai 2004 muss jeglicher Umgang mit personenbezogenen Daten, der in den Anwendungsbereich der EG-Datenschutzrichtlinie (95/46/EG) fällt, mit der dritten Fassung des BDSG in Einklang stehen, da die in Art. 32 Abs. 2 der Richtlinie vorgegebene und in § 45 BDSG umgesetzte Übergangsfrist zu diesem Zeitpunkt ausläuft. Vollzugsdefizite bei der Umsetzung des neuen BDSG durch die Privatwirtschaft sind bereits Ende 2002 von Seiten der Datenschutzaufsicht festgestellt worden und auch die Europäische Kommission drängt in ihrem im Mai 2003 veröffentlichten "Ersten Bericht über die Durchführung der EG-Datenschutzrichtlinie" auf einen besseren und richtlinienkonformen Vollzug der nationalen Datenschutzvorschriften.

Angesichts der aus ihrer Sicht erforderlichen Fortsetzung der Harmonisierung des Datenschutzes in der Gemeinschaft will die Kommission überprüfen, ob die EU-Vorgaben in den Mitgliedstaaten richtlinienkonform ausgestaltet sind. Sie erwägt bei Bedarf auch die Einleitung von Vertragsverletzungsverfahren nach Art. 226 des EG-Vertrages. Erst im Jahr 2005 soll entschieden werden, ob die Richtlinie geändert werden muss.

Im Vorwort der 1. Auflage wurde bereits auf die Notwendigkeit einer richtlinienkonformen Umsetzung des Datenschutzes, zu der das vorliegende Buch als Nachschlagewerk und Interpretationshilfe einen Beitrag leisten will, hingewiesen. Die 2. Auflage ergänzt die einschlägigen Texte und Materialien des europäischen und des nationalen Gesetzgebers um das Fazit des vorgenannten Kommissionsberichts und das dort aufgenommene 10-Punkte Programm für eine bessere Durchführung der Datenschutzrichtlinie. Die Auslegungsbeispiele wurden insbesondere um Ausführungen zum Datentransfer ins Ausland, zur automatisierten Einzelentscheidung und zur Videoüberwachung sowie um aktuelle Rechtsprechung und Literatur ergänzt. Ferner ist nunmehr auch der seit Januar 2003 vorliegende amtliche Text des BDSG abgedruckt.

Ein besonderer Dank gilt Frau Birgit Bartel für die Betreuung des Manuskripts.

Köln, im Oktober 2003   *Christoph Klug*

Inhaltsverzeichnis

Abkürzungsverzeichnis

a. A.	anderer Auffassung
a. a. O.	am angegebenen Ort
ABl.	Amtsblatt der EG
Abs.	Absatz
a. E.	am Ende
a. F.	alte Fassung
Anm.	Anmerkung
Aufl.	Auflage
AZR	Ausländerzentralregister
BAT	Bundes-Angestelltentarifvertrag
BayDSG	Bayerisches Datenschutzgesetz
BB	Betriebs-Berater
BBG	Bundesbeamtengesetz
BDSG	Bundesdatenschutzgesetz
BetrVG	Betriebsverfassungsgesetz
BGB	Bürgerliches Gesetzbuch
BGBl.	Bundesgesetzblatt
BGH	Bundesgerichtshof
BGSG	Bundesgrenzschutzgesetz
BImSchG	Bundes-Immissionsschutzgesetz
BKAG	Bundeskriminalamtgesetz
BR-Drs.	Bundesratsdrucksache
BRRG	Beamtenrechtsrahmengesetz
BT-Drs.	Bundestagsdrucksache
BVerfG	Bundesverfassungsgericht
BVerfGE	Entscheidungen des Bundesverfassungsgerichts
BVerfSchG	Bundesverfassungsschutzgesetz
bzw.	beziehungsweise

CF	Computer-Fachwissen
CR	Computer und Recht
DB	Der Betrieb
ders.	derselbe
d. h.	das heißt
DuD	Datenschutz und Datensicherheit
DV	Datenverarbeitung
EDV	elektronische Datenverarbeitung
EG	Europäische Gemeinschaft
EGG	Elektronischer Geschäftsverkehr-Gesetz
EGV	Vertrag zur Gründung einer Europäischen Gemeinschaft
Erl.	Erläuterung
EU	Europäische Union
e. V.	eingetragener Verein
EWR	Europäischer Wirtschaftsraum
f.	folgende
FAQ	Frequently Asked Questions
FCC	Federal Communications Commission
ff.	fortfolgende
Fn.	Fußnote
FTC	Federal Trade Commission
GDD	Gesellschaft für Datenschutz und Datensicherung e. V.
gem.	gemäß
GewO	Gewerbeordnung
GG	Grundgesetz
ggfs.	gegebenenfalls
GMBl.	Gemeinsames Ministerialblatt
grds.	grundsätzlich
HDSG	Hessisches Datenschutzgesetz
h. M.	herrschende Meinung
http	Hypertext Transfer Protocol

i. d. R.	in der Regel
INPOL	elektronisches Informationssystem der Polizeien des Bundes und der Länder
IT	Informationstechnologie
i. V. m.	in Verbindung mit
LDSG	Landesdatenschutzgesetz
LfD	Landesbeauftragter für den Datenschutz
LT-Drs.	Landtagsdrucksache
MDStV	Mediendienste-Staatsvertrag
MMR	MultiMedia und Recht
MTArb	Manteltarifvertrag für Arbeiter
m. w. N.	mit weiteren Nachweisen
n. F.	neue Fassung
NJW	Neue Juristische Wochenschrift
Nr.	Nummer
NZA	Neue Zeitschrift für Arbeits- und Sozialrecht
OLG	Oberlandesgericht
OWiG	Ordnungswidrigkeitengesetz
PersR	Personalrat
Rdnr.	Randnummer
RDV	Recht der Datenverarbeitung
S.	Seite
s.	siehe
SGB	Sozialgesetzbuch
SH	Schleswig-Holstein
sog.	so genannt (er/e/es)
StAnz.	Staatsanzeiger
TDDSG	Teledienstedatenschutzgesetz
TDSV	Telekommunikations-Datenschutzverordnung
TKÜV	Telekommunikations-Überwachungsverordnung
u. a.	unter anderem

u. Ä.	und Ähnlichen
usw.	und so weiter
vgl.	vergleiche
VVG	Versicherungsvertragsgesetz
WP	Working Paper
www	World Wide Web
z. B.	zum Beispiel
ZEVIS	zentrales Verkehrsinformations-System des Kraftfahrt-Bundesamtes

Literaturverzeichnis

Andres, Dirk — Die Integration moderner Technologien in den Betrieb – Eine Untersuchung zum Mitbestimmungsrecht des § 87 Abs. 1 Nr. 6 BetrVG (Diss.), Berlin 2000

Bachmeier, Roland — EG-Datenschutzrichtlinie – Rechtliche Konsequenzen für die Datenschutzpraxis, in: RDV 1995, S. 49 ff.

Bäumler, Helmut — „Der neue Datenschutz", in: RDV 1999, S. 5 ff.

ders. — Datenschutzgesetzentwurf aus der Feder des Datenschutzbeauftragten, in: RDV 1999, S. 47 ff.

ders. — Datenschutzrechtliche Grenzen der Videoüberwachung, in: RDV 2001, S. 67 ff.

ders. — Datenschutzaudit und IT-Gütesiegel im Praxistest, in: RDV 2001, S. 167 ff.

Berghoff, Julia — Selbstregulierung im Marketing, in: RDV 2003, S. 78 ff.

Berliner Beauftragter für Datenschutz und Informationsfreiheit — Jahresberichte 2001 u. 2002, http://www.datenschutz-berlin.de/jahresbe/index.htm

ders./ ULD Schleswig- Holstein — Neuregelungen im Bundesdatenschutzgesetz, Materialien zum Datenschutz Nr. 30, Berlin 2001

Bizer, Johann — Selbstregulierung des Datenschutzes, in: DuD 2001, S. 168

Borchardt, Klaus-Dieter — Das ABC des Gemeinschaftsrechts, Amt für amtliche Veröffentlichungen der Europäischen Gemeinschaften, Luxemburg 1999

Breinlinger, Astrid — Datenschutz im Marketing, in: Roßnagel, Alexander (Hrsg.), Handbuch Datenschutzrecht, Die neuen Grundlagen für Wirtschaft und Verwaltung, München 2003, S. 1186 ff.

Büllesbach, Alfred — Datenschutz bei Data Warehouses und Data Mining, in: CR 2000, S. 11 ff.

ders. — Konzeption und Funktion des Datenschutzbeauftragten vor dem Hintergrund der EG-Richtlinie und der Novellierung des BDSG, in: RDV 2001, S. 1 ff.

ders.   Datenschutz im Konzern, in: Roßnagel, Alexander
                               (Hrsg.), Handbuch Datenschutzrecht, Die neuen
                               Grundlagen für Wirtschaft und Verwaltung, München
                               2003, S. 1065 ff.

ders./   Vertragslösung, Safe Harbor oder Privacy Code of
Höss-Löw, Petra   Conduct – Handlungsoptionen globaler Unternehmen,
                               in: DuD 2001, S. 135 ff.

Bull, Hans Peter   Aus aktuellem Anlass: Bemerkungen über Stil und
                               Technik der Datenschutzgesetzgebung, in: RDV 1999,
                               S. 148 ff.

Bundesbeauftragter für   16. (1995/96) und 17. Tätigkeitsbericht (1997/98),
den Datenschutz   http://www.bfd.bund.de/information/berichte.html

Bundesrat   Stellungnahme vom 29.9.2000 zum Entwurf eines
                               Gesetzes zur Änderung des Bundesdatenschutzgeset-
                               zes und anderer Gesetze, BR-Drs. 461/00

Bundesregierung   Entwurf eines Gesetzes zur Änderung des Bundesda-
                               tenschutzgesetzes und anderer Gesetze, BT-
                               Drs. 14/4329

Bundestagsinnenausschuss   Beschlussempfehlung und Bericht des Innenausschus-
                               ses (4. Ausschuss) zu dem Gesetzentwurf der Bundes-
                               regierung, BT-Drs. 14/5793

Christians, Daniel   Die Novellierung des Bundesdatenschutzgesetzes –
                               Statusbericht, Frechen 2000

Däubler, Wolfgang   Grenzüberschreitender Datenschutz – Handlungsmög-
                               lichkeiten des Betriebsrats, in: RDV 1998, S. 96 ff.

ders.   Gläserne Belegschaften?, 4. Aufl., Frankfurt a. M.
                               2002

ders.   Internet und Arbeitsrecht, 2. Aufl., Frankfurt a. M.
                               2002

ders.   Gläserne Belegschaften? Die Verwendung von Genda-
                               ten im Arbeitsverhältnis, in: RDV 2003, S. 7 ff.

Dammann, Ulrich   Internationaler Datenschutz, in: RDV 2002, S. 70 ff.

ders./   EG-Datenschutzrichtlinie, Kommentar, Baden-Baden
Simitis, Spiros   1997

ders./   Bundesdatenschutzgesetz (BDSG), 8. Aufl., Baden-
Simitis, Spiros   Baden 2001

Datenschutzbeauftragte des Bundes und der Länder

Entschließung der 59. Konferenz vom 14./15.3.2000, http://www.bfd.bund.de/information/ DSKonferenzen/index.html

Dieckmann, Uwe/ Eitschberger, Bernd/ Eul, Harald/ Schwarzhaupt, Paul/ Wohlrab, Gerwald

Datenschutzaudit – Quo Vadis?, in: DuD 2001, S. 549 ff.

Diller, Martin/ Powietzka, Armin

Drogenscreenings und Arbeitsrecht, in: NZA 2001, S. 1227 ff.

Dolderer, Günter/ von Garrel, Gerd/ Müthlein, Thomas/ Schlumberger, Peter

Die Auftragsdatenverarbeitung im neuen BDSG, in: RDV 2001, S. 223 ff.

Drews, Hans-Ludwig

Die Auswirkungen des BDSG aus der Sicht der Siemens AG, in: DuD 2002, S. 585 ff.

ders./ Kranz, Hans Jürgen

Argumente gegen die gesetzliche Regelung eines Datenschutz-Audits, in: DuD 1998, S. 93 f.

dies.

Datenschutzaudit – Anmerkungen zum Rechtsgutachten von Alexander Roßnagel vom Mai 1999, in: DuD 2000, S. 226 ff.

Duhr, Elisabeth/ Naujok, Helga/ Peter, Martina/ Seiffert, Evelyn

Neues Datenschutzrecht für die Wirtschaft, in: DuD 2002, S. 5 ff.

Duhr, Elisabeth/ Naujok, Helga/ Danker, Birgit/ Seiffert, Evelyn

Neues Datenschutzrecht für die Wirtschaft – Erläuterungen und praktische Hinweise zu § 27 ff. bis 46 BDSG, in: DuD 2003, S. 5 ff.

Edenfeld, Stefan

Videoüberwachung am Arbeitsplatz – Big Brothers im Büro?, in: PersR 2000, S. 323 ff.

Ehmann, Eugen/ Helfrich, Marcus

EG-Datenschutzrichtlinie, Kurzkommentar, Köln 1999

Ehmann, Horst

Prinzipien des Datenschutzrechts – unter Berücksichtigung der Datenschutz-Richtlinie der EG vom 24.10.1995 (Teil 2), in: RDV 1999, S. 12 ff.

ders./ Sutschet, Holger	EU-Datenschutzrichtlinie – Umsetzungsbedarf und Auswirkungen aus Sicht des Arbeitsrechts, in: RDV 1997, S. 3 ff.
Ernestus, Walter	„ ... da waren`s nur noch 8!", in: RDV 2002, S. 22 ff.
Eul, Harald	Datenschutz im Kreditwesen und im Zahlungsverkehr, in: Roßnagel, Alexander (Hrsg.), Handbuch Datenschutzrecht, Die neuen Grundlagen für Wirtschaft und Verwaltung, München 2003, S. 1085 ff.
ders./ Godefroid, Christoph	Übermittlung personenbezogener Daten ins Ausland nach Ablauf der Umsetzungsfrist der EG-Datenschutzrichtlinie, in: RDV 1998, S. 185 ff.
Europäische Kommission	Geänderter Vorschlag für eine Richtlinie des Rates zum Schutz natürlicher Personen bei der Verarbeitung personenbezogener Daten und zum freien Datenverkehr – KOM (92) 422 endg. – SYN 287
dies.	Entscheidungen über die Angemessenheit des Datenschutzniveaus in Drittländern, http://europa.eu.int/ comm/internal_market/privacy/adequacy_de.htm
dies.	Anerkennung von Standardvertragsklauseln zur Gewährleistung eines angemessenen Schutzniveaus in Drittländern, http://europa.eu.int/comm/ internal_market/privacy/modelcontracts_de.htm
dies.	Erster Bericht über die Durchführung der Datenschutzrichtlinie (95/46/EG), KOM(2003) 265 endg., http://europa.eu.int/comm/internal_market/privacy/law report_de.htm
Evers, Jürgen/ Kiene, Lorenz H.	Datenschutzrechtliche Folgen der Ausgliederung von Dienstleistungen – Einwilligungsklauseln und Auftragsdatenverarbeitung, in: DuD 2003, S. 341 ff.
dies.	Die Wirksamkeitskriterien von Einwilligungsklauseln und die Auslagerung von Finanzdienstleistungen im Sinne des § 11 BDSG, in: NJW 2003, S. 2726 ff.
Fitting, Karl/ Kaiser, Heinrich/ Heither, Friedrich/ Engels, Gerd/ Schmidt, Ingrid	Betriebsverfassungsgesetz, Handkommentar, 21. Aufl., München 2002

Franzen, Martin	Die Novellierung des Bundesdatenschutzgesetzes und ihre Bedeutung für die Privatwirtschaft, in: DB 2001, S. 1867 ff.
ders.	Die Zulässigkeit der Erhebung und Speicherung von Gesundheitsdaten der Arbeitnehmer nach dem novellierten BDSG, in: RDV 2003, S. 1 ff.
Frosch-Wilke, Dirk	Data Warehouse, OLAP und Data Mining, in: DuD 2003, S. 597 ff.
Gackenholz, Friedrich	Datenübermittlung ins Ausland, in: DuD 2000, S. 727 ff.
GDD-Arbeitskreis „BDSG 2001"	Praxishilfe „Verarbeitungsübersicht, Verfahrensverzeichnis, Vorabkontrolle", Bonn 2002
ders.	Praxishilfe II „Datenübermittlung ins Ausland, Automatisierte Einzelentscheidung, Videoüberwachung, Chipkarten", Bonn 2003
Gerhold, Diethelm/ Heil, Helmut	Das neue Bundesdatenschutzgesetz 2001, in: DuD 2001, S. 377 ff.
Gola, Peter	Die Entwicklung des Datenschutzrechts im Jahre 1998/99, in: NJW 1999, S. 3753 ff.
ders.	Die Entwicklung des Datenschutzrechts im Jahre 1999/2000, in: NJW 2000, S. 3749 ff.
ders.	Neuer Tele-Datenschutz für Arbeitnehmer?, in: MMR 1999, S. 322 ff.
ders.	Der auditierte Datenschutzbeauftragte – oder von der Kontrolle der Kontrolleure, in: RDV 2000, S. 93 ff.
ders.	Informationelles Selbstbestimmungsrecht in Form des Widerspruchs, in: DuD 2001, S. 278 ff.
ders.	Die Erhebung und Verarbeitung „besonderer Arten personenbezogener Daten" im Arbeitsverhältnis, in: RDV 2001, S. 125 ff.
ders.	Die Einwilligung als Legitimation für die Verarbeitung von Arbeitnehmerdaten, in: RDV 2002, S. 109 ff.
ders.	Personalentscheidung per Computer, in: Computer-Fachwissen 7 –8/2002, S. 44 ff.
ders.	Das Gebot der Direkterhebung im Arbeitsverhältnis und Informationspflichten gegenüber Bewerbern, in: RDV 2003, S. 177 ff.

ders./ Jaspers, Andreas	Das neue BDSG im Überblick, 2. Aufl., Frechen 2002
ders./ Klug, Christoph	Die Entwicklung des Datenschutzrechts in den Jahren 2000/2001, in: NJW 2001, S. 3747 ff.
dies.	Grundzüge des Datenschutzrechts, München 2003
ders./ Schomerus, Rudolf	BDSG, Kommentar, 7. Aufl., München 2002
ders./ Wronka, Georg	Handbuch zum Arbeitnehmerdatenschutz, 2. Aufl., Frechen 1994
Hahn, Oliver	Data Warehousing und Data Mining in der Praxis, in: DuD 2003, S. 605 ff.
Hamburgischer Daten- schutzbeauftragter	18. Tätigkeitsbericht 2000/2001, http://www.datenschutz-hamburg.de
Heidemann-Peuser, Helke	Rechtskonforme Gestaltung von Datenschutzklauseln, in: DuD 2002, S. 389 ff.
Heil, Helmut	Safe Harbor: Ein Zwischenbericht, in: DuD 2000, S. 444 f.
Hessischer Datenschutz- beauftragter	28. Tätigkeitsbericht (1999), http://www.datenschutz.hessen.de/f03set.htm
Hessische Landesregie- rung	14. Bericht über die Tätigkeit der für den Datenschutz im nicht öffentlichen Bereich zuständigen Aufsichtsbehörden, LT-Drs. 15/2950 vom 18.9.2001
dies.	15. Bericht über die Tätigkeit der für den Datenschutz im nicht öffentlichen Bereich zuständigen Aufsichtsbehörden, LT-Drs. 15/4659 vom 26.11.2002
Hillenbrand-Beck, Renate/ Greß, Sebastian	Datengewinnung im Internet, in: DuD 2001, S. 389 ff.
dies./ Wedler, Willy	Bericht über den 6. Workshop der Datenschutzaufsichtsbehörden in Darmstadt am 15./16.9.2000, in: RDV 2001, S. 48 ff.
Innenministerium Baden- Württemberg	Hinweise zum Bundesdatenschutzgesetz für die private Wirtschaft (Nr. 34, 39, 40), Hinweise 30 – 40 unter http://www.im.bwl.de
dass.	Datenschutz im nicht öffentlichen Bereich, Zweiter Tätigkeitsbericht 2003
Jacob, Joachim/ Jost, Tanja	Marketingnutzung von Kundendaten und Datenschutz – ein Widerspruch?, in: DuD 2003, S. 621 ff.

Klein, Karsten	Zur datenschutzrechtlichen Relevanz des Scorings von Kreditrisiken, in: BKR 2003, S. 488 ff.
Klische, Marcus	Biometrische Hybridverfahren im praktischen Einsatz, in: RDV 2001, S. 60 ff.
Klug, Christoph	Persönlichkeitsschutz beim Datentransfer in die USA – Die Safe-Harbor-Lösung, in: RDV 2000, S. 212 ff.
ders.	Die Vorabkontrolle – Eine neue Aufgabe für betriebliche und behördliche Datenschutzbeauftragte, in: RDV 2001, S. 12 ff.
ders.	Globaler Arbeitnehmerdatenschutz – Ausstrahlungswirkung der EG-Datenschutzrichtlinie auf Drittländer am Beispiel der USA, in: RDV 1999, S.109 ff.
Koch, Christian	Scoring-Systeme in der Kreditwirtschaft, in: MMR 1998, S. 458 ff.
Königshofen, Thomas	Telekommunikations-Datenschutzverordnung (TDSV), Kommentar, Heidelberg 2002
ders.	Chancen und Risiken eines gesetzlich geregelten Datenschutzaudits, in: DuD 2000, S. 357 ff.
ders.	Neue datenschutzrechtliche Regelungen der Videoüberwachung, in: RDV 2001, S. 220 ff.
Kopp, Ferdinant	Tendenzen der Harmonisierung des Datenschutzrechts in Europa, in: DuD 1995, S. 204 ff.
Kranz, Hans Jürgen	Kundendatenschutz und Selbstregulierung im Luftverkehr, in: DuD 2001, S. 161 ff.
Lambrich, Thomas/ Cahlik, Nina	Austausch von Arbeitnehmerdaten im multinationalen Konzern – Datenschutz- und betriebsverfassungsrechtliche Rahmenbedingungen, in: RDV 2002, S. 287 ff.
Landesbeauftragter für den Datenschutz und das Recht auf Akteneinsicht Brandenburg/ Berliner Beauftragter für Datenschutz und Informationsfreiheit	Dokumente zum Datenschutz und zur Informationsfreiheit 2002, http://www.datenschutz-berlin.de/jahresbe/02/anl/anlagenband2002.pdf
Landesbeauftragter für den Datenschutz Niedersachsen	XV. Tätigkeitsbericht für die Jahre 1999 und 2000, Hannover 2001, http://www.lfd.niedersachsen.de

Leuze, Dieter

Nochmals: Datenschutz im Betriebsverfassungs- und Personalvertretungsrecht, in: ZTR 2003, S. 167 ff.

Lewinski, Kai von

Privacy Policies: Unterrichtung und Einwilligung im Internet, in: DuD 2002, S. 395 ff.

ders.

Persönlichkeitsprofile und Datenschutz bei CRM, in: RDV 2003, S. 122 ff.

Mitrou, Evangelia

Das griechische Datenschutzgesetz als Beispiel einer „problemlosen" Umsetzung der EG-Datenschutzrichtlinie, in: RDV 1998, S. 56 ff.

Möller, Jan/
Florax, Björn-Christoph

Datenschutzrechtliche Unbedenklichkeit des Scoring von Kreditrisiken, in: NJW 2003, 2724 ff.

Moritz, Hans-Werner/
Tinnefeld, Marie-Theres

Der Datenschutz im Zeichen einer wachsenden Selbstregulierung, in: JurPC, Web-Dok. 181/2003, Abs. 1 – 36.

Münch, Peter

Neue Datenschutzgesetzgebung – Neustrukturierung der technischen und organisatorischen Sicherheitsmaßnahmen, in: IT-Sicherheit, 5/2001, S. 24 ff.

ders.

Technisch-organisatorischer Datenschutz – Leitfaden für Praktiker, Frechen 2003

Naujok, Helga

Datenschutz bei Versicherungen, in: Roßnagel, Alexander (Hrsg.), Handbuch Datenschutzrecht, Die neuen Grundlagen für Wirtschaft und Verwaltung, München 2003, S. 1118 ff.

Nungesser, Jochen

Hessisches Datenschutzgesetz, 2. Aufl., Stuttgart 2001

Palandt

Bürgerliches Gesetzbuch, Kommentar, München 2001

Peters, Falk/
Kersten, Heinrich

Technisches Organisationsrecht im Datenschutz – Bedarf und Möglichkeiten, in: CR 2001, S. 576 ff.

Petri, Thomas B.

Vollzugsdefizite bei der Umsetzung des BDSG, in: DuD 2002, S. 726 ff.

ders.

Sind Scorewerte rechtswidrig?, in: DuD 2003, S. 631 ff.

ders./
Kieper, Marcus

Datenbevorratungs- und analysesysteme in der Privatwirtschaft, in: DuD 2003, S. 609 ff.

Räther, Philipp C./
Seitz, Nicolai

Übermittlung personenbezogener Daten in Drittstaaten, in: MMR 2002, S. 425 ff.

dies.

Ausnahmen bei Datentransfer in Drittstaaten – Die beiden Ausnahmen nach § 4c Abs. 2 BDSG: Vertragslösung und Code of Conduct, in: MMR 2002, S. 520 ff.

Rasmussen, Heike

Die elektronische Einwilligung im TDDSG, in: DuD 2002, S. 406 ff.

Redeker, Konrad/
Karpenstein, Ulrich

Über Nutzen und Notwendigkeiten, Gesetze zu begründen, in: NJW 2001, S. 2825 ff.

Rittweger, Christoph/
Weiße, Björn

Unternehmensrichtlinien für den Datentransfer in Drittländer, in: CR 2003, S. 142 ff.

Roßnagel, Alexander

Audits stärken Datenschutzbeauftragte, in: DuD 2000, S. 231 f.

ders./
Pfitzmann, Andreas/
Garstka, Hansjürgen

Modernisierung des Datenschutzrechts, in: DuD 2001, S. 253 ff.

ders./
Pfitzmann, Andreas/
Garstka, Hansjürgen

Modernisierung des Datenschutzrechts, Gutachten im Auftrag des Bundesministeriums des Innern, Berlin 2001

ders./
Scholz, Philip

Datenschutz durch Anonymität und Pseudonymität, in: MMR 2000, S. 721 ff.

Runge, Gerd

Kurzbeitrag: Die „Datei-Meldung" im neuen BDSG, in: RDV 1998, S. 109 f.

Ruppmann, Evelyn

Der konzerninterne Austausch personenbezogener Daten (Diss.), Baden-Baden 2001

Schaar, Peter

Datenschutzrechtliche Einwilligung im Internet, in: MMR 2001, S. 644 ff.

ders.

Persönlichkeitsprofile im Internet, in: DuD 2001, S. 383 ff.

ders./
Möller, Frank

Orientierungshilfe Tele- und Mediendienste, in: RDV 2002, S. 39 ff.

Schaffland, Hans-Jürgen/
Wiltfang, Noeme

Bundesdatenschutzgesetz, Kommentar, Loseblatt, Berlin (Stand: 2002)

Schierbaum, Bruno

BDSG – Die Novellierung 2001, in: Computer-Fachwissen 2/2001, S. 22 ff.

ders.

Die erste Stufe der Modernisierung, in: Computer-Fachwissen 7/2001, S. 24 ff.

ders.   Das neue Bundesdatenschutzgesetz – Novellierung mit erheblicher Verzögerung, in: PersR 7/2001, S. 275 ff.

ders.   Vorabkontrolle: neu im novellierten BDSG, in: Computer-Fachwissen 11/2001, S. 25 ff.

Schild, Hans-Hermann   Meldepflichten und Vorabkontrolle, in: DuD 2001, S. 282 ff.

Schladebach, Marcus   Genetische Daten im Datenschutzrecht – Die Einordnung genetischer Daten in das Bundesdatenschutzgesetz, in: CR 2003, S. 225 ff.

Simitis, Spiros (Hrsg.)   Kommentar zum Bundesdatenschutzgesetz, 5. Aufl. Baden-Baden 2002

Taeger, Jürgen   Kundenprofile im Internet, in: K&R 2003, S. 220 ff.

Tauss, Jörg/ Özdemir, Cem   Umfassende Modernisierung des Datenschutzes in zwei Stufen, in: RDV 2000, S. 143 ff.

Tinnefeld, Marie-Theres   Die Novellierung des BDSG im Zeichen des Gemeinschaftsrechts, in: NJW 2001, S. 3078 ff.

Voßbein, Reinhard   Vorabkontrolle gemäß BDSG, in: DuD 2003, S. 427 ff.

Weber, Jürgen/ Jacob, Harald/ Rieß, Joachim/ Ullmann, Alfons   Neue Wege der Kundenbindung aus Datenschutzsicht: Bonuskarten-Systeme, in: DuD 2003, S. 614 ff.

Weber, Martina   EG-Datenschutzrichtlinie, in: CR 1995, S. 297 ff.

dies.   Der betriebliche Datenschutzbeauftragte im Lichte der EG-Datenschutzrichtlinie, in: DuD 1995, S. 698 ff.

Weichert, Thilo   Der Schutz genetischer Informationen, in: DuD 2002, S. 133 ff.

ders.   Datenschutzrechtliche Anforderungen an Data-Warehouse-Anwendungen bei Finanzdienstleistern, in: RDV 2003, S. 113 ff.

ders.   Kundenbindungssysteme – Verbraucherschutz oder der gläserne Konsument?, in: DuD 2003, S. 161 ff.

Wilde, Christian   Novellierung des Bayerischen Datenschutzgesetzes, in: RDV 2001, S. 36 ff.

Wittig, Petra   Die datenschutzrechtliche Problematik der Anfertigung von Persönlichkeitsprofilen zu Marketingzwecken, in: RDV 2000, S. 59 ff.

Wohlgemuth, Hans | Konfliktfälle bei grenzüberschreitender Personaldaten-verarbeitung, in: BB 1991, S. 340 ff.

ders. | Auswirkungen der EG-Datenschutzrichtlinie auf den Arbeitnehmer-Datenschutz, in: BB 1996, S. 690 ff.

Wronka, Georg | Auswirkungen der EU-Datenschutzrichtlinie auf Werbung – Eine praxisbezogene Zusammenfassung, in: RDV 1995, S. 197 ff.

ders. | Zur Interessenlage bei der Auftragsdatenverarbeitung, in: RDV 2003, S. 132 ff.

Zezschwitz, Friedrich von | Videoüberwachung, in: Roßnagel, Alexander (Hrsg.), Handbuch Datenschutzrecht, Die neuen Grundlagen für Wirtschaft und Verwaltung, München 2003, S. 1876 ff.

Ziegler, Jochen | Das Hausrecht als Rechtfertigung einer Videoüberwachung – Zum Begriff des Hausrechts in § 6b Abs. 1 BDSG, in: DuD 2003, S. 337 ff.

Einführung

I. Notwendigkeit richtlinienkonformer Interpretation

Mit der nunmehr zweiten Novellierung des Bundesdatenschutzgesetzes (BDSG)[1] hat der Bundesgesetzgeber das allgemeine Datenschutzrecht im Mai 2001 an die Vorgaben der EG-Datenschutzrichtlinie[2] angepasst[3]. Die dem neuen BDSG zu Recht attestierte mangelnde Lesbarkeit und fehlende Verständlichkeit führt zu einem verstärkten Interpretationsbedarf und der Gesetzesauslegung kommt eine wichtige Bedeutung zu. Bei der Interpretation des BDSG kann insbesondere die genetische Auslegungsmethode, die sich auf die Entstehungsgeschichte der Vorschriften stützt und zu diesem Zweck Reformvorschläge und Gesetzesmaterialien heranzieht, hilfreich sein[4]. Nützliche Hinweise kann hier insbesondere die amtliche Begründung des in das Parlament eingebrachten Gesetzentwurfs liefern[5]. Daneben gibt die Begründung der Ausschussempfehlungen des Bundestagsinnenausschusses Aufschluss über die im parlamentarischen Verfahren erfolgten Änderungen des Gesetzentwurfs. Der ebenfalls in diesem Buch abgedruckte geänderte Richtlinienvorschlag der Kommission macht die bei der Auslegung richtungsweisenden EU-Normen transparenter. Eine an der EG-Datenschutzrichtlinie orientierte Auslegung des BDSG ist notwendig, da eine Norm, die im Rahmen der Umsetzung einer EG-Richtlinie erlassen wurde, grundsätzlich richtlinienkonform auszulegen ist[6]. Zwar verbleibt den Mitgliedstaaten im Hinblick auf die nationalen Rechtsnormen ein gewisser Handlungsspielraum[7], da die EG-Richtlinie Optionen lässt und ferner lediglich das zu erreichende Ergebnis – nicht aber Form und Mittel der Zielerreichung – verbindlich vorgibt[8]. Die europäischen Richtlinien sind aber innerstaatlich bei der Auslegung des angepassten nationalen Rechts wegen des Grundsatzes der gemeinschaftsfreundlichen Auslegung richtungweisend.

Mit diesem Buch soll ein Beitrag zur richtlinienkonformen Auslegung der neuen BDSG-Vorschriften geleistet werden, indem den mit dem Datenschutz in Praxis und

---

[1] BGBl. I S. 904; Bekanntmachung der Neufassung vom 14.1.2003, BGBl. I, S. 66.

[2] Richtlinie 95/46/EG vom 24.10.1995 – Amtsblatt der EG vom 23.11.95, Nr. L 281/31.

[3] Teilweise waren die Bundesländer früher als der Bundesgesetzgeber mit der Anpassung ihrer Landesdatenschutzgesetze an die EG-Datenschutzrichtlinie befasst. Vgl. etwa die Kommentierung von *Nungesser*, Hessisches Datenschutzgesetz (HDSG); zum BayDSG *Wilde*, RDV 2001, 36 ff.; zur Datenschutznovelle in Schleswig-Holstein vgl. *Bäumler*, RDV 1999, 47 ff. und DuD 2000, 20 ff.

[4] Zum Nutzen und der Notwendigkeit von Gesetzesbegründungen vgl. *Redeker/Karpenstein*, NJW 2001, 2825 ff.

[5] *Redeker/Karpenstein*, a. a. O., 2826.

[6] Ebenso *Tinnefeld*, NJW 2001, 3078 (3080).

[7] Zur Pluralität der nationalen Rechtsgestaltung *Tinnefeld*, a .a. O., 3083.

[8] Ausführlich hierzu *Borchardt*, Das ABC des Gemeinschaftsrechts.

Wissenschaft Befassten das hierzu notwendige Handwerkszeug sowie praxisrelevante Auslegungsbeispiele an die Hand gegeben werden.

II. Entstehungsgeschichte der dritten Fassung des BDSG

Die dem BDSG 2001 attestierte mangelnde Verständlichkeit ist nicht weiter verwunderlich, wenn man sich die Entstehungsgeschichte vom Zeitpunkt des In-Kraft-Tretens der EG-Datenschutzrichtlinie im Jahre 1995 bis zur parlamentarischen Verabschiedung des neuen BDSG am 6. April 2001 vor Augen führt.

Nachdem von der Europäischen Kommission 1990 erste Vorschläge vorgelegt worden waren, die 1992 durch einen geänderten Vorschlag der Kommission für eine Richtlinie des Rates zum Schutz natürlicher Personen bei der Verarbeitung personenbezogener Daten und zum freien Datenverkehr abgelöst wurden[1], trat die EG-Datenschutzrichtlinie am 24. Oktober 1995 in Kraft. Da es der deutschen Delegation im Rahmen der Brüsseler Konferenzverhandlungen zur inhaltlichen Ausgestaltung der Richtlinie gelungen war, auf europäischer Ebene eine Öffnung für das in Deutschland praktizierte Prinzip der innerbetrieblichen Selbstkontrolle[2] zu erreichen, konnte die Kontrollinstanz des betrieblichen Datenschutzbeauftragten in der Bundesrepublik beibehalten und z. T. sogar mit neuen Kompetenzen ausgestattet werden. Bemerkenswert ist, dass die Europäische Kommission inzwischen ihrerseits die Bestellung betrieblicher Datenschutzbeauftragter empfiehlt[3].

Nach dem In-Kraft-Treten der Richtlinie galt es, das BDSG innerhalb der vorgegebenen dreijährigen Umsetzungsfrist, d. h. bis zum 24. Oktober 1998, an die Richtlinienvorgaben anzupassen. Das hiermit befasste Bundesministerium des Innern legte im Dezember 1997 einen – seiner Zeit schon schwer verständlichen – Referentenentwurf vor, der auf eine reine Umsetzung der Richtlinienvorgaben ausgerichtet war und der nachfolgend u. a. aufgrund der von den Verbänden geäußerten Kritik mehrfach modifiziert wurde. Bei ihrem Regierungsantritt im Jahre 1998 hatte die neue Bundesregierung zu entscheiden, ob sie den vorliegenden Entwurf fortführen oder ein völlig neues Gesetz auf den Weg bringen wollte. Die Bundesregierung entschied sich für ein zweistufiges Verfahren. In einem ersten Schritt sollte in Fortführung des bereits existierenden Referentenentwurfs zunächst die EG-Datenschutzrichtlinie möglichst zeitnah umgesetzt werden. Parallel zur Richtlinienumsetzung sollten allerdings auch schon einige innovative Neuregelungen in das BDSG mit aufgenommen werden. Erst in einer zweiten Stufe sollte dann eine grundlegende Überarbeitung und Modernisierung des deutschen Datenschutzrechts erfolgen. Vor diesem

---

[1] Vgl. nachstehende Richtlinienbegründung.
[2] Vgl. *Weber*, DuD 1995, 698 ff. ; *dies.* CR 1995, 297 ff.
[3] So in ihrem Ersten Bericht über die Durchführung der EG-Datenschutzrichtlinie – KOM(2003) 265 endg.

Hintergrund wurde im Juli 1999 vom federführenden Bundesinnenministerium ein weiterer Referentenentwurf vorgelegt, der im Wesentlichen den Entwurf aus der vorangegangenen Legislaturperiode fortführte und zusätzlich einige – nach dem Regierungswechsel politisch gewollte und vom Bundesbeauftragten für den Datenschutz mit unterstützte – innovative Neuregelungen berücksichtigte[1].

Trotz einiger Kritik an Stil und Technik der beabsichtigten Datenschutzgesetzgebung[2] verabschiedete die Bundesregierung im Juni 2000 einen Kabinettsentwurf. Die nach der Sommerpause zu dem zustimmungsbedürftigen Gesetz vorgelegte Stellungnahme[3] des Bundesrates enthielt insgesamt achtzehn Änderungsanträge bzw. Prüfbitten, die insbesondere darauf abzielten, unangemessene Bürokratie zu vermeiden. Die Bundesregierung trug den Anliegen des Bundesrates in ihrer Gegenäußerung weitgehend Rechnung. Während u. a. auch die vom Bundesrat angeregte Überarbeitung der Straf- und Bußgeldvorschriften realisiert wurde, war die Bundesregierung andererseits nicht bereit, dem Wunsch des Bundesrates nach einer ersatzlosen Streichung der umstrittenen Vorschrift zum Datenschutzaudit [4] nachzukommen. Allerdings bedarf es nach wie vor noch eines Ausführungsgesetzes zu § 9a BDSG, in dem die Modalitäten eines Datenschutzauditverfahrens näher festzulegen sind[5].

Am 27. Oktober 2000 fand die erste Lesung im Bundestag statt. Damit war zwei Jahre nach Ablauf der Umsetzungsfrist das parlamentarische Verfahren in Gang gekommen. Allerdings hatte die EU-Kommission inzwischen mit der Anrufung des Europäischen Gerichtshofs ein offizielles Vertragsverletzungsverfahren nach Artikel 226 des EG-Vertrages gegen die Bundesrepublik Deutschland eingeleitet, dessen Gegenstand die Säumigkeit in Bezug auf die Richtlinienumsetzung war. Am 6. April 2001 wurde der Gesetzentwurf gegen die Stimmen von FDP und PDS bei Enthaltung von CDU/CSU in der gegenüber dem Regierungsentwurf nochmals modifizierten Fassung des Innenausschusses[6] vom Bundestag in zweiter und dritter Beratung angenommen. Im Anschluss an den Gesetzesbeschluss des Bundestages erteilte der Bundesrat am 11.Mai 2001 die erforderliche Zustimmung. Das Änderungsgesetz wurde am 22. Mai 2001 im Bundesgesetzblatt (BGBl. I S. 904) veröffentlicht und

---

[1] Zu den Eckpunkten der Novellierung vgl. *Gola*, NJW 2000, 3749 ff.; *ders.*, NJW, 1999, 3753; *Schierbaum*, Computer-Fachwissen 2/2001, 22 ff. sowie 7/2001, 24 ff.; *ders.*, PersR 2001, 275 ff.; *Franzen*, DB 2001, 1867 ff.; *Tinnefeld*, NJW 2001, 3078 ff.

[2] Zu Stil und Technik des damaligen gesetzgeberischen Ansatzes vgl. *Bull*, RDV 1999, S. 148 ff.

[3] BR-Drs. 461/00 vom 29.9.2000.

[4] Vgl. *Drews/Kranz*, DuD 1998, 93 ff.; *dies.* DuD 2000, 226 ff.; *Roßnagel*, DuD 2000, 231 f.; *Gola*, RDV 2000, 93 ff.; *Königshofen*, DuD 2000, 357 ff.; *Heil*, DuD 2001, 377 (378 f.); *Dieckmann/Eitschberger/Eul/Schwarzhaupt/Wohlrab*, DuD 2001, 549 ff.

[5] Zu der in Schleswig-Holstein bereits praktizierten Auditierung und Gütesiegelvergabe vgl. *Bäumler*, RDV 2001, 167 ff.; zu den landesrechtlichen Grundlagen in SH siehe RDV 2001, 203 ff.

[6] Zu den Änderungsanträgen der Koalitionsfraktionen siehe BT-Drs. 14/5753.

trat am darauffolgenden Tag in Kraft. Im Bundesgesetzblatt[1] vom 14. Januar 2003 wurde die konsolidierte Neufassung des BDSG – mit vereinzelten Berichtigungen – bekannt gemacht.

III. Ausblick

Mit Blick auf die geschilderte Historie gibt es nicht wenige Stimmen, wonach man sich in der Bundesrepublik eine möglichst zeitnahe Umsetzung der EG-Datenschutzrichtlinie mit einer zusätzlichen Verkomplizierung des BDSG „erkauft" hat[2]. Nicht zuletzt aus diesem Grund strebt die Bundesregierung eine baldige Generalrevision des deutschen Datenschutzrechts an, die zu einer Modernisierung und einer besseren Lesbarkeit und Verständlichkeit der rechtlichen Vorgaben führen soll. Tragende Säulen des zukünftigen Rechts sollen insbesondere die Transparenz der Datenverarbeitung, die Einwilligung des Betroffenen, eine strenge Zweckbindung der Daten, die Pflege eines Datenschutzmanagements durch die Daten verarbeitenden Stellen, effektive Datenschutzkontrolle, sog. System- und Selbstdatenschutz sowie möglichst auch Selbstregulierungsmechanismen[3] der Wirtschaft sein. Durch eine datenschutzfreundliche Gestaltung der Systemstrukturen soll die Erhebung, Verarbeitung oder Nutzung personenbezogener Daten soweit wie möglich vermieden werden, damit Gefahren für das informationelle Selbstbestimmungsrecht des Betroffenen von vornherein minimiert werden können. Staat und Gesetzgeber sollen zukünftig die sog. regulierte Selbstregulierung fördern und für Ihre Durchführung vertretbare Anreize schaffen. Dabei soll die Selbstregulierung nicht als Ersatz für rechtlichen Datenschutz stehen, sondern mit diesem die Herausforderungen des Datenschutzes arbeitsteilig bewältigen.

Zwecks Verfolgung des Reformvorhabens hat das Bundesinnenministerium einen Gutachterausschuss beauftragt, der sich der Thematik „Modernisierung des deutschen Datenschutzrechts" angenommen hat. Das Gutachtertrio hat bereits in seinem ersten Strukturpapier[4] im Hinblick auf die Verständlichkeit des Datenschutzrechts Folgendes festgestellt:

„Anforderungen und Rechte, die das Datenschutzrecht gewährt, müssen einfach, übersichtlich und klar strukturiert sein. Auf Überdifferenzierungen ist zu verzichten, auch wenn dadurch manche Ausnahme für die Datenverarbeitung oder für die Erfüllung von Pflichten entfällt".

---

[1] BGBl. I, S. 66.
[2] Kritisch hinsichtlich der Überschaubarkeit des Gesetzes z. B. *Franzen*, DB 2001, 1867 ff.
[3] Kritisch *Bizer*, DuD 2001, 126; zum europäischen Ansatz vgl. *Heil*, DuD 2001, 129 ff.; zu den Handlungsoptionen globaler Unternehmen *Büllesbach/Höss-Löw*, DuD 2001, 135 ff.; zum selbstregulativen Kundendatenschutz im Luftverkehr vgl. *Kranz*, DuD 2001, 161 ff.
[4] Vgl. hierzu *Roßnagel/Pfitzmann/Garstka*, DuD 2001, 253 ff.

liche Beauftragte für den Datenschutz das Benehmen mit dem Behördenleiter herstellt; bei Unstimmigkeiten zwischen dem behördlichen Beauftragten für den Datenschutz und dem Behördenleiter entscheidet die oberste Bundesbehörde.

§ 5 Datengeheimnis

Den bei der Datenverarbeitung beschäftigten Personen ist untersagt, personenbezogene Daten unbefugt zu erheben, zu verarbeiten oder zu nutzen (Datengeheimnis). Diese Personen sind, soweit sie bei nicht-öffentlichen Stellen beschäftigt werden, bei der Aufnahme ihrer Tätigkeit auf das Datengeheimnis zu verpflichten. Das Datengeheimnis besteht auch nach Beendigung ihrer Tätigkeit fort.

§ 6 Unabdingbare Rechte des Betroffenen

(1) Die Rechte des Betroffenen auf Auskunft (§§ 19, 34) und auf Berichtigung, Löschung oder Sperrung (§§ 20, 35) können nicht durch Rechtsgeschäft ausgeschlossen oder beschränkt werden.

(2) Sind die Daten des Betroffenen automatisiert in der Weise gespeichert, dass mehrere Stellen speicherungsberechtigt sind, und ist der Betroffene nicht in der Lage festzustellen, welche Stelle die Daten gespeichert hat, so kann er sich an jede dieser Stellen wenden. Diese ist verpflichtet, das Vorbringen des Betroffenen an die Stelle, die die Daten gespeichert hat, weiterzuleiten. Der Betroffene ist über die Weiterleitung und jene Stelle zu unterrichten. Die in § 19 Abs. 3 genannten Stellen, die Behörden der Staatsanwaltschaft und der Polizei sowie öffentliche Stellen der Finanzverwaltung, soweit sie personenbezogene Daten in Erfüllung ihrer gesetzlichen Aufgaben im Anwendungsbereich der Abgabenordnung zur Überwachung und Prüfung speichern, können statt des Betroffenen den Bundesbeauftragten für den Datenschutz unterrichten. In diesem Fall richtet sich das weitere Verfahren nach § 19 Abs. 6.

§ 6a Automatisierte Einzelentscheidung

(1) Entscheidungen, die für den Betroffenen eine rechtliche Folge nach sich ziehen oder ihn erheblich beeinträchtigen, dürfen nicht ausschließlich auf eine automatisierte Verarbeitung personenbezogener Daten gestützt werden, die der Bewertung einzelner Persönlichkeitsmerkmale dienen.

(2) Dies gilt nicht, wenn

1. die Entscheidung im Rahmen des Abschlusses oder der Erfüllung eines Vertragsverhältnisses oder eines sonstigen Rechtsverhältnisses ergeht und dem Begehren des Betroffenen stattgegeben wurde oder

2. die Wahrung der berechtigten Interessen des Betroffenen durch geeignete Maßnahmen gewährleistet und dem Betroffenen von der verantwortlichen Stelle die Tatsache des Vorliegens einer Entscheidung im Sinne des Absatzes 1 mitgeteilt wird. Als geeignete Maßnahme gilt insbesondere die Möglichkeit des Betroffenen, seinen Standpunkt geltend zu machen. Die verantwortliche Stelle ist verpflichtet, ihre Entscheidung erneut zu prüfen.

(3) Das Recht des Betroffenen auf Auskunft nach den §§ 19 und 34 erstreckt sich auch auf den logischen Aufbau der automatisierten Verarbeitung der ihn betreffenden Daten.

§ 6b Beobachtung öffentlich zugänglicher Räume mit optisch-elektronischen Einrichtungen

(1) Die Beobachtung öffentlich zugänglicher Räume mit optisch-elektronischen Einrichtungen (Videoüberwachung) ist nur zulässig, soweit sie

1. zur Aufgabenerfüllung öffentlicher Stellen,

2. zur Wahrnehmung des Hausrechts oder

3. zur Wahrnehmung berechtigter Interessen für konkret festgelegte Zwecke

erforderlich ist und keine Anhaltspunkte bestehen, dass schutzwürdige Interessen der Betroffenen überwiegen.

(2) Der Umstand der Beobachtung und die verantwortliche Stelle sind durch geeignete Maßnahmen erkennbar zu machen.

(3) Die Verarbeitung oder Nutzung von nach Absatz 1 erhobenen Daten ist zulässig, wenn sie zum Erreichen des verfolgten Zwecks erforderlich ist und keine Anhaltspunkte bestehen, dass schutzwürdige Interessen der Betroffenen überwiegen. Für einen anderen Zweck dürfen sie nur verarbeitet oder genutzt werden, soweit dies zur Abwehr von Gefahren für die staatliche und öffentliche Sicherheit sowie zur Verfolgung von Straftaten erforderlich ist.

(4) Werden durch Videoüberwachung erhobene Daten einer bestimmten Person zugeordnet, ist diese über eine Verarbeitung oder Nutzung entsprechend den §§ 19a und 33 zu benachrichtigen.

(5) Die Daten sind unverzüglich zu löschen, wenn sie zur Erreichung des Zwecks nicht mehr erforderlich sind oder schutzwürdige Interessen der Betroffenen einer weiteren Speicherung entgegenstehen.

§ 6c Mobile personenbezogene Speicher- und Verarbeitungsmedien

(1) Die Stelle, die ein mobiles personenbezogenes Speicher- und Verarbeitungsmedium ausgibt oder ein Verfahren zur automatisierten Verarbeitung personenbezogener Daten, das ganz oder teilweise auf einem solchen Medium abläuft, auf das Medium aufbringt, ändert oder hierzu bereithält, muss den Betroffenen

1. über ihre Identität und Anschrift,

2. in allgemein verständlicher Form über die Funktionsweise des Mediums einschließlich der Art der zu verarbeitenden personenbezogenen Daten,

3. darüber, wie er seine Rechte nach den §§ 19, 20, 34 und 35 ausüben kann, und

4. über die bei Verlust oder Zerstörung des Mediums zu treffenden Maßnahmen

unterrichten, soweit der Betroffene nicht bereits Kenntnis erlangt hat.

(2) Die nach Absatz 1 verpflichtete Stelle hat dafür Sorge zu tragen, dass die zur Wahrnehmung des Auskunftsrechts erforderlichen Geräte oder Einrichtungen in angemessenem Umfang zum unentgeltlichen Gebrauch zur Verfügung stehen.

(3) Kommunikationsvorgänge, die auf dem Medium eine Datenverarbeitung auslösen, müssen für den Betroffenen eindeutig erkennbar sein.

§ 7 Schadensersatz

Fügt eine verantwortliche Stelle dem Betroffenen durch eine nach diesem Gesetz oder nach anderen Vorschriften über den Datenschutz unzulässige oder unrichtige Erhebung, Verarbeitung oder Nutzung seiner personenbezogenen Daten einen Schaden zu, ist sie oder ihr Träger dem Betroffenen zum Schadensersatz verpflichtet. Die Ersatzpflicht entfällt, soweit die verantwortliche Stelle die nach den Umständen des Falles gebotene Sorgfalt beachtet hat.

§ 8 Schadensersatz bei automatisierter Datenverarbeitung durch öffentliche Stellen

(1) Fügt eine verantwortliche öffentliche Stelle dem Betroffenen durch eine nach diesem Gesetz oder nach anderen Vorschriften über den Datenschutz unzulässige oder unrichtige automatisierte Erhebung, Verarbeitung oder Nutzung seiner personenbezogenen Daten einen Schaden zu, ist ihr Träger dem Betroffenen unabhängig von einem Verschulden zum Schadensersatz verpflichtet.

(2) Bei einer schweren Verletzung des Persönlichkeitsrechts ist dem Betroffenen der Schaden, der nicht Vermögensschaden ist, angemessen in Geld zu ersetzen.

(3) Die Ansprüche nach den Absätzen 1 und 2 sind insgesamt auf einen Betrag von 130 000 Euro begrenzt. Ist aufgrund desselben Ereignisses an mehrere Personen Schadensersatz zu leisten, der insgesamt den Höchstbetrag von 130 000 Euro übersteigt, so verringern sich die einzelnen Schadensersatzleistungen in dem Verhältnis, in dem ihr Gesamtbetrag zu dem Höchstbetrag steht.

(4) Sind bei einer automatisierten Verarbeitung mehrere Stellen speicherungsberechtigt und ist der Geschädigte nicht in der Lage, die speichernde Stelle festzustellen, so haftet jede dieser Stellen.

(5) Hat bei der Entstehung des Schadens ein Verschulden des Betroffenen mitgewirkt, gilt § 254 des Bürgerlichen Gesetzbuchs.

(6) Auf die Verjährung finden die für unerlaubte Handlungen geltenden Verjährungsvorschriften des Bürgerlichen Gesetzbuchs entsprechende Anwendung.

§ 9 Technische und organisatorische Maßnahmen

Öffentliche und nicht-öffentliche Stellen, die selbst oder im Auftrag personenbezogene Daten erheben, verarbeiten oder nutzen, haben die technischen und organisatorischen Maßnahmen zu treffen, die erforderlich sind, um die Ausführung der Vorschriften dieses Gesetzes, insbesondere die in der Anlage zu diesem Gesetz genannten Anforderungen, zu gewährleisten. Erforderlich sind Maßnahmen nur, wenn ihr Aufwand in einem angemessenen Verhältnis zu dem angestrebten Schutzzweck steht.

§ 9a Datenschutzaudit

Zur Verbesserung des Datenschutzes und der Datensicherheit können Anbieter von Datenverarbeitungssystemen und -programmen und datenverarbeitende Stellen ihr Datenschutzkonzept sowie ihre technischen Einrichtungen durch unabhängige und zugelassene Gutachter prüfen und bewerten lassen sowie das Ergebnis der Prüfung veröffentlichen. Die näheren Anforderungen an die Prüfung und Bewertung, das Verfahren sowie die Auswahl und Zulassung der Gutachter werden durch besonderes Gesetz geregelt.

§ 10 Einrichtung automatisierter Abrufverfahren

(1) Die Einrichtung eines automatisierten Verfahrens, das die Übermittlung personenbezogener Daten durch Abruf ermöglicht, ist zulässig, soweit dieses Verfahren unter Berücksichtigung der schutzwürdigen Interessen der Betroffenen und der Auf-

gaben oder Geschäftszwecke der beteiligten Stellen angemessen ist. Die Vorschriften über die Zulässigkeit des einzelnen Abrufs bleiben unberührt.

(2) Die beteiligten Stellen haben zu gewährleisten, dass die Zulässigkeit des Abrufverfahrens kontrolliert werden kann. Hierzu haben sie schriftlich festzulegen:

1. Anlass und Zweck des Abrufverfahrens,

2. Dritte, an die übermittelt wird,

3. Art der zu übermittelnden Daten,

4. nach § 9 erforderliche technische und organisatorische Maßnahmen.

Im öffentlichen Bereich können die erforderlichen Festlegungen auch durch die Fachaufsichtsbehörden getroffen werden.

(3) Über die Einrichtung von Abrufverfahren ist in Fällen, in denen die in § 12 Abs. 1 genannten Stellen beteiligt sind, der Bundesbeauftragte für den Datenschutz unter Mitteilung der Festlegungen nach Absatz 2 zu unterrichten. Die Einrichtung von Abrufverfahren, bei denen die in § 6 Abs. 2 und in § 19 Abs. 3 genannten Stellen beteiligt sind, ist nur zulässig, wenn das für die speichernde und die abrufende Stelle jeweils zuständige Bundes- oder Landesministerium zugestimmt hat.

(4) Die Verantwortung für die Zulässigkeit des einzelnen Abrufs trägt der Dritte, an den übermittelt wird. Die speichernde Stelle prüft die Zulässigkeit der Abrufe nur, wenn dazu Anlass besteht. Die speichernde Stelle hat zu gewährleisten, dass die Übermittlung personenbezogener Daten zumindest durch geeignete Stichprobenverfahren festgestellt und überprüft werden kann. Wird ein Gesamtbestand personenbezogener Daten abgerufen oder übermittelt (Stapelverarbeitung), so bezieht sich die Gewährleistung der Feststellung und Überprüfung nur auf die Zulässigkeit des Abrufes oder der Übermittlung des Gesamtbestandes.

(5) Die Absätze 1 bis 4 gelten nicht für den Abruf allgemein zugänglicher Daten. Allgemein zugänglich sind Daten, die jedermann, sei es ohne oder nach vorheriger Anmeldung, Zulassung oder Entrichtung eines Entgelts, nutzen kann.

§ 11 Erhebung, Verarbeitung oder Nutzung personenbezogener Daten im Auftrag

(1) Werden personenbezogene Daten im Auftrag durch andere Stellen erhoben, verarbeitet oder genutzt, ist der Auftraggeber für die Einhaltung der Vorschriften dieses Gesetzes und anderer Vorschriften über den Datenschutz verantwortlich. Die in den §§ 6, 7 und 8 genannten Rechte sind ihm gegenüber geltend zu machen.

(2) Der Auftragnehmer ist unter besonderer Berücksichtigung der Eignung der von ihm getroffenen technischen und organisatorischen Maßnahmen sorgfältig auszuwählen. Der Auftrag ist schriftlich zu erteilen, wobei die Datenerhebung, -verarbeitung oder -nutzung, die technischen und organisatorischen Maßnahmen und

etwaige Unterauftragsverhältnisse festzulegen sind. Er kann bei öffentlichen Stellen auch durch die Fachaufsichtsbehörde erteilt werden. Der Auftraggeber hat sich von der Einhaltung der beim Auftragnehmer getroffenen technischen und organisatorischen Maßnahmen zu überzeugen.

(3) Der Auftragnehmer darf die Daten nur im Rahmen der Weisungen des Auftraggebers erheben, verarbeiten oder nutzen. Ist er der Ansicht, dass eine Weisung des Auftraggebers gegen dieses Gesetz oder andere Vorschriften über den Datenschutz verstößt, hat er den Auftraggeber unverzüglich darauf hinzuweisen.

(4) Für den Auftragnehmer gelten neben den §§ 5, 9, 43 Abs. 1 Nr. 2, 10 und 11, Abs. 2 Nr. 1 bis 3 und Abs. 3 sowie § 44 nur die Vorschriften über die Datenschutzkontrolle oder die Aufsicht, und zwar für

1. a) öffentliche Stellen,

    b) nicht-öffentliche Stellen, bei denen der öffentlichen Hand die Mehrheit der Anteile gehört oder die Mehrheit der Stimmen zusteht und der Auftraggeber eine öffentliche Stelle ist,

    die §§ 18, 24 bis 26 oder die entsprechenden Vorschriften der Datenschutzgesetze der Länder,

2. die übrigen nicht-öffentlichen Stellen, soweit sie personenbezogene Daten im Auftrag als Dienstleistungsunternehmen geschäftsmäßig erheben, verarbeiten oder nutzen, die §§ 4f, 4g und 38.

(5) Die Absätze 1 bis 4 gelten entsprechend, wenn die Prüfung oder Wartung automatisierter Verfahren oder von Datenverarbeitungsanlagen durch andere Stellen im Auftrag vorgenommen wird und dabei ein Zugriff auf personenbezogene Daten nicht ausgeschlossen werden kann.

Zweiter Abschnitt

Datenverarbeitung der öffentlichen Stellen

Erster Unterabschnitt

Rechtsgrundlagen der Datenverarbeitung

§ 12 Anwendungsbereich

(1) Die Vorschriften dieses Abschnittes gelten für öffentliche Stellen des Bundes, soweit sie nicht als öffentlichrechtliche Unternehmen am Wettbewerb teilnehmen.

(2) Soweit der Datenschutz nicht durch Landesgesetz geregelt ist, gelten die §§ 12 bis 16, 19 bis 20 auch für die öffentlichen Stellen der Länder, soweit sie

1. Bundesrecht ausführen und nicht als öffentlich-rechtliche Unternehmen am Wettbewerb teilnehmen oder

2. als Organe der Rechtspflege tätig werden und es sich nicht um Verwaltungsangelegenheiten handelt.

(3) Für Landesbeauftragte für den Datenschutz gilt § 23 Abs. 4 entsprechend.

(4) Werden personenbezogene Daten für frühere, bestehende oder zukünftige dienst- oder arbeitsrechtliche Rechtsverhältnisse erhoben, verarbeitet oder genutzt, gelten anstelle der §§ 13 bis 16, 19 bis 20 der § 28 Abs. 1 und 3 Nr. 1 sowie die §§ 33 bis 35, auch soweit personenbezogene Daten weder automatisiert verarbeitet noch in nicht automatisierten Dateien verarbeitet oder genutzt oder dafür erhoben werden.

§ 13 Datenerhebung

(1) Das Erheben personenbezogener Daten ist zulässig, wenn ihre Kenntnis zur Erfüllung der Aufgaben der verantwortlichen Stelle erforderlich ist.

(1a) Werden personenbezogene Daten statt beim Betroffenen bei einer nicht-öffentlichen Stelle erhoben, so ist die Stelle auf die Rechtsvorschrift, die zur Auskunft verpflichtet, sonst auf die Freiwilligkeit ihrer Angaben hinzuweisen.

(2) Das Erheben besonderer Arten personenbezogener Daten (§ 3 Abs. 9) ist nur zulässig, soweit

1. eine Rechtsvorschrift dies vorsieht oder aus Gründen eines wichtigen öffentlichen Interesses zwingend erfordert,

2. der Betroffene nach Maßgabe des § 4a Abs. 3 eingewilligt hat,

3. dies zum Schutz lebenswichtiger Interessen des Betroffenen oder eines Dritten erforderlich ist, sofern der Betroffene aus physischen oder rechtlichen Gründen außerstande ist, seine Einwilligung zu geben,

4. es sich um Daten handelt, die der Betroffene offenkundig öffentlich gemacht hat,

5. dies zur Abwehr einer erheblichen Gefahr für die öffentliche Sicherheit erforderlich ist,

6. dies zur Abwehr erheblicher Nachteile für das Gemeinwohl oder zur Wahrung erheblicher Belange des Gemeinwohls zwingend erforderlich ist,

7. dies zum Zweck der Gesundheitsvorsorge, der medizinischen Diagnostik, der Gesundheitsversorgung oder Behandlung oder für die Verwaltung von Gesundheitsdiensten erforderlich ist und die Verarbeitung dieser Daten durch ärztliches Personal oder durch sonstige Personen erfolgt, die einer entsprechenden Geheimhaltungspflicht unterliegen,

8. dies zur Durchführung wissenschaftlicher Forschung erforderlich ist, das wissenschaftliche Interesse an der Durchführung des Forschungsvorhabens das Interesse des Betroffenen an dem Ausschluss der Erhebung erheblich überwiegt und der Zweck der Forschung auf andere Weise nicht oder nur mit unverhältnismäßigem Aufwand erreicht werden kann oder

9. dies aus zwingenden Gründen der Verteidigung oder der Erfüllung über- oder zwischenstaatlicher Verpflichtungen einer öffentlichen Stelle des Bundes auf dem Gebiet der Krisenbewältigung oder Konfliktverhinderung oder für humanitäre Maßnahmen erforderlich ist.

§ 14 Datenspeicherung, -veränderung und -nutzung

(1) Das Speichern, Verändern oder Nutzen personenbezogener Daten ist zulässig, wenn es zur Erfüllung der in der Zuständigkeit der verantwortlichen Stelle liegenden Aufgaben erforderlich ist und es für die Zwecke erfolgt, für die die Daten erhoben worden sind. Ist keine Erhebung vorausgegangen, dürfen die Daten nur für die Zwecke geändert oder genutzt werden, für die sie gespeichert worden sind.

(2) Das Speichern, Verändern oder Nutzen für andere Zwecke ist nur zulässig, wenn

1. eine Rechtsvorschrift dies vorsieht oder zwingend voraussetzt,

2. der Betroffene eingewilligt hat,

3. offensichtlich ist, dass es im Interesse des Betroffenen liegt, und kein Grund zu der Annahme besteht, dass er in Kenntnis des anderen Zwecks seine Einwilligung verweigern würde,

4. Angaben des Betroffenen überprüft werden müssen, weil tatsächliche Anhaltspunkte für deren Unrichtigkeit bestehen,

5. die Daten allgemein zugänglich sind oder die verantwortliche Stelle sie veröffentlichen dürfte, es sei denn, dass das schutzwürdige Interesse des Betroffenen an dem Ausschluss der Zweckänderung offensichtlich überwiegt,

6. es zur Abwehr erheblicher Nachteile für das Gemeinwohl oder einer Gefahr für die öffentliche Sicherheit oder zur Wahrung erheblicher Belange des Gemeinwohls erforderlich ist,

7. es zur Verfolgung von Straftaten oder Ordnungswidrigkeiten, zur Vollstreckung oder zum Vollzug von Strafen oder Maßnahmen im Sinne des § 11 Abs. 1 Nr. 8 des Strafgesetzbuchs oder von Erziehungsmaßregeln oder Zuchtmitteln im Sinne des Jugendgerichtsgesetzes oder zur Vollstreckung von Bußgeldentscheidungen erforderlich ist,

8. es zur Abwehr einer schwerwiegenden Beeinträchtigung der Rechte einer anderen Person erforderlich ist oder

9. es zur Durchführung wissenschaftlicher Forschung erforderlich ist, das wissenschaftliche Interesse an der Durchführung des Forschungsvorhabens das Inte-

resse des Betroffenen an dem Ausschluss der Zweckänderung erheblich überwiegt und der Zweck der Forschung auf andere Weise nicht oder nur mit unverhältnismäßigem Aufwand erreicht werden kann.

(3) Eine Verarbeitung oder Nutzung für andere Zwecke liegt nicht vor, wenn sie der
Wahrnehmung von Aufsichtsund Kontrollbefugnissen, der Rechnungsprüfung oder
der Durchführung von Organisationsuntersuchungen für die verantwortliche Stelle
dient. Das gilt auch für die Verarbeitung oder Nutzung zu Ausbildungs- und Prüfungszwecken durch die verantwortliche Stelle, soweit nicht überwiegende schutzwürdige Interessen des Betroffenen entgegenstehen.

(4) Personenbezogene Daten, die ausschließlich zu Zwecken der Datenschutzkontrolle, der Datensicherung oder zur Sicherstellung eines ordnungsgemäßen Betriebes
einer Datenverarbeitungsanlage gespeichert werden, dürfen nur für diese Zwecke
verwendet werden.

(5) Das Speichern, Verändern oder Nutzen von besonderen Arten personenbezogener Daten (§ 3 Abs. 9) für andere Zwecke ist nur zulässig, wenn

1. die Voraussetzungen vorliegen, die eine Erhebung nach § 13 Abs. 2 Nr. 1 bis 6
   oder 9 zulassen würden oder

2. dies zur Durchführung wissenschaftlicher Forschung erforderlich ist, das öffentliche Interesse an der Durchführung des Forschungsvorhabens das Interesse des
   Betroffenen an dem Ausschluss der Zweckänderung erheblich überwiegt und
   der Zweck der Forschung auf andere Weise nicht oder nur mit unverhältnismäßigem Aufwand erreicht werden kann.

Bei der Abwägung nach Satz 1 Nr. 2 ist im Rahmen des öffentlichen Interesses das
wissenschaftliche Interesse an dem Forschungsvorhaben besonders zu berücksichtigen.

(6) Die Speicherung, Veränderung oder Nutzung von besonderen Arten personenbezogener Daten (§ 3 Abs. 9) zu den in § 13 Abs. 2 Nr. 7 genannten Zwecken richtet
sich nach den für die in § 13 Abs. 2 Nr. 7 genannten Personen geltenden Geheimhaltungspflichten.

§ 15 Datenübermittlung an öffentliche Stellen

(1) Die Übermittlung personenbezogener Daten an öffentliche Stellen ist zulässig,
wenn

1. sie zur Erfüllung der in der Zuständigkeit der übermittelnden Stelle oder des
   Dritten, an den die Daten übermittelt werden, liegenden Aufgaben erforderlich
   ist und

2. die Voraussetzungen vorliegen, die eine Nutzung nach § 14 zulassen würden.

(2) Die Verantwortung für die Zulässigkeit der Übermittlung trägt die übermittelnde Stelle. Erfolgt die Übermittlung auf Ersuchen des Dritten, an den die Daten übermittelt werden, trägt dieser die Verantwortung. In diesem Fall prüft die übermittelnde Stelle nur, ob das Übermittlungsersuchen im Rahmen der Aufgaben des Dritten, an den die Daten übermittelt werden, liegt, es sei denn, dass besonderer Anlass zur Prüfung der Zulässigkeit der Übermittlung besteht. § 10 Abs. 4 bleibt unberührt.

(3) Der Dritte, an den die Daten übermittelt werden, darf diese für den Zweck verarbeiten oder nutzen, zu dessen Erfüllung sie ihm übermittelt werden. Eine Verarbeitung oder Nutzung für andere Zwecke ist nur unter den Voraussetzungen des § 14 Abs. 2 zulässig.

(4) Für die Übermittlung personenbezogener Daten an Stellen der öffentlich-rechtlichen Religionsgesellschaften gelten die Absätze 1 bis 3 entsprechend, sofern sichergestellt ist, dass bei diesen ausreichende Datenschutzmaßnahmen getroffen werden.

(5) Sind mit personenbezogenen Daten, die nach Absatz 1 übermittelt werden dürfen, weitere personenbezogene Daten des Betroffenen oder eines Dritten so verbunden, dass eine Trennung nicht oder nur mit unvertretbarem Aufwand möglich ist, so ist die Übermittlung auch dieser Daten zulässig, soweit nicht berechtigte Interessen des Betroffenen oder eines Dritten an deren Geheimhaltung offensichtlich überwiegen; eine Nutzung dieser Daten ist unzulässig.

(6) Absatz 5 gilt entsprechend, wenn personenbezogene Daten innerhalb einer öffentlichen Stelle weitergegeben werden.

§ 16 Datenübermittlung an nicht-öffentliche Stellen

(1) Die Übermittlung personenbezogener Daten an nicht-öffentliche Stellen ist zulässig, wenn

1. sie zur Erfüllung der in der Zuständigkeit der übermittelnden Stelle liegenden Aufgaben erforderlich ist und die Voraussetzungen vorliegen, die eine Nutzung nach § 14 zulassen würden, oder

2. der Dritte, an den die Daten übermittelt werden, ein berechtigtes Interesse an der Kenntnis der zu übermittelnden Daten glaubhaft darlegt und der Betroffene kein schutzwürdiges Interesse an dem Ausschluss der Übermittlung hat. Das Übermitteln von besonderen Arten personenbezogener Daten (§ 3 Abs. 9) ist abweichend von Satz 1 Nr. 2 nur zulässig, wenn die Voraussetzungen vorliegen, die eine Nutzung nach § 14 Abs. 5 und 6 zulassen würden oder soweit dies zur Geltendmachung, Ausübung oder Verteidigung rechtlicher Ansprüche erforderlich ist.

(2) Die Verantwortung für die Zulässigkeit der Übermittlung trägt die übermittelnde Stelle.

(3) In den Fällen der Übermittlung nach Absatz 1 Nr. 2 unterrichtet die übermittelnde Stelle den Betroffenen von der Übermittlung seiner Daten. Dies gilt nicht, wenn damit zu rechnen ist, dass er davon auf andere Weise Kenntnis erlangt, oder wenn die Unterrichtung die öffentliche Sicherheit gefährden oder sonst dem Wohle des Bundes oder eines Landes Nachteile bereiten würde.

(4) Der Dritte, an den die Daten übermittelt werden, darf diese nur für den Zweck verarbeiten oder nutzen, zu dessen Erfüllung sie ihm übermittelt werden. Die übermittelnde Stelle hat ihn darauf hinzuweisen. Eine Verarbeitung oder Nutzung für andere Zwecke ist zulässig, wenn eine Übermittlung nach Absatz 1 zulässig wäre und die übermittelnde Stelle zugestimmt hat.

§ 17 (weggefallen)

§ 18 Durchführung des Datenschutzes in der Bundesverwaltung

(1) Die obersten Bundesbehörden, der Präsident des Bundeseisenbahnvermögens sowie die bundesunmittelbaren Körperschaften, Anstalten und Stiftungen des öffentlichen Rechts, über die von der Bundesregierung oder einer obersten Bundesbehörde lediglich die Rechtsaufsicht ausgeübt wird, haben für ihren Geschäftsbereich die Ausführung dieses Gesetzes sowie anderer Rechtsvorschriften über den Datenschutz sicherzustellen. Das Gleiche gilt für die Vorstände der aus dem Sondervermögen Deutsche Bundespost durch Gesetz hervorgegangenen Unternehmen, solange diesen ein ausschließliches Recht nach dem Postgesetz zusteht.

(2) Die öffentlichen Stellen führen ein Verzeichnis der eingesetzten Datenverarbeitungsanlagen. Für ihre automatisierten Verarbeitungen haben sie die Angaben nach § 4e sowie die Rechtsgrundlage der Verarbeitung schriftlich festzulegen. Bei allgemeinen Verwaltungszwecken dienenden automatisierten Verarbeitungen, bei welchen das Auskunftsrecht des Betroffenen nicht nach § 19 Abs. 3 oder 4 eingeschränkt wird, kann hiervon abgesehen werden. Für automatisierte Verarbeitungen, die in gleicher oder ähnlicher Weise mehrfach geführt werden, können die Festlegungen zusammengefasst werden.

Zweiter Unterabschnitt

Rechte des Betroffenen

§ 19 Auskunft an den Betroffenen

(1) Dem Betroffenen ist auf Antrag Auskunft zu erteilen über

1. die zu seiner Person gespeicherten Daten, auch soweit sie sich auf die Herkunft dieser Daten beziehen,

2. die Empfänger oder Kategorien von Empfängern, an die die Daten weitergegeben werden, und

3. den Zweck der Speicherung.

In dem Antrag soll die Art der personenbezogenen Daten, über die Auskunft erteilt werden soll, näher bezeichnet werden. Sind die personenbezogenen Daten weder automatisiert noch in nicht automatisierten Dateien gespeichert, wird die Auskunft nur erteilt, soweit der Betroffene Angaben macht, die das Auffinden der Daten ermöglichen, und der für die Erteilung der Auskunft erforderliche Aufwand nicht außer Verhältnis zu dem vom Betroffenen geltend gemachten Informationsinteresse steht. Die verantwortliche Stelle bestimmt das Verfahren, insbesondere die Form der Auskunftserteilung, nach pflichtgemäßem Ermessen.

(2) Absatz 1 gilt nicht für personenbezogene Daten, die nur deshalb gespeichert sind, weil sie aufgrund gesetzlicher, satzungsmäßiger oder vertraglicher Aufbewahrungsvorschriften nicht gelöscht werden dürfen, oder ausschließlich Zwecken der Datensicherung oder der Datenschutzkontrolle dienen und eine Auskunftserteilung einen unverhältnismäßigen Aufwand erfordern würde.

(3) Bezieht sich die Auskunftserteilung auf die Übermittlung personenbezogener Daten an Verfassungsschutzbehörden, den Bundesnachrichtendienst, den Militärischen Abschirmdienst und, soweit die Sicherheit des Bundes berührt wird, andere Behörden des Bundesministeriums der Verteidigung, ist sie nur mit Zustimmung dieser Stellen zulässig.

(4) Die Auskunftserteilung unterbleibt, soweit

1. die Auskunft die ordnungsgemäße Erfüllung der in der Zuständigkeit der verantwortlichen Stelle liegenden Aufgaben gefährden würde,

2. die Auskunft die öffentliche Sicherheit oder Ordnung gefährden oder sonst dem Wohle des Bundes oder eines Landes Nachteile bereiten würde oder

3. die Daten oder die Tatsache ihrer Speicherung nach einer Rechtsvorschrift oder ihrem Wesen nach, insbesondere wegen der überwiegenden berechtigten Interessen eines Dritten, geheim gehalten werden müssen

und deswegen das Interesse des Betroffenen an der Auskunftserteilung zurücktreten muss.

(5) Die Ablehnung der Auskunftserteilung bedarf einer Begründung nicht, soweit durch die Mitteilung der tatsächlichen und rechtlichen Gründe, auf die die Entscheidung gestützt wird, der mit der Auskunftsverweigerung verfolgte Zweck gefährdet würde. In diesem Fall ist der Betroffene darauf hinzuweisen, dass er sich an den Bundesbeauftragten für den Datenschutz wenden kann.

(6) Wird dem Betroffenen keine Auskunft erteilt, so ist sie auf sein Verlangen dem Bundesbeauftragten für den Datenschutz zu erteilen, soweit nicht die jeweils zuständige oberste Bundesbehörde im Einzelfall feststellt, dass dadurch die Sicherheit des Bundes oder eines Landes gefährdet würde. Die Mitteilung des Bundesbeauftragten an den Betroffenen darf keine Rückschlüsse auf den Erkenntnisstand der verantwortlichen Stelle zulassen, sofern diese nicht einer weitergehenden Auskunft zustimmt.

(7) Die Auskunft ist unentgeltlich.

§ 19a Benachrichtigung

(1) Werden Daten ohne Kenntnis des Betroffenen erhoben, so ist er von der Speicherung, der Identität der verantwortlichen Stelle sowie über die Zweckbestimmungen der Erhebung, Verarbeitung oder Nutzung zu unterrichten. Der Betroffene ist auch über die Empfänger oder Kategorien von Empfängern von Daten zu unterrichten, soweit er nicht mit der Übermittlung an diese rechnen muss. Sofern eine Übermittlung vorgesehen ist, hat die Unterrichtung spätestens bei der ersten Übermittlung zu erfolgen.

(2) Eine Pflicht zur Benachrichtigung besteht nicht, wenn

1. der Betroffene auf andere Weise Kenntnis von der Speicherung oder der Übermittlung erlangt hat,
2. die Unterrichtung des Betroffenen einen unverhältnismäßigen Aufwand erfordert oder
3. die Speicherung oder Übermittlung der personenbezogenen Daten durch Gesetz ausdrücklich vorgesehen ist.

Die verantwortliche Stelle legt schriftlich fest, unter welchen Voraussetzungen von einer Benachrichtigung nach Nummer 2 oder 3 abgesehen wird.

(3) § 19 Abs. 2 bis 4 gilt entsprechend.

§ 20 Berichtigung, Löschung und Sperrung von Daten; Widerspruchsrecht

(1) Personenbezogene Daten sind zu berichtigen, wenn sie unrichtig sind. Wird festgestellt, dass personenbezogene Daten, die weder automatisiert verarbeitet noch in nicht automatisierten Dateien gespeichert sind, unrichtig sind, oder wird ihre

Richtigkeit von dem Betroffenen bestritten, so ist dies in geeigneter Weise festzuhalten.

(2) Personenbezogene Daten, die automatisiert verarbeitet oder in nicht automatisierten Dateien gespeichert sind, sind zu löschen, wenn

1. ihre Speicherung unzulässig ist oder

2. ihre Kenntnis für die verantwortliche Stelle zur Erfüllung der in ihrer Zuständigkeit liegenden Aufgaben nicht mehr erforderlich ist.

(3) An die Stelle einer Löschung tritt eine Sperrung, soweit

1. einer Löschung gesetzliche, satzungsmäßige oder vertragliche Aufbewahrungsfristen entgegenstehen,

2. Grund zu der Annahme besteht, dass durch eine Löschung schutzwürdige Interessen des Betroffenen beeinträchtigt würden, oder

3. eine Löschung wegen der besonderen Art der Speicherung nicht oder nur mit unverhältnismäßig hohem Aufwand möglich ist.

(4) Personenbezogene Daten, die automatisiert verarbeitet oder in nicht automatisierten Dateien gespeichert sind, sind ferner zu sperren, soweit ihre Richtigkeit vom Betroffenen bestritten wird und sich weder die Richtigkeit noch die Unrichtigkeit feststellen lässt.

(5) Personenbezogene Daten dürfen nicht für eine automatisierte Verarbeitung oder Verarbeitung in nicht automatisierten Dateien erhoben, verarbeitet oder genutzt werden, soweit der Betroffene dieser bei der verantwortlichen Stelle widerspricht und eine Prüfung ergibt, dass das schutzwürdige Interesse des Betroffenen wegen seiner besonderen persönlichen Situation das Interesse der verantwortlichen Stelle an dieser Erhebung, Verarbeitung oder Nutzung überwiegt. Satz 1 gilt nicht, wenn eine Rechtsvorschrift zur Erhebung, Verarbeitung oder Nutzung verpflichtet.

(6) Personenbezogene Daten, die weder automatisiert verarbeitet noch in einer nicht automatisierten Datei gespeichert sind, sind zu sperren, wenn die Behörde im Einzelfall feststellt, dass ohne die Sperrung schutzwürdige Interessen des Betroffenen beeinträchtigt würden und die Daten für die Aufgabenerfüllung der Behörde nicht mehr erforderlich sind.

(7) Gesperrte Daten dürfen ohne Einwilligung des Betroffenen nur übermittelt oder genutzt werden, wenn

1. es zu wissenschaftlichen Zwecken, zur Behebung einer bestehenden Beweisnot oder aus sonstigen im überwiegenden Interesse der verantwortlichen Stelle oder eines Dritten liegenden Gründen unerlässlich ist und

2. die Daten hierfür übermittelt oder genutzt werden dürften, wenn sie nicht gesperrt wären.

(8) Von der Berichtigung unrichtiger Daten, der Sperrung bestrittener Daten sowie der Löschung oder Sperrung wegen Unzulässigkeit der Speicherung sind die Stellen

zu verständigen, denen im Rahmen einer Datenübermittlung diese Daten zur Speicherung weitergegeben wurden, wenn dies keinen unverhältnismäßigen Aufwand erfordert und schutzwürdige Interessen des Betroffenen nicht entgegenstehen.

(9) § 2 Abs. 1 bis 6, 8 und 9 des Bundesarchivgesetzes ist anzuwenden.

§ 21 Anrufung des Bundesbeauftragten für den Datenschutz

Jedermann kann sich an den Bundesbeauftragten für den Datenschutz wenden, wenn er der Ansicht ist, bei der Erhebung, Verarbeitung oder Nutzung seiner personenbezogenen Daten durch öffentliche Stellen des Bundes in seinen Rechten verletzt worden zu sein. Für die Erhebung, Verarbeitung oder Nutzung von personenbezogenen Daten durch Gerichte des Bundes gilt dies nur, soweit diese in Verwaltungsangelegenheiten tätig werden.

Dritter Unterabschnitt

Bundesbeauftragter für den Datenschutz

§ 22 Wahl des Bundesbeauftragten für den Datenschutz

(1) Der Deutsche Bundestag wählt auf Vorschlag der Bundesregierung den Bundesbeauftragten für den Datenschutz mit mehr als der Hälfte der gesetzlichen Zahl seiner Mitglieder. Der Bundesbeauftragte muss bei seiner Wahl das 35. Lebensjahr vollendet haben. Der Gewählte ist vom Bundespräsidenten zu ernennen.

(2) Der Bundesbeauftragte leistet vor dem Bundesminister des Innern folgenden Eid:

„Ich schwöre, dass ich meine Kraft dem Wohle des deutschen Volkes widmen, seinen Nutzen mehren, Schaden von ihm wenden, das Grundgesetz und die Gesetze des Bundes wahren und verteidigen, meine Pflichten gewissenhaft erfüllen und Gerechtigkeit gegen jedermann üben werde. So wahr mir Gott helfe."

Der Eid kann auch ohne religiöse Beteuerung geleistet werden.

(3) Die Amtszeit des Bundesbeauftragten beträgt fünf Jahre. Einmalige Wiederwahl ist zulässig.

(4) Der Bundesbeauftragte steht nach Maßgabe dieses Gesetzes zum Bund in einem öffentlich-rechtlichen Amtsverhältnis. Er ist in Ausübung seines Amtes unabhängig und nur dem Gesetz unterworfen. Er untersteht der Rechtsaufsicht der Bundesregierung.

(5) Der Bundesbeauftragte wird beim Bundesministerium des Innern eingerichtet. Er untersteht der Dienstaufsicht des Bundesministeriums des Innern. Dem Bundesbeauftragten ist die für die Erfüllung seiner Aufgaben notwendige Personal- und Sachausstattung zur Verfügung zu stellen; sie ist im Einzelplan des Bundesministeriums des Innern in einem eigenen Kapitel auszuweisen. Die Stellen sind im Einvernehmen mit dem Bundesbeauftragten zu besetzen. Die Mitarbeiter können, falls sie mit der beabsichtigten Maßnahme nicht einverstanden sind, nur im Einvernehmen mit ihm versetzt, abgeordnet oder umgesetzt werden.

(6) Ist der Bundesbeauftragte vorübergehend an der Ausübung seines Amtes verhindert, kann der Bundesminister des Innern einen Vertreter mit der Wahrnehmung der Geschäfte beauftragen. Der Bundesbeauftragte soll dazu gehört werden.

§ 23 Rechtsstellung des Bundesbeauftragten für den Datenschutz

(1) Das Amtsverhältnis des Bundesbeauftragten für den Datenschutz beginnt mit der Aushändigung der Ernennungsurkunde. Es endet

1.   mit Ablauf der Amtszeit,

2.   mit der Entlassung.

Der Bundespräsident entlässt den Bundesbeauftragten, wenn dieser es verlangt oder auf Vorschlag der Bundesregierung, wenn Gründe vorliegen, die bei einem Richter auf Lebenszeit die Entlassung aus dem Dienst rechtfertigen. Im Fall der Beendigung des Amtsverhältnisses erhält der Bundesbeauftragte eine vom Bundespräsidenten vollzogene Urkunde. Eine Entlassung wird mit der Aushändigung der Urkunde wirksam. Auf Ersuchen des Bundesministers des Innern ist der Bundesbeauftragte verpflichtet, die Geschäfte bis zur Ernennung seines Nachfolgers weiterzuführen.

(2) Der Bundesbeauftragte darf neben seinem Amt kein anderes besoldetes Amt, kein Gewerbe und keinen Beruf ausüben und weder der Leitung oder dem Aufsichtsrat oder Verwaltungsrat eines auf Erwerb gerichteten Unternehmens noch einer Regierung oder einer gesetzgebenden Körperschaft des Bundes oder eines Landes angehören. Er darf nicht gegen Entgelt außergerichtliche Gutachten abgeben.

(3) Der Bundesbeauftragte hat dem Bundesministerium des Innern Mitteilung über Geschenke zu machen, die er in Bezug auf sein Amt erhält. Das Bundesministerium des Innern entscheidet über die Verwendung der Geschenke.

(4) Der Bundesbeauftragte ist berechtigt, über Personen, die ihm in seiner Eigenschaft als Bundesbeauftragter Tatsachen anvertraut haben, sowie über diese Tatsachen selbst das Zeugnis zu verweigern. Dies gilt auch für die Mitarbeiter des Bundesbeauftragten mit der Maßgabe, dass über die Ausübung dieses Rechts der Bundesbeauftragte entscheidet. Soweit das Zeugnisverweigerungsrecht des Bundesbeauftragten reicht, darf die Vorlegung oder Auslieferung von Akten oder anderen Schriftstücken von ihm nicht gefordert werden.

(5) Der Bundesbeauftragte ist, auch nach Beendigung seines Amtsverhältnisses, verpflichtet, über die ihm amtlich bekannt gewordenen Angelegenheiten Verschwiegenheit zu bewahren. Dies gilt nicht für Mitteilungen im dienstlichen Verkehr oder über Tatsachen, die offenkundig sind oder ihrer Bedeutung nach keiner Geheimhaltung bedürfen. Der Bundesbeauftragte darf, auch wenn er nicht mehr im Amt ist, über solche Angelegenheiten ohne Genehmigung des Bundesministeriums des Innern weder vor Gericht noch außergerichtlich aussagen oder Erklärungen abgeben. Unberührt bleibt die gesetzlich begründete Pflicht, Straftaten anzuzeigen und bei Gefährdung der freiheitlichen demokratischen Grundordnung für deren Erhaltung einzutreten. Für den Bundesbeauftragten und seine Mitarbeiter gelten die §§ 93, 97, 105 Abs. 1, § 111 Abs. 5 in Verbindung mit § 105 Abs. 1 sowie § 116 Abs. 1 der Abgabenordnung nicht. Satz 5 findet keine Anwendung, soweit die Finanzbehörden die Kenntnis für die Durchführung eines Verfahrens wegen einer Steuerstraftat sowie eines damit zusammenhängenden Steuerverfahrens benötigen, an deren Verfolgung ein zwingendes öffentliches Interesse besteht, oder soweit es sich um vorsätzlich falsche Angaben des Auskunftspflichtigen oder der für ihn tätigen Personen handelt. Stellt der Bundesbeauftragte einen Datenschutzverstoß fest, ist er befugt, diesen anzuzeigen und den Betroffenen hierüber zu informieren.

(6) Die Genehmigung, als Zeuge auszusagen, soll nur versagt werden, wenn die Aussage dem Wohle des Bundes oder eines deutschen Landes Nachteile bereiten oder die Erfüllung öffentlicher Aufgaben ernstlich gefährden oder erheblich erschweren würde. Die Genehmigung, ein Gutachten zu erstatten, kann versagt werden, wenn die Erstattung den dienstlichen Interessen Nachteile bereiten würde. § 28 des Bundesverfassungsgerichtsgesetzes bleibt unberührt.

(7) Der Bundesbeauftragte erhält vom Beginn des Kalendermonats an, in dem das Amtsverhältnis beginnt, bis zum Schluss des Kalendermonats, in dem das Amtsverhältnis endet, im Fall des Absatzes 1 Satz 6 bis zum Ende des Monats, in dem die Geschäftsführung endet, Amtsbezüge in Höhe der einem Bundesbeamten der Besoldungsgruppe B 9 zustehenden Besoldung. Das Bundesreisekostengesetz und das Bundesumzugskostengesetz sind entsprechend anzuwenden. Im Übrigen sind die §§ 13 bis 20 des Bundesministergesetzes in der Fassung der Bekanntmachung vom 27. Juli 1971 (BGBl. I S. 1166), zuletzt geändert durch das Gesetz zur Kürzung des Amtsgehalts der Mitglieder der Bundesregierung und der Parlamentarischen Staatssekretäre vom 22. Dezember 1982 (BGBl. I S. 2007), mit der Maßgabe anzuwenden, dass an die Stelle der zweijährigen Amtszeit in § 15 Abs. 1 des Bundesministergesetzes eine Amtszeit von fünf Jahren tritt. Abweichend von Satz 3 in Verbindung mit den §§ 15 bis 17 des Bundesministergesetzes berechnet sich das Ruhegehalt des Bundesbeauftragten unter Hinzurechnung der Amtszeit als ruhegehaltsfähige Dienstzeit in entsprechender Anwendung des Beamtenversorgungsgesetzes, wenn dies günstiger ist und der Bundesbeauftragte sich unmittelbar vor seiner Wahl zum

Bundesbeauftragten als Beamter oder Richter mindestens in dem letzten gewöhnlich vor Erreichen der Besoldungsgruppe B 9 zu durchlaufenden Amt befunden hat.[*]

(8) Absatz 5 Satz 5 bis 7 gilt entsprechend für die öffentlichen Stellen, die für die Kontrolle der Einhaltung der Vorschriften über den Datenschutz in den Ländern zuständig sind.

§ 24 Kontrolle durch den Bundesbeauftragten für den Datenschutz

(1) Der Bundesbeauftragte für den Datenschutz kontrolliert bei den öffentlichen Stellen des Bundes die Einhaltung der Vorschriften dieses Gesetzes und anderer Vorschriften über den Datenschutz.

(2) Die Kontrolle des Bundesbeauftragten erstreckt sich auch auf

1. von öffentlichen Stellen des Bundes erlangte personenbezogene Daten über den Inhalt und die näheren Umstände des Brief-, Post- und Fernmeldeverkehrs und

2. personenbezogene Daten, die einem Berufs- oder besonderen Amtsgeheimnis, insbesondere dem Steuergeheimnis nach § 30 der Abgabenordnung, unterliegen.

Das Grundrecht des Brief-, Post- und Fernmeldegeheimnisses des Artikels 10 des Grundgesetzes wird insoweit eingeschränkt. Personenbezogene Daten, die der Kontrolle durch die Kommission nach § 15 des Artikel 10-Gesetzes unterliegen, unterliegen nicht der Kontrolle durch den Bundesbeauftragten, es sei denn, die Kommission ersucht den Bundesbeauftragten, die Einhaltung der Vorschriften über den Datenschutz bei bestimmten Vorgängen oder in bestimmten Bereichen zu kontrollieren und ausschließlich ihr darüber zu berichten. Der Kontrolle durch den Bundesbeauftragten unterliegen auch nicht personenbezogene Daten in Akten über die Sicherheitsüberprüfung, wenn der Betroffene der Kontrolle der auf ihn bezogenen Daten im Einzelfall gegenüber dem Bundesbeauftragten widerspricht.

(3) Die Bundesgerichte unterliegen der Kontrolle des Bundesbeauftragten nur, soweit sie in Verwaltungsangelegenheiten tätig werden.

---

[*] Gemäß Artikel 3 Nr. 2 des Versorgungsänderungsgesetzes 2001 vom 20. Dezember 2001 (BGBl. I S 3926) ist am 1. Januar 2003 § 23 Abs. 7 wie folgt geändert worden:

a)   Satz 3 wird wie folgt gefasst:
     "Im Übrigen sind die §§ 13 bis 20 und 21a Abs. 5 des Bundesministergesetzes mit den Maßgaben anzuwenden, dass an die Stelle der zweijährigen Amtszeit in § 15 Abs. 1 des Bundesministergesetzes eine Amtszeit von fünf Jahren und an die Stelle der Besoldungsgruppe B 11 in § 21a Abs. 5 des Bundesministergesetzes die Besoldungsgruppe B 9 tritt."

b)   In Satz 4 wird die Angabe "§§ 15 bis 17" durch die Angabe "§§15 bis 17 und 21a Abs. 5" ersetzt.

(4) Die öffentlichen Stellen des Bundes sind verpflichtet, den Bundesbeauftragten und seine Beauftragten bei der Erfüllung ihrer Aufgaben zu unterstützen. Ihnen ist dabei insbesondere

1. Auskunft zu ihren Fragen sowie Einsicht in alle Unterlagen, insbesondere in die gespeicherten Daten und in die Datenverarbeitungsprogramme, zu gewähren, die im Zusammenhang mit der Kontrolle nach Absatz 1 stehen,

2. jederzeit Zutritt in alle Diensträume zu gewähren.

Die in § 6 Abs. 2 und § 19 Abs. 3 genannten Behörden gewähren die Unterstützung nur dem Bundesbeauftragten selbst und den von ihm schriftlich besonders Beauftragten. Satz 2 gilt für diese Behörden nicht, soweit die oberste Bundesbehörde im Einzelfall feststellt, dass die Auskunft oder Einsicht die Sicherheit des Bundes oder eines Landes gefährden würde.

(5) Der Bundesbeauftragte teilt das Ergebnis seiner Kontrolle der öffentlichen Stelle mit. Damit kann er Vorschläge zur Verbesserung des Datenschutzes, insbesondere zur Beseitigung von festgestellten Mängeln bei der Verarbeitung oder Nutzung personenbezogener Daten, verbinden. § 25 bleibt unberührt.

(6) Absatz 2 gilt entsprechend für die öffentlichen Stellen, die für die Kontrolle der Einhaltung der Vorschriften über den Datenschutz in den Ländern zuständig sind.

§ 25 Beanstandungen durch den Bundesbeauftragten für den Datenschutz

(1) Stellt der Bundesbeauftragte für den Datenschutz Verstöße gegen die Vorschriften dieses Gesetzes oder gegen andere Vorschriften über den Datenschutz oder sonstige Mängel bei der Verarbeitung oder Nutzung personenbezogener Daten fest, so beanstandet er dies

1. bei der Bundesverwaltung gegenüber der zuständigen obersten Bundesbehörde,

2. beim Bundeseisenbahnvermögen gegenüber dem Präsidenten,

3. bei den aus dem Sondervermögen Deutsche Bundespost durch Gesetz hervorgegangenen Unternehmen, solange ihnen ein ausschließliches Recht nach dem Postgesetz zusteht, gegenüber deren Vorständen,

4. bei den bundesunmittelbaren Körperschaften, Anstalten und Stiftungen des öffentlichen Rechts sowie bei Vereinigungen solcher Körperschaften, Anstalten und Stiftungen gegenüber dem Vorstand oder dem sonst vertretungsberechtigten Organ

und fordert zur Stellungnahme innerhalb einer von ihm zu bestimmenden Frist auf. In den Fällen von Satz 1 Nr. 4 unterrichtet der Bundesbeauftragte gleichzeitig die zuständige Aufsichtsbehörde.

(2) Der Bundesbeauftragte kann von einer Beanstandung absehen oder auf eine Stellungnahme der betroffenen Stelle verzichten, insbesondere wenn es sich um unerhebliche oder inzwischen beseitigte Mängel handelt.

(3) Die Stellungnahme soll auch eine Darstellung der Maßnahmen enthalten, die aufgrund der Beanstandung des Bundesbeauftragten getroffen worden sind. Die in Absatz 1 Satz 1 Nr. 4 genannten Stellen leiten der zuständigen Aufsichtsbehörde gleichzeitig eine Abschrift ihrer Stellungnahme an den Bundesbeauftragten zu.

§ 26 Weitere Aufgaben des Bundesbeauftragten für den Datenschutz

(1) Der Bundesbeauftragte für den Datenschutz erstattet dem Deutschen Bundestag alle zwei Jahre einen Tätigkeitsbericht. Er unterrichtet den Deutschen Bundestag und die Öffentlichkeit über wesentliche Entwicklungen des Datenschutzes.

(2) Auf Anforderung des Deutschen Bundestages oder der Bundesregierung hat der Bundesbeauftragte Gutachten zu erstellen und Berichte zu erstatten. Auf Ersuchen des Deutschen Bundestages, des Petitionsausschusses, des Innenausschusses oder der Bundesregierung geht der Bundesbeauftragte ferner Hinweisen auf Angelegenheiten und Vorgänge des Datenschutzes bei den öffentlichen Stellen des Bundes nach. Der Bundesbeauftragte kann sich jederzeit an den Deutschen Bundestag wenden.

(3) Der Bundesbeauftragte kann der Bundesregierung und den in § 12 Abs. 1 genannten Stellen des Bundes Empfehlungen zur Verbesserung des Datenschutzes geben und sie in Fragen des Datenschutzes beraten. Die in § 25 Abs. 1 Nr. 1 bis 4 genannten Stellen sind durch den Bundesbeauftragten zu unterrichten, wenn die Empfehlung oder Beratung sie nicht unmittelbar betrifft.

(4) Der Bundesbeauftragte wirkt auf die Zusammenarbeit mit den öffentlichen Stellen, die für die Kontrolle der Einhaltung der Vorschriften über den Datenschutz in den Ländern zuständig sind, sowie mit den Aufsichtsbehörden nach § 38 hin. § 38 Abs. 1 Satz 3 und 4 gilt entsprechend.

Dritter Abschnitt

Datenverarbeitung nicht-öffentlicher Stellen und öffentlich-rechtlicher Wettbewerbsunternehmen

Erster Unterabschnitt

Rechtsgrundlagen der Datenverarbeitung

§ 27 Anwendungsbereich

(1) Die Vorschriften dieses Abschnittes finden Anwendung, soweit personenbezogene Daten unter Einsatz von Datenverarbeitungsanlagen verarbeitet, genutzt oder dafür erhoben werden oder die Daten in oder aus nicht automatisierten Dateien verarbeitet, genutzt oder dafür erhoben werden durch

1. nicht-öffentliche Stellen,

2. a) öffentliche Stellen des Bundes, soweit sie als öffentlich-rechtliche Unternehmen am Wettbewerb teilnehmen,

   b) öffentliche Stellen der Länder, soweit sie als öffentlich- rechtliche Unternehmen am Wettbewerb teilnehmen, Bundesrecht ausführen und der Datenschutz nicht durch Landesgesetz geregelt ist.

Dies gilt nicht, wenn die Erhebung, Verarbeitung oder Nutzung der Daten ausschließlich für persönliche oder familiäre Tätigkeiten erfolgt. In den Fällen der Nummer 2 Buchstabe a gelten anstelle des § 38 die §§ 18, 21 und 24 bis 26.

(2) Die Vorschriften dieses Abschnittes gelten nicht für die Verarbeitung und Nutzung personenbezogener Daten außerhalb von nicht automatisierten Dateien, soweit es sich nicht um personenbezogene Daten handelt, die offensichtlich aus einer automatisierten Verarbeitung entnommen worden sind.

§ 28 Datenerhebung, -verarbeitung und -nutzung für eigene Zwecke

(1) Das Erheben, Speichern, Verändern oder Übermitteln personenbezogener Daten oder ihre Nutzung als Mittel für die Erfüllung eigener Geschäftszwecke ist zulässig,

1. wenn es der Zweckbestimmung eines Vertragsverhältnisses oder vertragsähnlichen Vertrauensverhältnisses mit dem Betroffenen dient,

2. soweit es zur Wahrung berechtigter Interessen der verantwortlichen Stelle erforderlich ist und kein Grund zu der Annahme besteht, dass das schutzwürdige Interesse des Betroffenen an dem Ausschluss der Verarbeitung oder Nutzung überwiegt, oder

3. wenn die Daten allgemein zugänglich sind oder die verantwortliche Stelle sie veröffentlichen dürfte, es sei denn, dass das schutzwürdige Interesse des Betroffenen an dem Ausschluss der Verarbeitung oder Nutzung gegenüber dem berechtigten Interesse der verantwortlichen Stelle offensichtlich überwiegt.

Bei der Erhebung personenbezogener Daten sind die Zwecke, für die die Daten verarbeitet oder genutzt werden sollen, konkret festzulegen.

(2) Für einen anderen Zweck dürfen sie nur unter den Voraussetzungen des Absatzes 1 Satz 1 Nr. 2 und 3 übermittelt oder genutzt werden.

(3) Die Übermittlung oder Nutzung für einen anderen Zweck ist auch zulässig:

1. soweit es zur Wahrung berechtigter Interessen eines Dritten oder

2. zur Abwehr von Gefahren für die staatliche und öffentliche Sicherheit sowie zur Verfolgung von Straftaten erforderlich ist, oder

3. für Zwecke der Werbung, der Markt- und Meinungsforschung, wenn es sich um listenmäßig oder sonst zusammengefasste Daten über Angehörige einer Personengruppe handelt, die sich auf

    a) eine Angabe über die Zugehörigkeit des Betroffenen zu dieser Personengruppe,

    b) Berufs-, Branchen- oder Geschäftsbezeichnung,

    c) Namen,

    d) Titel,

    e) akademische Grade,

    f) Anschrift und

    g) Geburtsjahr

    beschränken

und kein Grund zu der Annahme besteht, dass der Betroffene ein schutzwürdiges Interesse an dem Ausschluss der Übermittlung oder Nutzung hat, oder

4. wenn es im Interesse einer Forschungseinrichtung zur Durchführung wissenschaftlicher Forschung erforderlich ist, das wissenschaftliche Interesse an der Durchführung des Forschungsvorhabens das Interesse des Betroffenen an dem Ausschluss der Zweckänderung erheblich überwiegt und der Zweck der Forschung auf andere Weise nicht oder nur mit unverhältnismäßigem Aufwand erreicht werden kann.

In den Fällen des Satzes 1 Nr. 3 ist anzunehmen, dass dieses Interesse besteht, wenn im Rahmen der Zweckbestimmung eines Vertragsverhältnisses oder vertragsähnlichen Vertrauensverhältnisses gespeicherte Daten übermittelt werden sollen, die sich

1. auf strafbare Handlungen,

2. auf Ordnungswidrigkeiten sowie

3. bei Übermittlung durch den Arbeitgeber auf arbeitsrechtliche Rechtsverhältnisse

beziehen.

(4) Widerspricht der Betroffene bei der verantwortlichen Stelle der Nutzung oder Übermittlung seiner Daten für Zwecke der Werbung oder der Markt- oder Meinungsforschung, ist eine Nutzung oder Übermittlung für diese Zwecke unzulässig. Der Betroffene ist bei der Ansprache zum Zweck der Werbung oder der Markt- oder Meinungsforschung über die verantwortliche Stelle sowie über das Widerspruchsrecht nach Satz 1 zu unterrichten; soweit der Ansprechende personenbezogene Daten des Betroffenen nutzt, die bei einer ihm nicht bekannten Stelle gespeichert sind, hat er auch sicherzustellen, dass der Betroffene Kenntnis über die Herkunft der Daten erhalten kann. Widerspricht der Betroffene bei dem Dritten, dem die Daten nach Absatz 3 übermittelt werden, der Verarbeitung oder Nutzung für Zwecke der Werbung oder der Markt- oder Meinungsforschung, hat dieser die Daten für diese Zwecke zu sperren.

(5) Der Dritte, dem die Daten übermittelt worden sind, darf diese nur für den Zweck verarbeiten oder nutzen, zu dessen Erfüllung sie ihm übermittelt werden. Eine Verarbeitung oder Nutzung für andere Zwecke ist nicht-öffentlichen Stellen nur unter den Voraussetzungen der Absätze 2 und 3 und öffentlichen Stellen nur unter den Voraussetzungen des § 14 Abs. 2 erlaubt. Die übermittelnde Stelle hat ihn darauf hinzuweisen.

(6) Das Erheben, Verarbeiten und Nutzen von besonderen Arten personenbezogener Daten (§ 3 Abs. 9) für eigene Geschäftszwecke ist zulässig, soweit nicht der Betroffene nach Maßgabe des § 4a Abs. 3 eingewilligt hat, wenn

1. dies zum Schutz lebenswichtiger Interessen des Betroffenen oder eines Dritten erforderlich ist, sofern der Betroffene aus physischen oder rechtlichen Gründen außerstande ist, seine Einwilligung zu geben,

2. es sich um Daten handelt, die der Betroffene offenkundig öffentlich gemacht hat,

3. dies zur Geltendmachung, Ausübung oder Verteidigung rechtlicher Ansprüche erforderlich ist und kein Grund zu der Annahme besteht, dass das schutzwürdige Interesse des Betroffenen an dem Ausschluss der Erhebung, Verarbeitung oder Nutzung überwiegt, oder

4. dies zur Durchführung wissenschaftlicher Forschung erforderlich ist, das wissenschaftliche Interesse an der Durchführung des Forschungsvorhabens das Interesse des Betroffenen an dem Ausschluss der Erhebung, Verarbeitung und Nutzung erheblich überwiegt und der Zweck der Forschung auf andere Weise nicht oder nur mit unverhältnismäßigem Aufwand erreicht werden kann.

(7) Das Erheben von besonderen Arten personenbezogener Daten (§ 3 Abs. 9) ist ferner zulässig, wenn dies zum Zweck der Gesundheitsvorsorge, der medizinischen Diagnostik, der Gesundheitsversorgung oder Behandlung oder für die Verwaltung

von Gesundheitsdiensten erforderlich ist und die Verarbeitung dieser Daten durch ärztliches Personal oder durch sonstige Personen erfolgt, die einer entsprechenden Geheimhaltungspflicht unterliegen. Die Verarbeitung und Nutzung von Daten zu den in Satz 1 genannten Zwecken richtet sich nach den für die in Satz 1 genannten Personen geltenden Geheimhaltungspflichten. Werden zu einem in Satz 1 genannten Zweck Daten über die Gesundheit von Personen durch Angehörige eines anderen als in § 203 Abs. 1 und 3 des Strafgesetzbuchs genannten Berufes, dessen Ausübung die Feststellung, Heilung oder Linderung von Krankheiten oder die Herstellung oder den Vertrieb von Hilfsmitteln mit sich bringt, erhoben, verarbeitet oder genutzt, ist dies nur unter den Voraussetzungen zulässig, unter denen ein Arzt selbst hierzu befugt wäre.

(8) Für einen anderen Zweck dürfen die besonderen Arten personenbezogener Daten (§ 3 Abs. 9) nur unter den Voraussetzungen des Absatzes 6 Nr. 1 bis 4 oder des Absatzes 7 Satz 1 übermittelt oder genutzt werden. Eine Übermittlung oder Nutzung ist auch zulässig, wenn dies zur Abwehr von erheblichen Gefahren für die staatliche und öffentliche Sicherheit sowie zur Verfolgung von Straftaten von erheblicher Bedeutung erforderlich ist.

(9) Organisationen, die politisch, philosophisch, religiös oder gewerkschaftlich ausgerichtet sind und keinen Erwerbszweck verfolgen, dürfen besondere Arten personenbezogener Daten (§ 3 Abs. 9) erheben, verarbeiten oder nutzen, soweit dies für die Tätigkeit der Organisation erforderlich ist. Dies gilt nur für personenbezogene Daten ihrer Mitglieder oder von Personen, die im Zusammenhang mit deren Tätigkeitszweck regelmäßig Kontakte mit ihr unterhalten. Die Übermittlung dieser personenbezogenen Daten an Personen oder Stellen außerhalb der Organisation ist nur unter den Voraussetzungen des § 4a Abs. 3 zulässig. Absatz 3 Nr. 2 gilt entsprechend.

§ 29 Geschäftsmäßige Datenerhebung und -speicherung zum Zweck der Übermittlung

(1) Das geschäftsmäßige Erheben, Speichern oder Verändern personenbezogener Daten zum Zweck der Übermittlung, insbesondere wenn dies der Werbung, der Tätigkeit von Auskunfteien, dem Adresshandel oder der Markt- und Meinungsforschung dient, ist zulässig, wenn

1. kein Grund zu der Annahme besteht, dass der Betroffene ein schutzwürdiges Interesse an dem Ausschluss der Erhebung, Speicherung oder Veränderung hat, oder

2. die Daten aus allgemein zugänglichen Quellen entnommen werden können oder die verantwortliche Stelle sie veröffentlichen dürfte, es sei denn, dass das schutzwürdige Interesse des Betroffenen an dem Ausschluss der Erhebung, Speicherung oder Veränderung offensichtlich überwiegt.

§ 28 Abs. 1 Satz 2 ist anzuwenden.

(2) Die Übermittlung im Rahmen der Zwecke nach Absatz 1 ist zulässig, wenn

1. a) der Dritte, dem die Daten übermittelt werden, ein berechtigtes Interesse an ihrer Kenntnis glaubhaft dargelegt hat oder

   b) es sich um listenmäßig oder sonst zusammengefasste Daten nach § 28 Abs. 3 Nr. 3 handelt, die für Zwecke der Werbung oder der Markt- oder Meinungsforschung übermittelt werden sollen, und

2. kein Grund zu der Annahme besteht, dass der Betroffene ein schutzwürdiges Interesse an dem Ausschluss der Übermittlung hat.

§ 28 Abs. 3 Satz 2 gilt entsprechend. Bei der Übermittlung nach Nummer 1 Buchstabe a sind die Gründe für das Vorliegen eines berechtigten Interesses und die Art und Weise ihrer glaubhaften Darlegung von der übermittelnden Stelle aufzuzeichnen. Bei der Übermittlung im automatisierten Abrufverfahren obliegt die Aufzeichnungspflicht dem Dritten, dem die Daten übermittelt werden.

(3) Die Aufnahme personenbezogener Daten in elektronische oder gedruckte Adress-, Telefon-, Branchen oder vergleichbare Verzeichnisse hat zu unterbleiben, wenn der entgegenstehende Wille des Betroffenen aus dem zugrunde liegenden elektronischen oder gedruckten Verzeichnis oder Register ersichtlich ist. Der Empfänger der Daten hat sicherzustellen, dass Kennzeichnungen aus elektronischen oder gedruckten Verzeichnissen oder Registern bei der Übernahme in Verzeichnisse oder Register übernommen werden.

(4) Für die Verarbeitung oder Nutzung der übermittelten Daten gilt § 28 Abs. 4 und 5.

(5) § 28 Abs. 6 bis 9 gilt entsprechend.

§ 30 Geschäftsmäßige Datenerhebung und -speicherung zum Zweck der Übermittlung in anonymisierter Form

(1) Werden personenbezogene Daten geschäftsmäßig erhoben und gespeichert, um sie in anonymisierter Form zu übermitteln, sind die Merkmale gesondert zu speichern, mit denen Einzelangaben über persönliche oder sachliche Verhältnisse einer bestimmten oder bestimmbaren natürlichen Person zugeordnet werden können. Diese Merkmale dürfen mit den Einzelangaben nur zusammengeführt werden, soweit dies für die Erfüllung des Zwecks der Speicherung oder zu wissenschaftlichen Zwecken erforderlich ist.

(2) Die Veränderung personenbezogener Daten ist zulässig, wenn

1. kein Grund zu der Annahme besteht, dass der Betroffene ein schutzwürdiges Interesse an dem Ausschluss der Veränderung hat, oder

2. die Daten aus allgemein zugänglichen Quellen entnommen werden können oder die verantwortliche Stelle sie veröffentlichen dürfte, soweit nicht das schutzwürdige Interesse des Betroffenen an dem Ausschluss der Veränderung offensichtlich überwiegt.

(3) Die personenbezogenen Daten sind zu löschen, wenn ihre Speicherung unzulässig ist.

(4) § 29 gilt nicht.

(5) § 28 Abs. 6 bis 9 gilt entsprechend.

§ 31 Besondere Zweckbindung

Personenbezogene Daten, die ausschließlich zu Zwecken der Datenschutzkontrolle, der Datensicherung oder zur Sicherstellung eines ordnungsgemäßen Betriebes einer Datenverarbeitungsanlage gespeichert werden, dürfen nur für diese Zwecke verwendet werden.

§ 32 (weggefallen)

Zweiter Unterabschnitt

Rechte des Betroffenen

§ 33 Benachrichtigung des Betroffenen

(1) Werden erstmals personenbezogene Daten für eigene Zwecke ohne Kenntnis des Betroffenen gespeichert, ist der Betroffene von der Speicherung, der Art der Daten, der Zweckbestimmung der Erhebung, Verarbeitung oder Nutzung und der Identität der verantwortlichen Stelle zu benachrichtigen. Werden personenbezogene Daten geschäftsmäßig zum Zweck der Übermittlung ohne Kenntnis des Betroffenen gespeichert, ist der Betroffene von der erstmaligen Übermittlung und der Art der übermittelten Daten zu benachrichtigen. Der Betroffene ist in den Fällen der Sätze 1 und 2 auch über die Kategorien von Empfängern zu unterrichten, soweit er nach den Umständen des Einzelfalles nicht mit der Übermittlung an diese rechnen muss.

(2) Eine Pflicht zur Benachrichtigung besteht nicht, wenn

1. der Betroffene auf andere Weise Kenntnis von der Speicherung oder der Übermittlung erlangt hat,

2. die Daten nur deshalb gespeichert sind, weil sie aufgrund gesetzlicher, satzungsmäßiger oder vertraglicher Aufbewahrungsvorschriften nicht gelöscht

werden dürfen oder ausschließlich der Datensicherung oder der Datenschutz-kontrolle dienen und eine Benachrichtigung einen unverhältnismäßigen Aufwand erfordern würde,

3. die Daten nach einer Rechtsvorschrift oder ihrem Wesen nach, namentlich wegen des überwiegenden rechtlichen Interesses eines Dritten, geheim gehalten werden müssen,

4. die Speicherung oder Übermittlung durch Gesetz ausdrücklich vorgesehen ist,

5. die Speicherung oder Übermittlung für Zwecke der wissenschaftlichen Forschung erforderlich ist und eine Benachrichtigung einen unverhältnismäßigen Aufwand erfordern würde,

6. die zuständige öffentliche Stelle gegenüber der verantwortlichen Stelle festgestellt hat, dass das Bekanntwerden der Daten die öffentliche Sicherheit oder Ordnung gefährden oder sonst dem Wohle des Bundes oder eines Landes Nachteile bereiten würde,

7. die Daten für eigene Zwecke gespeichert sind und

    a) aus allgemein zugänglichen Quellen entnommen sind und eine Benachrichtigung wegen der Vielzahl der betroffenen Fälle unverhältnismäßig ist, oder

    b) die Benachrichtigung die Geschäftszwecke der verantwortlichen Stelle erheblich gefährden würde, es sei denn, dass das Interesse an der Benachrichtigung die Gefährdung überwiegt, oder

8. die Daten geschäftsmäßig zum Zweck der Übermittlung gespeichert sind und

    a) aus allgemein zugänglichen Quellen entnommen sind, soweit sie sich auf diejenigen Personen beziehen, die diese Daten veröffentlicht haben, oder

    b) es sich um listenmäßig oder sonst zusammengefasste Daten handelt (§ 29 Abs. 2 Nr. 1 Buchstabe b)

und eine Benachrichtigung wegen der Vielzahl der betroffenen Fälle unverhältnismäßig ist.

Die verantwortliche Stelle legt schriftlich fest, unter welchen Voraussetzungen von einer Benachrichtigung nach Satz 1 Nr. 2 bis 7 abgesehen wird.

§ 34 Auskunft an den Betroffenen

(1) Der Betroffene kann Auskunft verlangen über

1. die zu seiner Person gespeicherten Daten, auch soweit sie sich auf die Herkunft dieser Daten beziehen,

2. Empfänger oder Kategorien von Empfängern, an die Daten weitergegeben werden, und

3. den Zweck der Speicherung.

Er soll die Art der personenbezogenen Daten, über die Auskunft erteilt werden soll, näher bezeichnen. Werden die personenbezogenen Daten geschäftsmäßig zum Zweck der Übermittlung gespeichert, kann der Betroffene über Herkunft und Empfänger nur Auskunft verlangen, sofern nicht das Interesse an der Wahrung des Geschäftsgeheimnisses überwiegt. In diesem Fall ist Auskunft über Herkunft und Empfänger auch dann zu erteilen, wenn diese Angaben nicht gespeichert sind.

(2) Der Betroffene kann von Stellen, die geschäftsmäßig personenbezogene Daten zum Zweck der Auskunftserteilung speichern, Auskunft über seine personenbezogenen Daten verlangen, auch wenn sie weder in einer automatisierten Verarbeitung noch in einer nicht automatisierten Datei gespeichert sind. Auskunft über Herkunft und Empfänger kann der Betroffene nur verlangen, sofern nicht das Interesse an der Wahrung des Geschäftsgeheimnisses überwiegt.

(3) Die Auskunft wird schriftlich erteilt, soweit nicht wegen der besonderen Umstände eine andere Form der Auskunftserteilung angemessen ist.

(4) Eine Pflicht zur Auskunftserteilung besteht nicht, wenn der Betroffene nach § 33 Abs. 2 Satz 1 Nr. 2, 3 und 5 bis 7 nicht zu benachrichtigen ist.

(5) Die Auskunft ist unentgeltlich. Werden die personenbezogenen Daten geschäftsmäßig zum Zweck der Übermittlung gespeichert, kann jedoch ein Entgelt verlangt werden, wenn der Betroffene die Auskunft gegenüber Dritten zu wirtschaftlichen Zwecken nutzen kann. Das Entgelt darf über die durch die Auskunftserteilung entstandenen direkt zurechenbaren Kosten nicht hinausgehen. Ein Entgelt kann in den Fällen nicht verlangt werden, in denen besondere Umstände die Annahme rechtfertigen, dass Daten unrichtig oder unzulässig gespeichert werden, oder in denen die Auskunft ergibt, dass die Daten zu berichtigen oder unter der Voraussetzung des § 35 Abs. 2 Satz 2 Nr. 1 zu löschen sind.

(6) Ist die Auskunftserteilung nicht unentgeltlich, ist dem Betroffenen die Möglichkeit zu geben, sich im Rahmen seines Auskunftsanspruchs persönlich Kenntnis über die ihn betreffenden Daten und Angaben zu verschaffen. Er ist hierauf in geeigneter Weise hinzuweisen.

§ 35 Berichtigung, Löschung und Sperrung von Daten

(1) Personenbezogene Daten sind zu berichtigen, wenn sie unrichtig sind.

(2) Personenbezogene Daten können außer in den Fällen des Absatzes 3 Nr. 1 und 2 jederzeit gelöscht werden.

Personenbezogene Daten sind zu löschen, wenn

1. ihre Speicherung unzulässig ist,

2. es sich um Daten über die rassische oder ethnische Herkunft, politische Meinungen, religiöse oder philosophische Überzeugungen oder die Gewerkschafts-

zugehörigkeit, über Gesundheit oder das Sexualleben, strafbare Handlungen oder Ordnungswidrigkeiten handelt und ihre Richtigkeit von der verantwortlichen Stelle nicht bewiesen werden kann,

3. sie für eigene Zwecke verarbeitet werden, sobald ihre Kenntnis für die Erfüllung des Zwecks der Speicherung nicht mehr erforderlich ist, oder

4. sie geschäftsmäßig zum Zweck der Übermittlung verarbeitet werden und eine Prüfung jeweils am Ende des vierten Kalenderjahres beginnend mit ihrer erstmaligen Speicherung ergibt, dass eine längerwährende Speicherung nicht erforderlich ist.

(3) An die Stelle einer Löschung tritt eine Sperrung, soweit

1. im Fall des Absatzes 2 Nr. 3 einer Löschung gesetzliche, satzungsmäßige oder vertragliche Aufbewahrungsfristen entgegenstehen,

2. Grund zu der Annahme besteht, dass durch eine Löschung schutzwürdige Interessen des Betroffenen beeinträchtigt würden, oder

3. eine Löschung wegen der besonderen Art der Speicherung nicht oder nur mit unverhältnismäßig hohem Aufwand möglich ist.

(4) Personenbezogene Daten sind ferner zu sperren, soweit ihre Richtigkeit vom Betroffenen bestritten wird und sich weder die Richtigkeit noch die Unrichtigkeit feststellen lässt.

(5) Personenbezogene Daten dürfen nicht für eine automatisierte Verarbeitung oder Verarbeitung in nicht automatisierten Dateien erhoben, verarbeitet oder genutzt werden, soweit der Betroffene dieser bei der verantwortlichen Stelle widerspricht und eine Prüfung ergibt, dass das schutzwürdige Interesse des Betroffenen wegen seiner besonderen persönlichen Situation das Interesse der verantwortlichen Stelle an dieser Erhebung, Verarbeitung oder Nutzung überwiegt. Satz 1 gilt nicht, wenn eine Rechtsvorschrift zur Erhebung, Verarbeitung oder Nutzung verpflichtet.

(6) Personenbezogene Daten, die unrichtig sind oder deren Richtigkeit bestritten wird, müssen bei der geschäftsmäßigen Datenspeicherung zum Zweck der Übermittlung außer in den Fällen des Absatzes 2 Nr. 2 nicht berichtigt, gesperrt oder gelöscht werden, wenn sie aus allgemein zugänglichen Quellen entnommen und zu Dokumentationszwecken gespeichert sind. Auf Verlangen des Betroffenen ist diesen Daten für die Dauer der Speicherung seine Gegendarstellung beizufügen. Die Daten dürfen nicht ohne diese Gegendarstellung übermittelt werden.

(7) Von der Berichtigung unrichtiger Daten, der Sperrung bestrittener Daten sowie der Löschung oder Sperrung wegen Unzulässigkeit der Speicherung sind die Stellen zu verständigen, denen im Rahmen einer Datenübermittlung diese Daten zur Speicherung weitergegeben werden, wenn dies keinen unverhältnismäßigen Aufwand erfordert und schutzwürdige Interessen des Betroffenen nicht entgegenstehen.

(8) Gesperrte Daten dürfen ohne Einwilligung des Betroffenen nur übermittelt oder genutzt werden, wenn

1. es zu wissenschaftlichen Zwecken, zur Behebung einer bestehenden Beweisnot oder aus sonstigen im überwiegenden Interesse der verantwortlichen Stelle oder eines Dritten liegenden Gründen unerlässlich ist und

2. die Daten hierfür übermittelt oder genutzt werden dürften, wenn sie nicht gesperrt wären.

Dritter Unterabschnitt

Aufsichtsbehörde

§ 36 (weggefallen)

§ 37 (weggefallen)

§ 38 Aufsichtsbehörde

(1) Die Aufsichtsbehörde kontrolliert die Ausführung dieses Gesetzes sowie anderer Vorschriften über den Datenschutz, soweit diese die automatisierte Verarbeitung personenbezogener Daten oder die Verarbeitung oder Nutzung personenbezogener Daten in oder aus nicht automatisierten Dateien regeln einschließlich des Rechts der Mitgliedstaaten in den Fällen des § 1 Abs. 5. Die Aufsichtsbehörde darf die von ihr gespeicherten Daten nur für Zwecke der Aufsicht verarbeiten und nutzen; § 14 Abs. 2 Nr. 1 bis 3, 6 und 7 gilt entsprechend. Insbesondere darf die Aufsichtsbehörde zum Zweck der Aufsicht Daten an andere Aufsichtsbehörden übermitteln. Sie leistet den Aufsichtsbehörden anderer Mitgliedstaaten der Europäischen Union auf Ersuchen ergänzende Hilfe (Amtshilfe). Stellt die Aufsichtsbehörde einen Verstoß gegen dieses Gesetz oder andere Vorschriften über den Datenschutz fest, so ist sie befugt, die Betroffenen hierüber zu unterrichten, den Verstoß bei den für die Verfolgung oder Ahndung zuständigen Stellen anzuzeigen sowie bei schwerwiegenden Verstößen die Gewerbeaufsichtsbehörde zur Durchführung gewerberechtlicher Maßnahmen zu unterrichten. Sie veröffentlicht regelmäßig, spätestens alle zwei Jahre, einen Tätigkeitsbericht. § 21 Satz 1 und § 23 Abs. 5 Satz 4 bis 7 gelten entsprechend.

(2) Die Aufsichtsbehörde führt ein Register der nach § 4d meldepflichtigen automatisierten Verarbeitungen mit den Angaben nach § 4e Satz 1. Das Register kann von jedem eingesehen werden. Das Einsichtsrecht erstreckt sich nicht auf die Angaben nach § 4e Satz 1 Nr. 9 sowie auf die Angabe der zugriffsberechtigten Personen.

(3) Die der Kontrolle unterliegenden Stellen sowie die mit deren Leitung beauftragten Personen haben der Aufsichtsbehörde auf Verlangen die für die Erfüllung ihrer Aufgaben erforderlichen Auskünfte unverzüglich zu erteilen. Der Auskunftspflichtige kann die Auskunft auf solche Fragen verweigern, deren Beantwortung ihn selbst oder einen der in § 383 Abs. 1 Nr. 1 bis 3 der Zivilprozessordnung bezeichneten Angehörigen der Gefahr strafgerichtlicher Verfolgung oder eines Verfahrens nach dem Gesetz über Ordnungswidrigkeiten aussetzen würde. Der Auskunftspflichtige ist darauf hinzuweisen.

(4) Die von der Aufsichtsbehörde mit der Kontrolle beauftragten Personen sind befugt, soweit es zur Erfüllung der der Aufsichtsbehörde übertragenen Aufgaben erforderlich ist, während der Betriebs- und Geschäftszeiten Grundstücke und Geschäftsräume der Stelle zu betreten und dort Prüfungen und Besichtigungen vorzunehmen. Sie können geschäftliche Unterlagen, insbesondere die Übersicht nach § 4g Abs. 2 Satz 1 sowie die gespeicherten personenbezogenen Daten und die Datenverarbeitungsprogramme, einsehen. § 24 Abs. 6 gilt entsprechend. Der Auskunftspflichtige hat diese Maßnahmen zu dulden.

(5) Zur Gewährleistung des Datenschutzes nach diesem Gesetz und anderen Vorschriften über den Datenschutz, soweit diese die automatisierte Verarbeitung personenbezogener Daten oder die Verarbeitung personenbezogener Daten in oder aus nicht automatisierten Dateien regeln, kann die Aufsichtsbehörde anordnen, dass im Rahmen der Anforderungen nach § 9 Maßnahmen zur Beseitigung festgestellter technischer oder organisatorischer Mängel getroffen werden. Bei schwerwiegenden Mängeln dieser Art, insbesondere, wenn sie mit besonderer Gefährdung des Persönlichkeitsrechts verbunden sind, kann sie den Einsatz einzelner Verfahren untersagen, wenn die Mängel entgegen der Anordnung nach Satz 1 und trotz der Verhängung eines Zwangsgeldes nicht in angemessener Zeit beseitigt werden. Sie kann die Abberufung des Beauftragten für den Datenschutz verlangen, wenn er die zur Erfüllung seiner Aufgaben erforderliche Fachkunde und Zuverlässigkeit nicht besitzt.

(6) Die Landesregierungen oder die von ihnen ermächtigten Stellen bestimmen die für die Kontrolle der Durchführung des Datenschutzes im Anwendungsbereich dieses Abschnittes zuständigen Aufsichtsbehörden.

(7) Die Anwendung der Gewerbeordnung auf die den Vorschriften dieses Abschnittes unterliegenden Gewerbebetriebe bleibt unberührt.

§ 38a Verhaltensregeln zur Förderung der Durchführung datenschutzrechtlicher Regelungen

(1) Berufsverbände und andere Vereinigungen, die bestimmte Gruppen von verantwortlichen Stellen vertreten, können Entwürfe für Verhaltensregeln zur Förderung der Durchführung von datenschutzrechtlichen Regelungen der zuständigen Aufsichtsbehörde unterbreiten.

(2) Die Aufsichtsbehörde überprüft die Vereinbarkeit der ihr unterbreiteten Entwürfe mit dem geltenden Datenschutzrecht.

Vierter Abschnitt

Sondervorschriften

§ 39 Zweckbindung bei personenbezogenen Daten, die einem Berufs- oder besonderen Amtsgeheimnis unterliegen

(1) Personenbezogene Daten, die einem Berufs- oder besonderen Amtsgeheimnis unterliegen und die von der zur Verschwiegenheit verpflichteten Stelle in Ausübung ihrer Berufs- oder Amtspflicht zur Verfügung gestellt worden sind, dürfen von der verantwortlichen Stelle nur für den Zweck verarbeitet oder genutzt werden, für den sie sie erhalten hat. In die Übermittlung an eine nicht-öffentliche Stelle muss die zur Verschwiegenheit verpflichtete Stelle einwilligen.

(2) Für einen anderen Zweck dürfen die Daten nur verarbeitet oder genutzt werden, wenn die Änderung des Zwecks durch besonderes Gesetz zugelassen ist.

§ 40 Verarbeitung und Nutzung personenbezogener Daten durch Forschungseinrichtungen

(1) Für Zwecke der wissenschaftlichen Forschung erhobene oder gespeicherte personenbezogene Daten dürfen nur für Zwecke der wissenschaftlichen Forschung verarbeitet oder genutzt werden.

(2) Die personenbezogenen Daten sind zu anonymisieren, sobald dies nach dem Forschungszweck möglich ist. Bis dahin sind die Merkmale gesondert zu speichern, mit denen Einzelangaben über persönliche oder sachliche Verhältnisse einer bestimmten oder bestimmbaren Person zugeordnet werden können. Sie dürfen mit den Einzelangaben nur zusammengeführt werden, soweit der Forschungszweck dies erfordert.

(3) Die wissenschaftliche Forschung betreibenden Stellen dürfen personenbezogene Daten nur veröffentlichen, wenn

1. der Betroffene eingewilligt hat oder

2. dies für die Darstellung von Forschungsergebnissen über Ereignisse der Zeitgeschichte unerlässlich ist.

§ 41 Erhebung, Verarbeitung und Nutzung personenbezogener Daten durch die Medien

(1) Die Länder haben in ihrer Gesetzgebung vorzusehen, dass für die Erhebung, Verarbeitung und Nutzung personenbezogener Daten von Unternehmen und Hilfsunternehmen der Presse ausschließlich zu eigenen journalistisch- redaktionellen oder literarischen Zwecken den Vorschriften der §§ 5, 9 und 38a entsprechende Regelungen einschließlich einer hierauf bezogenen Haftungsregelung entsprechend § 7 zur Anwendung kommen.

(2) Führt die journalistisch-redaktionelle Erhebung, Verarbeitung oder Nutzung personenbezogener Daten durch die Deutsche Welle zur Veröffentlichung von Gegendarstellungen des Betroffenen, so sind diese Gegendarstellungen zu den gespeicherten Daten zu nehmen und für dieselbe Zeitdauer aufzubewahren wie die Daten selbst.

(3) Wird jemand durch eine Berichterstattung der Deutschen Welle in seinem Persönlichkeitsrecht beeinträchtigt, so kann er Auskunft über die der Berichterstattung zugrunde liegenden, zu seiner Person gespeicherten Daten verlangen. Die Auskunft kann nach Abwägung der schutzwürdigen Interessen der Beteiligten verweigert werden, soweit

1. aus den Daten auf Personen, die bei der Vorbereitung, Herstellung oder Verbreitung von Rundfunksendungen berufsmäßig journalistisch mitwirken oder mitgewirkt haben, geschlossen werden kann,

2. aus den Daten auf die Person des Einsenders oder des Gewährsträgers von Beiträgen, Unterlagen und Mitteilungen für den redaktionellen Teil geschlossen werden kann,

3. durch die Mitteilung der recherchierten oder sonst erlangten Daten die journalistische Aufgabe der Deutschen Welle durch Ausforschung des Informationsbestandes beeinträchtigt würde.

Der Betroffene kann die Berichtigung unrichtiger Daten verlangen.

(4) Im Übrigen gelten für die Deutsche Welle von den Vorschriften dieses Gesetzes die §§ 5, 7, 9 und 38a. Anstelle der §§ 24 bis 26 gilt § 42, auch soweit es sich um Verwaltungsangelegenheiten handelt.

§ 42 Datenschutzbeauftragter der Deutschen Welle

(1) Die Deutsche Welle bestellt einen Beauftragten für den Datenschutz, der an die Stelle des Bundesbeauftragten für den Datenschutz tritt. Die Bestellung erfolgt auf Vorschlag des Intendanten durch den Verwaltungsrat für die Dauer von vier Jahren, wobei Wiederbestellungen zulässig sind. Das Amt eines Beauftragten für den Daten-

schutz kann neben anderen Aufgaben innerhalb der Rundfunkanstalt wahrgenommen werden.

(2) Der Beauftragte für den Datenschutz kontrolliert die Einhaltung der Vorschriften dieses Gesetzes sowie anderer Vorschriften über den Datenschutz. Er ist in Ausübung dieses Amtes unabhängig und nur dem Gesetz unterworfen. Im Übrigen untersteht er der Dienst- und Rechtsaufsicht des Verwaltungsrates.

(3) Jedermann kann sich entsprechend § 21 Satz 1 an den Beauftragten für den Datenschutz wenden.

(4) Der Beauftragte für den Datenschutz erstattet den Organen der Deutschen Welle alle zwei Jahre, erstmals zum 1. Januar 1994 einen Tätigkeitsbericht. Er erstattet darüber hinaus besondere Berichte auf Beschluss eines Organes der Deutschen Welle. Die Tätigkeitsberichte übermittelt der Beauftragte auch an den Bundesbeauftragten für den Datenschutz.

(5) Weitere Regelungen entsprechend den §§ 23 bis 26 trifft die Deutsche Welle für ihren Bereich. Die §§ 4f und 4g bleiben unberührt.

Fünfter Abschnitt

Schlussvorschriften

§ 43 Bußgeldvorschriften

(1) Ordnungswidrig handelt, wer vorsätzlich oder fahrlässig

1. entgegen § 4d Abs. 1, auch in Verbindung mit § 4e Satz 2, eine Meldung nicht, nicht richtig, nicht vollständig oder nicht rechtzeitig macht,

2. entgegen § 4f Abs. 1 Satz 1 oder 2, jeweils auch in Verbindung mit Satz 3 und 6, einen Beauftragten für den Datenschutz nicht, nicht in der vorgeschriebenen Weise oder nicht rechtzeitig bestellt,

3. entgegen § 28 Abs. 4 Satz 2 den Betroffenen nicht, nicht richtig oder nicht rechtzeitig unterrichtet oder nicht sicherstellt, dass der Betroffene Kenntnis erhalten kann,

4. entgegen § 28 Abs. 5 Satz 2 personenbezogene Daten übermittelt oder nutzt,

5. entgegen § 29 Abs. 2 Satz 3 oder 4 die dort bezeichneten Gründe oder die Art und Weise ihrer glaubhaften Darlegung nicht aufzeichnet,

6. entgegen § 29 Abs. 3 Satz 1 personenbezogene Daten in elektronische oder gedruckte Adress-, Rufnummern-, Branchen- oder vergleichbare Verzeichnisse aufnimmt,

7. entgegen § 29 Abs. 3 Satz 2 die Übernahme von Kennzeichnungen nicht sicherstellt,

8. entgegen § 33 Abs. 1 den Betroffenen nicht, nicht richtig oder nicht vollständig benachrichtigt,

9. entgegen § 35 Abs. 6 Satz 3 Daten ohne Gegendarstellung übermittelt,

10. entgegen § 38 Abs. 3 Satz 1 oder Abs. 4 Satz 1 eine Auskunft nicht, nicht richtig, nicht vollständig oder nicht rechtzeitig erteilt oder eine Maßnahme nicht duldet oder

11. einer vollziehbaren Anordnung nach § 38 Abs. 5 Satz 1 zuwiderhandelt.

(2) Ordnungswidrig handelt, wer vorsätzlich oder fahrlässig

1. unbefugt personenbezogene Daten, die nicht allgemein zugänglich sind, erhebt oder verarbeitet,

2. unbefugt personenbezogene Daten, die nicht allgemein zugänglich sind, zum Abruf mittels automatisierten Verfahrens bereithält,

3. unbefugt personenbezogene Daten, die nicht allgemein zugänglich sind, abruft oder sich oder einem anderen aus automatisierten Verarbeitungen oder nicht automatisierten Dateien verschafft,

4. die Übermittlung von personenbezogenen Daten, die nicht allgemein zugänglich sind, durch unrichtige Angaben erschleicht,

5. entgegen § 16 Abs. 4 Satz 1, § 28 Abs. 5 Satz 1, auch in Verbindung mit § 29 Abs. 4, § 39 Abs. 1 Satz 1 oder § 40 Abs. 1, die übermittelten Daten für andere Zwecke nutzt, indem er sie an Dritte weitergibt, oder

6. entgegen § 30 Abs. 1 Satz 2 die in § 30 Abs. 1 Satz 1 bezeichneten Merkmale oder entgegen § 40 Abs. 2 Satz 3 die in § 40 Abs. 2 Satz 2 bezeichneten Merkmale mit den Einzelangaben zusammenführt.

(3) Die Ordnungswidrigkeit kann im Fall des Absatzes 1 mit einer Geldbuße bis zu fünfundzwanzigtausend Euro, in den Fällen des Absatzes 2 mit einer Geldbuße bis zu zweihundertfünfzigtausend Euro geahndet werden.

§ 44 Strafvorschriften

(1) Wer eine in § 43 Abs. 2 bezeichnete vorsätzliche Handlung gegen Entgelt oder in der Absicht, sich oder einen anderen zu bereichern oder einen anderen zu schädigen, begeht, wird mit Freiheitsstrafe bis zu zwei Jahren oder mit Geldstrafe bestraft.

(2) Die Tat wird nur auf Antrag verfolgt. Antragsberechtigt sind der Betroffene, die verantwortliche Stelle, der Bundesbeauftragte für den Datenschutz und die Aufsichtsbehörde.

Sechster Abschnitt

Übergangsvorschriften

§ 45 Laufende Verwendungen

Erhebungen, Verarbeitungen oder Nutzungen personenbezogener Daten, die am 23. Mai 2001 bereits begonnen haben, sind binnen drei Jahren nach diesem Zeitpunkt mit den Vorschriften dieses Gesetzes in Übereinstimmung zu bringen. Soweit Vorschriften dieses Gesetzes in Rechtsvorschriften außerhalb des Anwendungsbereichs der Richtlinie 95/46/EG des Europäischen Parlaments und des Rates vom 24. Oktober 1995 zum Schutz natürlicher Personen bei der Verarbeitung personenbezogener Daten und zum freien Datenverkehr zur Anwendung gelangen, sind Erhebungen, Verarbeitungen oder Nutzungen personenbezogener Daten, die am 23. Mai 2001 bereits begonnen haben, binnen fünf Jahren nach diesem Zeitpunkt mit den Vorschriften dieses Gesetzes in Übereinstimmung zu bringen.

§ 46 Weitergeltung von Begriffsbestimmungen

(1) Wird in besonderen Rechtsvorschriften des Bundes der Begriff Datei verwendet, ist Datei

1. eine Sammlung personenbezogener Daten, die durch automatisierte Verfahren nach bestimmten Merkmalen ausgewertet werden kann (automatisierte Datei), oder

2. jede sonstige Sammlung personenbezogener Daten, die gleichartig aufgebaut ist und nach bestimmten Merkmalen geordnet, umgeordnet und ausgewertet werden kann (nicht automatisierte Datei).

Nicht hierzu gehören Akten und Aktensammlungen, es sei denn, dass sie durch automatisierte Verfahren umgeordnet und ausgewertet werden können.

(2) Wird in besonderen Rechtsvorschriften des Bundes der Begriff Akte verwendet, ist Akte jede amtlichen oder dienstlichen Zwecken dienende Unterlage, die nicht dem Dateibegriff des Absatzes 1 unterfällt; dazu zählen auch Bild- und Tonträger. Nicht hierunter fallen Vorentwürfe und Notizen, die nicht Bestandteil eines Vorgangs werden sollen.

(3) Wird in besonderen Rechtsvorschriften des Bundes der Begriff Empfänger verwendet, ist Empfänger jede Person oder Stelle außerhalb der verantwortlichen Stelle. Empfänger sind nicht der Betroffene sowie Personen und Stellen, die im Inland, in einem anderen Mitgliedstaat der Europäischen Union oder in einem anderen Vertragsstaat des Abkommens über den Europäischen Wirtschaftsraum personenbezogene Daten im Auftrag erheben, verarbeiten oder nutzen.

Anlage
(zu § 9 Satz 1)

Werden personenbezogene Daten automatisiert verarbeitet oder genutzt, ist die innerbehördliche oder innerbetriebliche Organisation so zu gestalten, dass sie den besonderen Anforderungen des Datenschutzes gerecht wird. Dabei sind insbesondere Maßnahmen zu treffen, die je nach der Art der zu schützenden personenbezogenen Daten oder Datenkategorien geeignet sind,

1. Unbefugten den Zutritt zu Datenverarbeitungsanlagen, mit denen personenbezogene Daten verarbeitet oder genutzt werden, zu verwehren (Zutrittskontrolle),

2. zu verhindern, dass Datenverarbeitungssysteme von Unbefugten genutzt werden können (Zugangskontrolle),

3. zu gewährleisten, dass die zur Benutzung eines Datenverarbeitungssystems Berechtigten ausschließlich auf die ihrer Zugriffsberechtigung unterliegenden Daten zugreifen können, und dass personenbezogene Daten bei der Verarbeitung, Nutzung und nach der Speicherung nicht unbefugt gelesen, kopiert, verändert oder entfernt werden können (Zugriffskontrolle),

4. zu gewährleisten, dass personenbezogene Daten bei der elektronischen Übertragung oder während ihres Transports oder ihrer Speicherung auf Datenträger nicht unbefugt gelesen, kopiert, verändert oder entfernt werden können, und dass überprüft und festgestellt werden kann, an welche Stellen eine Übermittlung personenbezogener Daten durch Einrichtungen zur Datenübertragung vorgesehen ist (Weitergabekontrolle),

5. zu gewährleisten, dass nachträglich überprüft und festgestellt werden kann, ob und von wem personenbezogene Daten in Datenverarbeitungssysteme eingegeben, verändert oder entfernt worden sind (Eingabekontrolle),

6. zu gewährleisten, dass personenbezogene Daten, die im Auftrag verarbeitet werden, nur entsprechend den Weisungen des Auftraggebers verarbeitet werden können (Auftragskontrolle),

7. zu gewährleisten, dass personenbezogene Daten gegen zufällige Zerstörung oder Verlust geschützt sind (Verfügbarkeitskontrolle),

8. zu gewährleisten, dass zu unterschiedlichen Zwecken erhobene Daten getrennt verarbeitet werden können.

RICHTLINIE 95/46/EG

DES EUROPÄISCHEN PARLAMENTS UND DES RATES

vom 24. Oktober 1995

zum Schutz natürlicher Personen bei der Verarbeitung personenbezogener Daten und zum freien Datenverkehr[*]

ERWÄGUNGSGRÜNDE

KAPITEL I
ALLGEMEINE BESTIMMUNGEN

KAPITEL II
ALLGEMEINE BEDINGUNGEN FÜR DIE RECHTMÄSSIGKEIT DER VERARBEITUNG PERSONENBEZOGENER DATEN

ABSCHNITT I
GRUNDSÄTZE IN BEZUG AUF DIE QUALITÄT DER DATEN

ABSCHNITT II
GRUNDSÄTZE IN BEZUG AUF DIE ZULÄSSIGKEIT DER VERARBEITUNG VON DATEN

---

[*] Richtlinie 95/46/EG vom 24.10.1995 – Amtsblatt der EG vom 23.11.95, Nr. L 281/31.

ABSCHNITT III
BESONDERE KATEGORIEN DER VERARBEITUNG

ABSCHNITT IV
INFORMATION DER BETROFFENEN PERSON

ABSCHNITT V
AUSKUNFTSRECHT DER BETROFFENEN PERSON

ABSCHNITT VI
AUSNAHMEN UND EINSCHRÄNKUNGEN

ABSCHNITT VII
WIDERSPRUCHSRECHT DER BETROFFENEN PERSON

ABSCHNITT VIII
VERTRAULICHKEIT UND SICHERHEIT DER VERARBEITUNG

ABSCHNITT IX
MELDUNG

DAS EUROPÄISCHE PARLAMENT UND DER RAT DER EUROPÄISCHEN UNION -

gestützt auf den Vertrag zur Gründung der Europäischen Gemeinschaft, insbesondere auf

Artikel 100a,

auf Vorschlag der Kommission[1],

nach Stellungnahme des Wirtschafts- und Sozialausschusses[2],

gemäß dem Verfahren des Artikels 189b des Vertrags[3],

in Erwägung nachstehender Gründe:

Erwägungsgründe:

(1) Die Ziele der Gemeinschaft, wie sie in dem durch den Vertrag über die Europäische Union geänderten Vertrag festgelegt sind, bestehen darin, einen immer engeren Zusammenschluß der europäischen Völker zu schaffen, engere Beziehungen zwischen den in der Gemeinschaft zusammengeschlossenen Staaten herzustellen, durch gemeinsames Handeln den wirtschaftlichen und sozialen Fortschritt zu sichern, indem die Europa trennenden Schranken beseitigt werden, die ständige Besserung der Lebensbedingungen ihrer Völker zu fördern, Frieden und Freiheit zu wahren und zu festigen und für die Demokratie einzutreten und sich dabei auf die in den Verfassungen und Gesetzen der Mitgliedstaaten sowie in der Europäischen Konvention zum Schutze der Menschenrechte und Grundfreiheiten anerkannten Grundrechte zu stützen.

(2) Die Datenverarbeitungssysteme stehen im Dienste des Menschen; sie haben, ungeachtet der Staatsangehörigkeit oder des Wohnorts der natürlichen Personen, deren Grundrechte und -freiheiten und insbesondere deren Privatsphäre zu achten und zum wirtschaftlichen und sozialen Fortschritt, zur Entwicklung des Handels sowie zum Wohlergehen der Menschen beizutragen.

(3) Für die Errichtung und das Funktionieren des Binnenmarktes, der gemäß Artikel 7a des Vertrags den freien Verkehr von Waren, Personen, Dienstleistungen und Kapital gewährleisten soll, ist es nicht nur erforderlich, daß personenbezogene Daten

---

[1] ABl. Nr. C 277 vom 5.11.1990, S. 3, und ABl. Nr. C 311 vom 27.11.1992, S. 30.

[2] ABl. Nr. C 159 vom 17.6.1991, S. 38.

[3] Stellungnahme des Europäischen Parlaments vom 11. März 1992 (ABl. Nr. C 94 vom 13.4.1992, S. 198), bestätigt am 2. Dezember 1993 (ABl. Nr. C 342 vom 20. 12.1993, S. 30). Gemeinsamer Standpunkt des Rates vom 20. Februar 1995 (ABl. Nr. C 93 vom 13. 4.1995, S.1) und Beschluß des Europäischen Parlaments vom 15. Juni 1995 (ABl. Nr. C 166 vom 3. 7. 1995).

von einem Mitgliedstaat in einen anderen Mitgliedstaat übermittelt werden können, sondern auch, daß die Grundrechte der Personen gewahrt werden.

(4) Immer häufiger werden personenbezogene Daten in der Gemeinschaft in den verschiedenen Bereichen wirtschaftlicher und sozialer Tätigkeiten verarbeitet. Die Fortschritte der Informationstechnik erleichtern die Verarbeitung und den Austausch dieser Daten beträchtlich.

(5) Die wirtschaftliche und soziale Integration, die sich aus der Errichtung und dem Funktionieren des Binnenmarktes im Sinne von Artikel 7a des Vertrags ergibt, wird notwendigerweise zu einer spürbaren Zunahme der grenzüberschreitenden Ströme personenbezogener Daten zwischen allen am wirtschaftlichen und sozialen Leben der Mitgliedstaaten Beteiligten im öffentlichen wie im privaten Bereich führen. Der Austausch personenbezogener Daten zwischen in verschiedenen Mitgliedstaaten niedergelassenen Unternehmen wird zunehmen. Die Verwaltungen der Mitgliedstaaten sind aufgrund des Gemeinschaftsrechts gehalten, zusammenzuarbeiten und untereinander personenbezogene Daten auszutauschen, um im Rahmen des Raums ohne Grenzen, wie er durch den Binnenmarkt hergestellt wird, ihren Auftrag erfüllen oder Aufgaben anstelle der Behörden eines anderen Mitgliedstaats durchführen zu können.

(6) Die verstärkte wissenschaftliche und technische Zusammenarbeit sowie die koordinierte Einführung neuer Telekommunikationsnetze in der Gemeinschaft erfordern und erleichtern den grenzüberschreitenden Verkehr personenbezogener Daten.

(7) Das unterschiedliche Niveau des Schutzes der Rechte und Freiheiten von Personen, insbesondere der Privatsphäre, bei der Verarbeitung personenbezogener Daten in den Mitgliedstaaten kann die Übermittlung dieser Daten aus dem Gebiet eines Mitgliedstaats in das Gebiet eines anderen Mitgliedstaats verhindern. Dieses unterschiedliche Schutzniveau kann somit ein Hemmnis für die Ausübung einer Reihe von Wirtschaftstätigkeiten auf Gemeinschaftsebene darstellen, den Wettbewerb verfälschen und die Erfüllung des Auftrags der im Anwendungsbereich des Gemeinschaftsrechts tätigen Behörden verhindern. Dieses unterschiedliche Schutzniveau ergibt sich aus der Verschiedenartigkeit der einzelstaatlichen Rechts- und Verwaltungsvorschriften.

(8) Zur Beseitigung der Hemmnisse für den Verkehr personenbezogener Daten ist ein gleichwertiges Schutzniveau hinsichtlich der Rechte und Freiheiten von Personen bei der Verarbeitung dieser Daten in allen Mitgliedstaaten unerläßlich. Insbesondere unter Berücksichtigung der großen Unterschiede, die gegenwärtig zwischen den einschlägigen einzelstaatlichen Rechtsvorschriften bestehen, und der Notwendigkeit, die Rechtsvorschriften der Mitgliedstaaten zu koordinieren, damit der grenzüberschreitende Fluß personenbezogener Daten kohärent und in Übereinstimmung mit dem Ziel des Binnenmarktes im Sinne des Artikels 7a des Vertrags geregelt wird, lässt sich dieses für den Binnenmarkt grundlegende Ziel nicht allein durch das Vorgehen der Mitgliedstaaten verwirklichen. Deshalb ist eine Maßnahme der Gemeinschaft zur Angleichung der Rechtsvorschriften erforderlich.

(9) Die Mitgliedstaaten dürfen aufgrund des gleichwertigen Schutzes, der sich aus der Angleichung der einzelstaatlichen Rechtsvorschriften ergibt, den freien Verkehr personenbezogener Daten zwischen ihnen nicht mehr aus Gründen behindern, die den Schutz der Rechte und Freiheiten natürlicher Personen und insbesondere das Recht auf die Privatsphäre betreffen. Die Mitgliedstaaten besitzen einen Spielraum, der im Rahmen der Durchführung der Richtlinie von den Wirtschafts- und Sozialpartnern genutzt werden kann. Sie können somit in ihrem einzelstaatlichen Recht allgemeine Bedingungen für die Rechtmäßigkeit der Verarbeitung festlegen. Hierbei streben sie eine Verbesserung des gegenwärtig durch ihre Rechtsvorschriften gewährten Schutzes an. Innerhalb dieses Spielraums können unter Beachtung des Gemeinschaftsrechts Unterschiede bei der Durchführung der Richtlinie auftreten, was Auswirkungen für den Datenverkehr sowohl innerhalb eines Mitgliedstaats als auch in der Gemeinschaft haben kann.

(10) Gegenstand der einzelstaatlichen Rechtsvorschriften über die Verarbeitung personenbezogener Daten ist die Gewährleistung der Achtung der Grundrechte und -freiheiten, insbesondere des auch in Artikel 8 der Europäischen Konvention zum Schutze der Menschenrechte und Grundfreiheiten und in den allgemeinen Grundsätzen des Gemeinschaftsrechts anerkannten Rechts auf die Privatsphäre. Die Angleichung dieser Rechtsvorschriften darf deshalb nicht zu einer Verringerung des durch diese Rechtsvorschriften garantierten Schutzes führen, sondern muß im Gegenteil darauf abzielen, in der Gemeinschaft ein hohes Schutzniveau sicherzustellen.

(11) Die in dieser Richtlinie enthaltenen Grundsätze zum Schutz der Rechte und Freiheiten der Personen, insbesondere der Achtung der Privatsphäre, konkretisieren und erweitern die in dem Übereinkommen des Europarats vom 28. Januar 1981 zum Schutze der Personen bei der automatischen Verarbeitung personenbezogener Daten enthaltenen Grundsätze.

(12) Die Schutzprinzipien müssen für alle Verarbeitungen personenbezogener Daten gelten, sobald die Tätigkeiten des für die Verarbeitung Verantwortlichen in den Anwendungsbereich des Gemeinschaftsrechts fallen. Auszunehmen ist die Datenverarbeitung, die von einer natürlichen Person in Ausübung ausschließlich persönlicher oder familiärer Tätigkeiten – wie zum Beispiel Schriftverkehr oder Führung von Anschriftenverzeichnissen – vorgenommen wird.

(13) Die in den Titeln V und VI des Vertrags über die Europäische Union genannten Tätigkeiten, die die öffentliche Sicherheit, die Landesverteidigung, die Sicherheit des Staates oder die Tätigkeiten des Staates im Bereich des Strafrechts betreffen, fallen unbeschadet der Verpflichtungen der Mitgliedstaaten gemäß Artikel 56 Absatz 2 sowie gemäß den Artikeln 57 und 100a des Vertrags zur Gründung der Europäischen Gemeinschaft nicht in den Anwendungsbereich des Gemeinschaftsrechts. Die Verarbeitung personenbezogener Daten, die zum Schutz des wirtschaftlichen Wohls des Staates erforderlich ist, fällt nicht unter diese Richtlinie, wenn sie mit Fragen der Sicherheit des Staates zusammenhängt.

(14) In Anbetracht der Bedeutung der gegenwärtigen Entwicklung im Zusammenhang mit der Informationsgesellschaft bezüglich Techniken der Erfassung, Übermittlung, Veränderung, Speicherung, Aufbewahrung oder Weitergabe von personenbezogenen Ton- und Bilddaten muß diese Richtlinie auch auf die Verarbeitung dieser Daten Anwendung finden.

(15) Die Verarbeitung solcher Daten wird von dieser Richtlinie nur erfasst, wenn sie automatisiert erfolgt oder wenn die Daten, auf die sich die Verarbeitung bezieht, in Dateien enthalten oder für solche bestimmt sind, die nach bestimmten personenbezogenen Kriterien strukturiert sind, um einen leichten Zugriff auf die Daten zu ermöglichen.

(16) Die Verarbeitung von Ton- und Bilddaten, wie bei der Videoüberwachung, fällt nicht unter diese Richtlinie, wenn sie für Zwecke der öffentlichen Sicherheit, der Landesverteidigung, der Sicherheit des Staates oder der Tätigkeiten des Staates im Bereich des Strafrechts oder anderen Tätigkeiten erfolgt, die nicht unter das Gemeinschaftsrecht fallen.

(17) Bezüglich der Verarbeitung von Ton- und Bilddaten für journalistische, literarische oder künstlerische Zwecke, insbesondere im audiovisuellen Bereich, finden die Grundsätze dieser Richtlinie gemäß Artikel 9 eingeschränkt Anwendung.

(18) Um zu vermeiden, daß einer Person der gemäß dieser Richtlinie gewährleistete Schutz vorenthalten wird, müssen auf jede in der Gemeinschaft erfolgte Verarbeitung personenbezogener Daten die Rechtsvorschriften eines Mitgliedstaats angewandt werden. Es ist angebracht, auf die Verarbeitung, die von einer Person, die dem in dem Mitgliedstaat niedergelassenen für die Verarbeitung Verantwortlichen unterstellt ist, vorgenommen werden, die Rechtsvorschriften dieses Staates anzuwenden.

(19) Eine Niederlassung im Hoheitsgebiet eines Mitgliedstaats setzt die effektive und tatsächliche Ausübung einer Tätigkeit mittels einer festen Einrichtung voraus. Die Rechtsform einer solchen Niederlassung, die eine Agentur oder eine Zweigstelle sein kann, ist in dieser Hinsicht nicht maßgeblich. Wenn der Verantwortliche im Hoheitsgebiet mehrerer Mitgliedstaaten niedergelassen ist, insbesondere mit einer Filiale, muß er vor allem zu Vermeidung von Umgehungen sicherstellen, daß jede dieser Niederlassungen die Verpflichtungen einhält, die im jeweiligen einzelstaatlichen Recht vorgesehen sind, das auf ihre jeweiligen Tätigkeiten anwendbar ist.

(20) Die Niederlassung des für die Verarbeitung Verantwortlichen in einem Drittland darf dem Schutz der Personen gemäß dieser Richtlinie nicht entgegenstehen. In diesem Fall sind die Verarbeitungen dem Recht des Mitgliedstaats zu unterwerfen, in dem sich die für die betreffenden Verarbeitungen verwendeten Mittel befinden, und Vorkehrungen zu treffen, um sicherzustellen, daß die in dieser Richtlinie vorgesehenen Rechte und Pflichten tatsächlich eingehalten werden.

(21) Diese Richtlinie berührt nicht die im Strafrecht geltenden Territorialitätsregeln.

(22) Die Mitgliedstaaten können in ihren Rechtsvorschriften oder bei der Durchführung der Vorschriften zur Umsetzung dieser Richtlinie die allgemeinen Bedingungen präzisieren, unter denen die Verarbeitungen rechtmäßig sind. Insbesondere nach Artikel 5 in Verbindung mit den Artikeln 7 und 8 können die Mitgliedstaaten neben den allgemeinen Regeln besondere Bedingungen für die Datenverarbeitung in spezifischen Bereichen und für die verschiedenen Datenkategorien gemäß Artikel 8 vorsehen.

(23) Die Mitgliedstaaten können den Schutz von Personen sowohl durch ein allgemeines Gesetz zum Schutz von Personen bei der Verarbeitung personenbezogener Daten als auch durch gesetzliche Regelungen für bestimmte Bereiche, wie zum Beispiel die statistischen Ämter, sicherstellen.

(24) Diese Richtlinie berührt nicht die Rechtsvorschriften zum Schutz juristischer Personen bei der Verarbeitung von Daten, die sich auf sie beziehen.

(25) Die Schutzprinzipien finden zum einen ihren Niederschlag in den Pflichten, die den Personen, Behörden, Unternehmen, Geschäftsstellen oder anderen für die Verarbeitung verantwortlichen Stellen obliegen; diese Pflichten betreffen insbesondere die Datenqualität, die technische Sicherheit, die Meldung bei der Kontrollstelle und die Voraussetzungen, unter denen eine Verarbeitung vorgenommen werden kann. Zum anderen kommen sie zum Ausdruck in den Rechten der Personen, deren Daten Gegenstand von Verarbeitungen sind, über diese informiert zu werden, Zugang zu den Daten zu erhalten, ihre Berichtigung verlangen bzw. unter gewissen Voraussetzungen Widerspruch gegen die Verarbeitung einlegen zu können.

(26) Die Schutzprinzipien müssen für alle Informationen über eine bestimmte oder bestimmbare Person gelten. Bei der Entscheidung, ob eine Person bestimmbar ist, sollten alle Mittel berücksichtigt werden, die vernünftigerweise entweder von dem Verantwortlichen für die Verarbeitung oder von einem Dritten eingesetzt werden könnten, um die betreffende Person zu bestimmen. Die Schutzprinzipien finden keine Anwendung auf Daten, die derart anonymisiert sind, daß die betroffene Person nicht mehr identifizierbar ist. Die Verhaltensregeln im Sinne des Artikels 27 können ein nützliches Instrument sein, mit dem angegeben wird, wie sich die Daten in einer Form anonymisieren und aufbewahren lassen, die die Identifizierung der betroffenen Person unmöglich macht.

(27) Datenschutz muß sowohl für automatisierte als auch für nicht automatisierte Verarbeitungen gelten. In der Tat darf der Schutz nicht von den verwendeten Techniken abhängen, da andernfalls ernsthafte Risiken der Umgehung entstehen würden. Bei manuellen Verarbeitungen erfasst diese Richtlinie lediglich Dateien, nicht jedoch unstrukturierte Akten. Insbesondere muß der Inhalt einer Datei nach bestimmten personenbezogenen Kriterien strukturiert sein, die einen leichten Zugriff auf die Daten ermöglichen. Nach der Definition in Artikel 2 Buchstabe c) können die Mitgliedstaaten die Kriterien zur Bestimmung der Elemente einer strukturierten Sammlung personenbezogener Daten sowie die verschiedenen Kriterien zur Regelung des Zugriffs zu einer solchen Sammlung festlegen. Akten und Aktensammlungen sowie

ihre Deckblätter, die nicht nach bestimmten Kriterien strukturiert sind, fallen unter keinen Umständen in den Anwendungsbereich dieser Richtlinie.

(28) Die Verarbeitung personenbezogener Daten muß gegenüber den betroffenen Personen nach Treu und Glauben erfolgen. Sie hat dem angestrebten Zweck zu entsprechen, dafür erheblich zu sein und nicht darüber hinauszugehen. Die Zwecke müssen eindeutig und rechtmäßig sein und bei der Datenerhebung festgelegt werden. Die Zweckbestimmungen der Weiterverarbeitung nach der Erhebung dürfen nicht mit den ursprünglich festgelegten Zwecken unvereinbar sein.

(29) Die Weiterverarbeitung personenbezogener Daten für historische, statistische oder wissenschaftliche Zwecke ist im allgemeinen nicht als unvereinbar mit den Zwecken der vorausgegangenen Datenerhebung anzusehen, wenn der Mitgliedstaat geeignete Garantien vorsieht. Diese Garantien müssen insbesondere ausschließen, daß die Daten für Maßnahmen oder Entscheidungen gegenüber einzelnen Betroffenen verwendet werden.

(30) Die Verarbeitung personenbezogener Daten ist nur dann rechtmäßig, wenn sie auf der Einwilligung der betroffenen Person beruht oder notwendig ist im Hinblick auf den Abschluß oder die Erfüllung eines für die betroffene Person bindenden Vertrags, zur Erfüllung einer gesetzlichen Verpflichtung, zur Wahrnehmung einer Aufgabe im öffentlichen Interesse, in Ausübung hoheitlicher Gewalt oder wenn sie im Interesse einer anderen Person erforderlich ist, vorausgesetzt, daß die Interessen oder die Rechte und Freiheiten der betroffenen Person nicht überwiegen. Um den Ausgleich der in Frage stehenden Interessen unter Gewährleistung eines effektiven Wettbewerbs sicherzustellen, können die Mitgliedstaaten insbesondere die Bedingungen näher bestimmen, unter denen personenbezogene Daten bei rechtmäßigen Tätigkeiten im Rahmen laufender Geschäfte von Unternehmen und anderen Einrichtungen an Dritte weitergegeben werden können. Ebenso können sie die Bedingungen festlegen, unter denen personenbezogene Daten an Dritte zum Zweck der kommerziellen Werbung oder der Werbung von Wohltätigkeitsverbänden oder anderen Vereinigungen oder Stiftungen, z. B. mit politischer Ausrichtung, weitergegeben werden können, und zwar unter Berücksichtigung der Bestimmungen dieser Richtlinie, nach denen betroffene Personen ohne Angabe von Gründen und ohne Kosten Widerspruch gegen die Verarbeitung von Daten, die sie betreffen, erheben können.

(31) Die Verarbeitung personenbezogener Daten ist ebenfalls als rechtmäßig anzusehen, wenn sie erfolgt, um ein für das Leben der betroffenen Person wesentliches Interesse zu schützen.

(32) Es ist nach einzelstaatlichem Recht festzulegen, ob es sich bei dem für die Verarbeitung Verantwortlichen, der mit der Wahrnehmung einer Aufgabe betraut wurde, die im öffentlichen Interesse liegt oder in Ausübung hoheitlicher Gewalt erfolgt, um eine Behörde oder um eine andere unter das öffentliche Recht oder das Privatrecht fallende Person, wie beispielsweise eine Berufsvereinigung, handeln soll.

(33) Daten, die aufgrund ihrer Art geeignet sind, die Grundfreiheiten oder die Privatsphäre zu beeinträchtigen, dürfen nicht ohne ausdrückliche Einwilligung der betroffenen Person verarbeitet werden. Ausnahmen von diesem Verbot müssen ausdrücklich vorgesehen werden bei spezifischen Notwendigkeiten, insbesondere wenn die Verarbeitung dieser Daten für gewisse auf das Gesundheitswesen bezogene Zwecke von Personen vorgenommen wird, die nach dem einzelstaatlichen Recht dem Berufsgeheimnis unterliegen, oder wenn die Verarbeitung für berechtigte Tätigkeiten bestimmter Vereinigungen oder Stiftungen vorgenommen wird, deren Ziel es ist, die Ausübung von Grundfreiheiten zu ermöglichen.

(34) Die Mitgliedstaaten können, wenn dies durch ein wichtiges öffentliches Interesse gerechtfertigt ist, Ausnahmen vom Verbot der Verarbeitung sensibler Datenkategorien vorsehen in Bereichen wie dem öffentlichen Gesundheitswesen und der sozialen Sicherheit – insbesondere hinsichtlich der Sicherung von Qualität und Wirtschaftlichkeit der Verfahren zur Abrechnung von Leistungen in den sozialen Krankenversicherungssystemen –, der wissenschaftlichen Forschung und der öffentlichen Statistik. Die Mitgliedstaaten müssen jedoch geeignete besondere Garantien zum Schutz der Grundrechte und der Privatsphäre von Personen vorsehen.

(35) Die Verarbeitung personenbezogener Daten durch staatliche Stellen für verfassungsrechtlich oder im Völkerrecht niedergelegte Zwecke von staatlich anerkannten Religionsgesellschaften erfolgt ebenfalls im Hinblick auf ein wichtiges öffentliches Interesse.

(36) Wenn es in bestimmten Mitgliedstaaten zum Funktionieren des demokratischen Systems gehört, daß die politischen Parteien im Zusammenhang mit Wahlen Daten über die politische Einstellung von Personen sammeln, kann die Verarbeitung derartiger Daten aus Gründen eines wichtigen öffentlichen Interesses zugelassen werden, sofern angemessene Garantien vorgesehen werden.

(37) Für die Verarbeitung personenbezogener Daten zu journalistischen, literarischen oder künstlerischen Zwecken, insbesondere im audiovisuellen Bereich, sind Ausnahmen von bestimmten Vorschriften dieser Richtlinie vorzusehen, soweit sie erforderlich sind, um die Grundrechte der Person mit der Freiheit der Meinungsäußerung und insbesondere der Freiheit, Informationen zu erhalten oder weiterzugeben, die insbesondere in Artikel 10 der Europäischen Konvention zum Schutze der Menschenrechte und der Grundfreiheiten garantiert ist, in Einklang zu bringen. Es obliegt deshalb den Mitgliedstaaten, unter Abwägung der Grundrechte Ausnahmen und Einschränkungen festzulegen, die bei den allgemeinen Maßnahmen zur Rechtmäßigkeit der Verarbeitung von Daten, bei den Maßnahmen zur Übermittlung der Daten in Drittländer sowie hinsichtlich der Zuständigkeiten der Kontrollstellen erforderlich sind, ohne daß jedoch Ausnahmen bei den Maßnahmen zur Gewährleistung der Sicherheit der Verarbeitung vorzusehen sind. Ferner sollte mindestens die in diesem Bereich zuständige Kontrollstelle bestimmte nachträgliche Zuständigkeiten erhalten, beispielsweise zur regelmäßigen Veröffentlichung eines Berichts oder zur Befassung der Justizbehörden.

(38) Datenverarbeitung nach Treu und Glauben setzt voraus, daß die betroffenen Personen in der Lage sind, das Vorhandensein einer Verarbeitung zu erfahren und ordnungsgemäß und umfassend über die Bedingungen der Erhebung informiert zu werden, wenn Daten bei ihnen erhoben werden.

(39) Bestimmte Verarbeitungen betreffen Daten, die der Verantwortliche nicht unmittelbar bei der betroffenen Person erhoben hat. Des weiteren können Daten rechtmäßig an Dritte weitergegeben werden, auch wenn die Weitergabe bei der Erhebung der Daten bei der betroffenen Person nicht vorgesehen war. In diesen Fällen muß die betroffene Person zum Zeitpunkt der Speicherung der Daten oder spätestens bei der erstmaligen Weitergabe der Daten an Dritte unterrichtet werden.

(40) Diese Verpflichtung erübrigt sich jedoch, wenn die betroffene Person bereits unterrichtet ist. Sie besteht auch nicht, wenn die Speicherung oder Weitergabe durch Gesetz ausdrücklich vorgesehen ist oder wenn die Unterrichtung der betroffenen Person unmöglich ist oder unverhältnismäßigen Aufwand erfordert, was bei Verarbeitungen für historische, statistische oder wissenschaftliche Zwecke der Fall sein kann. Diesbezüglich können die Zahl der betroffenen Personen, das Alter der Daten und etwaige Ausgleichsmaßnahmen in Betracht gezogen werden.

(41) Jede Person muß ein Auskunftsrecht hinsichtlich der sie betreffenden Daten, die Gegenstand einer Verarbeitung sind, haben, damit sie sich insbesondere von der Richtigkeit dieser Daten und der Zulässigkeit ihrer Verarbeitung überzeugen kann. Aus denselben Gründen muß jede Person außerdem das Recht auf Auskunft über den logischen Aufbau der automatisierten Verarbeitung der sie betreffenden Daten, zumindest im Fall automatisierter Entscheidungen im Sinne des Artikels 15 Absatz 1, besitzen. Dieses Recht darf weder das Geschäftsgeheimnis noch das Recht an geistigem Eigentum, insbesondere das Urheberrecht zum Schutz von Software, berühren. Dies darf allerdings nicht dazu führen, daß der betroffenen Person jegliche Auskunft verweigert wird.

(42) Die Mitgliedstaaten können die Auskunfts- und Informationsrechte im Interesse der betroffenen Person oder zum Schutz der Rechte und Freiheiten Dritter einschränken. Zum Beispiel können sie vorsehen, daß Auskunft über medizinische Daten nur über ärztliches Personal erhalten werden kann.

(43) Die Mitgliedstaaten können Beschränkungen des Auskunfts- und Informationsrechts sowie bestimmter Pflichten des für die Verarbeitung Verantwortlichen vorsehen, soweit dies beispielsweise für die Sicherheit des Staates, die Landesverteidigung, die öffentliche Sicherheit, für zwingende wirtschaftliche oder finanzielle Interessen eines Mitgliedstaats oder der Union oder für die Ermittlung und Verfolgung von Straftaten oder von Verstößen gegen Standesregeln bei reglementierten Berufen erforderlich ist. Als Ausnahmen und Beschränkungen sind Kontroll-, Überwachungs- und Ordnungsfunktionen zu nennen, die in den drei letztgenannten Bereichen in bezug auf öffentliche Sicherheit, wirtschaftliches oder finanzielles Interesse und Strafverfolgung erforderlich sind. Die Erwähnung der Aufgaben in diesen drei

Bereichen lässt die Zulässigkeit von Ausnahmen und Einschränkungen aus Gründen der Sicherheit des Staates und der Landesverteidigung unberührt.

(44) Die Mitgliedstaaten können aufgrund gemeinschaftlicher Vorschriften gehalten sein, von den das Auskunftsrecht, die Information der Personen und die Qualität der Daten betreffenden Bestimmungen dieser Richtlinie abzuweichen, um bestimmte der obengenannten Zweckbestimmungen zu schützen.

(45) Auch wenn die Daten Gegenstand einer rechtmäßigen Verarbeitung aufgrund eines öffentlichen Interesses, der Ausübung hoheitlicher Gewalt oder der Interessen eines einzelnen sein können, sollte doch jede betroffene Person das Recht besitzen, aus überwiegenden, schutzwürdigen, sich aus ihrer besonderen Situation ergebenden Gründen Widerspruch dagegen einzulegen, daß die sie betreffenden Daten verarbeitet werden. Die Mitgliedstaaten können allerdings innerstaatliche Bestimmungen vorsehen, die dem entgegenstehen.

(46) Für den Schutz der Rechte und Freiheiten der betroffenen Personen bei der Verarbeitung personenbezogener Daten müssen geeignete technische und organisatorische Maßnahmen getroffen werden, und zwar sowohl zum Zeitpunkt der Planung des Verarbeitungssystems als auch zum Zeitpunkt der eigentlichen Verarbeitung, um insbesondere deren Sicherheit zu gewährleisten und somit jede unrechtmäßige Verarbeitung zu verhindern. Die Mitgliedstaaten haben dafür Sorge zu tragen, daß der für die Verarbeitung Verantwortliche diese Maßnahmen einhält. Diese Maßnahmen müssen unter Berücksichtigung des Standes der Technik und der bei ihrer Durchführung entstehenden Kosten ein Schutzniveau gewährleisten, das den von der Verarbeitung ausgehenden Risiken und der Art der zu schützenden Daten angemessen ist.

(47) Wird eine Nachricht, die personenbezogene Daten enthält, über Telekommunikationsdienste oder durch elektronische Post übermittelt, deren einziger Zweck darin besteht, Nachrichten dieser Art zu übermitteln, so gilt in der Regel die Person, von der die Nachricht stammt, und nicht die Person, die den Übermittlungsdienst anbietet, als Verantwortlicher für die Verarbeitung der in der Nachricht enthaltenen personenbezogenen Daten. Jedoch gelten die Personen, die diese Dienste anbieten, in der Regel als Verantwortliche für die Verarbeitung der personenbezogenen Daten, die zusätzlich für den Betrieb des Dienstes erforderlich sind.

(48) Die Meldeverfahren dienen der Offenlegung der Zweckbestimmungen der Verarbeitungen sowie ihrer wichtigsten Merkmale mit dem Zweck der Überprüfung ihrer Vereinbarkeit mit den einzelstaatlichen Vorschriften zur Umsetzung dieser Richtlinie.

(49) Um unangemessene Verwaltungsformalitäten zu vermeiden, können die Mitgliedstaaten bei Verarbeitungen, bei denen eine Beeinträchtigung der Rechte und Freiheiten der Betroffenen nicht zu erwarten ist, von der Meldepflicht absehen oder sie vereinfachen, vorausgesetzt, daß diese Verarbeitungen den Bestimmungen entsprechen, mit denen der Mitgliedstaat die Grenzen solcher Verarbeitungen festgelegt hat. Eine Befreiung oder eine Vereinfachung kann ebenso vorgesehen werden, wenn

ein vom für die Verarbeitung Verantwortlichen benannter Datenschutzbeauftragter sicherstellt, daß eine Beeinträchtigung der Rechte und Freiheiten der Betroffenen durch die Verarbeitung nicht zu erwarten ist. Ein solcher Beauftragter, ob Angestellter des für die Verarbeitung Verantwortlichen oder externer Beauftragter, muß seine Aufgaben in vollständiger Unabhängigkeit ausüben können.

(50) Die Befreiung oder Vereinfachung kann vorgesehen werden für Verarbeitungen, deren einziger Zweck das Führen eines Registers ist, das gemäß einzelstaatlichem Recht zur Information der Öffentlichkeit bestimmt ist und entweder der gesamten Öffentlichkeit oder allen Personen, die ein berechtigtes Interesse nachweisen können, zur Einsichtnahme offensteht.

(51) Die Vereinfachung oder Befreiung von der Meldepflicht entbindet jedoch den für die Verarbeitung Verantwortlichen von keiner der anderen sich aus dieser Richtlinie ergebenen Verpflichtungen.

(52) In diesem Zusammenhang ist die nachträgliche Kontrolle durch die zuständigen Stellen im allgemeinen als ausreichende Maßnahme anzusehen.

(53) Bestimmte Verarbeitungen können jedoch aufgrund ihrer Art, ihrer Tragweite oder ihrer Zweckbestimmung – wie beispielsweise derjenigen, betroffene Personen von der Inanspruchnahme eines Rechts, einer Leistung oder eines Vertrags auszuschließen – oder aufgrund der besonderen Verwendung einer neuen Technologie besondere Risiken im Hinblick auf die Rechte und Freiheiten der betroffenen Personen aufweisen. Es obliegt den Mitgliedstaaten, derartige Risiken in ihren Rechtsvorschriften aufzuführen, wenn sie dies wünschen.

(54) Bei allen in der Gesellschaft durchgeführten Verarbeitungen sollte die Zahl der Verarbeitungen mit solchen besonderen Risiken sehr beschränkt sein. Die Mitgliedstaaten müssen für diese Verarbeitungen vorsehen, daß vor ihrer Durchführung eine Vorabprüfung durch die Kontrollstelle oder in Zusammenarbeit mit ihr durch den Datenschutzbeauftragten vorgenommen wird. Als Ergebnis dieser Vorabprüfung kann die Kontrollstelle gemäß einzelstaatlichem Recht eine Stellungnahme abgeben oder die Verarbeitung genehmigen. Diese Prüfung kann auch bei der Ausarbeitung einer gesetzgeberischen Maßnahme des nationalen Parlaments oder einer auf eine solche gesetzgeberische Maßnahme gestützten Maßnahme erfolgen, die die Art der Verarbeitung und geeignete Garantien festlegt.

(55) Für den Fall der Missachtung der Rechte der betroffenen Personen durch den für die Verarbeitung Verantwortlichen ist im nationalen Recht eine gerichtliche Überprüfungsmöglichkeit vorzusehen. Mögliche Schäden, die den Personen aufgrund einer unzulässigen Verarbeitung entstehen, sind von dem für die Verarbeitung Verantwortlichen zu ersetzen, der von seiner Haftung befreit werden kann, wenn er nachweist, daß der Schaden ihm nicht angelastet werden kann, insbesondere weil ein Fehlverhalten der betroffenen Person oder ein Fall höherer Gewalt vorliegt. Unabhängig davon, ob es sich um eine Person des Privatrechts oder des öffentlichen

Rechts handelt, müssen Sanktionen jede Person treffen, die die einzelstaatlichen Vorschriften zur Umsetzung dieser Richtlinie nicht einhält.

(56) Grenzüberschreitender Verkehr von personenbezogenen Daten ist für die Entwicklung des internationalen Handels notwendig. Der in der Gemeinschaft durch diese Richtlinie gewährte Schutz von Personen steht der Übermittlung personenbezogener Daten in Drittländer, die ein angemessenes Schutzniveau aufweisen, nicht entgegen. Die Angemessenheit des Schutzniveaus, das ein Drittland bietet, ist unter Berücksichtigung aller Umstände im Hinblick auf eine Übermittlung oder eine Kategorie von Übermittlungen zu beurteilen.

(57) Bietet hingegen ein Drittland kein angemessenes Schutzniveau, so ist die Übermittlung personenbezogener Daten in dieses Land zu untersagen.

(58) Ausnahmen von diesem Verbot sind unter bestimmten Voraussetzungen vorzusehen, wenn die betroffene Person ihre Einwilligung erteilt hat oder die Übermittlung im Rahmen eines Vertrags oder Gerichtsverfahrens oder zur Wahrung eines wichtigen öffentlichen Interesses erforderlich ist, wie zum Beispiel bei internationalem Datenaustausch zwischen Steuer- oder Zollverwaltungen oder zwischen Diensten, die für Angelegenheiten der sozialen Sicherheit zuständig sind. Ebenso kann eine Übermittlung aus einem gesetzlich vorgesehenen Register erfolgen, das der öffentlichen Einsichtnahme oder der Einsichtnahme durch Personen mit berechtigtem Interesse dient. In diesem Fall sollte eine solche Übermittlung nicht die Gesamtheit oder ganze Kategorien der im Register enthaltenen Daten umfassen. Ist ein Register zur Einsichtnahme durch Personen mit berechtigtem Interesse bestimmt, so sollte die Übermittlung nur auf Antrag dieser Personen oder nur dann erfolgen, wenn diese Personen die Adressaten der Übermittlung sind.

(59) Besondere Maßnahmen können getroffen werden, um das unzureichende Schutzniveau in einem Drittland auszugleichen, wenn der für die Verarbeitung Verantwortliche geeignete Sicherheiten nachweist. Außerdem sind Verfahren für die Verhandlungen zwischen der Gemeinschaft und den betreffenden Drittländern vorzusehen.

(60) Übermittlungen in Drittstaaten dürfen auf jeden Fall nur unter voller Einhaltung der Rechtsvorschriften erfolgen, die die Mitgliedstaaten gemäß dieser Richtlinie, insbesondere gemäß Artikel 8, erlassen haben.

(61) Die Mitgliedstaaten und die Kommission müssen in ihren jeweiligen Zuständigkeitsbereichen die betroffenen Wirtschaftskreise ermutigen, Verhaltensregeln auszuarbeiten, um unter Berücksichtigung der Besonderheiten der Verarbeitung in bestimmten Bereichen die Durchführung dieser Richtlinie im Einklang mit den hierfür vorgesehenen einzelstaatlichen Bestimmungen zu fördern.

(62) Die Einrichtung unabhängiger Kontrollstellen in den Mitgliedstaaten ist ein wesentliches Element des Schutzes der Personen bei der Verarbeitung personenbezogener Daten.

(63) Diese Stellen sind mit den notwendigen Mitteln für die Erfüllung dieser Aufgabe auszustatten, d. h. Untersuchungs- und Einwirkungsbefugnissen, insbesondere bei Beschwerden, sowie Klagerecht. Die Kontrollstellen haben zur Transparenz der Verarbeitungen in dem Mitgliedstaat beizutragen, dem sie unterstehen.

(64) Die Behörden der verschiedenen Mitgliedstaaten werden einander bei der Wahrnehmung ihrer Aufgaben unterstützen müssen, um sicherzustellen, daß die Schutzregeln in der ganzen Europäischen Union beachtet werden.

(65) Auf Gemeinschaftsebene ist eine Arbeitsgruppe für den Schutz der Rechte von Personen bei der Verarbeitung personenbezogener Daten einzusetzen, die ihre Aufgaben in völliger Unabhängigkeit wahrzunehmen hat. Unter Berücksichtigung dieses besonderen Charakters hat sie die Kommission zu beraten und insbesondere zur einheitlichen Anwendung der zur Umsetzung dieser Richtlinie erlassenen einzelstaatlichen Vorschriften beizutragen.

(66) Für die Übermittlung von Daten in Drittländer ist es zur Anwendung dieser Richtlinie erforderlich, der Kommission Durchführungsbefugnisse zu übertragen und ein Verfahren gemäß den Bestimmungen des Beschlusses 87/373/EWG des Rates[1] festzulegen.

(67) Am 20. Dezember 1994 wurde zwischen dem Europäischen Parlament, dem Rat und der Kommission ein Modus vivendi betreffend die Maßnahmen zur Durchführung der nach dem Verfahren des Artikels 189b des EG-Vertrags erlassenen Rechtsakte vereinbart.

(68) Die in dieser Richtlinie enthaltenen Grundsätze des Schutzes der Rechte und Freiheiten der Personen und insbesondere der Achtung der Privatsphäre bei der Verarbeitung personenbezogener Daten können – besonders für bestimmte Bereiche – durch spezifische Regeln ergänzt oder präzisiert werden, die mit diesen Grundsätzen in Einklang stehen.

(69) Den Mitgliedstaaten sollte eine Frist von längstens drei Jahren ab Inkrafttreten ihrer Vorschriften zur Umsetzung dieser Richtlinie eingeräumt werden, damit sie die neuen einzelstaatlichen Vorschriften fortschreitend auf alle bereits laufenden Verarbeitungen anwenden können. Um eine kosteneffiziente Durchführung dieser Vorschriften zu erleichtern, wird den Mitgliedstaaten eine weitere Frist von zwölf Jahren nach Annahme dieser Richtlinie eingeräumt, um die Anpassung bestehender manueller Dateien an bestimmte Vorschriften dieser Richtlinie sicherzustellen. Werden in solchen Dateien enthaltene Daten während dieser erweiterten Umsetzungsfrist manuell verarbeitet, so sollten die Dateien zum Zeitpunkt der Verarbeitung mit diesen Vorschriften in Einklang gebracht werden.

---

[1] ABl. Nr. L 197 vom 18. 7. 1987, S. 33.

(70) Die betroffene Person braucht nicht erneut ihre Einwilligung zu geben, damit der Verantwortliche nach Inkrafttreten der einzelstaatlichen Vorschriften zur Umsetzung dieser Richtlinie eine Verarbeitung sensibler Daten fortführen kann, die für die Erfüllung eines in freier Willenserklärung geschlossenen Vertrags erforderlich ist und vor Inkrafttreten der genannten Vorschriften mitgeteilt wurde.

(71) Diese Richtlinie steht den gesetzlichen Regelungen eines Mitgliedstaats im Bereich der geschäftsmäßigen Werbung gegenüber in seinem Hoheitsgebiet ansässigen Verbrauchern nicht entgegen, sofern sich diese gesetzlichen Regelungen nicht auf den Schutz der Person bei der Verarbeitung personenbezogener Daten beziehen.

(72) Diese Richtlinie erlaubt bei der Umsetzung der mit ihr festgelegten Grundsätze die Berücksichtigung des Grundsatzes des öffentlichen Zugangs zu amtlichen Dokumenten.

HABEN FOLGENDE RICHTLINIE ERLASSEN:

Artikel 1 – 34

KAPITEL I
ALLGEMEINE BESTIMMUNGEN

Artikel 1

Gegenstand der Richtlinie

(1) Die Mitgliedstaaten gewährleisten nach den Bestimmungen dieser Richtlinie den Schutz der Grundrechte und Grundfreiheiten und insbesondere den Schutz der Privatsphäre natürlicher Personen bei der Verarbeitung personenbezogener Daten.

(2) Die Mitgliedstaaten beschränken oder untersagen nicht den freien Verkehr personenbezogener Daten zwischen Mitgliedstaaten aus Gründen des gemäß Absatz 1 gewährleisteten Schutzes.

Artikel 2

Begriffsbestimmungen

Im Sinne dieser Richtlinie bezeichnet der Ausdruck
a) „personenbezogene Daten" alle Informationen über eine bestimmte oder bestimmbare natürliche Person („betroffene Person"); als bestimmbar wird eine Person angesehen, die direkt oder indirekt identifiziert werden kann, insbesondere durch Zuordnung zu einer Kennummer oder zu einem oder mehreren spezifischen Elemen-

ten, die Ausdruck ihrer physischen, physiologischen, psychischen, wirtschaftlichen, kulturellen oder sozialen Identität sind;

b) „Verarbeitung personenbezogener Daten" („Verarbeitung") jeden mit oder ohne Hilfe automatisierter Verfahren ausgeführten Vorgang oder jede Vorgangsreihe im Zusammenhang mit personenbezogenen Daten wie das Erheben, das Speichern, die Organisation, die Aufbewahrung, die Anpassung oder Veränderung, das Auslesen, das Abfragen, die Benutzung, die Weitergabe durch Übermittlung, Verbreitung oder jede andere Form der Bereitstellung, die Kombination oder die Verknüpfung sowie das Sperren, Löschen oder Vernichten;

c) „Datei mit personenbezogenen Daten" ("Datei") jede strukturierte Sammlung personenbezogener Daten, die nach bestimmten Kriterien zugänglich sind, gleichgültig ob diese Sammlung zentral, dezentralisiert oder nach funktionalen oder geographischen Gesichtspunkten aufgeteilt geführt wird;

d) „für die Verarbeitung Verantwortlicher" die natürliche oder juristische Person, Behörde, Einrichtung oder jede andere Stelle, die allein oder gemeinsam mit anderen über die Zwecke und Mittel der Verarbeitung von personenbezogenen Daten entscheidet. Sind die Zwecke und Mittel der Verarbeitung von personenbezogenen Daten in einzelstaatlichen oder gemeinschaftlichen Rechts- und Verwaltungsvorschriften festgelegt, so können der für die Verarbeitung Verantwortliche bzw. die spezifischen Kriterien für seine Benennung durch einzelstaatliche oder gemeinschaftliche Rechtsvorschriften bestimmt werden;

e) „Auftragsverarbeiter" die natürliche oder juristische Person, Behörde, Einrichtung oder jede andere Stelle, die personenbezogene Daten im Auftrag des für die Verarbeitung Verantwortlichen verarbeitet;

f) „Dritter" die natürliche oder juristische Person, Behörde, Einrichtung oder jede andere Stelle, außer der betroffenen Person, dem für die Verarbeitung Verantwortlichen, dem Auftragsverarbeiter und den Personen, die unter der unmittelbaren Verantwortung des für die Verarbeitung Verantwortlichen oder des Auftragsverarbeiters befugt sind, die Daten zu verarbeiten;

g) „Empfänger" die natürliche oder juristische Person, Behörde, Einrichtung oder jede andere Stelle, die Daten erhält, gleichgültig, ob es sich bei ihr um einen Dritten handelt oder nicht. Behörden, die im Rahmen eines einzelnen Untersuchungsauftrags möglicherweise Daten erhalten, gelten jedoch nicht als Empfänger;

h) „Einwilligung der betroffenen Person" jede Willensbekundung, die ohne Zwang, für den konkreten Fall und in Kenntnis der Sachlage erfolgt und mit der die betroffene Person akzeptiert, daß personenbezogene Daten, die sie betreffen, verarbeitet werden.

Artikel 3

Anwendungsbereich

(1) Diese Richtlinie gilt für die ganz oder teilweise automatisierte Verarbeitung personenbezogener Daten sowie für die nicht automatisierte Verarbeitung personenbezogener Daten, die in einer Datei gespeichert sind oder gespeichert werden sollen.

(2) Diese Richtlinie findet keine Anwendung auf die Verarbeitung personenbezogener Daten,

– die für die Ausübung von Tätigkeiten erfolgt, die nicht in den Anwendungsbereich des Gemeinschaftsrechts fallen, beispielsweise Tätigkeiten gemäß den Titeln V und VI des Vertrags über die Europäische Union, und auf keinen Fall auf Verarbeitungen betreffend die öffentliche Sicherheit, die Landesverteidigung, die Sicherheit des Staates (einschließlich seines wirtschaftlichen Wohls, wenn die Verarbeitung die Sicherheit des Staates berührt) und die Tätigkeiten des Staates im strafrechtlichen Bereich;

– die von einer natürlichen Person zur Ausübung ausschließlich persönlicher oder familiärer Tätigkeiten vorgenommen wird.

Artikel 4

Anwendbares einzelstaatliches Recht

(1) Jeder Mitgliedstaat wendet die Vorschriften, die er zur Umsetzung dieser Richtlinie erlässt, auf alle Verarbeitungen personenbezogener Daten an,

a) die im Rahmen der Tätigkeiten einer Niederlassung ausgeführt werden, die der für die Verarbeitung Verantwortliche im Hoheitsgebiet dieses Mitgliedstaats besitzt. Wenn der Verantwortliche eine Niederlassung im Hoheitsgebiet mehrerer Mitgliedstaaten besitzt, ergreift er die notwendigen Maßnahmen, damit jede dieser Niederlassungen die im jeweils anwendbaren einzelstaatlichen Recht festgelegten Verpflichtungen einhält;

b) die von einem für die Verarbeitung Verantwortlichen ausgeführt werden, der nicht in seinem Hoheitsgebiet, aber an einem Ort niedergelassen ist, an dem das einzelstaatlich Recht dieses Mitgliedstaats gemäß dem internationalen öffentlichen Recht Anwendung findet;

c) die von einem für die Verarbeitung Verantwortlichen ausgeführt werden, der nicht im Gebiet der Gemeinschaft niedergelassen ist und zum Zwecke der Verarbeitung personenbezogener Daten auf automatisierte oder nicht automatisierte Mittel zurückgreift, die im Hoheitsgebiet des betreffenden Mitgliedstaats belegen sind, es sei denn, daß diese Mittel nur zum Zweck der Durchfuhr durch das Gebiet der Europäischen Gemeinschaft verwendet werden.

(2) In dem in Absatz 1 Buchstabe c) genannten Fall hat der für die Verarbeitung Verantwortliche einen im Hoheitsgebiet des genannten Mitgliedstaats ansässigen Vertreter zu benennen, unbeschadet der Möglichkeit eines Vorgehens gegen den für die Verarbeitung Verantwortlichen selbst.

KAPITEL II
ALLGEMEINE BEDINGUNGEN FÜR DIE RECHTMÄSSIGKEIT DER VERARBEITUNG PERSONENBEZOGENER DATEN

Artikel 5

Die Mitgliedstaaten bestimmen nach Maßgabe dieses Kapitels die Voraussetzungen näher, unter denen die Verarbeitung personenbezogener Daten rechtmäßig ist.

ABSCHNITT I
GRUNDSÄTZE IN BEZUG AUF DIE QUALITÄT DER DATEN

Artikel 6

(1) Die Mitgliedstaaten sehen vor, daß personenbezogene Daten

a) nach Treu und Glauben und auf rechtmäßige Weise verarbeitet werden;

b) für festgelegte eindeutige und rechtmäßige Zwecke erhoben und nicht in einer mit diesen Zweckbestimmungen nicht zu vereinbarenden Weise weiterverarbeitet werden. Die Weiterverarbeitung von Daten zu historischen, statistischen oder wissenschaftlichen Zwecken ist im allgemeinen nicht als unvereinbar mit den Zwecken der vorausgegangenen Datenerhebung anzusehen, sofern die Mitgliedstaaten geeignete Garantien vorsehen;

c) den Zwecken entsprechen, für die sie erhoben und/oder weiterverarbeitet werden, dafür erheblich sind und nicht darüber hinausgehen;

d) sachlich richtig und, wenn nötig, auf den neuesten Stand gebracht sind; es sind alle angemessenen Maßnahmen zu treffen, damit im Hinblick auf die Zwecke, für die sie erhoben oder weiterverarbeitet werden, nichtzutreffende oder unvollständige Daten gelöscht oder berichtigt werden;

e) nicht länger, als es für die Realisierung der Zwecke, für die sie erhoben oder weiterverarbeitet werden, erforderlich ist, in einer Form aufbewahrt werden, die die Identifizierung der betroffenen Personen ermöglicht. Die Mitgliedstaaten sehen geeignete Garantien für personenbezogene Daten vor, die über die vorgenannte Dauer hinaus für historische, statistische oder wissenschaftliche Zwecke aufbewahrt werden.

(2) Der für die Verarbeitung Verantwortliche hat für die Einhaltung des Absatzes 1 zu sorgen.

ABSCHNITT II
GRUNDSÄTZE IN BEZUG AUF DIE ZULÄSSIGKEIT DER VERARBEITUNG VON DATEN

Artikel 7

Die Mitgliedstaaten sehen vor, daß die Verarbeitung personenbezogener Daten lediglich erfolgen darf, wenn eine der folgenden Voraussetzungen erfüllt ist:

a) Die betroffene Person hat ohne jeden Zweifel ihre Einwilligung gegeben;

b) die Verarbeitung ist erforderlich für die Erfüllung eines Vertrags, dessen Vertragspartei die betroffene Person ist, oder für die Durchführung vorvertraglicher Maßnahmen, die auf Antrag der betroffenen Person erfolgen;

c) die Verarbeitung ist für die Erfüllung einer rechtlichen Verpflichtung erforderlich, der der für die Verarbeitung Verantwortliche unterliegt;

d) die Verarbeitung ist erforderlich für die Wahrung lebenswichtiger Interessen der betroffenen Person;

e) die Verarbeitung ist erforderlich für die Wahrnehmung einer Aufgabe, die im öffentlichen Interesse liegt oder in Ausübung öffentlicher Gewalt erfolgt und dem für die Verarbeitung Verantwortlichen oder dem Dritten, dem die Daten übermittelt werden, übertragen wurde;

f) die Verarbeitung ist erforderlich zur Verwirklichung des berechtigten Interesses, das von dem für die Verarbeitung Verantwortlichen oder von dem bzw. den Dritten wahrgenommen wird, denen die Daten übermittelt werden, sofern nicht das Interesse oder die Grundrechte und Grundfreiheiten der betroffenen Person, die gemäß Artikel 1 Absatz 1 geschützt sind, überwiegen.

ABSCHNITT III
BESONDERE KATEGORIEN DER VERARBEITUNG

Artikel 8

Verarbeitung besonderer Kategorien personenbezogener Daten

(1) Die Mitgliedstaaten untersagen die Verarbeitung personenbezogener Daten, aus denen die rassische und ethnische Herkunft, politische Meinungen, religiöse oder philosophische Überzeugungen oder die Gewerkschaftszugehörigkeit hervorgehen, sowie von Daten über Gesundheit oder Sexualleben.

(2) Absatz 1 findet in folgenden Fällen keine Anwendung:

a) Die betroffene Person hat ausdrücklich in die Verarbeitung der genannten Daten eingewilligt, es sei denn, nach den Rechtsvorschriften des Mitgliedstaats kann das

Verbot nach Absatz 1 durch die Einwilligung der betroffenen Person nicht aufgehoben werden; oder

b) die Verarbeitung ist erforderlich, um den Rechten und Pflichten des für die Verarbeitung Verantwortlichen auf dem Gebiet des Arbeitsrechts Rechnung zu tragen, sofern dies aufgrund von einzelstaatlichem Recht, das angemessene Garantien vorsieht, zulässig ist; oder

c) die Verarbeitung ist zum Schutz lebenswichtiger Interessen der betroffenen Person oder eines Dritten erforderlich, sofern die Person aus physischen oder rechtlichen Gründen außerstande ist, ihre Einwilligung zu geben; oder

d) die Verarbeitung erfolgt auf der Grundlage angemessener Garantien durch eine politisch, philosophisch, religiös oder gewerkschaftlich ausgerichtete Stiftung, Vereinigung oder sonstige Organisation, die keinen Erwerbszweck verfolgt, im Rahmen ihrer rechtmäßigen Tätigkeiten und unter der Voraussetzung, daß sich die Verarbeitung nur auf die Mitglieder der Organisation oder auf Personen, die im Zusammenhang mit deren Tätigkeitszweck regelmäßige Kontakte mit ihr unterhalten, bezieht und die Daten nicht ohne Einwilligung der betroffenen Personen an Dritte weitergegeben werden; oder

e) die Verarbeitung bezieht sich auf Daten, die die betroffene Person offenkundig öffentlich gemacht hat, oder ist zur Geltendmachung, Ausübung oder Verteidigung rechtlicher Ansprüche vor Gericht erforderlich.

(3) Absatz 1 gilt nicht, wenn die Verarbeitung der Daten zum Zweck der Gesundheitsvorsorge, der medizinischen Diagnostik, der Gesundheitsversorgung oder Behandlung oder für die Verwaltung von Gesundheitsdiensten erforderlich ist und die Verarbeitung dieser Daten durch ärztliches Personal erfolgt, das nach dem einzelstaatlichen Recht, einschließlich der von den zuständigen einzelstaatlichen Stellen erlassenen Regelungen, dem Berufsgeheimnis unterliegt, oder durch sonstige Personen, die einer entsprechenden Geheimhaltungspflicht unterliegen.

(4) Die Mitgliedstaaten können vorbehaltlich angemessener Garantien aus Gründen eines wichtigen öffentlichen Interesses entweder im Wege einer nationalen Rechtsvorschrift oder im Wege einer Entscheidung der Kontrollstelle andere als die in Absatz 2 genannten Ausnahmen vorsehen.

(5) Die Verarbeitung von Daten, die Straftaten, strafrechtliche Verurteilungen oder Sicherungsmaßregeln betreffen, darf nur unter behördlicher Aufsicht oder aufgrund von einzelstaatlichem Recht, das angemessene Garantien vorsieht, erfolgen, wobei ein Mitgliedstaat jedoch Ausnahmen aufgrund innerstaatlicher Rechtsvorschriften, die geeignete besondere Garantien vorsehen, festlegen kann. Ein vollständiges Register der strafrechtlichen Verurteilungen darf allerdings nur unter behördlicher Aufsicht geführt werden.

Die Mitgliedstaaten können vorsehen, daß Daten, die administrative Strafen oder zivilrechtliche Urteile betreffen, ebenfalls unter behördlicher Aufsicht verarbeitet werden müssen.

(6) Die in den Absätzen 4 und 5 vorgesehenen Abweichungen von Absatz 1 sind der Kommission mitzuteilen.

(7) Die Mitgliedstaaten bestimmen, unter welchen Bedingungen eine nationale Kennziffer oder andere Kennzeichen allgemeiner Bedeutung Gegenstand einer Verarbeitung sein dürfen.

Artikel 9

Verarbeitung personenbezogener Daten und Meinungsfreiheit

Die Mitgliedstaaten sehen für die Verarbeitung personenbezogener Daten, die allein zu journalistischen, künstlerischen oder literarischen Zwecken erfolgt, Abweichungen und Ausnahmen von diesem Kapitel sowie von den Kapiteln IV und VI nur insofern vor, als sich dies als notwendig erweist, um das Recht auf Privatsphäre mit den für die Freiheit der Meinungsäußerung geltenden Vorschriften in Einklang zu bringen.

ABSCHNITT IV
INFORMATION DER BETROFFENEN PERSON

Artikel 10

Information bei der Erhebung personenbezogener Daten bei der betroffenen Person

Die Mitgliedstaaten sehen vor, daß die Person, bei der die sie betreffenden Daten erhoben werden, vom für die Verarbeitung Verantwortlichen oder seinem Vertreter zumindest die nachstehenden Informationen erhält, sofern diese ihr noch nicht vorliegen:

a) Identität des für die Verarbeitung Verantwortlichen und gegebenenfalls seines Vertreters,

b) Zweckbestimmungen der Verarbeitung, für die die Daten bestimmt sind,

c) weitere Informationen, beispielsweise betreffend

- die Empfänger oder Kategorien der Empfänger der Daten,

- die Frage, ob die Beantwortung der Fragen obligatorisch oder freiwillig ist, sowie mögliche Folgen einer unterlassenen Beantwortung,

- das Bestehen von Auskunfts- und Berichtigungsrechten bezüglich sie betreffender Daten, sofern sie unter Berücksichtigung der spezifischen Umstände, unter denen die Daten erhoben werden, notwendig sind, um gegenüber der betroffenen Person eine Verarbeitung nach Treu und Glauben zu gewährleisten.

Artikel 11

Informationen für den Fall, daß die Daten nicht bei der betroffenen Person erhoben wurden

(1) Für den Fall, daß die Daten nicht bei der betroffenen Person erhoben wurden, sehen die Mitgliedstaaten vor, daß die betroffene Person bei Beginn der Speicherung der Daten bzw. im Fall einer beabsichtigten Weitergabe der Daten an Dritte spätestens bei der ersten Übermittlung vom für die Verarbeitung Verantwortlichen oder seinem Vertreter zumindest die nachstehenden Informationen erhält, sofern diese ihr noch nicht vorliegen:

a) Identität des für die Verarbeitung Verantwortlichen und gegebenenfalls seines Vertreters,

b) Zweckbestimmungen der Verarbeitung,

c) weitere Informationen, beispielsweise betreffend

- die Datenkategorien, die verarbeitet werden,

- die Empfänger oder Kategorien der Empfänger der Daten,

- das Bestehen von Auskunfts- und Berichtigungsrechten bezüglich sie betreffender Daten,

sofern sie unter Berücksichtigung der spezifischen Umstände, unter denen die Daten erhoben werden, notwendig sind, um gegenüber der betroffenen Person eine Verarbeitung nach Treu und Glauben zu gewährleisten.

(2) Absatz 1 findet – insbesondere bei Verarbeitungen für Zwecke der Statistik oder der historischen oder wissenschaftlichen Forschung – keine Anwendung, wenn die Information der betroffenen Person unmöglich ist, unverhältnismäßigen Aufwand erfordert oder die Speicherung oder Weitergabe durch Gesetz ausdrücklich vorgesehen ist. In diesen Fällen sehen die Mitgliedstaaten geeignete Garantien vor.

ABSCHNITT V
AUSKUNFTSRECHT DER BETROFFENEN PERSON

Artikel 12

Auskunftsrecht

Die Mitgliedstaaten garantieren jeder betroffenen Person das Recht, vom für die Verarbeitung Verantwortlichen folgendes zu erhalten:

a) frei und ungehindert in angemessenen Abständen ohne unzumutbare Verzögerung oder übermäßige Kosten

- die Bestätigung, daß es Verarbeitungen sie betreffender Daten gibt oder nicht gibt, sowie zumindest Informationen über die Zweckbestimmungen dieser Verarbeitungen, die Kategorien der Daten, die Gegenstand der Verarbeitung sind, und die Empfänger oder Kategorien der Empfänger, an die die Daten übermittelt werden;

- eine Mitteilung in verständlicher Form über die Daten, die Gegenstand der Verarbeitung sind, sowie die verfügbaren Informationen über die Herkunft der Daten;

- Auskunft über den logischen Aufbau der automatisierten Verarbeitung der sie betreffenden Daten, zumindest im Fall automatisierter Entscheidungen im Sinne von Artikel 15 Absatz 1;

b) je nach Fall die Berichtigung, Löschung oder Sperrung von Daten, deren Verarbeitung nicht den Bestimmungen dieser Richtlinie entspricht, insbesondere wenn diese Daten unvollständig oder unrichtig sind;

c) die Gewähr, daß jede Berichtigung, Löschung oder Sperrung, die entsprechend Buchstabe b) durchgeführt wurde, den Dritten, denen die Daten übermittelt wurden, mitgeteilt wird, sofern sich dies nicht als unmöglich erweist oder kein unverhältnismäßiger Aufwand damit verbunden ist.

ABSCHNITT VI
AUSNAHMEN UND EINSCHRÄNKUNGEN

Artikel 13

Ausnahmen und Einschränkungen

(1) Die Mitgliedstaaten können Rechtsvorschriften erlassen, die die Pflichten und Rechte gemäß Artikel 6 Absatz 1, Artikel 10, Artikel 11 Absatz 1, Artikel 12 und Artikel 21 beschränken, sofern eine solche Beschränkung notwendig ist für

a) die Sicherheit des Staates;

b) die Landesverteidigung;

c) die öffentliche Sicherheit;

d) die Verhütung, Ermittlung, Feststellung und Verfolgung von Straftaten oder Verstößen gegen die berufsständischen Regeln bei reglementierten Berufen;

e) ein wichtiges wirtschaftliches oder finanzielles Interesse eines Mitgliedstaats oder der Europäischen Union einschließlich Währungs-, Haushalts- und Steuerangelegenheiten;

f) Kontroll-, Überwachungs- und Ordnungsfunktionen, die dauernd oder zeitweise mit der Ausübung öffentlicher Gewalt für die unter den Buchstaben c), d) und e) genannten Zwecke verbunden sind;

g) den Schutz der betroffenen Person und der Rechte und Freiheiten anderer Personen.

(2) Vorbehaltlich angemessener rechtlicher Garantien, mit denen insbesondere ausgeschlossen wird, daß die Daten für Maßnahmen oder Entscheidungen gegenüber bestimmten Personen verwendet werden, können die Mitgliedstaaten in Fällen, in denen offensichtlich keine Gefahr eines Eingriffs in die Privatsphäre der betroffenen Person besteht, die in Artikel 12 vorgesehenen Rechte gesetzlich einschränken, wenn die Daten ausschließlich für Zwecke der wissenschaftlichen Forschung verarbeitet werden oder personenbezogen nicht länger als erforderlich lediglich zur Erstellung von Statistiken aufbewahrt werden.

ABSCHNITT VII
WIDERSPRUCHSRECHT DER BETROFFENEN PERSON
Artikel 14
Widerspruchsrecht der betroffenen Person

Die Mitgliedstaaten erkennen das Recht der betroffenen Person an,

a) zumindest in den Fällen von Artikel 7 Buchstaben e) und f) jederzeit aus überwiegenden, schutzwürdigen, sich aus ihrer besonderen Situation ergebenden Gründen dagegen Widerspruch einlegen zu können, daß sie betreffende Daten verarbeitet werden; dies gilt nicht bei einer im einzelstaatlichen Recht vorgesehenen entgegenstehenden Bestimmung. Im Fall eines berechtigten Widerspruchs kann sich die vom für die Verarbeitung Verantwortlichen vorgenommene Verarbeitung nicht mehr auf diese Daten beziehen;

b) auf Antrag kostenfrei gegen eine vom für die Verarbeitung Verantwortlichen beabsichtigte Verarbeitung sie betreffender Daten für Zwecke der Direktwerbung Widerspruch einzulegen oder vor der ersten Weitergabe personenbezogener Daten an Dritte oder vor deren erstmaliger Nutzung im Auftrag Dritter zu Zwecken der Direktwerbung informiert zu werden und ausdrücklich auf das Recht hingewiesen zu werden, kostenfrei gegen eine solche Weitergabe oder Nutzung Widerspruch einlegen zu können.

Die Mitgliedstaaten ergreifen die erforderlichen Maßnahmen, um sicherzustellen, daß die betroffenen Personen vom Bestehen des unter Buchstabe b) Unterabsatz 1 vorgesehenen Rechts Kenntnis haben.

Artikel 15

Automatisierte Einzelentscheidungen

(1) Die Mitgliedstaaten räumen jeder Person das Recht ein, keiner für sie rechtliche Folgen nach sich ziehenden und keiner sie erheblich beeinträchtigenden Entscheidung unterworfen zu werden, die ausschließlich aufgrund einer automatisierten Verarbeitung von Daten zum Zwecke der Bewertung einzelner Aspekte ihrer Person ergeht, wie beispielsweise ihrer beruflichen Leistungsfähigkeit, ihrer Kreditwürdigkeit, ihrer Zuverlässigkeit oder ihres Verhaltens.

(2) Die Mitgliedstaaten sehen unbeschadet der sonstigen Bestimmungen dieser Richtlinie vor, daß eine Person einer Entscheidung nach Absatz 1 unterworfen werden kann, sofern diese

a) im Rahmen des Abschlusses oder der Erfüllung eines Vertrags ergeht und dem Ersuchen der betroffenen Person auf Abschluß oder Erfüllung des Vertrags stattgegeben wurde oder die Wahrung ihrer berechtigten Interessen durch geeignete Maßnahmen – beispielsweise die Möglichkeit, ihren Standpunkt geltend zu machen – garantiert wird oder

b) durch ein Gesetz zugelassen ist, das Garantien zur Wahrung der berechtigten Interessen der betroffenen Person festlegt.

ABSCHNITT VIII
VERTRAULICHKEIT UND SICHERHEIT DER VERARBEITUNG

Artikel 16

Vertraulichkeit der Verarbeitung

Personen, die dem für die Verarbeitung Verantwortlichen oder dem Auftragsverarbeiter unterstellt sind und Zugang zu personenbezogenen Daten haben, sowie der Auftragsverarbeiter selbst dürfen personenbezogene Daten nur auf Weisung des für die Verarbeitung Verantwortlichen verarbeiten, es sei denn, es bestehen gesetzliche Verpflichtungen.

Artikel 17

Sicherheit der Verarbeitung

(1) Die Mitgliedstaaten sehen vor, daß der für die Verarbeitung Verantwortliche die geeigneten technischen und organisatorischen Maßnahmen durchführen muß, die für den Schutz gegen die zufällige oder unrechtmäßige Zerstörung, den zufälligen Verlust, die unberechtigte Änderung, die unberechtigte Weitergabe oder den unberechtigten Zugang – insbesondere wenn im Rahmen der Verarbeitung Daten in einem Netz übertragen werden – und gegen jede andere Form der unrechtmäßigen Verarbeitung personenbezogener Daten erforderlich sind.

Diese Maßnahmen müssen unter Berücksichtigung des Standes der Technik und der bei ihrer Durchführung entstehenden Kosten ein Schutzniveau gewährleisten, das den von der Verarbeitung ausgehenden Risiken und der Art der zu schützenden Daten angemessen ist.

(2) Die Mitgliedstaaten sehen vor, daß der für die Verarbeitung Verantwortliche im Fall einer Verarbeitung in seinem Auftrag einen Auftragsverarbeiter auszuwählen hat, der hinsichtlich der für die Verarbeitung zu treffenden technischen Sicherheitsmaßnahmen und organisatorischen Vorkehrungen ausreichende Gewähr bietet; der für die Verarbeitung Verantwortliche überzeugt sich von der Einhaltung dieser Maßnahmen.

(3) Die Durchführung einer Verarbeitung im Auftrag erfolgt auf der Grundlage eines Vertrags oder Rechtsakts, durch den der Auftragsverarbeiter an den für die Verarbeitung Verantwortlichen gebunden ist und in dem insbesondere folgendes vorgesehen ist:

– Der Auftragsverarbeiter handelt nur auf Weisung des für die Verarbeitung Verantwortlichen;

– die in Absatz 1 genannten Verpflichtungen gelten auch für den Auftragsverarbeiter, und zwar nach Maßgabe der Rechtsvorschriften des Mitgliedstaats, in dem er seinen Sitz hat.

(4) Zum Zwecke der Beweissicherung sind die datenschutzrelevanten Elemente des Vertrags oder Rechtsakts und die Anforderungen in bezug auf Maßnahmen nach Absatz 1 schriftlich oder in einer anderen Form zu dokumentieren.

ABSCHNITT IX
MELDUNG

Artikel 18

Pflicht zur Meldung bei der Kontrollstelle

(1) Die Mitgliedstaaten sehen eine Meldung durch den für die Verarbeitung Verantwortlichen oder gegebenenfalls seinen Vertreter bei der in Artikel 28 genannten Kontrollstelle vor, bevor eine vollständig oder teilweise automatisierte Verarbeitung oder eine Mehrzahl von Verarbeitungen zur Realisierung einer oder mehrerer verbundener Zweckbestimmungen durchgeführt wird.

(2) Die Mitgliedstaaten können eine Vereinfachung der Meldung oder eine Ausnahme von der Meldepflicht nur in den folgenden Fällen und unter folgenden Bedingungen vorsehen:

– Sie legen für Verarbeitungskategorien, bei denen unter Berücksichtigung der zu verarbeitenden Daten eine Beeinträchtigung der Rechte und Freiheiten der betroffenen Personen unwahrscheinlich ist, die Zweckbestimmungen der Verarbeitung, die Daten oder Kategorien der verarbeiteten Daten, die Kategorie(n) der betroffenen Personen, die Empfänger oder Kategorien der Empfänger, denen die Daten weitergegeben werden, und die Dauer der Aufbewahrung fest, und/oder

– der für die Verarbeitung Verantwortliche bestellt entsprechend dem einzelstaatlichen Recht, dem er unterliegt, einen Datenschutzbeauftragten, dem insbesondere folgendes obliegt:

– die unabhängige Überwachung der Anwendung der zur Umsetzung dieser Richtlinie erlassenen einzelstaatlichen Bestimmungen,

– die Führung eines Verzeichnisses mit den in Artikel 21 Absatz 2 vorgesehenen Informationen über die durch den für die Verarbeitung Verantwortlichen vorgenommene Verarbeitung,

um auf diese Weise sicherzustellen, daß die Rechte und Freiheiten der betroffenen Personen durch die Verarbeitung nicht beeinträchtigt werden.

(3) Die Mitgliedstaaten können vorsehen, daß Absatz 1 keine Anwendung auf Verarbeitungen findet, deren einziger Zweck das Führen eines Registers ist, das gemäß den Rechts- oder Verwaltungsvorschriften zur Information der Öffentlichkeit bestimmt ist und entweder der gesamten Öffentlichkeit oder allen Personen, die ein berechtigtes Interesse nachweisen können, zur Einsichtnahme offensteht.

(4) Die Mitgliedstaaten können die in Artikel 8 Absatz 2 Buchstabe d) genannten Verarbeitungen von der Meldepflicht ausnehmen oder die Meldung vereinfachen.

(5) Die Mitgliedstaaten können die Meldepflicht für nicht automatisierte Verarbeitungen von personenbezogenen Daten generell oder in Einzelfällen vorsehen oder sie einer vereinfachten Meldung unterwerfen.

Artikel 19

Inhalt der Meldung

(1) Die Mitgliedstaaten legen fest, welche Angaben die Meldung zu enthalten hat. Hierzu gehört zumindest folgendes:

a) Name und Anschrift des für die Verarbeitung Verantwortlichen und gegebenenfalls seines Vertreters;

b) die Zweckbestimmung(en) der Verarbeitung;

c) eine Beschreibung der Kategorie(n) der betroffenen Personen und der diesbezüglichen Daten oder Datenkategorien;

d) die Empfänger oder Kategorien von Empfängern, denen die Daten mitgeteilt werden können;

e) eine geplante Datenübermittlung in Drittländer;

f) eine allgemeine Beschreibung, die es ermöglicht, vorläufig zu beurteilen, ob die Maßnahmen nach Artikel 17 zur Gewährleistung der Sicherheit der Verarbeitung angemessen sind.

(2) Die Mitgliedstaaten legen die Verfahren fest, nach denen Änderungen der in Absatz 1 genannten Angaben der Kontrollstelle zu melden sind.

Artikel 20

Vorabkontrolle

(1) Die Mitgliedstaaten legen fest, welche Verarbeitungen spezifische Risiken für die Rechte und Freiheiten der Personen beinhalten können, und tragen dafür Sorge, daß diese Verarbeitungen vor ihrem Beginn geprüft werden.

(2) Solche Vorabprüfungen nimmt die Kontrollstelle nach Empfang der Meldung des für die Verarbeitung Verantwortlichen vor, oder sie erfolgen durch den Datenschutzbeauftragten, der im Zweifelsfall die Kontrollstelle konsultieren muß.

(3) Die Mitgliedstaaten können eine solche Prüfung auch im Zuge der Ausarbeitung einer Maßnahme ihres Parlaments oder einer auf eine solche gesetzgeberische Maßnahme gestützten Maßnahme durchführen, die die Art der Verarbeitung festlegt und geeignete Garantien vorsieht.

Artikel 21

Öffentlichkeit der Verarbeitungen

(1) Die Mitgliedstaaten erlassen Maßnahmen, mit denen die Öffentlichkeit der Verarbeitungen sichergestellt wird.

(2) Die Mitgliedstaaten sehen vor, daß die Kontrollstelle ein Register der gemäß Artikel 18 gemeldeten Verarbeitungen führt. Das Register enthält mindestens die Angaben nach Artikel 19 Absatz 1 Buchstaben a) bis e). Das Register kann von jedermann eingesehen werden.

(3) Die Mitgliedstaaten sehen vor, daß für Verarbeitungen, die von der Meldung ausgenommen sind, der für die Verarbeitung Verantwortliche oder eine andere von den Mitgliedstaaten benannte Stelle zumindest die in Artikel 19 Absatz 1 Buchstaben a) bis e) vorgesehenen Angaben auf Antrag jedermann in geeigneter Weise verfügbar macht.

Die Mitgliedstaaten können vorsehen, daß diese Bestimmungen keine Anwendung auf Verarbeitungen findet, deren einziger Zweck das Führen von Registern ist, die gemäß den Rechts- und Verwaltungsvorschriften zur Information der Öffentlichkeit bestimmt sind und die entweder der gesamten Öffentlichkeit oder allen Personen, die ein berechtigtes Interesse nachweisen können, zur Einsichtnahme offenstehen.

KAPITEL III
RECHTSBEHELFE, HAFTUNG UND SANKTIONEN

Artikel 22

Rechtsbehelfe

Unbeschadet des verwaltungsrechtlichen Beschwerdeverfahrens, das vor Beschreiten des Rechtsweges insbesondere bei der in Artikel 28 genannten Kontrollstelle eingeleitet werden kann, sehen die Mitgliedstaaten vor, daß jede Person bei der Verletzung der Rechte, die ihr durch die für die betreffende Verarbeitung geltenden einzelstaatlichen Rechtsvorschriften garantiert sind, bei Gericht einen Rechtsbehelf einlegen kann.

Artikel 23

Haftung

(1) Die Mitgliedstaaten sehen vor, daß jede Person, der wegen einer rechtswidrigen Verarbeitung oder jeder anderen mit den einzelstaatlichen Vorschriften zur Umsetzung dieser Richtlinie nicht zu vereinbarenden Handlung ein Schaden entsteht, das Recht hat, von dem für die Verarbeitung Verantwortlichen Schadensersatz zu verlangen.

(2) Der für die Verarbeitung Verantwortliche kann teilweise oder vollständig von seiner Haftung befreit werden, wenn er nachweist, daß der Umstand, durch den der Schaden eingetreten ist, ihm nicht zur Last gelegt werden kann.

Artikel 24

Sanktionen

Die Mitgliedstaaten ergreifen geeignete Maßnahmen, um die volle Anwendung der Bestimmungen dieser Richtlinie sicherzustellen, und legen insbesondere die Sanktionen fest, die bei Verstößen gegen die zur Umsetzung dieser Richtlinie erlassenen Vorschriften anzuwenden sind.

KAPITEL IV
ÜBERMITTLUNG PERSONENBEZOGENER DATEN IN DRITTLÄNDER

Artikel 25

Grundsätze

(1) Die Mitgliedstaaten sehen vor, daß die Übermittlung personenbezogener Daten, die Gegenstand einer Verarbeitung sind oder nach der Übermittlung verarbeitet werden sollen, in ein Drittland vorbehaltlich der Beachtung der aufgrund der anderen Bestimmungen dieser Richtlinie erlassenen einzelstaatlichen Vorschriften zulässig ist, wenn dieses Drittland ein angemessenes Schutzniveau gewährleistet.

(2) Die Angemessenheit des Schutzniveaus, das ein Drittland bietet, wird unter Berücksichtigung aller Umstände beurteilt, die bei einer Datenübermittlung oder einer Kategorie von Datenübermittlungen eine Rolle spielen; insbesondere werden die Art der Daten, die Zweckbestimmung sowie die Dauer der geplanten Verarbeitung, das Herkunfts- und das Endbestimmungsland, die in dem betreffenden Drittland geltenden allgemeinen oder sektoriellen Rechtsnormen sowie die dort geltenden Standesregeln und Sicherheitsmaßnahmen berücksichtigt.

(3) Die Mitgliedstaaten und die Kommission unterrichten einander über die Fälle, in denen ihres Erachtens ein Drittland kein angemessenes Schutzniveau im Sinne des Absatzes 2 gewährleistet.

(4) Stellt die Kommission nach dem Verfahren des Artikels 31 Absatz 2 fest, daß ein Drittland kein angemessenes Schutzniveau im Sinne des Absatzes 2 des vorliegenden Artikels aufweist, so treffen die Mitgliedstaaten die erforderlichen Maßnahmen, damit keine gleichartige Datenübermittlung in das Drittland erfolgt.

(5) Zum geeigneten Zeitpunkt leitet die Kommission Verhandlungen ein, um Abhilfe für die gemäß Absatz 4 festgestellte Lage zu schaffen.

(6) Die Kommission kann nach dem Verfahren des Artikels 31 Absatz 2 feststellen, daß ein Drittland aufgrund seiner innerstaatlichen Rechtsvorschriften oder internationaler Verpflichtungen, die es insbesondere infolge der Verhandlungen gemäß Absatz 5 eingegangen ist, hinsichtlich des Schutzes der Privatsphäre sowie der Freihei-

ten und Grundrechte von Personen ein angemessenes Schutzniveau im Sinne des Absatzes 2 gewährleistet.

Die Mitgliedstaaten treffen die aufgrund der Feststellung der Kommission gebotenen Maßnahmen.

Artikel 26

Ausnahmen

(1) Abweichend von Artikel 25 sehen die Mitgliedstaaten vorbehaltlich entgegenstehender Regelungen für bestimmte Fälle im innerstaatlichen Recht vor, daß eine Übermittlung oder eine Kategorie von Übermittlungen personenbezogener Daten in ein Drittland, das kein angemessenes Schutzniveau im Sinne des Artikels 25 Absatz 2 gewährleistet, vorgenommen werden kann, sofern

a) die betroffene Person ohne jeden Zweifel ihre Einwilligung gegeben hat oder

b) die Übermittlung für die Erfüllung eines Vertrags zwischen der betroffenen Person und dem für die Verarbeitung Verantwortlichen oder zur Durchführung von vorvertraglichen Maßnahmen auf Antrag der betroffenen Person erforderlich ist oder

c) die Übermittlung zum Abschluß oder zur Erfüllung eines Vertrags erforderlich ist, der im Interesse der betroffenen Person vom für die Verarbeitung Verantwortlichen mit einem Dritten geschlossen wurde oder geschlossen werden soll, oder

d) die Übermittlung entweder für die Wahrung eines wichtigen öffentlichen Interesses oder zur Geltendmachung, Ausübung oder Verteidigung von Rechtsansprüchen vor Gericht erforderlich oder gesetzlich vorgeschrieben ist oder

e) die Übermittlung für die Wahrung lebenswichtiger Interessen der betroffenen Person erforderlich ist oder

f) die Übermittlung aus einem Register erfolgt, das gemäß den Rechts- oder Verwaltungsvorschriften zur Information der Öffentlichkeit bestimmt ist und entweder der gesamten Öffentlichkeit oder allen Personen, die ein berechtigtes Interesse nachweisen können, zur Einsichtnahme offensteht, soweit die gesetzlichen Voraussetzungen für die Einsichtnahme im Einzelfall gegeben sind.

(2) Unbeschadet des Absatzes 1 kann ein Mitgliedstaat eine Übermittlung oder eine Kategorie von Übermittlungen personenbezogener Daten in ein Drittland genehmigen, das kein angemessenes Schutzniveau im Sinne des Artikels 25 Absatz 2 gewährleistet, wenn der für die Verarbeitung Verantwortliche ausreichende Garantien hinsichtlich des Schutzes der Privatsphäre, der Grundrechte und der Grundfreiheiten der Personen sowie hinsichtlich der Ausübung der damit verbundenen Rechte bietet; diese Garantien können sich insbesondere aus entsprechenden Vertragsklauseln ergeben.

(3) Der Mitgliedstaat unterrichtet die Kommission und die anderen Mitgliedstaaten über die von ihm nach Absatz 2 erteilten Genehmigungen.

Legt ein anderer Mitgliedstaat oder die Kommission einen in bezug auf den Schutz der Privatsphäre, der Grundrechte und der Personen hinreichend begründeten Widerspruch ein, so erläßt die Kommission die geeigneten Maßnahmen nach dem Verfahren des Artikels 31 Absatz 2.

Die Mitgliedstaaten treffen die aufgrund des Beschlusses der Kommission gebotenen Maßnahmen.

(4) Befindet die Kommission nach dem Verfahren des Artikels 31 Absatz 2, daß bestimmte Standardvertragsklauseln ausreichende Garantien gemäß Absatz 2 bieten, so treffen die Mitgliedstaaten die aufgrund der Feststellung der Kommission gebotenen Maßnahmen.

KAPITEL V
VERHALTENSREGELN

Artikel 27

(1) Die Mitgliedstaaten und die Kommission fördern die Ausarbeitung von Verhaltensregeln, die nach Maßgabe der Besonderheiten der einzelnen Bereiche zur ordnungsgemäßen Durchführung der einzelstaatlichen Vorschriften beitragen sollen, die die Mitgliedstaaten zur Umsetzung dieser Richtlinie erlassen.

(2) Die Mitgliedstaaten sehen vor, daß die Berufsverbände und andere Vereinigungen, die andere Kategorien von für die Verarbeitung Verantwortlichen vertreten, ihre Entwürfe für einzelstaatliche Verhaltensregeln oder ihre Vorschläge zur Änderung oder Verlängerung bestehender einzelstaatlicher Verhaltensregeln der zuständigen einzelstaatlichen Stelle unterbreiten können.

Die Mitgliedstaaten sehen vor, daß sich diese Stelle insbesondere davon überzeugt, daß die ihr unterbreiteten Entwürfe mit den zur Umsetzung dieser Richtlinie erlassenen einzelstaatlichen Vorschriften in Einklang stehen. Die Stelle holt die Stellungnahmen der betroffenen Personen oder ihrer Vertreter ein, falls ihr dies angebracht erscheint.

(3) Die Entwürfe für gemeinschaftliche Verhaltensregeln sowie Änderungen oder Verlängerungen bestehender gemeinschaftlicher Verhaltensregeln können der in Artikel 29 genannten Gruppe unterbreitet werden. Die Gruppe nimmt insbesondere dazu Stellung, ob die ihr unterbreiteten Entwürfe mit den zur Umsetzung dieser Richtlinie erlassenen einzelstaatlichen Vorschriften in Einklang stehen. Sie holt die Stellungnahmen der betroffenen Personen oder ihrer Vertreter ein, falls ihr dies angebracht erscheint. Die Kommission kann dafür Sorge tragen, daß die Verhaltensregeln, zu denen die Gruppe eine positive Stellungnahme abgegeben hat, in geeigneter Weise veröffentlicht werden.

KAPITEL VI
KONTROLLSTELLE UND GRUPPE FÜR DEN SCHUTZ VON PERSONEN BEI DER VERARBEITUNG PERSONENBEZOGENER DATEN

Artikel 28

Kontrollstelle

(1) Die Mitgliedstaaten sehen vor, daß eine oder mehrere öffentliche Stellen beauftragt werden, die Anwendung der von den Mitgliedstaaten zur Umsetzung dieser Richtlinie erlassenen einzelstaatlichen Vorschriften in ihrem Hoheitsgebiet zu überwachen.

Diese Stellen nehmen die ihnen zugewiesenen Aufgaben in völliger Unabhängigkeit wahr.

(2) Die Mitgliedstaaten sehen vor, daß die Kontrollstellen bei der Ausarbeitung von Rechtsverordnungen oder Verwaltungsvorschriften bezüglich des Schutzes der Rechte und Freiheiten von Personen bei der Verarbeitung personenbezogener Daten angehört werden.

(3) Jede Kontrollstelle verfügt insbesondere über:

– Untersuchungsbefugnisse, wie das Recht auf Zugang zu Daten, die Gegenstand von Verarbeitungen sind, und das Recht auf Einholung aller für die Erfüllung ihres Kontrollauftrags erforderlichen Informationen;

– wirksame Einwirkungsbefugnisse, wie beispielsweise die Möglichkeit, im Einklang mit Artikel 20 vor der Durchführung der Verarbeitungen Stellungnahmen abzugeben und für eine geeignete Veröffentlichung der Stellungnahmen zu sorgen, oder die Befugnis, die Sperrung, Löschung oder Vernichtung von Daten oder das vorläufige oder endgültige Verbot einer Verarbeitung anzuordnen, oder die Befugnis, eine Verwarnung oder eine Ermahnung an den für die Verarbeitung Verantwortlichen zu richten oder die Parlamente oder andere politische Institutionen zu befassen;

– das Klagerecht oder eine Anzeigebefugnis bei Verstößen gegen die einzelstaatlichen Vorschriften zur Umsetzung dieser Richtlinie.

Gegen beschwerende Entscheidungen der Kontrollstelle steht der Rechtsweg offen.

(4) Jede Person oder ein sie vertretender Verband kann sich zum Schutz der die Person betreffenden Rechte und Freiheiten bei der Verarbeitung personenbezogener Daten an jede Kontrollstelle mit einer Eingabe wenden. Die betroffene Person ist darüber zu informieren, wie mit der Eingabe verfahren wurde.

Jede Kontrollstelle kann insbesondere von jeder Person mit dem Antrag befasst werden, die Rechtmäßigkeit einer Verarbeitung zu überprüfen, wenn einzelstaatliche Vorschriften gemäß Artikel 13 Anwendung finden. Die Person ist unter allen Umständen darüber zu unterrichten, daß eine Überprüfung stattgefunden hat.

(5) Jede Kontrollstelle legt regelmäßig einen Bericht über ihre Tätigkeit vor. Dieser Bericht wird veröffentlicht.

(6) Jede Kontrollstelle ist im Hoheitsgebiet ihres Mitgliedstaats für die Ausübung der ihr gemäß Absatz 3 übertragenen Befugnisse zuständig, unabhängig vom einzelstaatlichen Recht, das auf die jeweilige Verarbeitung anwendbar ist. Jede Kontrollstelle kann von einer Kontrollstelle eines anderen Mitgliedstaats um die Ausübung ihrer Befugnisse ersucht werden.

Die Kontrollstellen sorgen für die zur Erfüllung ihrer Kontrollaufgaben notwendige gegenseitige Zusammenarbeit, insbesondere durch den Austausch sachdienlicher Informationen.

(7) Die Mitgliedstaaten sehen vor, daß die Mitglieder und Bediensteten der Kontrollstellen hinsichtlich der vertraulichen Informationen, zu denen sie Zugang haben, dem Berufsgeheimnis, auch nach Ausscheiden aus dem Dienst, unterliegen.

Artikel 29

Datenschutzgruppe

(1) Es wird eine Gruppe für den Schutz von Personen bei der Verarbeitung personenbezogener Daten eingesetzt (nachstehend „Gruppe" genannt).

Die Gruppe ist unabhängig und hat beratende Funktion.

(2) Die Gruppe besteht aus je einem Vertreter der von den einzelnen Mitgliedstaaten bestimmten Kontrollstellen und einem Vertreter der Stelle bzw. der Stellen, die für die Institutionen und Organe der Gemeinschaft eingerichtet sind, sowie einem Vertreter der Kommission.

Jedes Mitglied der Gruppe wird von der Institution, der Stelle oder den Stellen, die es vertritt, benannt. Hat ein Mitgliedstaat mehrere Kontrollstellen bestimmt, so ernennen diese einen gemeinsamen Vertreter. Gleiches gilt für die Stellen, die für die Institutionen und die Organe der Gemeinschaft eingerichtet sind.

(3) Die Gruppe beschließt mit der einfachen Mehrheit der Vertreter der Kontrollstellen.

(4) Die Gruppe wählt ihren Vorsitzenden. Die Dauer der Amtszeit des Vorsitzenden beträgt zwei Jahre. Wiederwahl ist möglich.

(5) Die Sekretariatsgeschäfte der Gruppe werden von der Kommission wahrgenommen.

(6) Die Gruppe gibt sich eine Geschäftsordnung.

(7) Die Gruppe prüft die Fragen, die der Vorsitzende von sich aus oder auf Antrag eines Vertreters der Kontrollstellen oder auf Antrag der Kommission auf die Tagesordnung gesetzt hat.

Artikel 30

(1) Die Gruppe hat die Aufgabe,

a) alle Fragen im Zusammenhang mit den zur Umsetzung dieser Richtlinie erlassenen einzelstaatlichen Vorschriften zu prüfen, um zu einer einheitlichen Anwendung beizutragen;

b) zum Schutzniveau in der Gemeinschaft und in Drittländern gegenüber der Kommission Stellung zu nehmen;

c) die Kommission bei jeder Vorlage zur Änderung dieser Richtlinie, zu allen Entwürfen zusätzlicher oder spezifischer Maßnahmen zur Wahrung der Rechte und Freiheiten natürlicher Personen bei der Verarbeitung personenbezogener Daten sowie zu allen anderen Entwürfen von Gemeinschaftsmaßnahmen zu beraten, die sich auf diese Rechte und Freiheiten auswirken;

d) Stellungnahmen zu den auf Gemeinschaftsebene erarbeiteten Verhaltensregeln abzugeben.

(2) Stellt die Gruppe fest, daß sich im Bereich des Schutzes von Personen bei der Verarbeitung personenbezogener Daten zwischen den Rechtsvorschriften oder der Praxis der Mitgliedstaaten Unterschiede ergeben, die die Gleichwertigkeit des Schutzes in der Gemeinschaft beeinträchtigen könnten, so teilt sie dies der Kommission mit.

(3) Die Gruppe kann von sich aus Empfehlungen zu allen Fragen abgeben, die den Schutz von Personen bei der Verarbeitung personenbezogener Daten in der Gemeinschaft betreffen.

(4) Die Stellungnahmen und Empfehlungen der Gruppe werden der Kommission und dem in Artikel 31 genannten Ausschuß übermittelt.

(5) Die Kommission teilt der Gruppe mit, welche Konsequenzen sie aus den Stellungnahmen und Empfehlungen gezogen hat. Sie erstellt hierzu einen Bericht, der auch dem Europäischen Parlament und dem Rat übermittelt wird. Dieser Bericht wird veröffentlicht.

(6) Die Gruppe erstellt jährlich einen Bericht über den Stand des Schutzes natürlicher Personen bei der Verarbeitung personenbezogener Daten in der Gemeinschaft und in Drittländern, den sie der Kommission, dem Europäischen Parlament und dem Rat übermittelt. Dieser Bericht wird veröffentlicht.

KAPITEL VII
GEMEINSCHAFTLICHE DURCHFÜHRUNGSMASSNAHMEN
Artikel 31

Ausschußverfahren

(1) Die Kommission wird von einem Ausschuß unterstützt, der sich aus Vertretern der Mitgliedstaaten zusammensetzt und in dem der Vertreter der Kommission den Vorsitz führt.

(2) Der Vertreter der Kommission unterbreitet dem Ausschuß einen Entwurf der zu treffenden Maßnahmen. Der Ausschuß gibt seine Stellungnahme zu diesem Entwurf innerhalb einer Frist ab, die der Vorsitzende unter Berücksichtigung der Dringlichkeit der betreffenden Frage festsetzen kann.

Die Stellungnahme wird mit der Mehrheit abgegeben, die in Artikel 148 Absatz 2 des Vertrags vorgesehen ist. Bei der Abstimmung im Ausschuß werden die Stimmen der Vertreter der Mitgliedstaaten gemäß dem vorgenannten Artikel gewogen. Der Vorsitzende nimmt an der Abstimmung nicht teil.

Die Kommission erläßt Maßnahmen, die unmittelbar gelten. Stimmen sie jedoch mit der Stellungnahme des Ausschusses nicht überein, werden sie von der Kommission unverzüglich dem Rat mitgeteilt. In diesem Fall gilt folgendes:

- Die Kommission verschiebt die Durchführung der von ihr beschlossenen Maßnahmen um drei Monate vom Zeitpunkt der Mitteilung an;

- der Rat kann innerhalb des im ersten Gedankenstrich genannten Zeitraums mit qualifizierter Mehrheit einen anderslautenden Beschluß fassen.

SCHLUSSBESTIMMUNGEN

Artikel 32

(1) Die Mitgliedstaaten erlassen die erforderlichen Rechts- und Verwaltungsvorschriften, um dieser Richtlinie binnen drei Jahren nach ihrer Annahme nachzukommen.

Wenn die Mitgliedstaaten derartige Vorschriften erlassen, nehmen sie in den Vorschriften selbst oder durch einen Hinweis bei der amtlichen Veröffentlichung auf diese Richtlinie Bezug. Die Mitgliedstaaten regeln die Einzelheiten der Bezugnahme.

(2) Die Mitgliedstaaten tragen dafür Sorge, daß Verarbeitungen, die zum Zeitpunkt des Inkrafttretens der einzelstaatlichen Vorschriften zur Umsetzung dieser Richtlinie bereits begonnen wurden, binnen drei Jahren nach diesem Zeitpunkt mit diesen Bestimmungen in Einklang gebracht werden.

Abweichend von Unterabsatz 1 können die Mitgliedstaaten vorsehen, daß die Verarbeitungen von Daten, die zum Zeitpunkt des Inkrafttretens der einzelstaatlichen Vorschriften zur Umsetzung dieser Richtlinie bereits in manuellen Dateien enthalten sind, binnen zwölf Jahren nach Annahme dieser Richtlinie mit den Artikeln 6, 7 und 8 in Einklang zu bringen sind. Die Mitgliedstaaten gestatten jedoch, daß die betroffene Person auf Antrag und insbesondere bei Ausübung des Zugangsrechts die Berichtigung, Löschung oder Sperrung von Daten erreichen kann, die unvollständig, unzutreffend oder auf eine Art und Weise aufbewahrt sind, die mit den vom für die Verarbeitung Verantwortlichen verfolgten rechtmäßigen Zwecken unvereinbar ist.

(3) Abweichend von Absatz 2 können die Mitgliedstaaten vorbehaltlich geeigneter Garantien vorsehen, daß Daten, die ausschließlich zum Zwecke der historischen Forschung aufbewahrt werden, nicht mit den Artikeln 6, 7 und 8 in Einklang gebracht werden müssen.

(4) Die Mitgliedstaaten teilen der Kommission den Wortlaut der innerstaatlichen Vorschriften mit, die sie auf dem unter diese Richtlinie fallenden Gebiet erlassen.

Artikel 33

Die Kommission legt dem Europäischen Parlament und dem Rat regelmäßig, und zwar erstmals drei Jahre nach dem in Artikel 32 Absatz 1 genannten Zeitpunkt, einen Bericht über die Durchführung dieser Richtlinie vor und fügt ihm gegebenenfalls geeignete Änderungsvorschläge bei. Dieser Bericht wird veröffentlicht.

Die Kommission prüft insbesondere die Anwendung dieser Richtlinie auf die Verarbeitung personenbezogener Bild- und Tondaten und unterbreitet geeignete Vorschläge, die sich unter Berücksichtigung der Entwicklung der Informationstechnologie und der Arbeiten über die Informationsgesellschaft als notwendig erweisen könnten.

Artikel 34

Diese Richtlinie ist an die Mitgliedstaaten gerichtet.

Auslegungsbeispiele

A. Sachlicher Anwendungsbereich

I. Allgemeines

Der Anwendungsbereich der dritten Fassung[1] des BDSG ist in teilweiser Abkehr vom Dateibegriff[2] gegenüber dem BDSG a. F. erweitert worden[3]. Wie in § 1 Abs. 2 Nr. 3 BDSG geregelt, ist das Gesetz auf jede personenbezogene, nicht ausschließlich persönlichen oder familiären Tätigkeiten dienende, *automatisierte* Datenverarbeitung der Privatwirtschaft anwendbar. Neben der automatisierten Verarbeitung eröffnet auch das Vorliegen einer *nicht automatisierten* Datei den sachlichen Anwendungsbereich. Die Datenverarbeitung der Bundes- und z. T. auch der Landesbehörden wird über § 1 Abs. 2 Nr. 1 und 2 BDSG erfasst.

II. Automatisierte Verarbeitung

Artikel 2 Buchstabe b der EG-Datenschutzrichtlinie definiert die „Verarbeitung personenbezogener Daten" als jeden mit oder ohne Hilfe automatisierter Verfahren ausgeführten Vorgang oder jede Vorgangsreihe im Zusammenhang mit personenbezogenen Daten wie das Erheben, das Speichern, die Organisation, die Aufbewahrung, die Anpassung oder Veränderung, das Auslesen, das Abfragen, die Benutzung, die Weitergabe durch Übermittlung, Verbreitung oder jede andere Form der Bereitstellung, die Kombination oder die Verknüpfung sowie das Sperren, Löschen oder Vernichten. Aus der Richtlinienvorschrift folgt, dass die Erhebung als Unterfall der Verarbeitung betrachtet wird. Dementsprechend unterliegt nach dem neuen BDSG auch der Vorgang der Erhebung dem grundsätzlichen Verbot mit Erlaubnisvorbehalt des § 4 Abs. 1 BDSG.

Nach § 3 Abs. 4 Satz 1 BDSG ist Verarbeiten das Speichern, Verändern, Übermitteln, Sperren und Löschen personenbezogener Daten. Eine den Anwendungsbereich eröffnende *automatisierte* Verarbeitung liegt vor, wenn die Erhebung, Verarbeitung oder Nutzung unter Einsatz von Datenverarbeitungsanlagen erfolgt (§ 3 Abs. 2 Satz 1 BDSG).

---

[1] Checkliste der wesentlichen Neuerungen bei *Gola/Jaspers*, Das neue BDSG im Überblick, S. 57 ff.

[2] Siehe hierzu *Runge*, RDV 1998, 109 f.

[3] Zur Einbeziehung von Ton- und Bilddaten vgl. vorstehend Erwägungsgrund 14 der EG-Datenschutzrichtlinie sowie die Gesetzesbegründung zu § 3 Abs. 3 BDSG; ferner *Berliner Datenschutzbeauftragter*, Neuregelungen im Bundesdatenschutzgesetz, Materialien zum Datenschutz Nr. 30, S. 7; zur datenschutzrechtlichen Zulässigkeit der Videoüberwachung vgl. nachstehend F. V.

Mit Blick auf die datenschutzrechtliche Zulässigkeit hat der Gesetzgeber für einige Verarbeitungen besondere Regelungen vorgesehen[1].

III. Nicht automatisierte Datei

Obwohl der deutsche Gesetzgeber an die automatisierte Verarbeitung erweiterte Pflichten gekoppelt hat[2], unterliegen gemäß § 1 Abs. 2 Nr. 3 und § 27 Abs. 1 BDSG auch nicht automatisierte Dateien dem Anwendungsbereich des BDSG[3]. Kriterien für den sachlichen Anwendungsbereich des BDSG sind nach Maßgabe von Artikel 3 Abs. 1 der EG-Datenschutzrichtlinie nunmehr die automatisierte Erhebung, Verarbeitung und Nutzung personenbezogener Daten sowie die *nicht automatisierte* Erhebung, Verarbeitung und Nutzung personenbezogener Daten, die in einer Datei gespeichert sind oder gespeichert werden sollen. Nach der Richtlinienbegründung zu Artikel 2 ermöglicht die Definition in Artikel 2 Buchstabe c eine Beschränkung des Anwendungsbereichs auf Daten, die so *strukturiert* sind, dass sie den Zugriff und die Suche nach personenbezogenen Daten erleichtern. Auch die Erwägungsgründe 15 und 27 der Richtlinie stellen auf die Notwendigkeit eines erleichterten Datenzugriffs als Voraussetzung für die Eröffnung des Anwendungsbereichs ab. Des Weiteren verdeutlicht Erwägungsgrund 27, dass die Mitgliedstaaten die Kriterien zur Bestimmung der Elemente einer strukturierten Sammlung personenbezogener Daten sowie die verschiedenen Kriterien zur Regelung des Zugriffs zu einer solchen Sammlung festlegen können.

Der Bundesgesetzgeber hat von dieser Möglichkeit insoweit Gebrauch gemacht, als er in § 3 Abs. 2 Satz 2 BDSG jede nicht automatisierte Sammlung personenbezogener Daten, die *gleichartig aufgebaut* und nach bestimmten Merkmalen *zugänglich* sowie *auswertbar* ist, als nicht automatisierte Datei definiert. Das Erfordernis der „gleichartig aufgebauten Sammlung" charakterisiert dabei die äußere Form der nicht automatisierten Datei[4]. Der Gesetzgeber hat aber im Rahmen der Richtlinienumsetzung von seinem Gestaltungsspielraum lediglich eingeschränkt Gebrauch gemacht, da er davon abgesehen hat, Kriterien eines vereinfachten Zugriffs näher festzulegen. Nach in der Literatur vertretener Auffassung[5] besteht die Möglichkeit einer vereinfachten inhaltlichen Erschließung etwa aufgrund einer alphabetischen oder chronologischen Sortierung einer Kartei oder durch ein der Sammlung zugeordnetes automatisiertes Erschließungssystem, das eine programmgesteuerte Suche mit Hilfe von Identifikations- oder Sachmerkmalen erlaubt (z. B. Halter des Fahrzeugs mit dem polizeilichen Kennzeichen X, alle Mitarbeiter mit Englischkenntnissen).

---

[1] Siehe nachstehende Ausführungen unter F. I.
[2] Vgl. nachstehende Ausführungen zur Meldepflicht unter C. und zur Vorabkontrolle unter E. 4.
[3] Siehe hierzu auch Erwägungsgrund 15 der EG-Datenschutzrichtlinie und die Begründung zu Artikel 18.
[4] Vgl. *Gola/Schomerus*, BDSG, Rdnr. 18.
[5] Siehe *Dammann*, in: *Dammann/Simitis*, EG-Datenschutzrichtlinie, Artikel 2 Erl. 9.

Erwägungsgrund 27 bietet Hilfestellung bei der Subsumtion unter den Begriff der nicht automatisierten Datei, da er – dem Ergebnis intensiver Beratungen des Richtliniengebers Rechnung tragend – klarstellt, dass unstrukturierte *Akten* und Aktensammlungen nicht in den Anwendungsbereich fallen, was auf nationaler Ebene nunmehr auch die Begründung zu § 3 BDSG verdeutlicht. Im Umkehrschluss unterfallen sie aber dem BDSG, wenn sie unter den Begriff der nicht automatisierten Datei subsumierbar sind. Nach der Begründung zu Artikel 2 der Richtlinie sind personenbezogene Daten, die nicht für ihre Benutzung im Hinblick auf die betroffenen Personen organisiert sind, nicht schutzwürdig. Daraus lässt sich ableiten, dass eine Einbeziehung in den Anwendungsbereich ausscheidet, wenn eine Akte nicht mit der Zweckbestimmung angelegt worden ist, den Zugriff bzw. die Suche nach Daten einer natürlichen Person zu erleichtern. Vor diesem Hintergrund wird deutlich, dass zwar Personalakten bzw. alphabetisch nach den Namen der Personen geordnete Aktensammlungen in den Anwendungsbereich des BDSG fallen können[1]. Andererseits wäre es mit Blick auf die Richtlinienbegründung überzogen, Akten, in denen lediglich die Korrespondenz mit Firmenkunden[2] verwaltet wird, dem Anwendungsbereich des BDSG zu unterwerfen, nur weil diese auch Angaben über Ansprechpartner und damit über natürliche Personen beinhalten. Zweck der Aktenführung ist hier regelmäßig nicht die vereinfachte Zugänglichkeit personenbezogener Daten, sondern die Dokumentation der geschäftlichen Korrespondenz.

Hinsichtlich des Merkmals der Auswertbarkeit verdeutlicht die Gesetzesbegründung zu § 3 Abs. 2 Satz 2 BDSG, dass eine manuelle Auswertbarkeit genügt.

B. Räumlicher Anwendungsbereich

Artikel 4 der EG-Datenschutzrichtlinie geht – ebenso wie § 1 Abs. 5 des neuen BDSG[3] – bzgl. der Anwendbarkeit nationalen Datenschutzrechts grundsätzlich vom sog. *Sitzprinzip* aus, d. h. das anzuwendende nationale Recht richtet sich nicht nach dem Ort der Erhebung, Verarbeitung etc., sondern nach dem Sitz der verantwortlichen Stelle. Hiermit soll den Bedürfnissen der Wirtschaft Rechnung getragen werden. Unternehmen sollen ihr gewohntes nationales Datenschutzrecht „exportieren" dürfen und sich nicht durch unbekannte Datenschutzvorschriften in ihrer unternehmerischen Tätigkeit eingeschränkt sehen müssen.

Als Ausnahme vom Sitzprinzip gilt allerdings das *Territorialprinzip*, wenn die verantwortliche Stelle aus einem Mitgliedstaat der Europäischen Union bzw. einem

---

[1] Vgl. ferner *Berliner Datenschutzbeauftragter*, Neuregelungen im Bundesdatenschutzgesetz, Materialien zum Datenschutz Nr. 30, S. 7, der auch Gehaltslisten als nicht automatisierte Datei betrachtet.

[2] Zur Personenbeziehbarkeit bei der sog. „Ein-Mann-GmbH" vgl. *Gola/Schomerus*, BDSG, Rdnr. 11.

[3] Zur Funktion der Vorschrift als „Kollisionsvermeidungsnorm" vgl. *Dammann*, RDV 2002, 70 ff.

EWR-Vertragsstaat[1] eine *Niederlassung* in einem anderen Mitgliedstaat der Europäischen Union unterhält. Für die Erhebung, Verarbeitung oder Nutzung personenbezogener Daten durch diese Niederlassung gilt dann das nationale Datenschutzrecht des Landes, in dem sie belegen ist. Mithin gilt das BDSG für in Deutschland belegene Niederlassungen von Unternehmen, die ihren Sitz im Ausland haben. Umgekehrt gilt nach Maßgabe von Artikel 4 der EG-Datenschutzrichtlinie beispielsweise niederländisches Datenschutzrecht für die Erhebung, Verarbeitung oder Nutzung durch die in den Niederlanden belegene Niederlassung eines deutschen Unternehmens.

Nach dem Erwägungsgrund 19 der Richtlinie setzt eine Niederlassung im Hoheitsgebiet eines Mitgliedstaats die effektive und tatsächliche Ausübung einer Tätigkeit mittels einer festen Einrichtung voraus. Die Rechtsform einer solchen Niederlassung, die eine Agentur, Zweigstelle oder Filiale sein kann, ist in dieser Hinsicht nicht maßgeblich. Rechtlich selbstständige Konzerngesellschaften unterfallen allerdings nicht dem Niederlassungsbegriff; für sie gilt, soweit sie in Deutschland belegen sind, das BDSG schon nach Maßgabe von § 1 Absatz 2 Nr. 3. Ein Konzernprivileg[2] kennt die EG-Datenschutzrichtlinie nicht, wie die Begründung zu Artikel 2 Buchstabe f verdeutlicht. Auf den Begriff der Niederlassung kommt es allerdings dann nicht an, wenn eine solche in Deutschland lediglich als Auftragsdatenverarbeiter einer im Ausland belegenen verantwortlichen Stelle fungiert, die ihren Sitz in der EU bzw. dem EWR hat. Zur Erläuterung des Begriffs *Niederlassung* wird in der Gesetzesbegründung auf die Definition der Niederlassung in § 42 Abs. 2 Gewerbeordnung verwiesen[3]. Dieser zufolge ist eine Niederlassung vorhanden, wenn der Gewerbetreibende einen zum dauernden Gebrauch eingerichteten, ständig oder in regelmäßiger Wiederkehr von ihm benutzten Raum für den Betrieb seines Gewerbes besitzt.

Für in Drittländern belegene verantwortliche Stellen, die in Deutschland personenbezogene Daten erheben, verarbeiten oder nutzen gilt das BDSG. Bei derartigen Konstellationen gilt regelmäßig[4] das *Territorialprinzip*, denn Unternehmen aus Drittländern ist grundsätzlich ein „Export" ihrer nationale Datenschutzregelungen – soweit solche überhaupt bestehen – verwehrt[5].

---

[1] Die Privilegierung trägt der zum 1. Juli 2000 wirksam gewordenen Übernahme der Richtlinie durch die EWR-Staaten (dies sind die EU-Staaten sowie Norwegen, Island und Liechtenstein) Rechnung. Danach gilt das Gebot des freien Datenverkehrs (Artikel 1 Abs. 2 der Richtlinie) auch im Verhältnis zwischen EU-Staaten und den übrigen EWR-Staaten.

[2] Zum Datenschutz im Konzern ausführlich *Büllesbach*, in: *Roßnagel*, Handbuch Datenschutzrecht, S. 1065 ff.

[3] Für eine Auslegung nach gemeinschaftsrechtlichen Kriterien *Franzen*, DB 2001, 1867 (1868).

[4] Die bloße Durchfuhr von Datenträgern durch das Inland bildet hier die Ausnahme.

[5] Zur Anwendbarkeit des BDSG auf Internet Service Provider gem. § 1 Abs. 5 Satz 2 BDSG vgl. *Duhr/Naujok/Peter/Seiffert*, DuD 2002, 5 (6 f.) sowie *Berliner Datenschutzbeauftragter*, Neuregelungen im Bundesdatenschutzgesetz, Materialien zum Datenschutz Nr. 30, S. 17.

§ 1 Abs. 5 Satz 5 BDSG stellt klar, dass sich das Kontrollrecht der *Aufsichtsbehörden* auch auf die Fälle erstreckt, in denen aufgrund der Regelung des Absatzes 5 ein „Export" von mitgliedstaatlichem Recht in einen anderen Mitgliedstaat erfolgt. Diese Zuständigkeitsregelung entfaltet dann ihre Wirkung, wenn in Ermangelung des Vorliegens einer Niederlassung im Bundesgebiet auf die dort durch oder im Auftrag einer in einem anderen Mitgliedstaat ansässigen Stelle vorgenommene Verarbeitung wegen des Sitzprinzips das Recht dieses Mitgliedstaats Anwendung findet. Da auch in solchen Fällen die Zuständigkeit der deutschen Aufsichtsbehörden gegeben ist, wird sich diese entweder mit dem Datenschutzrecht des jeweiligen Mitgliedstaats auseinander setzen oder – was näher liegend erscheint – Amtshilfe[1] in Anspruch nehmen müssen. Durch § 38 Abs. 1 Satz 4 BDSG wird in Umsetzung von Artikel 28 Abs. 6 Satz 1 und 2 der Richtlinie die Amtshilfe für die Aufsichtsbehörden anderer Mitgliedstaaten der Europäischen Union geregelt. § 26 Abs. 4 Satz 2 BDSG erstreckt die Amtshilferegelung des § 38 Abs. 1 Satz 3 und 4 für die Aufsichtsbehörden auf den Bundesbeauftragten für den Datenschutz.

C. Meldepflicht

I. Allgemeines

Das BDSG knüpft gewisse Verpflichtungen lediglich an *automatisierte Verarbeitungen* und privilegiert damit teilweise den – immer seltener werdenden – nicht automatisierten Umgang mit personenbezogenen Daten. Die Begründung zu Artikel 18 der EG-Datenschutzrichtlinie stellt diesbezüglich klar:

„Zur Vermeidung übermäßiger administrativer Schritte wird vorgeschlagen, hinzuzufügen, dass die Meldepflicht nur vollständig oder teilweise automatisierte Verarbeitungen betrifft, um den Mitgliedstaaten freizustellen, ob sie die Pflicht gemäß Artikel 21[2] auf die manuellen Daten ausdehnen wollen".

Der Bundesgesetzgeber hat sich in richtlinienkonformer Weise dafür entschieden, dass lediglich Verarbeitungen, die unter Einsatz von *Datenverarbeitungsanlagen*[3] erfolgen, der Meldung[4] unterliegen. Ein Verstoß gegen die Meldepflicht ist als Ordnungswidrigkeit nach § 43 Abs. 1 Nr. 1 BDSG bußgeldbewehrt[5].

---

[1] Siehe hierzu auch Artikel 28 Abs. 6 und Erwägungsgrund 64 der EG-Datenschutzrichtlinie.

[2] Betrifft die Publizität der Datenverarbeitung.

[3] Vgl. die Legaldefinition in § 3 Abs. 2 Satz 1 BDSG.

[4] Zum Meldeverfahren im Einzelnen vgl. das von den Aufsichtsbehörden entwickelte Merkblatt zur Meldepflicht, abrufbar z. B. unter http://www.baden-wuerttemberg.de/sixcms/detail.php?id=13234.

[5] Zur Reform der Straf- und Bußgeldvorschriften des BDSG vgl. die nachstehend wiedergegebene Gesetzesbegründung zu § 43.

II. Meldepflichtige Stellen

Gemäß § 4 d Abs. 1 BDSG sind Verfahren automatisierter Verarbeitungen vor ihrer Inbetriebnahme von nicht öffentlichen verantwortlichen Stellen der zuständigen Aufsichtsbehörde und von öffentlichen verantwortlichen Stellen des Bundes sowie von Post- und Telekommunikationsunternehmen dem Bundesbeauftragten für den Datenschutz nach Maßgabe von § 4e BDSG zu melden. Die Meldepflicht obliegt der *verantwortlichen Stelle*, also auch dem Auftraggeber im Fall der Auftragsdatenverarbeitung (§ 3 Abs. 7 BDSG). Wegen des besonderen Gefährdungspotenzials sind Stellen, die Datenverarbeitung zum Zweck der Übermittlung (§ 29 BDSG, z. B. Auskunfteien und Adresshändler) oder zum Zweck der anonymisierten Übermittlung (§ 30 BDSG, z. B. Markt- und Meinungsforscher) betreiben oder betreiben lassen, *ohne Ausnahme meldepflichtig* (§ 4 d Abs. 4 BDSG)[1]. Entfallen ist die generelle Meldepflicht der Dienstleistungsunternehmen im Fall der Auftragsdatenverarbeitung[2]. Auftragnehmer können aber im Hinblick auf Verfahren automatisierter Verarbeitungen, die sie in eigener Regie durchführen (z. B. eigene Personalverwaltungsverfahren) meldepflichtig sein.

III. Ausnahmen vom Grundsatz der Meldepflicht

Gesetzliche geregelte Ausnahmen bewirken, dass die Meldung an die Aufsichtsbehörde nach dem neuen BDSG faktisch die Ausnahme bilden dürfte.

So entfällt die Pflicht zur Meldung an die Aufsichtsbehörde, wenn die verantwortliche Stelle einen *Datenschutzbeauftragten* bestellt hat (§ 4d Abs. 2 BDSG). Hier hat der Gesetzgeber den ihm von der EG-Datenschutzrichtlinie eingeräumten Spielraum zugunsten einer möglichst unbürokratischen, dezentralen Datenschutzkontrolle ausgeschöpft. Stellen, die mit *mehr als vier* Arbeitnehmern personenbezogene Daten gem. § 28 BDSG verarbeiten, müssen immer einen betrieblichen Datenschutzbeauftragten bestellen (§ 4 f Abs. 1 Satz 1 BDSG) und sind gem. § 4 d Abs. 2 BDSG von der Meldepflicht befreit, sobald sie ihrer Pflicht zur Bestellung eines betrieblichen Datenschutzbeauftragten nachgekommen sind. Stellen mit weniger als 5 Arbeitnehmern können freiwillig einen betrieblichen Datenschutzbeauftragten bestellen; sie sind dann ebenfalls von der Meldepflicht frei.

Verantwortliche Stellen, die personenbezogene Daten automatisiert zu eigenen Zwecken gem. § 28 BDSG verarbeiten, unterliegen der Meldepflicht *nicht*, wenn die Verarbeitung mit höchstens *vier* Arbeitnehmern erfolgt und entweder eine Einwilligung des Betroffenen oder eine Zweckbestimmung nach § 28 Abs. 1 Nr. 1 BDSG

---

[1] Zudem besteht nach § 4f Abs. 1 Satz 6 BDSG unabhängig von der Mitarbeiterzahl die Pflicht zur Bestellung eines Datenschutzbeauftragten.

[2] Zur Auftragsdatenverarbeitung nach neuem BDSG vgl. *Dolderer/ von Garrel/ Müthlein/Schlumberger*, RDV 2001, 223 ff.; ferner *Evers/Kiene*, DuD 2003, 341 sowie *Wronka*, RDV 2003, 132 ff.

vorliegt (§ 4 d Abs. 3 BDSG). In diesen Fällen hält der Gesetzgeber eine Beeinträchtigung von Persönlichkeitsrechten für unwahrscheinlich. Wenn beispielsweise in einem Handwerksbetrieb eine Angestellte Kundendaten verarbeitet, ist weder die Bestellung eines Datenschutzbeauftragten noch eine Meldung erforderlich[1].

Soweit automatisierte Verarbeitungen besondere Risiken für die Rechte und Freiheiten der Betroffenen aufweisen, ist eine *Vorabkontrolle* durchzuführen; in diesen Fällen ist *stets* ein betrieblicher Datenschutzbeauftragter für die gesamte Dauer der Verarbeitung zu bestellen[2], eine Meldepflicht besteht dann nicht mehr, sobald die Bestellung erfolgt ist (§§ 4 d Abs. 2 und 5, 4 f Abs. 1 Satz 6 BDSG).

IV. Gegenstand – „Verfahren automatisierter Verarbeitung"

Entsprechend der Begründung zu Artikel 18 der EG-Datenschutzrichtlinie soll die Meldung die Verantwortlichen der Verarbeitung dazu veranlassen, die erforderlichen Maßnahmen für die Einhaltung der ihnen obliegenden Pflichten vor der Realisierung ihrer Verarbeitung zu planen. Es wurde bereits festgestellt, dass *Verfahren automatisierter Verarbeitungen* vor ihrer Inbetriebnahme grundsätzlich der zuständigen Aufsichtsbehörde bzw. dem betrieblichen Datenschutzbeauftragten zu melden sind. Der Auslegung des Begriffs *„Verfahren"* kommt damit grundlegende Bedeutung zu, da hiervon abhängt, was im Einzelnen der Meldepflicht unterliegt bzw. wie detailliert die Meldung zu erfolgen hat. Das BDSG enthält keine Legaldefinition des Verfahrensbegriffs. Allerdings gibt die Gesetzesbegründung zu § 4d Abs. 1 BDSG näheren Aufschluss. Der Begründungstext lautet wörtlich:

„Der Bundesrat hat um Prüfung gebeten, ob in § 4d klargestellt werden kann, dass sich die in dieser Vorschrift begründete Meldepflicht nicht auf jeden einzelnen Verarbeitungsvorgang bezieht, sondern auf den Einsatz eines automatisierten Verfahrens als Ganzes (BR-Drs. 461/00 – Beschluss, S. 3, Nr. 2, 2. Anstrich). Die erbetene Klarstellung verstößt nicht gegen Artikel 18 Abs. 1 der Richtlinie, da dort Meldepflichten für den einzelnen Verarbeitungsvorgang nicht begründet werden. Der Begriff „Verfahren automatisierter Verarbeitungen" trägt dem Anliegen des Bundesrates Rechnung. Die Änderung ist dementsprechend auch im Einleitungssatz des § 4e vorzunehmen".

---

[1] Vgl. den XV. Tätigkeitsbericht des *Landesbeauftragten für den Datenschutz Niedersachsen*, S. 174 f.; die Gesetzesbegründung enthält weitere Anwendungsbeispiele für Ausnahmetatbestände nach § 4d Abs. 3 BDSG. Diese betreffen Datenverarbeitungen, wie sie typischerweise bei einer Reihe von selbständig Berufstätigen, etwa Architekten, Ärzten, Apothekern, Handwerkern, Sanitätshäusern, Optikern, Fitnessstudios und kleinen Gewerbetreibenden vorkommen.

[2] Vgl. die nachstehende Gesetzesbegründung zu § 4f Abs. 1 Satz 6 BDSG.

Mit einer entsprechenden Klarstellung hat der Gesetzgeber dem in Erwägungsgrund 49 der EG-Datenschutzrichtlinie genannten Anliegen, unangemessene Verwaltungsmodalitäten zu vermeiden, Rechnung getragen[1].

Auch die Vorschrift des Artikel 18 Abs. 1 der EG-Datenschutzrichtlinie und die Begründung hierzu geben Aufschluss darüber, welche Vorgänge im Einzelnen der Meldepflicht unterliegen. In der Begründung heißt es:

„Um die Berücksichtigung der globalen, bisweilen vielschichtigen Realität der durch einen Verantwortlichen der Verarbeitung vorgenommenen Verarbeitungen zu berücksichtigen und eine übermäßige Häufung der Meldungen zu vermeiden, wird vorgeschlagen, dass eine Meldung das gesamte Paket der – repetitiven oder nichtrepetitiven – Verarbeitungen betrifft, mit denen eine oder mehrere vom Standpunkt des Verantwortlichen der Verarbeitung und der betroffenen Personen aus miteinander verbundene Zweckbestimmung(en) realisiert werden sollen. So dürfte beispielsweise nur eine Meldung für alle Verarbeitungen gefordert werden, die die Kreditverwaltung betreffen und von einer Kreditanstalt vorgenommen werden, um die Kreditanträge zu berücksichtigen, zu prüfen, die Kredite zu gewähren, die geschuldeten Außenstände einzutreiben und strittige Fälle zu verfolgen".

Vor diesem Hintergrund lässt sich der Begriff Verfahren definieren als ein *Bündel* von Verarbeitungen, die über eine vom Verantwortlichen definierte Zweckbestimmung verbunden sind[2]. Abgeleitet aus der Satzung des Unternehmens ist die Hauptzweckbestimmung regelmäßig die Abwicklung von Kundenverträgen. Nebenzwecke sind die Personal- und Lieferantenverwaltung sowie die Interessenten- und ggfs. die Handelsvertreterbetreuung. Im Rahmen von Kundenverwaltungs-verfahren werden beispielsweise Daten von Ansprechpartnern sowie Adress- Vertrags-, Zahlungs- und Steuerungsdaten verarbeitet. Bei Personalverwaltungsverfahren kommen als Datenkategorien z. B. Vertragsstamm- und Abrechnungs- sowie Planungsdaten in Betracht. Betroffene Personengruppen können neben den Mitarbeitern auch Bewerber und ehemalige Beschäftigte (z. B. Rentner) sowie sonstige Anspruchsberechtigte sein. Bei Lieferantenverwaltungsverfahren dürfte die Verarbeitung von Vertragsstamm- und Abrechnungsdaten im Vordergrund stehen. Im Rahmen von Verfahren zur Interessentenbetreuung geht es in der Regel um die Verarbeitung von Adressdaten sowie um solche personenbezogenen Daten, die näheren Aufschluss über das Produktinteresse geben. Das Innenministerium Baden-Württemberg[3] setzt die Vi-

---

[1] Siehe die Stellungnahme des *Bundesrates* (BR.-Drs. 461/00 vom 29.9.2000) zum Regierungsentwurf (BT-Drs. 14/4329 vom 13.10.2000).

[2] Vgl. die Praxishilfe „Verarbeitungsübersicht, Verfahrensverzeichnis, Vorabkontrolle" des *GDD-Arbeitskreises „ BDSG 2001"*, S. 3.

[3] Hinweise zum BDSG für die private Wirtschaft Nr. 40 (3.7), abrufbar im Internet unter www.im.bwl.de unter der Rubrik „Datenschutz"; s. auch die Begründung zu § 6b Abs. 2 BDSG.

deoüberwachung einem automatisierten, grundsätzlich meldepflichtigen Verfahren gleich[1].

D. Transparenz der Datenverarbeitung

I. Allgemeines

Es gehört zu den datenschutzrechtlichen Grundpositionen, dass die Verarbeitung seiner Daten nicht „hinter dem Rücken" des Betroffenen stattfinden darf. Die EG-Datenschutzrichtlinie bezweckt u. a. eine erweiterte Transparenz für den Betroffenen[2]. Diese soll insbesondere durch den Grundsatz der *Direkterhebung, Unterrichtungspflichten* sowie durch erweiterte *Benachrichtigungs-* und *Auskunftspflichten*[3] gewährleistet werden. Zur Transparenz der Datenverarbeitung trägt überdies der Grundsatz der *Publizität* (§§ 38 Abs. 2 Satz 2, 4g Abs. 2 Satz 2 BDSG) bei. In Erwägungsgrund 38 der Richtlinie heißt es mit Blick auf den Transparenzgedanken:

„Datenverarbeitung nach Treu und Glauben setzt voraus, daß die betroffenen Personen in der Lage sind, das Vorhandensein einer Verarbeitung zu erfahren und ordnungsgemäß und umfassend über die Bedingungen der Erhebung informiert zu werden, wenn Daten bei ihnen erhoben werden."

II. Unterrichtungspflichten bei Direkterhebung

Das neue BDSG erstreckt den Direkterhebungsgrundsatz, der Ausfluss des Volkszählungsurteils und des Rechts auf informationelle Selbstbestimmung ist[4], nun auch auf die personenbezogene Datenverarbeitung der Privatwirtschaft, wobei gleichzeitig eine erweiterte Transparenz für den Betroffenen durch einhergehende Unterrichtungspflichten der verantwortlichen Stelle gewährleistet werden soll. Werden personenbezogene Daten – wie nunmehr auch in der Privatwirtschaft gemäß § 4 Abs. 2 Satz 1 BDSG grundsätzlich geboten – direkt beim Betroffenen erhoben, so ist er nach § 4 Abs. 3 BDSG, sofern er nicht bereits auf andere Art und Weise Kenntnis erlangt hat, von der verantwortlichen Stelle über ihre *Identität*, die *Zweckbestim-*

---

[1] Siehe nachstehendes Dokumentationsmuster unter F. IV 3.

[2] Diesbezüglich fordert die EU-Kommission in ihrem Ersten Bericht über die Durchführung der EG-Datenschutzrichtlinie – KOM(2003) 265 endg. – eine einheitlichere Auslegung von Artikel 10 der EG-Datenschutzrichtlinie (vgl. hierzu das Arbeitsprogramm im Anhang, Aktion 6).

[3] Das Auskunftsrecht des Betroffenen wurde erweitert, da es nunmehr auch grundsätzlich die Datenempfänger umfasst und die bisherigen Ausnahmetatbestände reduziert wurden. Vgl. allerdings nachstehend auch die Gesetzesbegründung des *Innenausschusses des Bundestages* zu § 34 Abs. 4 BDSG, wonach die Ausnahmetatbestände auf Anregung des Bundesrates teilweise wiederhergestellt worden sind. Bei automatisierten Einzelentscheidungen ist dem Betroffenen auch Auskunft über den „logischen Aufbau der Verarbeitung" zu geben.

[4] *BVerfGE* 65, 1 ff.

mung der Erhebung, Verarbeitung oder Nutzung sowie über die *Kategorien von Empfängern* zu unterrichten[1]. Werden auf einem Vertrags- oder Antragsformular Name und Adressdaten des Vertragspartners bzw. des Antragstellers erhoben und dienen die Daten nur der Zweckbestimmung der Vertragsabwicklung bzw. der Bearbeitung des Antrags, so erübrigt sich der Hinweis auf diese Zweckbestimmung, da diese dem Betroffenen bereits im Zusammenhang mit der Preisgabe seiner Daten bekannt geworden ist.

Zu den bei der Direkterhebung grundsätzlich anzugebenden *Empfängerkategorien* gehören angesichts der Legaldefinition in § 3 Abs. 8 Satz 1 BDSG auch Auftragsdatenverarbeiter[2]. Die Unterrichtungspflicht bzgl. der Empfängerkategorien besteht allerdings nur, soweit der Betroffene nach den Umständen des Einzelfalls nicht mit der Übermittlung an diese rechnen muss. So wird beispielsweise der Schuldner grundsätzlich[3] damit rechnen müssen, dass seine mit einer gegen ihn bestehenden Forderung zusammenhängenden Daten im Fall einer Abtretung nach § 398 BGB zwangsläufig vom Zedenten an den Zessionar übermittelt werden, damit dieser seine Rechte aus der übergegangenen Forderung auch geltend machen kann. Wird bereits in einem der Forderung zugrunde liegenden Darlehensvertrag auf die Abtretung der Rückzahlungsforderung an Zessionare hingewiesen, so wird damit der Transparenz der Datenverarbeitung ausdrücklich Rechnung getragen. Auch bei der Verwendung der sog „Allfinanzklausel" durch Banken[4] und Versicherungen[5] liegt bereits eine Information über die konzerninternen Datenflüsse und die zugrunde liegende Zweckbestimmung vor.

Die nach § 4 Abs. 3 Satz 2 BDSG bestehenden Hinweis- bzw. Aufklärungspflichten dürften im Privatrechtsverkehr – jedenfalls mit Blick auf den Grundsatz der Vertragsautonomie – lediglich am Rande eine Rolle spielen.

Nach § 4 Abs. 2 Satz 2 Nr. 1 BDSG dürfen Daten *ohne Mitwirkung* des Betroffenen nur erhoben werden, wenn eine Rechtsvorschrift dies vorsieht oder zwingend voraussetzt. Notwendig ist eine gesetzliche Grundlage, die dem rechtsstaatlichen Gebot der Normenklarheit entspricht[6]. Zu den Rechtsvorschriften im vorgenannten Sinne gehören auch die im dritten Abschnitt des BDSG verankerten Erlaubnistatbestände. Sofern Daten gemäß §§ 28 Abs. 1 Nr. 3, 29 Abs. 1 Nr. 2 BDSG allgemein zugänglich sind, erübrigt sich eine Direkterhebung, es sei denn, dass schutzwürdige Interes-

---

[1] Zu den Informationspflichten gegenüber Bewerbern vgl. *Gola*, RDV 2003, 177 ff.

[2] Vgl. auch *Sokol*, in: *Simitis*, BDSG, § 4 Rdnr. 43.

[3] Ausnahmen können beispielsweise wegen vertraglich vereinbarter Verschwiegenheitspflichten bestehen (vgl. hierzu *OLG Düsseldorf*, RDV 1994, 93).

[4] Zum Datenschutz im Kreditwesen ausführlich *Eul*, in: *Roßnagel*, Handbuch Datenschutzrecht, S. 1085 ff.

[5] Zum Datenschutz im Versicherungswesen ausführlich *Naujok*, in: *Roßnagel*, Handbuch Datenschutzrecht, S. 1118 ff.

[6] Vgl. *BVerfG*, NJW 1984, 422.

sen des Betroffenen offensichtlich überwiegen. Gemäß der Definition in § 10 Abs. 5 Satz 2 BDSG sind Daten allgemein zugänglich, die jedermann, sei es ohne oder nach vorheriger Anmeldung, Zulassung oder Entrichtung eines Entgelts, nutzen kann. Gemäß § 4 Abs. 2 Satz 2 Nr. 2 a) und b) BDSG kann vom Grundsatz der Direkterhebung überdies nach Vornahme einer *Interessenabwägung* abgewichen werden, wenn die Verwaltungsaufgabe oder der Geschäftszweck dies erforderlich macht oder soweit die Erhebung beim Betroffenen einen unverhältnismäßigen Aufwand erfordern würde.

III. Benachrichtigungspflicht und Ausnahmen

Die Benachrichtigungspflicht nicht öffentlicher Stellen ergänzt die Transparenzpflichten der Daten verarbeitenden Stellen für den Fall der *erstmaligen Speicherung zu eigenen Zwecken ohne Kenntnis* des Betroffenen. Der Betroffene ist nach der Speicherung zu benachrichtigen. Sind die Daten geschäftsmäßig zum Zwecke der Übermittlung gespeichert worden, so ist der Betroffene nach erfolgter erstmaliger Übermittlung zu benachrichtigen[1]. Die Pflicht zur Benachrichtigung ist in § 33 Abs. 1 BDSG richtlinienbedingt[2] hinsichtlich des Umfangs der Information insbesondere um die Zweckbestimmung erweitert worden[3]. Sowohl die Richtlinie[4] als auch das neue BDSG[5] gestatten aber die Inanspruchnahme von *Ausnahmen*. Die EG-Datenschutzrichtlinie verpflichtet allerdings die Mitgliedstaaten zur Schaffung von geeigneten Garantien, falls Ausnahmen von der Benachrichtigungspflicht in Anspruch genommen werden[6]. Da die Richtlinie den Begriff „geeignete Garantien" nicht näher spezifiziert, liegt nur eine allgemein gehaltene Zielvorgabe vor, die den nationalen Gesetzgebern bei der Umsetzung Spielraum lässt. Der Bundesgesetzgeber hat sich für die folgende Gesetzesformulierung in § 33 Abs. 2 Satz 2 BDSG entschieden:

„Die verantwortliche Stelle legt schriftlich fest, unter welchen Voraussetzungen von einer Benachrichtigung nach Satz 1 Nr. 2 bis 7 abgesehen wird."

Damit stellt sich insbesondere für den Datenschutzbeauftragten, der laut Gesetzesbegründung auf die Einhaltung dieser Vorschrift hinwirken soll, die Frage, wie eine *gesetzeskonforme Dokumentation* der Inanspruchnahme von Ausnahmen erfolgen kann. Insbesondere erscheint fraglich, ob eine mehr oder weniger abstrakt formulier-

---

[1] Ebenso *Duhr/Naujok/Danker/Seiffert*, DuD 2003, 5 (15).
[2] Siehe nachstehend die Gesetzesbegründung zu § 33 Abs. 1 BDSG.
[3] § 33 Abs. 1 Satz 3 BDSG regelt überdies eine grundsätzliche Unterrichtungspflicht bzgl. Empfängerkategorien.
[4] Vgl. Artikel 11 Absatz 2 Satz 1.
[5] Vgl. den Ausnahmekatalog des § 33 Abs. 2 BDSG.
[6] Siehe Artikel 11 Absatz 2 Satz 2.

te schriftliche Festlegung (z. B. in Gestalt einer Organisationsanweisung) ausreicht, oder ob eine fallbezogene Dokumentation gefordert ist. Bei der Beantwortung dieser Frage ist ein Blick auf die Entstehungsgeschichte des BDSG hilfreich. Nach einem vorangegangenen Referentenentwurf des Bundesinnenministeriums[1] sollten die verantwortlichen Stellen verpflichtet sein, die Aufsichtsbehörde bei der erstmaligen Inanspruchnahme einer der enumerativ aufgeführten Ausnahmekategorien zu unterrichten. Überdies sollten die Datensätze der Betroffenen entsprechend gekennzeichnet werden. Diese einzelfallbezogene und zu Recht als unverhältnismäßig kritisierte Dokumentationspflicht wurde nachfolgend wieder verworfen und durch die jetzige Formulierung, die nicht auf den Einzelfall abstellt, ersetzt. Vor diesem Hintergrund wird deutlich, dass der Gesetzgeber in § 33 Abs. 2 Satz 2 BDSG keine einzelfallbezogene Dokumentationspflicht statuieren wollte. Vielmehr kommt es an dieser Stelle nur darauf an, dass die Aufsichtsbehörden, die nunmehr auch anlassunabhängig kontrollieren können, anhand einer allgemeinen – unter Berücksichtigung der jeweiligen Unternehmens- bzw. Branchenspezifika erstellten – Beschreibung der Ausnahmevoraussetzungen feststellen können, ob die verantwortliche Stelle die Ausnahmeregelungen möglicherweise allzu weitherzig in Anspruch nimmt[2]. Der Datenschutzbeauftragte sollte von der verantwortlichen Stelle an der Entscheidung über das Vorliegen einer Ausnahmevorschrift als auch bei der schriftlichen Fixierung derselben beteiligt werden[3]. Schon aus Gründen der ordnungsgemäßen Organisationskontrolle gemäß der Anlage zu § 9 BDSG und mit Blick auf die Gewährleistung der Rechte der Betroffenen sollten die Nichtbenachrichtigungen in der internen Verarbeitungsübersicht[4] dokumentiert werden.

IV. Transparenz als Grundlage des Werbewiderspruchs

Gemäß Artikel 14 Buchstabe b der EG-Datenschutzrichtlinie hat der Betroffene das Recht, im Fall der Direktwerbung[5] vor der ersten Weitergabe personenbezogener Daten an Dritte oder vor deren erstmaliger Nutzung im Auftrag Dritter zu Zwecken der Direktwerbung informiert und ausdrücklich auf das Recht hingewiesen zu werden, kostenfrei gegen eine solche Weitergabe oder Nutzung Widerspruch einzulegen. Bei der Formulierung „im Auftrag Dritter" dürfte es sich wegen der maßgeblichen Legaldefinition in Artikel 2 Buchstabe f um einen Redaktionsfehler handeln.

---

[1] Stand: 6. Juli 1999.
[2] Vgl. auch *Dammann*, in: *Dammann/Simitis*, EG-Datenschutzrichtlinie, Artikel 11 Erl. 8.
[3] Vgl. *Duhr/Naujok/Danker/Seiffert*, DuD 2003, 5 (16).
[4] Siehe nachstehende Ausführungen unter E. III.
[5] Zum Datenschutz bei Werbung und Marketing ausführlich *Gola/Klug*, Grundzüge des Datenschutzrechts, S. 123 ff.; ferner *Breinlinger*, in: *Roßnagel*, Handbuch Datenschutzrecht, S. 1186 ff.; *Wronka*, RDV 1995, 197 ff.; *Berghoff*, RDV 2002, 78 ff. .; zur Bildung von Kundenprofilen *Jacob/Jost*, DuD 621 ff. sowie v. *Lewinski*, RDV 2003, 122 ff.; zu Kundenbindungssystemen *Weber/Jacob/Rieß/Ullmann*, DuD 2003, 614 ff. sowie *Weichert*, DuD 2003, 161 ff.

Nach der Definition können Auftragsverarbeiter nicht Dritte sein. Artikel 14 Satz 2 der Richtlinie verpflichtet die Mitgliedstaaten sicherzustellen, dass die Betroffenen von ihrem Widerspruchsrecht Kenntnis haben. § 28 Abs. 4 Satz 2 BDSG setzt diese Vorgabe um, indem er *Unterrichtungspflichten* des Werbetreibenden hinsichtlich der Existenz des *Widerspruchsrechts* und der verantwortlichen Stelle *(Widerspruchsadressat)* statuiert[1]. § 28 Abs. 4 Satz 2 BDSG stellt nunmehr zudem klar, dass sich der Betroffenen auch im Fall des sog. *Listbrokingverfahrens*[2], das unter Einsatz fremder Adresslisten erfolgt, auf einfache Weise Kenntnis über den richtigen Widerspruchsadressaten verschaffen können muss. In diesem Zusammenhang reicht es aus, wenn eine Nachfragemöglichkeit nach dem Adresslisteigner besteht. Der Verstoß gegen die Unterrichtungspflicht ist nach § 43 Abs. 1 Nr. 3 BDSG eine Ordnungswidrigkeit.

V. Weitere spezielle Transparenzvorschriften

Das BDSG enthält überdies einige spezielle Transparenzvorschriften. So etwa in § 6b Abs. 2 im Hinblick auf die Erkennbarmachung von Beobachtungen mit optisch-elektronischen Einrichtungen (*Videotechnik*)[3] und Unterrichtungspflichten im Fall der Ausgabe von *Chipkarten* gem. § 6c Abs. 1 und 3. § 6a Abs. 3 BDSG und § 6c Abs. 2 BDSG regeln spezielle – z. T. über § 34 BDSG hinausgehende – *Auskunftsverpflichtungen* bei automatisierten Einzelentscheidungen (§ 6a Abs. 3 BDSG) bzw. beim Chipkarteneinsatz (§ 6c Abs. 2 BDSG).

VI. Das „jedermann" verfügbare Verfahrensverzeichnis

Die EG-Datenschutzrichtlinie ermöglicht es den Mitgliedstaaten, die Datenschutzkontrolle dezentral auszugestalten. Diese Möglichkeit hat der deutsche Gesetzgeber genutzt, indem er im Rahmen der Gesetzesnovelle an dem Prinzip der innerbetrieblichen Selbstkontrolle, das sich im Wesentlichen in der Person des betrieblichen Datenschutzbeauftragten widerspiegelt, festgehalten und von der durch die Richtlinie ermöglichten Ausnahme von der Meldung gegenüber der Aufsichtsbehörde Gebrauch gemacht hat. Hieraus folgt konsequenterweise, dass Aufgaben, für die ansonsten die Aufsichtsbehörden zuständig wären, primär dem *Datenschutzbeauftragten* zugewiesen sind, was eine Entlastung der Aufsichtsbehörden[4] sowie eine Entbürokratisierung bewirkt. Gemäß § 4g Abs. 2 Satz 2 BDSG gehört es zu seinen Aufgaben, die Angaben nach § 4e Satz 1 Nr. 1 bis 8 BDSG auf Antrag jedermann in

---

[1] Zu diesbezüglichen Umsetzungsdefiziten vgl. *Petri*, DuD 2002, 726 (729 f.) sowie *Duhr/Naujok Danker/Seiffert*, DuD 2003, 5 (8).

[2] Zu möglichen Fallgestaltungen vgl. *Duhr/Naujok/Danker/Seiffert*, DuD 2003 5 (9).

[3] Zur Benachrichtigungspflicht im Fall der Personalisierung bei der Videoüberwachung vgl. nachstehend F. V. 4. d).

[4] Zur Neugestaltung der Meldepflicht und der Registerführung bei den Aufsichtsbehörden vgl. *Hillenbrand-Beck/Wedler*, RDV 2001, 48 ff.

geeigneter Weise verfügbar zu machen. Falls ein Datenschutzbeauftragter nicht bestellt ist, obliegt die Pflicht der verantwortlichen Stelle (§ 4g Abs. 2 Satz 3 BDSG). Ziffer 9 wurde hier ganz bewusst ausgeklammert, da es nicht sachgerecht wäre, wenn die verantwortliche Stelle ihr Sicherheitskonzept offenbaren müsste. Obwohl das jedermann verfügbare Verfahrensverzeichnis im Wesentlichen nur unsensible Strukturdaten[1] beinhaltet, wird es nicht immer im Interesse der verantwortlichen Stelle bzw. des Datenschutzbeauftragten liegen, die entsprechenden Informationen auf Antrag jedem X-Beliebigen zur Verfügung zu stellen. Vor diesem Hintergrund stellt sich die Frage, wie der Begriff *„jedermann"* zu interpretieren ist. Artikel 21 der EG-Datenschutzrichtlinie regelt die Öffentlichkeit der Verarbeitung und gewährt ebenso wie das BDSG ein Informationsrecht für jedermann. Die Begründung zu Artikel 21 der Richtlinie verdeutlicht, dass die Informationsmöglichkeit tatsächlich jeder Person – also nicht nur dem Betroffenen – zusteht[2]. Allerdings folgt aus dem Grundsatz der Publizität nicht, dass einer rechtmissbräuchlichen Inanspruchnahme des Informationsrechts Tür und Tor geöffnet wäre. Der das gesamte Rechtsleben beherrschende Grundsatz von Treu und Glauben, der u. a. seinen Niederschlag in Artikel 6 der EG-Datenschutzrichtlinie und in den Erwägungsgründen 28 sowie 38 gefunden hat, besagt, dass jedermann in Ausübung seiner Rechte und Erfüllung seiner Pflichten nicht rechtsmissbräuchlich handeln darf. Von daher muss der Datenschutzbeauftragte zumindest offensichtlich schikanösen Informationsverlangen nicht nachkommen. Diese Auslegung wird offenbar auch durch ein Ratsprotokoll gedeckt, wonach sich Rat und Kommission darauf verständigt haben sollen, dass das Informationsrecht nicht missbräuchlich ausgeübt werden darf[3]. Danach soll ein Antrag missbräuchlich sein, wenn die Verarbeitung den Antragsteller offensichtlich nicht betrifft. Die Problematik dürfte sich allerdings meist erst gar nicht stellen, wenn das Verfahrensverzeichnis – wie teilweise schon praktiziert – automatisiert geführt und über das Internet der Öffentlichkeit elektronisch zugänglich gemacht wird. Das formelle Antragsrecht der Betroffenen bleibt freilich von einer derartigen Veröffentlichungsform unberührt.

E. Institutionelle Selbstkontrolle

I. Allgemeines

Da es der deutschen Delegation im Rahmen der Brüsseler Konferenzverhandlungen zur inhaltlichen Ausgestaltung der 1995 in Kraft getretenen EG-Datenschutzrichtlinie gelungen war, auf europäischer Ebene eine Öffnung für das in Deutschland

---

[1] Zum Verfahrensbegriff siehe vorstehend C. IV.
[2] Vgl. hierzu *Kopp*, DuD 1995, 204 (209 f.); *Dammann*, in: *Dammann/Simitis*, EG-Datenschutzrichtlinie, Artikel 18 Erl. 16 sowie Artikel 21 Erl. 6.
[3] Siehe bei *Kopp*, a. a. O.

praktizierte Prinzip der betrieblichen Selbstkontrolle zu erreichen[1], konnte die Kontrollinstanz des *betrieblichen Datenschutzbeauftragten* im BDSG beibehalten und sogar mit neuen Kompetenzen versehen werden[2]. Im Rahmen der Gesetzesnovelle wurde die Stellung des Datenschutzbeauftragten insofern gestärkt, als er im Rahmen der Meldung von automatisierten Verarbeitungen und hinsichtlich der neuen Aufgabenstellung der Vorabkontrolle der materiellen Rechtmäßigkeit besonders gefahrenträchtiger automatisierter Verarbeitungen gewissermaßen der staatlichen Aufsichtsbehörde vorgeschaltet in Aktion tritt. Hier hat der Gesetzgeber den ihm von der EG-Datenschutzrichtlinie eingeräumten Spielraum zugunsten einer möglichst unbürokratischen, dezentralen Datenschutzkontrolle ausgeschöpft. Zudem wurde dem Datenschutzbeauftragten, wie vorstehend bereits ausgeführt[3], die Zuständigkeit für die Publizität der automatisierten Datenverarbeitung zugewiesen. Eine Ausweitung hat das Selbstkontrollprinzip durch die Regelung zur obligatorischen Bestellung von behördlichen Datenschutzbeauftragten (§ 4f Abs. 1 BDSG) erfahren[4].

II. Das Verfahrensverzeichnis für den Datenschutzbeauftragten

In Umsetzung von Artikel 18 Abs. 2, 21 Abs. 2 und 19 der EG-Datenschutzrichtlinie bestimmt § 4g Abs. 2 Satz 1 BDSG, dass dem Datenschutzbeauftragten von der verantwortlichen Stelle eine *Übersicht* über die in § 4e Satz 1 genannten Angaben sowie über *zugriffsberechtigte Personen* zur Verfügung zu stellen ist. Der Datenschutzbeauftragte erhält von Gesetzes wegen ein um gewisse Angaben erweitertes Verfahrensverzeichnis für jedermann. Anders als die Öffentlichkeit erhält er auch eine *allgemeine Beschreibung*, die es ermöglicht, vorläufig zu beurteilen, ob die *Maßnahmen nach § 9* [5] zur Gewährleistung der Sicherheit der Verarbeitung ange-

---

[1] Vgl. *Weber*, DuD 1995, 698 ff. ; *dies.* CR 1995, 297 ff.; bislang haben ersichtlich auch Schweden, die Niederlande und Luxemburg die Möglichkeit der Bestellung eines Datenschutzbeauftragten mit der einhergehenden Ausnahme von der Meldepflicht gesetzlich fixiert. Wie die Richtlinie selbst sehen die Datenschutzgesetze der vorgenannten Länder die Bestellung lediglich als Option vor, wobei z. T. eine Zuständigkeit des Datenschutzbeauftragten für die Vorabkontrolle nicht gegeben ist; einen entsprechenden gesetzgeberischen Ansatz verfolgt Litauen. Die Slowakei sieht in Anlehnung an das BDSG eine Bestellungspflicht vor. Die EU-Kommission empfiehlt in ihrem Ersten Bericht über die Durchführung der EG-Datenschutzrichtlinie ausdrücklich die Bestellung betrieblicher Datenschutzbeaufträger (vgl. im Anhang, Aktion 5).

[2] Vgl. *Büllesbach*, RDV 2001, 1 ff.; zur Information der Mitarbeiter über die Anforderungen des BDSG *Drews*, DuD 2002, 585 ff.

[3] Unter D. VI.

[4] Je nach LDSG ist die Bestellung in das Ermessen der Behörde gestellt.

[5] Ausführlich hierzu *Münch*, Technisch-organisatorischer Datenschutz; zur Neustrukturierung der technischen und organisatorischen Sicherheitsmaßnahmen; *ders.*, IT-Sicherheit 5/2001, 24 ff. sowie *Ernestus*, RDV 2002, 22 ff.; zur Umsetzung des technischen Organisationsrechts im Datenschutz ferner *Peters/Kersten*, CR 2001, 576 ff.

messen sind. Er benötigt diese Informationen zur Durchführung der Vorabkontrolle und zur Hinwirkung[1] auf die Einhaltung der Datenschutzvorschriften insgesamt.

Fraglich ist, ob für die Übersicht über *zugriffsberechtigte Personen* nach § 4g Abs. 2 BDSG Angaben über einzelne Personen erforderlich sind, oder ob auch Angaben über Personengruppen ausreichen. Die letztgenannte Auslegungsvariante verdient den Vorzug. Nach der Gesetzesbegründung wurde im Rahmen der Richtlinienumsetzung § 18 Abs. 2 Nr. 7 BDSG a. F. mit einbezogen. Diese Vorschrift bezog sich auf Personengruppen. Ferner fallen die zugriffsberechtigten Personen regelmäßig unter den Begriff des Empfängers gemäß § 3 Abs. 8 BDSG. Da nach § 4e Nr. 6 BDSG im Rahmen des Verfahrensverzeichnisses Angaben über Kategorien von Empfängern ausreichen, wäre es widersinnig und mit Blick auf die zu gewährleistende Zugriffskontrolle überzogen, wenn dem Datenschutzbeauftragten alle zugriffsberechtigten Personen einzeln bekannt sein müssten. Jedenfalls, wenn das Legitimationssystem eines Verfahrens jederzeit den Ausdruck einer aktuellen Liste der Nutzer und deren Berechtigungen ermöglicht, genügt eine Übersicht über *Personengruppen*. Eine namentliche Angabe empfiehlt sich jedoch in Bezug auf Personen mit Administrationsrechten, zumal diese regelmäßig besonders zu verpflichten sind.

III. Die interne Verarbeitungsübersicht des Datenschutzbeauftragten

Während für das Verfahrensverzeichnis für die Öffentlichkeit sowie für das des Datenschutzbeauftragten ausdrückliche gesetzliche Regelungen bestehen, kann die Führung einer internen Verarbeitungsübersicht gewissermaßen als „Kür" angesehen werden. Eine ausdrückliche gesetzliche Verpflichtung zur Führung einer solchen Übersicht besteht jedenfalls nicht[2]. Allerdings obliegt dem Datenschutzbeauftragten gemäß § 4g Abs. 1 Satz 1 BDSG eine *Hinwirkungspflicht* in Bezug auf die Einhaltung der Datenschutzvorschriften. Hierzu gehört auch eine angemessene Organisationskontrolle nach der Anlage zu § 9 BDSG. Nach § 4g Abs. 1 Satz 2 Nr. 1 BDSG hat er zudem die ordnungsgemäße Anwendung von Datenverarbeitungsprogrammen zu überwachen. Damit der Datenschutzbeauftragte diesen Aufgabenstellungen effektiv nachkommen kann, benötigt er eine interne Verarbeitungsübersicht[3].

Von Gesetzes wegen hat der Datenschutzbeauftragte die *Angaben nach § 4e BDSG* sowie eine *Übersicht über zugriffsberechtigte Personen* zu erhalten. Pauschale Informationen zu den in § 4e BDSG enumerativ aufgeführten Angaben reichen für die interne Verarbeitungsübersicht des Datenschutzbeauftragten nicht aus. Um die Prüfung der materiellen Rechtmäßigkeit der Verarbeitungen im Rahmen der Vorabkontrolle sowie der ordnungsgemäßen Anwendung der Datenverarbeitungspro-

---

[1] Neuer Begriff in § 4g Abs. 1 Satz 1 BDSG.
[2] § 37 Abs. 2 BDSG a. F. beinhaltete noch die Pflicht zur Führung eines sog. Dateienregisters.
[3] Zu deren Erstellung vgl. die Praxishilfe „Verarbeitungsübersicht, Verfahrensverzeichnis, Vorabkontrolle" des *GDD-Arbeitskreises „BDSG 2001"*.

gramme effektiv durchführen zu können, benötigt der Datenschutzbeauftragte detaillierte Informationen über die jeweilige automatisierte Verarbeitung[1]. Zudem benötigt er Angaben, um die Rechte der Betroffenen wahren zu können. Maßgeblich für die Informationsgewinnung ist hier also nicht nur die Verfahrens- sondern auch die *Verarbeitungsebene*. Die Ermittlung der im Einzelnen notwendigen Angaben kann in Anlehnung an die Erstellung eines Dateienregisters nach altem BDSG erfolgen, wobei zu beachten ist, dass es hinsichtlich des Anwendungsbereichs nicht mehr auf Dateien generell sondern auf das Vorliegen automatisierter Verarbeitungen und nicht automatisierter Dateien ankommt[2].

IV. Vorabkontrolle

1. Gegenstand

Gegenstand der Vorabkontrolle[3] ist die Vorabüberprüfung der materiellen Rechtmäßigkeit besonders *risikobehafteter* Datenverarbeitungen. Eine von Gesetzes wegen angezeigte Vorabkontrolle kommt allerdings nur bei *automatisierten* Verarbeitungen in Betracht.

2. Anwendungsfälle

§ 4d Abs. 5 BDSG bestimmt in Umsetzung von Artikel 20 der EG-Datenschutzrichtlinie die automatisierten Verarbeitungen, die *vor ihrem Beginn* der Vorabkontrolle unterliegen. Danach unterliegt die Verarbeitung *sensitiver Daten* (§ 3 Abs. 9 BDSG)[4] und die Verarbeitung zum Zwecke der *Profilbildung* regelmäßig der Vorabkontrolle[5]. Hierbei handelt es sich lediglich um zwei Regelbeispiele und nicht um eine abschließende Aufzählung[6]. Erwägungsgrund 53 der Richtlinie führt zu den der Vorabkontrolle unterliegenden Fällen aus:

„Bestimmte Verarbeitungen können jedoch aufgrund ihrer Art, ihrer Tragweite oder ihrer Zweckbestimmung – wie beispielsweise derjenigen, betroffene Personen von der Inanspruchnahme eines Rechts, einer Leistung oder eines Vertrags auszuschlie-

---

[1] Zum Begriff siehe vorstehende Ausführungen unter A. II.

[2] Zur verbliebenen Relevanz nicht automatisierter Dateien nach der Abkehr vom Dateibegriff im Übrigen siehe vorstehende Ausführungen unter A. III.

[3] Zur neuen Aufgabe des Datenschutzbeauftragten grundlegend *Klug*, RDV 2001, 12 ff.; ferner *Franzen*, DB 2001, 1867 (1870); *Schierbaum*, Computer-Fachwissen (CF) 11/2001, 25 ff.; *Schild*, DuD 2001, 282 ff.; *Voßbein*, DuD 2003, 427 ff.

[4] Zu der dem deutschen Datenschutzrecht eigentlich wesensfremden Qualifizierung bestimmter Daten als besonders sensitiv siehe *Gounalakis/Mand*, CR 1997, 431.

[5] Vgl. den parallelen Ansatz in Artikel 27 Abs. 2 der Verordnung (EG) Nr. 45/2001 vom 18. Dezember 2000 – ABl. L 8 vom 12.1.2001, S. 1.

[6] Beispielsfälle bei *Klug*, a. a. O. , 15 f.

ßen – oder aufgrund der besonderen Verwendung einer neuen Technologie besondere Risiken im Hinblick auf die Rechte und Freiheiten der betroffenen Personen aufweisen".

Hinsichtlich der *Datenart* verweist der Begründungstext der Richtlinie auf die in Artikel 8 genannten sensitiven Daten. Bezüglich des Aspekts der *Tragweite* nennt die Begründung beispielhaft den Fall, dass eine ganze nationale Bevölkerung betroffen ist. Mit Blick auf den Aspekt der *Zweckbestimmung* wird exemplarisch der Ausschluss der betroffenen Personen von der Begünstigung durch ein Recht, eine Leistung oder einen Vertrag (schwarze Listen, Verarbeitungen für die Auskunft Dritter über die Zahlungsfähigkeit natürlicher Personen) genannt.

§ 4d Abs. 5 Satz 2 Nr. 1 BDSG greift den Ansatz der Datenart, Nr. 2 der Regelung den der Zweckbestimmung auf. Nach dem letztgenannten Regelbeispiel werden Verarbeitungen, die dazu bestimmt sind, die Persönlichkeit der betroffenen Person zu bewerten[1] einschließlich ihrer Fähigkeiten, ihrer Leistung oder ihres Verhaltens, als Fälle aufgeführt, in denen eine Vorabkontrolle regelmäßig durchzuführen ist. Erwägungsgrund 54 der Richtlinie ergänzt:

„Bei allen in der Gesellschaft durchgeführten Verarbeitungen sollte die Zahl der Verarbeitungen mit solchen besonderen Risiken sehr beschränkt sein".

Der Erwägungsgrund verdeutlicht, dass die Vorabkontrolle nicht der Regelfall ist[2]. Zwar sind vom zuständigen Datenschutzbeauftragten zunächst im Rahmen einer Bestandsaufnahme (Schritt 1) alle geplanten personenbezogenen automatisierten Verarbeitungen in Betracht zu ziehen, damit keine sensiblen Datenverarbeitungen aus dem Raster der Vorabkontrolle herausfallen. Gemäß der Gesetzesbegründung zu § 4 d Abs. 5 BDSG unterliegen automatisierte Verarbeitungen der Vorabüberprüfung der materiellen Zulässigkeit (Schritt 2) aber nicht uneingeschränkt, sondern nur insoweit, als sie tatsächlich besondere Risiken für die Rechte und Freiheiten der Betroffenen aufweisen.

Um eine sachgerechte Eingrenzung der Fälle der Vorabkontrolle zu erreichen, ist nach dem Willen des Gesetzgebers eine solche *entbehrlich*, wenn der Datenverarbeitung eine gesetzliche Verpflichtung oder eine Einwilligung zugrunde liegt oder diese der Zweckbestimmung eines Vertragsverhältnisses oder vertragsähnlichen Vertrauensverhältnisses mit dem Betroffenen dient. Nach dem gesetzgeberischen Ansatz sind automatisierte Verarbeitungen in diesen Fällen nicht besonders risikoreich, was eine Vorabkontrolle entbehrlich macht. Mit den *Ausnahmetatbeständen* hat der

---

[1] Zur Einrichtung von sog. Data-Warehouses und der hierauf aufsetzenden Technik des Data-Mining vgl. Entschließung der 59. Konferenz der *Datenschutzbeauftragten des Bundes und der Länder* vom 14./15. März 2000, auszugsweise abgedruckt in RDV 2000, 137 f.; ferner *Petri/Kieper*, DuD 2003, 609 ff.; *Hahn*, DuD 2003, 605 ff., *Frosch-Wilke*, DuD 2003, 597 ff., *Büllesbach*, CR 2000, 11 ff.; speziell zum Finanzdienstleistungsbereich *Weichert*, RDV 2003, 113 ff.

[2] Ebenso *Ehmann/Helfrich*, EG-Datenschutzrichtlinie, Artikel 20 Rdnr. 3.

Gesetzgeber den Ausnahmecharakter[1] der Vorabkontrolle verdeutlicht[2]. Obwohl sich die gesetzlich vorgesehenen Ausnahmetatbestände wegen ihres Regelungsstandortes in Satz 2 von § 4d Abs. 5 BDSG auf die dort genannten Regelbeispiele beziehen, erscheint es in Anlehnung an die gesetzgeberische Intention einer sachgerechten Eingrenzung der Fälle der Vorabkontrolle vertretbar, die Ausnahmen auch auf im Gesetz nicht eigens genannten Fälle zu erstrecken[3]. Wenn schon Ausnahmen von den als besonders schutzwürdig erachteten und deswegen ausdrücklich im Gesetz genannten Regelbeispielen möglich sind, dann müssen Ausnahmen von der Vorabkontrolle erst Recht möglich sein, wenn es um anderweitige Fälle nach § 4d Abs. 5 Satz 1 BDSG geht.

3. Verfahren

Die Meldung an den Datenschutzbeauftragten löst gemäß § 4d Abs. 6 Satz 2 BDSG die Vorabkontrolle aus. Die *Zuständigkeit* des im Fall der Vorabkontrolle stets – unabhängig von der Mitarbeiterzahl – zu bestellenden *Datenschutzbeauftragten* ist in Satz 1 der Vorschrift geregelt. Dem Datenschutzbeauftragten obliegt im Rahmen der Vorabkontrolle insbesondere die Durchführung folgender *Verfahrensschritte*, bevor mit der automatisierten Verarbeitung begonnen wird:

> ➢ *Feststellung der Kontrollbedürftigkeit automatisierter Verarbeitungen – Bestandsaufnahme durch DSB (falls bestellt, ansonsten durch verantwortliche Stelle mit ggfs. nachfolgender Bestellungspflicht)*

> ➢ *Überprüfung der materiellen Rechtmäßigkeit von kontrollbedürftigen Verarbeitungen durch DSB*

> ➢ *Dokumentation des Ergebnisses der Vorabkontrolle*

> ➢ *Ggfs. Konsultation der Aufsichtsbehörde[4]*

Vorzunehmen ist die Vorabkontrolle nach Empfang des Verfahrensverzeichnisses für den Datenschutzbeauftragten gemäß § 4 g Abs. 2 Satz 1 BDSG. Maßgeblich für die Informationsgewinnung im Rahmen der Vorabkontrolle ist aber, wie bereits erwähnt, nicht allein die Verfahrens- sondern auch die *Verarbeitungsebene*. Der Datenschutzbeauftragte benötigt Angaben, um feststellen zu können, ob eine automatisierte Verarbeitung der Vorabkontrolle überhaupt unterliegt *(Schritt 1)* und – soweit eine Kontrollbedürftigkeit bejaht wird – Angaben zur Prüfung der materiellen Rechtmäßigkeit der geplanten Verarbeitung *(Schritt 2)*.

---

[1] Vgl. *Ehmann/Helfrich*, a. a. O.

[2] Restriktiver offenbar *Schild*, DuD 2001, 282 (285, Fn. 23).

[3] A. A. *Walz*, in: *Simits*, BDSG § 4d Rdnr. 27 (Fn. 29).

[4] Zum Konfliktpotenzial zwischen Geschäftsleitung und Datenschutzbeauftragtem im Fall der Konsultation der Aufsichtsbehörde *Klug*, RDV 2001, 12 (16).

Im Zusammenhang mit der Zweckbestimmung benötigt der Datenschutzbeauftragte zwecks Feststellung der Kontrollbedürftigkeit (Schritt 1) wegen der vorhandenen *Ausnahmetatbestände* Informationen zu folgenden Punkten:

> ➢ *Vorliegen einer gesetzlichen Verpflichtung zur Datenverarbeitung*

> ➢ *Vorliegen einer wirksamen Einwilligung des Betroffenen*

> ➢ *Vorliegen eines Vertragsverhältnisses*

> ➢ *Vorliegen eines vertragsähnlichen Vertrauensverhältnisses*

Wenn eine der vorgenannten Voraussetzungen gegeben ist, ist eine Vorabkontrolle entbehrlich. Anderenfalls sind folgende Fragen zu beantworten:

> ➢ *Werden sensitive Daten nach § 3 Abs. 9 BDSG verarbeitet?*

> ➢ *Ist die Verarbeitung dazu bestimmt, die Persönlichkeit des Betroffenen einschließlich seiner Fähigkeiten, seiner Leistung oder seines Verhaltens zu bewerten?*

> ➢ *Weist die Verarbeitung sonstige besondere Risiken für die Rechte und Freiheiten der Betroffenen auf (z. B. Einsatz risikoträchtiger Technik wie Video- oder Chipkarteneinsatz, Data-Mining)?*

Ist eine der vorgenannten Fragen zu bejahen, ist eine Vorabkontrolle erforderlich. In diesem Fall ist die verantwortliche Fachabteilung über die Durchführung der Vorabkontrolle (Schritt 2) zu informieren. Dabei sind die entsprechenden Informationen zu beschaffen. Nach der Gesetzesbegründung bilden die Angaben nach § 4 e, insbesondere der Nummern 5, 6 und 9 die Grundlage der Vorabkontrolle.

Soweit eine Vorabkontrolle durchgeführt wurde, ist die Durchführung aus Gründen der ordnungsgemäßen Organisationskontrolle (Anlage zu § 9 BDSG) bzw. zur Gewährleistung einer Nachvollziehbarkeit für die Aufsichtsbehörde zu *dokumentieren*. Neben dem Grund der Kontrollbedürftigkeit ist das Ergebnis der Rechtmäßigkeitsüberprüfung schriftlich festzuhalten:

> ➢ *Zu- bzw. Unzulässigkeit der automatisierten Verarbeitung*

> ➢ *Feststellung zum Vor- bzw. Nichtvorliegen angemessener technischer und/oder organisatorischen Maßnahmen*

> ➢ *Inanspruchnahme der Zweifelsfallregelung, § 4d Abs. 6 Satz 3 BDSG*

Auch wenn eine Vorabkontrolle entbehrlich ist, hat der Datenschutzbeauftragte auf die Einhaltung der Datenschutzvorschriften hinzuwirken. Zu diesem Zweck hat er die ordnungsgemäße Anwendung der Datenverarbeitungsprogramme im Hinblick auf die datenschutzrechtliche Zulässigkeit und Einhaltung der Datensicherungsmaßnahmen zu überwachen[1].

---

[1] Ebenso *Walz*, in: *Simits*, BDSG § 4d Rdnr. 26.

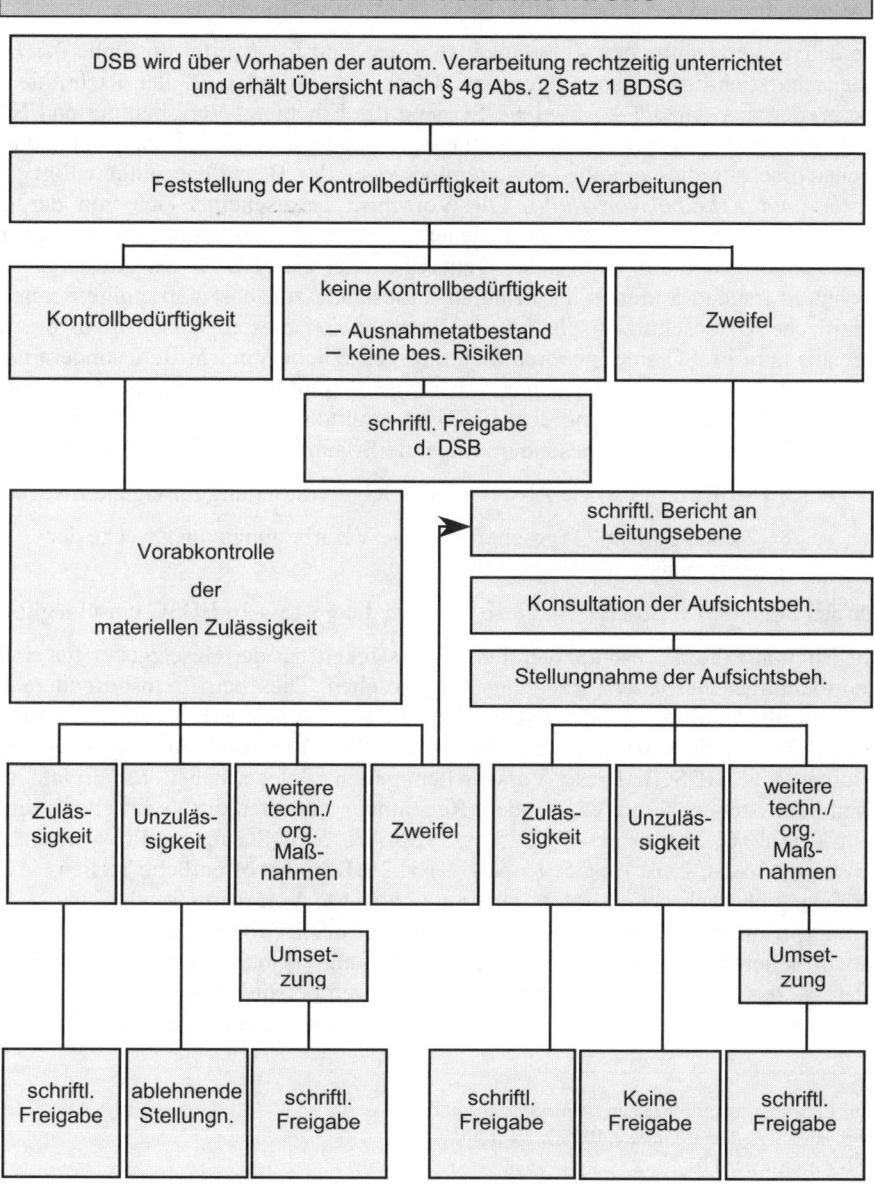

F. Zulässigkeit der Datenverarbeitung

I. Allgemeine und besondere Zulässigkeitsvoraussetzungen

Die datenschutzrechtlichen Zulässigkeitsnormen sind im Zweifel im Sinne der EG-Datenschutzrichtlinie, insbesondere mit Blick auf Artikel 6 ff. der Richtlinie zu interpretieren. Gemäß § 4 Abs. 1 BDSG sind die Erhebung, Verarbeitung und Nutzung personenbezogener Daten nur zulässig, soweit dieses Gesetz oder eine andere Rechtsvorschrift dies erlaubt oder anordnet oder der Betroffene eingewilligt[1] hat *(Verbot mit Erlaubnisvorbehalt)*. Die Vorschrift unterscheidet sich von der des BDSG a. F. dadurch, dass sie die Datenerhebung in das grundsätzliche Verbot mit Erlaubnisvorbehalt mit einbezieht. Dem Charakter des BDSG als Auffanggesetz Rechnung tragend kommen als Erlaubnistatbestände zunächst vorrangige bereichsspezifische Datenschutzvorschriften in Betracht. Zu diesen Vorschriften, die lex specialis zum BDSG sind, gehören nicht nur gesetzliche Vorschriften, sondern nach h. M. auch Betriebs- bzw. Dienstvereinbarungen[2]. Häufig ist jedoch die Zulässigkeit der Datenverarbeitung anhand des BDSG zu ermitteln. Für den Bereich der *Privatwirtschaft* kommen hier insbesondere folgende Erlaubnisvorschriften in Betracht:

> ➢ § 28 Abs. 1 – 3 sowie Abs. 6 – 9 BDSG (Verarbeitung für eigene Zwecke),
>
> ➢ §§ 29 und 30 BDSG (geschäftsmäßige Verarbeitung zum Zwecke der – anonymisierten – Übermittlung).

Für den *öffentlichen Bereich* sind insbesondere die §§ 13 – 16 BDSG einschlägig.

Mit Blick auf die datenschutzrechtliche Zulässigkeit hat der Gesetzgeber für einige Verarbeitungen *besondere Regelungen* vorgesehen. Dies betrifft insbesondere die Auslandsübermittlung (§§ 4b und c BDSG)[3], automatisierte Einzelentscheidungen (§ 6a BDSG)[4], die Videoüberwachung (§ 6b BDSG)[5] und die Auftragsdatenverarbeitung (§ 11 BDSG). Diese Vorschriften gelten gleichermaßen für private und öffentliche Stellen. Weitere besondere Regelungen betreffen die Verarbeitung sensitiver Daten[6] (§§ 28 Abs. 6 – 9, 29 Abs. 5, 30 Abs. 5 BDSG für die Privatwirtschaft sowie §§ 13 Abs. 2, 14 Abs. 5, 16 Abs. 1 Nr. 2 BDSG für öffentliche Stellen). Auch verbietet sich nach neuem Recht eine automatisierte Verarbeitung oder eine Verarbeitung in nicht automatisierten Dateien, soweit der Betroffene dieser bei der verantwortlichen Stelle widerspricht und eine Prüfung ergibt, dass das schutzwürdige Interesse des Betroffenen wegen seiner besonderen persönlichen Situation das Interesse der verantwortlichen Stelle an der Verarbeitung überwiegt. Das *allgemeine*

---

[1] Zur Einwilligung im Einzelnen siehe nachstehend II.
[2] Vgl. etwa *Schaffland/Wiltfang*, BDSG, § 4 Rdnr. 3.
[3] Siehe nachstehend III.
[4] Vgl. nachstehend IV.
[5] Zur datenschutzrechtlichen Zulässigkeit der Videoüberwachung vgl. nachstehend V.
[6] Vgl. hierzu die nachstehenden Ausführungen unter II. 2.

Widerspruchrecht[1], dessen Voraussetzungen nur in Ausnahmefällen vorliegen dürften, ist für die Privatwirtschaft in § 35 Abs. 5 BDSG, für öffentliche Stellen in § 20 Abs. 5 BDSG geregelt und stellt mithin eine *Zulässigkeitsschranke* dar.

Werden personenbezogene Daten vorsätzlich oder fahrlässig unbefugt erhoben oder verarbeitet, droht ein Bußgeld (§ 43 Abs. 2 Nr.1 BDSG) bzw. eine strafrechtliche Verfolgung (§ 43 Abs. 1 BDSG).

II. Einwilligung

1. Grundsätzliches

Die Einwilligung des Betroffenen bildet eine wichtige *Erlaubnis* für die Verarbeitung personenbezogener Daten und soll nach dem Willen des zur Vorbereitung der zweiten Novellierungsstufe beauftragten Gutachterausschusses zukünftig noch an Bedeutung hinzugewinnen. Nach Auffassung der Gutachter ist es genuiner Ausdruck informationeller Selbstbestimmung, dass die Zulässigkeit der Verarbeitung grundsätzlich an die Zustimmung der betroffenen Person geknüpft wird[2]. Demgegenüber ist der Begründung zur EG-Datenschutzrichtlinie zu entnehmen, dass nicht für jede Verarbeitung die zuvorige Einwilligung der betroffenen Person erforderlich ist[3]. Bei der Einwilligung handele es sich nur um eine der Grundlagen der Zulässigkeit der Verarbeitung[4]. Zunehmend Bedeutung erlangt die Einwilligung auch im Zusammenhang mit der *Internet-Nutzung*[5], wobei darauf hinzuweisen ist, dass nach §§ 3 Abs. 3, 4 Abs. 2 TDDSG auch die Möglichkeit besteht, diese elektronisch einzuholen[6]. Erhöhte Praxisrelevanz kommt der Einwilligung auch im Zusammenhang mit der Veröffentlichung von Mitarbeiterdaten im Internet zu. Sollen Personaldaten in das Internet eingestellt werden, so kann dies nach zutreffender Aussage der Aufsichtsbehörde Baden-Württemberg[7] nur zulässig sein, wenn dies zur Erfüllung arbeitsvertraglicher Pflichten erforderlich ist. Das Einstellen eines Bildes oder die Bekanntgabe von Daten der privaten Vita setzt immer die freiwillige und jederzeit widerrufbare Einwilligung des Mitarbeiters voraus[8].

---

[1] Hierzu ausführlich *Gola*, DuD 2001, 278 ff.

[2] *Roßnagel/Pfitzmann/Garstka*, DuD 2001, 253 (258).

[3] Begründung zu Artikel 2 EG-Datenschutzrichtlinie.

[4] Begründung zu Artikel 2 und 7 EG-Datenschutzrichtlinie.

[5] Vgl. *v. Lewinski*, DuD 2002, 395 ff.; *Schaar*, MMR 2001, 644 ff.; *Hillenbrand-Beck/Greß*, DuD 2001, 389 (392); *Büllesbach*, CR 2000, 11 (17); zur datenschutzgerechten Gestaltung von Internet-Angeboten vgl. *Schaar/Möller*, RDV 2002, 40 ff.

[6] Hierzu *Rasmussen*, DuD 2002, 406 ff.

[7] *Innenministerium Baden-Württemberg*, Hinweise zum BDSG für die private Wirtschaft Nr. 39, StAnz. Nr. 5 vom 12.2.2001 = RDV 2001, 158.

[8] Vgl. *Gola*, MMR 1999, 322 ff.; ausführlich zur Thematik *Däubler*, Internet und Arbeitsrecht, 159 ff.

In der Richtlinienbegründung wird klargestellt, dass die Einwilligung in den Fällen, in denen möglicherweise Druck auf die betroffene Person ausgeübt wird (Fall des Arbeitnehmers gegenüber seinem Arbeitgeber beispielsweise), ohne Zwang zu erfolgen hat. § 4 Abs. 1 Satz 1 BDSG setzt diese Voraussetzung des Artikels 2 Buchstabe h der EG-Datenschutzrichtlinie um. Da die Einwilligung gemäß Artikel 7 Buchstabe a der EG-Datenschutzrichtlinie *„ohne jeden Zweifel"* erfolgen muss, führt jeglicher Zweifel[1] daran, ob die Einwilligung tatsächlich gegeben worden ist, dazu, dass vom Vorliegen einer wirksamen Einwilligung nicht ausgegangen werden kann.

Um der betroffenen Person die Möglichkeit zu geben, Gefahren und Vorteile der Verarbeitung sie betreffender Daten zu beurteilen und ihre Rechte (Berichtigung, Löschung, Sperrung) wahrzunehmen, hat die Einwilligung nach dem Willen des Richtliniengebers auf der Grundlage der Information zu erfolgen *(sog. informierte Einwilligung)*[2]. Aus diesem Grund hat der Verantwortliche der Verarbeitung nach der Richtlinienbegründung der betroffenen Person die nötigen Informationen, wie Name und Anschrift des Verantwortlichen oder gegebenenfalls seines Vertreters (vgl. Artikel 4 Absatz 2), den vorgesehenen Zweck der Verarbeitung oder Nutzung, die gespeicherten Daten u.s.w. mitzuteilen. § 4a Abs. 1 Satz 2 BDSG berücksichtigt diese Richtlinienvorgabe. Auf Verlangen des Betroffenen oder soweit nach den Umständen des Einzelfalls erforderlich, ist er auch auf die Folgen der Verweigerung der Einwilligung hinzuweisen. Nach der Gesetzesbegründung zu   § 4a Abs. 1 BDSG wird mit der Einfügung der Wörter „soweit nach den Umständen des Einzelfalles erforderlich" in Satz 2 das Definitionsmerkmal „in Kenntnis der Sachlage" nach Artikel 2 Buchstabe h der Richtlinie umgesetzt. Logischerweise muss die verantwortliche Stelle nur über Konsequenzen der Verweigerung informieren, wenn solche überhaupt im Raum stehen. Soweit die Verweigerung der Einwilligung Folgen nach sich zieht, die dem Betroffenen noch nicht bekannt sind, bedarf es allerdings auch ungefragt seiner Information.

Die Einwilligung der betroffenen Person gilt nur für den *konkreten Fall*, d. h. dass sie sich auf eine konkrete Verarbeitung von Daten über die betroffene Person durch einen bestimmten Verantwortlichen und für bestimmte Zwecke handeln muss. *Pauschaleinwilligungen* sind damit ausgeschlossen.

Die betroffene Person hat das Recht, ihre Einwilligung jederzeit zu *widerrufen*. Der Widerruf hat allerdings keine Rückwirkung, da anderenfalls eine Verarbeitung personenbezogener Daten, die zuvor zulässig war, rückwirkend unzulässig würde[3].

---

[1] Vgl. *Wohlgemut*, BB 1996, 693, wonach „nicht ganz unerhebliche Bedenken" zur Unwirksamkeit der Einwilligung führen sollen.

[2] Zu den Voraussetzungen einer informierten Einwilligung im Fall des Drittlandtransfers siehe nachstehend unter 3.

[3] Begründung zu Artikel 2 EG-Datenschutzrichtlinie.

Im Hinblick auf die Wirksamkeit *formularmäßiger Einwilligungen* ist neben dem § 4a Abs. 1 BDSG insbesondere § 307 BGB zu beachten[1].

2. Einwilligung in die Verarbeitung sensitiver Daten

Eine besondere Rolle spielt die Einwilligung im Zusammenhang mit der Verarbeitung sensitiver Daten[2]. Die EG-Datenschutzrichtlinie verpflichtet die Mitgliedstaaten, die Verarbeitung sensitiver Daten einem grundsätzlichen Verarbeitungsverbot zu unterwerfen. Gemäß § 28 Abs. 6 BDSG kann die Erhebung, Verarbeitung und Nutzung sensitiver Daten jedoch über die Einwilligung des Betroffenen legitimiert werden. § 4a Abs. 3 BDSG sieht in Umsetzung des Artikels 8 Abs. 2 Buchstabe a der Richtlinie vor, dass sich die Einwilligung bei der Erhebung, Verarbeitung oder Nutzung von besonderen Arten personenbezogener Daten (§ 3 Abs. 9 BDSG) *„ausdrücklich"* auf diese Daten beziehen muss. Erklärungen durch konkludentes Handeln scheiden vor diesem Hintergrund aus. Fraglich ist aber, ob die von der Richtlinie und dem BDSG geforderte Ausdrücklichkeit eine Schriftform voraussetzt. Die Gesetzesbegründung zum BDSG ist diesbezüglich unergiebig. Die Richtlinienbegründung zu Artikel 8, der die Verarbeitung sensibler Daten regelt, gibt indes mehr Aufschluss. Dort heißt es wörtlich:

„Statt dem Erfordernis *ausdrückliche, schriftliche Einwilligung ohne Zwang* als allgemeine Voraussetzung für die Verarbeitung derartiger Daten, von der es Ausnahmen geben kann, wurde es für sinnvoller gehalten, eine derartige Einwilligung als eine von verschiedenen Ausnahmemöglichkeiten von dem allgemeinen Verbot der Verarbeitung derartiger Daten aufzunehmen."

Die Bezugnahme auf eine *derartige* Einwilligung spricht für ein Schriftformerfordernis. Dafür, dass im Rahmen der Einwilligung in Bezug auf sensitive Daten regelmäßig ein Schriftformerfordernis[3] besteht, spricht überdies die Begründung zur Legaldefinition der Einwilligung in Artikel 2 h der EG-Datenschutzrichtlinie. Dort heißt es:

„Der Bezug auf den ausdrücklichen Charakter der Einwilligung wurde gestrichen, um zu verhindern, daß dies als Erfordernis einer schriftlichen Erklärung ausgelegt werden kann (den empfindlichen Daten des Artikels 8 des geänderten Vorschlags vorbehaltenes Verfahren). Es wurde durch die ausdrückliche Willensbekundung ersetzt, die schriftlich oder mündlich erfolgen kann."

---

[1] Vgl. *BGH*, NJW 2003, 1237 = RDV 2003, 138; überblickhaft *Heidemann-Peuser,* DuD 2002, 389; zur Einwilligung bei der Auslagerung von Finanzdienstleistungen *Evers/Kiene*, NJW 2003, 2726 ff.

[2] Vgl. die Richtlinienbegründung zu Artikel 8 sowie die Erwägungsgründe 33 – 36; zur Einordnung genetischer Daten in das BDSG vgl. *Schladebach*, CR 2003, 225 ff.

[3] Zu der entsprechenden Umsetzung in das griechische Datenschutzgesetz vgl. *Mitrou*, RDV 1998, 56 (60).

Der Klammerzusatz verdeutlicht, dass es offenbar zu den Zielen des Richtliniengebers gehört, die Einwilligung in die Verarbeitung sensitiver Daten grundsätzlich der Schriftform zu unterziehen, was aus Sicht der Praxis in einigen Fällen als sehr bürokratisch erscheint[1]. Zu beachten ist in diesem Zusammenhang aber, dass eine Einwilligung in die Verarbeitung sensitiver Daten *entbehrlich* ist, wenn eine der Voraussetzungen nach § 28 Abs. 6 Nr. 1 – 4 BDSG vorliegt.

Artikel 8 Abs. 2 Buchstabe b der EG-Datenschutzrichtlinie trägt dem Umstand Rechnung, dass *Arbeitgeber* regelmäßig sensitive Daten verarbeiten[2]. Solche Verarbeitungen sind auch *ohne Einwilligung* nach § 4a Abs. 3 BDSG für den Arbeitgeber zulässig, wenn sie erforderlich sind, um den arbeitsrechtlichen Rechten und Pflichten des Arbeitgebers Rechnung zu tragen. In Betracht kommen hier beispielsweise Datenerhebungen, die für den Arbeitgeber erforderlich sind, um seinen Anspruch auf ordnungsgemäße Erfüllung der dem Arbeitnehmer gemäß § 611 Abs. 1 BGB obliegenden Arbeitspflicht geltend zu machen. Zudem ist der Arbeitgeber teilweise – Fall der Einbehaltung und Abführung von Steuern und Sozialbeiträgen beispielsweise – gesetzlich zur Verarbeitung sensitiver Daten verpflichtet. Im Rahmen einer weiten Interpretation der Ausnahmevorschrift des § 28 Abs. 6 Nr. 3 BDSG wird auch die Zulässigkeit der Erhebung sensitiver Daten im sich anbahnenden Arbeitsverhältnis ohne Einwilligung des Bewerbers bejaht[3]. Maßgeblich sind insoweit die – u. a. durch die Rechtsprechung geprägten – Grundsätze des allgemeinen arbeitsrechtlichen Informations- und Datenschutzes[4].

Jedenfalls solange diesbezüglich mit den Aufsichtsbehörden noch keine Abstimmung erfolgt ist, besteht Unsicherheit darüber, inwieweit die Versicherungswirtschaft im Rahmen der Erhebung, Verarbeitung und Nutzung sensitiver Daten auf die (schriftliche) Einwilligung zurückgreifen muss. Auf die Einwilligung von Antragstellern kann verzichtet werden, wenn *bereichsspezifische Erlaubnisnormen* vorgehen. Gemäß § 16 VVG besteht eine Anzeigepflicht vor Vertragsschluss. Danach hat der Versicherungsnehmer bei der Schließung des Vertrags alle ihm bekannten Umstände, die für die Übernahme der Gefahr erheblich sind, dem Versicherer anzuzeigen. Erheblich sind die Gefahrumstände, die geeignet sind, auf den Entschluss des Versicherers, den Vertrag überhaupt oder zu dem vereinbarten Inhalt abzuschließen, einen Einfluss auszuüben. Ein Umstand, nach welchem der Versicherer ausdrücklich und schriftlich gefragt hat, gilt im Zweifel als erheblich. Dass beispielsweise Angaben des Versicherungsnehmers zu seinen gesundheitlichen Ver-

---

[1] Der *Berliner Beauftragte für Datenschutz und Informationsfreiheit* lässt u.U. auch eine mündliche Einwilligung ausreichen; vgl. Jahresbericht 2002, Ziff. 3.1, S. 25 ff.

[2] Zur Verarbeitung sensitiver Daten im Arbeitsverhältnis vgl. *Gola*, RDV 2001, 125 ff., *Franzen*, RDV 2003, 1 ff. (Gesundheitsdaten); *Däubler*, RDV 2003, 7 ff. (Gendaten), *Weichert*, DuD 2002, 133 (144) (Gendaten); *Diller/Powietzka*, NZA 2001, 1227 ff. (Drogentests).

[3] *Gola*, a. a. O. 127.

[4] Vgl. die Gesetzesbegründung zu § 28 Abs. 6 BDSG.

hältnissen im Rahmen des Abschlusses eines Lebensversicherungs- oder privaten Krankenversicherungsvertrags[1] der Anzeigepflicht unterliegen, liegt auf der Hand und ist im VVG bereichsspezifisch geregelt.

Selbst wenn man § 16 VVG nicht als vorrangige bereichsspezifische Vorschrift für die Datenerhebung ansehen wollte, käme man auch nach allgemeinem Datenschutzrecht zu dem Ergebnis, dass in Fällen der vorgenannten Art die Erhebung sensitiver Daten auch ohne schriftliche Einwilligungserklärung der Betroffenen zulässig ist, da die Voraussetzungen des hier in Betracht kommenden Ausnahmetatbestandes des § 28 Abs. 6 Nr. 3 BDSG vorliegen. Voraussetzung der vorgenannten Ausnahmevorschrift ist, dass die Erhebung, Verarbeitung oder Nutzung zur Geltendmachung, Ausübung oder Verteidigung rechtlicher Ansprüche erforderlich ist und kein Grund zu der Annahme besteht, dass überwiegende schutzwürdige Interessen des Betroffenen entgegenstehen. Der deutsche Gesetzgeber hat bei der Umsetzung von Artikel 8 Abs. 2 Buchstabe e, 2. Alternative der Richtlinie darauf verzichtet von einer Rechteverfolgung vor Gericht zu sprechen und damit zum Ausdruck gebracht, dass auch die vorgelagerte außergerichtliche Geltendmachung, Ausübung oder Verteidigung von Rechtsansprüchen von der Vorschrift mit umfasst sind. Damit hat der Bundesgesetzgeber seinen Gestaltungsspielraum nicht überschritten, da Artikel 8 Abs. 2 Buchstabe e, 2. Alternative der Richtlinie weit zu interpretieren ist[2]. Im Fall der Verletzung der Anzeigepflicht durch den Versicherungsnehmer kann der Versicherer vom Vertrag zurücktreten (§§ 16 Abs. 2, 17 Abs. 1 VVG). Die Erhebung der sensitiven Gesundheitsdaten des Versicherungsnehmers ist also auch Voraussetzung für die Ausübung des Rücktrittsrechts und notwendige Voraussetzung für eine ggfs. erforderliche gerichtliche Durchsetzung. Grund zu der Annahme, dass überwiegende schutzwürdige Interessen des Betroffenen entgegenstehen, besteht nicht, zumal die – vom Betroffenen im Rahmen der Antragstellung selbst übermittelten – Daten nur streng zweckgebunden im Rahmen des Vertragszecks verwendet werden dürfen und damit die Gefahr einer diskriminierenden Verwendung fern liegt.

Grundsätzlich erscheint eine schriftliche Einwilligung entbehrlich, wo die Angabe sensitiver Daten Gegenstand einer gesetzlichen bzw. nach der Verkehrsanschauung[3] bestehenden *Aufklärungspflicht*[4] ist. In diesen Fällen ist die Datenangabe Voraussetzung für die Verfolgung z. B. von Anfechtungs- oder Rücktrittsrechten[5]. Überdies ist es fernliegend, dass in Fällen der vorgenannten Art ein überwiegendes schutz-

---

[1] Bei einer weiten Auslegung wird auch § 28 Abs. 7 BDSG für anwendbar gehalten; so *Duhr/Naujok/Peter/Seiffert*, DuD 2002, 5 (14).

[2] Ebenso *Dammann*, in: *Dammann/Simitis*, EG-Datenschutzrichtlinie, Artikel 8 Erl. 17.

[3] Vgl. *BGH*, NJW 89, 764; *BGH*, NJW 89, 1794 sowie NJW 70, 655.

[4] Fallgruppen bei *Palandt*, § 123 Rdnr. 5 sowie § 276 Rdnr. 78 ff. und 119.

[5] In Betracht kommen zudem Schadensersatzansprüche wegen vorvertraglichen Verschuldens, die nunmehr in §§ 311 Abs. 2, 3; 241 Abs. 2 BGB kodifiziert sind.

würdiges Interesse des Betroffenen[1] am Ausschluss der zweckgebundenen Verarbeitung besteht. Die zur Datenerhebung berechtigende Vorschrift bzw. die zugrunde liegende Verkehrsauffassung und die strenge Zweckbindung nach dem BDSG dienen dabei als Schutzgarantien. Insbesondere wenn der Betroffene schriftlich konkret nach bestimmten vertragsrelevanten Angaben gefragt wird, kann eigentlich kein Zweifel daran bestehen, dass sich die Zustimmung des Betroffenen auch auf gerade diese Daten bezieht[2]. Wenn der Betroffene ausdrücklich nach solchen Informationen gefragt wird, deren Angabe ohnehin nach Treu und Glauben vom Betroffenen erwartet werden darf, dann besteht kein Bedürfnis mehr für eine schriftliche Einwilligung. Eine solche in derartigen Fällen zu verlangen, würde unnötigen Formalismus bedeuten.

Ist die Verarbeitung sensibler Daten für die Erfüllung eines Vertrags erforderlich, und hatte der Betroffene hiervon bereits vor In-Kraft-Treten des BDSG n. F. Kenntnis, so Bedarf es zur Fortführung der Verarbeitung seiner sensiblen Daten nicht der Einwilligung nach § 28 Abs. 6 BDSG[3].

3. Einwilligung beim Drittlandtransfer

Nach § 4 c Abs. 1 Nr. 1 BDSG besteht eine Ausnahme vom grundsätzlichen Verbot des Transfers personenbezogener Daten in Drittländer ohne angemessenes Schutzniveau, wenn der Betroffene seine Einwilligung gegeben hat. Die EG-Datenschutzrichtlinie stellt gewisse Anforderungen an eine wirksame Einwilligung in die Datenübermittlung in Drittländer. Nach Artikel 26 Abs. 1 Buchstabe a ist die Übermittlung von personenbezogenen Daten in Drittländer, die kein angemessenes Schutzniveau aufweisen, zulässig, wenn die betroffene Person ohne jeden Zweifel ihre Einwilligung gegeben hat. Entsprechend der Legaldefinition in Art. 2 Buchstabe h der Richtlinie ist jede Willensbekundung, die ohne Zwang, für den konkreten Fall und in Kenntnis der Sachlage erfolgt und mit der die betroffene Person akzeptiert, dass personenbezogene Daten, die sie betreffen, verarbeitet werden, als „Einwilligung der betroffenen Person" aufzufassen. Das Erfordernis der *„Kenntnis der Sachlage"* ist insofern besonders wichtig, als damit verlangt wird, dass die betroffene Person über das konkrete Risiko der Übermittlung der Daten in ein Land ohne angemessenes Schutzniveau ordnungsgemäß in Kenntnis gesetzt werden muss. Damit besteht die Pflicht zu einer umfassenden Aufklärung, die Informationen darüber beinhalten muss, auf welche personenbezogenen Daten und auf welche Verarbeitungsvorgänge sich die Zustimmung bezieht; insbesondere bedarf es der Angabe des

---

[1] Vgl. § 28 Abs. 6 Nr. 3 BDSG; hinsichtlich der Preisgabe sensibler Daten bei sog. Haushaltsumfragen vgl. *OLG Frankfurt*, RDV 2001, 131 (133).

[2] Siehe § 4a Abs. 3 BDSG.

[3] Siehe Erwägungsgrund 70 der EG-Datenschutzrichtlinie.

Empfängers und des Zielortes[1]. Der Betroffene muss auch auf die dortigen Verarbeitungsvoraussetzungen, insbesondere auf etwaige Auswertungen, Überwachungen und sonstige Nutzungen hingewiesen werden[2]. Fehlt es an einer solchen Aufklärung bzw. ist der Betroffene unvollständig oder unrichtig informiert worden, so darf die Ausnahme nicht angewandt werden. Da die Einwilligung *„ohne jeden Zweifel"* erfolgen muss, führt auch im Fall des Drittlandtransfers jeglicher Zweifel daran, ob die Einwilligung tatsächlich gegeben worden ist, dazu, dass die Ausnahmeregelung nicht gilt[3]. Der Erlaubnistatbestand der Einwilligung ist damit auch in einer Vielzahl von Fällen, in denen die Einwilligung unterstellt wird – etwa weil die betreffende Person auf die Übermittlung aufmerksam gemacht wurde und keinen Einwand dagegen erhoben hat – nicht gegeben. Schweigen kann grundsätzlich nicht als Zustimmung interpretiert werden. Ferner muss die Einwilligung für den *konkreten Fall* gegeben werden. Dies schließt die Möglichkeit von Pauschaleinwilligungen in Drittlandübermittlungen aus[4]. Schließlich verlangt die Richtlinie eine Willensbekundung *„ohne Zwang"*. Die Begründung zu Artikel 2 Buchstabe h der Richtlinie verdeutlicht, dass der Einwilligung im Arbeitsverhältnis eine Legitimationswirkung nicht grundsätzlich abgesprochen werden kann[5]. In der Begründung wird lediglich festgestellt, „dass die Einwilligung in den Fällen, in denen möglicherweise Druck auf die betroffene Person ausgeübt wird (Fall des Arbeitnehmers gegenüber seinem Arbeitgeber beispielsweise) ohne Zwang zu erfolgen hat." Ob eine die Einwilligungsfähigkeit ausschließende Zwangssituation vorliegt, ist danach eine Frage des Einzelfalls[6].

Die Datenschutzgruppe nach Artikel 29 ist der Auffassung, dass es in den Fällen, in denen ein Arbeitgeber zwangsläufig augrund des Beschäftigungsverhältnisses personenbezogene Daten verarbeiten muss, irreführend sei, wenn er versuche, die entsprechende Verarbeitung auf die Einwilligung des Betroffenen zu stützen. Die Einwilligung solle nur in den Fällen in Anspruch genommen werden, in denen der Beschäftigte eine echte Wahl habe und seine Einwilligung zu einem späteren Zeitpunkt widerrufen könne, ohne dass ihm daraus Nachteile entstünden[7]. Die Einwilligung stellt sich danach als *ultima ratio* dar. Ferner ist darauf hinzuweisen, dass die Mitgliedstaaten im innerstaatlichen Recht festlegen können, dass die in Artikel 26 Abs. 1 aufgeführten Ausnahmen in bestimmten Fällen – beispielsweise im Arbeits-

---

[1] 14. Bericht der *Hessischen Landesregierung* über die Tätigkeit der für den Datenschutz im nicht öffentlichen Bereich zuständigen Aufsichtsbehörden (LT-Drs. 15/2950 vom 18.9.01; S. 23), auszugsweise abgedruckt in RDV 2002, 38 f.

[2] Vgl. *Wohlgemuth*, BB 1996, 693.

[3] *Artikel 29-Gruppe*, WP 12, S. 26.

[4] Vgl. auch *Hamburgischer Datenschutzbeauftragter*, Tätigkeitsbericht 2000/2001, S. 193 ff. = RDV 2002, 211 (212).

[5] Zur Legitimationswirkung der Einwilligung *Gola*, RDV 2002, 109 ff., speziell zu der Frage, ob ein Arbeitnehmer über den nötigen eigenständigen Entscheidungsspielraum verfügt vgl. *Gola/Schomerus*, BDSG, § 4a Rdnr. 6 ff.; *Däubler*, Gläserne Belegschaften?, Rdnr. 150 ff.; *Wohlgemuth*, BB 1996, 693.

[6] Vgl. hierzu die Praxisbeispiele der *Hessischen Landesregierung* im 14. Bericht, a. a. O.

[7] Vgl. auch die Stellungnahme der *Artikel 29-Datenschutzgruppe* vom 13.09. 2001, WP 48, S. 30 f.

verhältnis – nicht gelten[1]. Eine entsprechende Festlegung ist indes im Rahmen der BDSG-Novellierung nicht erfolgt.

III. Grenzüberschreitender Datenverkehr

1. Allgemeines

Im Hinblick auf die Beurteilung der Zulässigkeit von Transfers personenbezogener Daten ins Ausland[2] ist zwischen der Übermittlung in EU- bzw. EWR[3]-angehörige Staaten und sog. Drittländern zu *differenzieren*. Während der Datenverkehr innerhalb der EU respektive des „Europäischen Wirtschaftsraums" aufgrund der erfolgten Harmonisierung grundsätzlich frei und lediglich am Maßstab der jeweiligen nationalen Übermittlungsvorschriften zu messen ist, bedarf es im Fall des Drittlandtransfers zusätzlich ausreichender Schutzgarantien, es sei denn, es liegt ein Ausnahmetatbestand nach § 4c Abs. 1 BDSG oder eine positive Angemessenheitsfeststellung der Kommission nach Artikel 25 Abs. 6 der EG-Datenschutzrichtlinie vor .

Das neue Bundesdatenschutzgesetz betrachtet die sog. EWR-Staaten nicht als unsichere Drittländer. Damit wird der zum 1. Juli 2000 wirksam gewordenen Übernahme der Richtlinie durch die EWR-Staaten Rechnung getragen. Somit gilt das Gebot des freien Datenverkehrs (Artikel 1 Abs. 2 der EG-Richtlinie) auch im Verhältnis zwischen EU-Staaten und den übrigen EWR-Staaten. Die Umsetzung der Richtlinie wird für die EWR-Staaten, die nicht zugleich Mitgliedstaaten der EU sind, gemeinsam von der EU-Kommission und der Aufsichtsbehörde nach Artikel 108 des EWR-Abkommens überwacht. Im Rahmen des § 4b BDSG ist auch die Geltung der Richtlinie für die Organe und Einrichtungen der Gemeinschaften zu berücksichtigen[4].

Gemäß § 4b Abs. 5 BDSG trägt die übermittelnde Stelle die *Verantwortung* für die Zulässigkeit der Übermittlung; dies gilt auch im Fall des Drittlandtransfers. D. h. es obliegt primär den aus Europa übermittelnden Unternehmen zu beurteilen, ob im Drittland ein angemessenes Datenschutzniveau gegeben ist. Sie verfügen über die Daten, kennen den Übermittlungsanlass, wissen, wer die Daten bekommen soll und können daher am ehesten beurteilen, was mit den Daten geschehen wird[5]. Umstritten

---

[1] *Artikel 29-Gruppe*, WP 12, S. 26; erläuternd *Dammann*, in: *Dammann/Simitis*, EG-Datenschutzrichtlinie, Artikel 26 Erl. 4.

[2] Zur Thematik von *Draf*, Die Regelung der Übermittlung personenbezogener Daten in Drittländer nach Art. 25, 26 der EG-Datenschutzrichtlinie (Diss., 1999); *Ruppmann*, Der konzerninterne Austausch personenbezogener Daten (Diss., 1998/1999); *Räther/Seitz*, MMR 2002, 425 ff.; *dies.*, MMR 2002, 520 ff.; *Rittweger/Weiße*, CR 2003, 142 ff.

[3] Dies sind die EU-Staaten sowie Norwegen, Island und Liechtenstein.

[4] Vgl. Verordnung (EG) Nr. 45/2001 des Europäischen Parlaments und des Rates vom 18. Dezember 2000 zum Schutz natürlicher Personen bei der Verarbeitung personenbezogener Daten durch Organe und Einrichtungen der Gemeinschaft und zum freien Datenverkehr = RDV 2001, 136; ferner Artikel 286 EGV.

[5] *Simitis*, in: *Simitis*, BDSG, § 4b Rdnr. 88.

ist, ob es ausreicht, dass die empfangende *Stelle* im Drittland die Angemessenheit gewährleistet[1], oder ob im *Drittland* allgemein ein angemessenes Schutzniveau vorhanden sein muss[2]. Die zugrunde liegenden Artikel 25, 26 der EG-Datenschutzrichtlinie sollen eine Umgehung des im europäischen Binnenmarkt harmonisierten Datenschutzniveaus vorbeugen; gleichzeitig soll aber eine unangemessene Beeinträchtigung des internationalen Wirtschaftsverkehrs vermieden werden[3]. Die EU-Kommission weist in ihrem Ersten Bericht[4] über die Durchführung der EG-Datenschutzrichtlinie darauf hin, dass die Verantwortlichkeit für die Beurteilung der Angemessenheit nicht unter Vernachlässigung der staatlichen Kontrollfunktion dem jeweiligen Datenexporteur zugewiesen werden darf. Ob dieser Hinweis aber auch eine Kritik am Bundesgesetzgeber beinhaltet, bleibt offen. Gerade im Hinblick auf die Kontrollkompetenzen der Aufsichtsbehörden fällt ins Gewicht, dass diese inzwischen anlassunabhängige Prüfungen durchführen können und letztlich rechtswidrige Übermittlungen mit erheblichen Bußgeldern (§ 43 Abs. 2 Nr. 1 BDSG) oder gar als Straftat (§ 44 Abs. 1 BDSG) geahndet werden können. Anzumerken ist in diesem Zusammenhang, dass auch Vertragsklauseln oder verbindliche Unternehmensregelungen, die gemäß § 4c Abs. 2 BDSG als ausreichende Schutzgarantien dienen können, Kontrollkompetenzen der Aufsichtsbehörden nicht beschränken, sondern im Regelfall eine Kooperation vorsehen dürften. Zu Recht weist die Kommission auch darauf hin, dass die Kluft zwischen Gesetz und Praxis zur Erhaltung der Glaubwürdigkeit der entsprechenden Vorschriften nicht zu groß werden darf und ein zu strenger Ansatz daher zu vermeiden ist[5]. Vor diesem Hintergrund ist streitig, ob bzw. in welchen Fällen Drittlandtransfers *genehmigungspflichtig* sind[6].

Auch wenn im Empfängerland kein angemessenes Schutzniveau vorliegt, kann eine Übermittlung auf zulässige Art und Weise erfolgen, wenn eine *Ausnahme* nach § 4c Abs. 1 BDSG eingreift. Diese in Anlehnung an Artikel 26 der EG-Datenschutzrichtlinie formulierten Ausnahmen sollen dafür Sorge tragen, dass der Wirtschaftsverkehr mit Drittstaaten nicht unangemessen beeinträchtigt wird. Die Ausnahmen basieren auf dem Grundgedanken, dass das Schutzbedürfnis des Betroffenen geringer ist, wenn er über die Tatsache der Notwendigkeit der Übermittlung seiner Daten in

---

[1] Hierfür spricht der Wortlaut von § 4b Abs. 2 BDSG; vgl. *Räther/Seitz*, MMR 2002, 425 (426).

[2] So unter Hinweis auf eine nicht richtlinienkonforme Umsetzung der EU-Vorgaben im BDSG *Rittweger/Weiße*, CR 2003, 142 (147); dem folgend *Moritz/Tinnefeld*, JuRPC Web-Dok. 181/2003, Abs.1 – 36.

[3] Zum entsprechenden Ansatz der BDSG-Vorschriften siehe *Gola/Klug*, Grundzüge des Datenschutzrechts, S. 62; zur Frage, ob der Datenschutz den grenzüberschreitenden Wirtschaftsverkehr beeinträchtigt, ausführlich *Wuermeling*, Handelshemmnis Datenschutz (Diss., 1998).

[4] Vgl. Ziff. 4.4.5. des Berichts; der Kommissionsbericht ist im Internet abrufbar unter http://europa.eu.int/comm/internal_market/privacy/lawreport_de.htm.

[5] Erster Kommissionsbericht a. a. O.

[6] Vgl. *Berliner Beauftragter für Datenschutz und Informationsfreiheit*, Jahresbericht 2002, S. 37 = RDV 2003, 206 ff.; ferner *Duhr/Naujok/Peter/Seiffert*, DuD 2002, 5 (16), zum Genehmigungserfordernis beim Einsatz verbindlicher Unternehmensregelungen siehe nachstehend 2. c).

einen Drittstaat informiert ist. Vor diesem Hintergrund empfiehlt sich eine Bestandsaufnahme, die Aufschluss darüber gibt, ob und welche der in Aussicht genommenen Übermittlungen bereits durch Ausnahmevorschriften gerechtfertigt sind. Zuvor sollte jedoch ermittelt werden, ob die Europäische Kommission nicht bereits eine *Angemessenheitsentscheidung* in Bezug auf das Empfängerland getroffen hat. Ist dies der Fall, erübrigt sich auch eine Prüfung der Ausnahmen nach § 4c Abs. 1 BDSG.

2. Angemessenheit des Schutzniveaus

a) Länderbezogene Kommissionsentscheidungen

Mit Blick auf das Datenschutzniveau in Drittländern hat die Kommission von dem ihr durch die Richtlinie zur Verfügung gestellten Entscheidungsinstrumentarium[1] mehrfach Gebrauch gemacht[2]. Ende Juli 2000 traf sie trotz einiger – offiziell im Rahmen einer Resolution geäußerter – Vorbehalte des Europäischen Parlaments auf der Grundlage von Art. 25 Abs. 6 der EG-Datenschutzrichtlinie die Entscheidung[3], dass das von der US-Regierung vorgelegte *Safe-Harbor-Paket*[4] einen angemessenen Schutz für personenbezogene Daten bietet, die aus der EU an Institutionen in den Vereinigten Staaten übermittelt werden. Damit hatten die über zwei Jahre andauernden Verhandlungen zwischen den *USA* und der EU-Kommission zu einem Konsens geführt, der auf einer Selbstregulierung durch die US-Unternehmen basiert. Bei den Safe-Harbor-Prinzipien handelt es sich um Datenschutzgrundsätze, denen sich US-Unternehmen freiwillig unterwerfen können, wenn sie personenbezogene Daten aus der EU erhalten. Bezüglich der Unternehmen, die sich auf die Einhaltung der Grundsätze verpflichten, wird vom Vorliegen eines angemessenen Schutzniveaus ausgegangen. Keine Relevanz besitzt der Safe Harbor bislang in der Praxis für Telekommunikationsunternehmen[5]. Zwar enthält § 3 Abs. 6 TDSV in Bezug auf die Datenübermittlung ins Ausland eine dynamische Verweisung auf die einschlägigen Vorschriften des BDSG. Der Safe Harbor bietet indes bei der Übermittlung durch europäische Telekommunikationsunternehmen keinen angemessenen Schutz, da der Bereich der Telekommunikation in den USA der Sonderaufsicht der FCC (Federal Communications Commission) unterliegen. Voraussetzung für die Gewährleistung eines angemessenen Schutzniveaus im Rahmen des Safe Harbor ist indes eine Kontrolle durch die – für Telekommunikationsunternehmen unzuständige – FTC (Fede-

---

[1] Vgl. Artikel 25 Abs. 4 – 6.

[2] Gemäß ihrem Ersten Bericht über die Durchführung der EG-Datenschutzrichtline beabsichtigt die Kommission zukünftig verstärkt Angemessenheitsentscheidungen auf Grundlage von Art. 25 Abs. 6 der EG-Datenschutzrichtlinie zu treffen (vgl. im Anhang, Aktion 7).

[3] ABl. EG Nr. L 215/7 v. 25.8.2000.

[4] Zur Safe-Harbor-Lösung vgl. *Gerhold/Heil*, DuD 2001, 377 ff.; *Heil*, DuD 2000, 444 f.; *Klug*, RDV 2000, 212 ff.; zur Entwicklung der Datenschutzlandschaft in den USA *ders. RDV 1999, 212 ff.*

[5] Vgl. *Königshofen*, TDSV, § 3 Rdnr. 36.

ral Trade Commission). Aus ähnlichen Erwägungen heraus ist bislang auch der Finanzdienstleistungssektor aus dem Safe Harbor ausgeklammert.

Das Funktionieren und der Nutzen des Safe Harbor wird – nicht zuletzt wegen der sich offensichtlich nur schleppend entwickelnden Akzeptanz der US-Unternehmen und angesichts von Zweifeln an der Gewährleistung effektiver Kontoll- und Durchsetzungsmechanismen – nach wie vor kontrovers diskutiert[1].

Bereits 1999 hatte die Kommission festgestellt, das die *Schweiz* und *Ungarn* ein angemessenes Datenschutzniveau bieten[2]. Ende 2001 erkannte sie ferner die Angemessenheit der Datenschutzvorschriften in *Kanada* an[3]. Zuletzt akzeptierte sie das Datenschutzniveau in *Argentinien*[4]. Die Kommission führt Gespräche mit weiteren Drittländern, zu denen Australien und Japan gehören. Eine Stellungnahme der Datenschutzgruppe nach Artikel 29 vom Juni 2003 zum Datenschutzniveau in *Guernsey* ist positiv ausgefallen[5].

b) Standardvertragsklauseln

Da die Feststellung des Vorliegens eines angemessenen Schutzniveaus in einem bestimmten Drittland aufwendig und wohl auch nicht in jedem Einzelfall möglich ist, hat die Kommission im Juni 2001 *Standardvertragsklauseln*[6] verabschiedet, die im Fall des Drittlandtransfers als ausreichende Schutzgarantien dienen können. Eine entsprechende Kommissionsentscheidung verpflichtet die Mitgliedstaaten anzuerkennen, dass Unternehmen oder Organisationen, welche die Standardvertragsklauseln verwenden, einen angemessenen Schutz der Daten bieten. Die Standardvertragsklauseln enthalten eine rechtlich durchsetzbare Erklärung *(„Garantie")*, nach der sowohl der Datenexporteur als auch der Datenimporteur sich verpflichten, die Daten nach Maßgabe bestimmter Datenschutzgrundsätze zu verarbeiten. Ferner beinhaltet der Vertragstext eine *gesamtschuldnerische Haftung* gegenüber dem Betroffenen[7]. Die Entscheidung der Kommission schließt nachfolgende Entscheidun-

---

[1] Die Safe-Harbor-Grundsätze sind abgedruckt in RDV 2000, 228 ff.; zum gesamten Safe- Harbor-Paket vgl. *Dammann/Simitis*, BDSG, S. 693 ff.; eine Liste der dem Safe Harbor beigetretenen Unternehmen sowie weitere Informationen im Internet abrufbar unter http://www.export.gov/safeharbor.

[2] ABl. EG Nr. L 215/1, 4 v. 25.8.2000.

[3] ABl. EG Nr. L 2/13 v. 4.1.2002; zum stufenweisen In-Kraft-Treten der kanadischen Vorschriften vgl. DuD 2002, 315 f.

[4] C(2003)1731 vom 30.6.2003.

[5] Siehe WP 79.

[6] ABl. EG Nr. L 181/19 vom 4.7.2001. Die Klauseln sind in ihrem Wortlaut abgedruckt in RDV 2001, 192 ff. Die gesamte Kommissionsentscheidung – einschließlich der Erwägungsgründe – ist wiedergegeben in *Dammann/Simitis*, BDSG, S. 731 ff.

[7] Die Tatsache, dass Verträge mit Drittwirkung im angloamerikanischen Raum lange Zeit unbekannt waren, erklärt verschiedentlich auftretende Akzeptanzprobleme im Drittland.

gen zur Anerkennung von weiteren Standardvertragsklauseln auf nationaler und europäischer Ebene nicht aus.

Im Anschluss an die vorgenannte Entscheidung hat die Kommission im Dezember 2001 ein weiteres *Standardvertragswerk* genehmigt, das speziell den Fall der *Auftragsdatenverarbeitung* mit einem im Drittland ansässigen Auftragnehmer betrifft[1]. Die Klauseln sehen vor, dass ein Auftraggeber mit Sitz in der EU bzw. einem EWR-Vertragsstaat den Datenimporteur im Drittland anweist, die ihm weitergegebenen personenbezogenen Daten nur im Auftrag des – nach wie vor verantwortlichen – Datenexporteurs und in Übereinstimmung mit dem für diesen geltenden Datenschutzbestimmungen zu verarbeiten. Die Weitergabe personenbezogener Daten an Auftragsdatenverarbeiter, die in Drittländern ansässig sind, berührt nicht die Tatsache, dass die Verarbeitung in jedem Fall unter das anwendbare Datenschutzrecht fällt[2]. Insofern geht die Kommissionsentscheidung im Vergleich zu den zuvor verabschiedeten allgemeinen Standardvertragsklauseln, die auch eine Verarbeitung nach Maßgabe der als Anlage 3 zum Vertragswerk zu nehmenden Datenschutzgrundsätze ausreichen lassen, hinaus[3]. Bedeutsam ist diese Regelung nicht zuletzt mit Blick auf die entsprechende Anwendbarkeit der Regelungen zur Auftragsdatenverarbeitung auf Wartungs- und Fernwartungsarbeiten gemäß § 11 Abs. 5 BDSG. In Anlehnung an die EG-Datenschutzrichtlinie verlangen die Klauseln vom Auftraggeber ferner eine Garantie dahingehend, dass im Bestimmungsland angemessene technische und organisatorische Sicherheitsmaßnahmen getroffen werden. Somit hat der Auftragnehmer wegen der aus § 9 BDSG resultierenden allgemeinen Verpflichtung ein ausreichendes und angemessenes Sicherheitskonzept auf Basis der Anlage zu § 9 BDSG zu unterhalten, weiterzuentwickeln und zu dokumentieren[4]. Für Auftragdatenverarbeiter, die Dienstleistungen der Datenverarbeitung für mehrere verantwortliche Stellen in der Gemeinschaft erbringen, besteht die Möglichkeit, ungeachtet des Mitgliedstaats, von dem die Datenweitergabe ausgeht, die gleichen technischen und organisatorischen Sicherheitsmaßnahmen anzuwenden[5]. Dem Auftraggeber obliegt die Pflicht, dafür zu sorgen, dass die Sicherheitsmaßnahmen auch tatsächlich getroffen werden. Dies bedeutet allerdings nicht, dass er sich von der Einhaltung der Maßnahmen zwingend beim Auftragnehmer vor Ort zu überzeugen hat[6].

Zur Entlastung der Wirtschaft und der Datenschutzaufsichtsbehörden wäre es wünschenswert, wenn bei der Verwendung der Standardvertragsklauseln eine Genehmi-

---

[1] ABl. EG Nr. L 6/52 vom 10.1.2002.

[2] So Erwägungsgrund 14 der Kommissionsentscheidung.

[3] Auch im Fall der Auftragsdatenverarbeitung mit einem dem Safe Harbor angehörenden Auftragnehmer in den USA können die datenschutzrelevanten Vertragsinhalte durchaus über das nach dem Safe Harbor zu gewährleistende Schutzniveau hinausgehen; vgl. hierzu FAQ 10 des Safe-Harbor-Pakets, abgedruckt in, *Dammann/Simitis*, BDSG, S. 721.

[4] Vgl. *Dolderer/von Garrel/Müthlein/Schlumberger*, RDV 2001, 223 (232).

[5] Vgl. Erwägungsgrund 12 der Kommissionsentscheidung.

[6] Siehe nachstehende Gesetzesbegründung zu § 11 Abs. 2 Satz 4 BDSG.

gungspflicht entfallen könnte, die Vertragsklauseln mithin *unmittelbar einsetzbar* wären[1]. Dem wurde allerdings zunächst der Wortlaut von § 4c Abs. 2 BDSG entgegen gehalten. Dieser spreche dafür, dass in jedem Fall eine Genehmigung des Datentransfers durch die Aufsichtsbehörde erfolgen müsse[2]. Angesichts der Tatsache, dass die Kommissionsentscheidung nach Artikel 26 Abs. 4 der EG-Datenschutzrichtlinie für die Mitgliedstaaten bindend ist[3] und die Vorschrift – anders als Artikel 26 Abs. 2 – eine Genehmigung durch die Mitgliedstaaten nicht vorsieht, muss etwa entgegenstehendes nationales Datenschutzrecht hier zurückstehen. Eine Genehmigung durch die nationalen Aufsichtsbehörden ist hier nach inzwischen h. M. entbehrlich. Sie wäre als „add on" zu der Kommissionsentscheidung unnötige Bürokratie und ist auch mit Blick auf den Schutzbedarf der Betroffenen überflüssig. Allerdings müssen die Aufsichtsbehörden in die Lage versetzt werden, die tatsächliche Verwendung der *authentischen Klauseln* überprüfen zu können; hierzu erscheint eine Vorlage des Vertragswerks auf Aufforderung der Behörde ausreichend[4].

c) Verbindliche Unternehmensregelungen

Der deutsche Gesetzgeber hat über die vertraglichen Lösungen hinaus noch weitere Schutzgarantien anerkannt. Gemäß § 4c Abs. 2 BDSG können sich ausreichende Garantien auch aus *verbindlichen Unternehmensregelungen* ergeben[5]. Gegenstand einer hierauf basierenden *aufsichtsbehördlichen Genehmigung* sind nach dem Gesetzeswortlaut einzelne Übermittlungen bzw. bestimmte Arten von Übermittlungen.

Hinsichtlich der *inhaltlichen Ausgestaltung* der Unternehmensregelungen, die auch als sog. Codes of Conduct in weltweit operierenden Konzernen[6] zunehmend Verwendung finden, kommt es auf die Angemessenheit des Schutzniveaus an. Das Schutzniveau im Drittland ist dann als angemessen anzusehen, wenn den Betroffenen in Bezug auf die Verarbeitung ihrer Daten ein Schutz zuteil wird, der dem Kernbestand der Schutzprinzipien der Richtlinie im Wesentlichen gerecht wird. Da es nicht um eine Gleichwertigkeit, sondern lediglich um Angemessenheit geht, sind Abstriche bei einzelnen Schutzinstrumenten ebenso möglich, wie eine gewisse Min-

---

[1] Für die Datenweitergabe an Safe Harbor-angehörige Auftragsdatenverarbeiter so bereits *Klug*, RDV 2000, 212 (215).

[2] *Duhr/Naujok/Peter/Seiffert*, DuD 2002, 5 (18); a. A. *Innenministerium Baden-Württemberg*, Hinweise zum BDSG für die private Wirtschaft Nr. 40, abrufbar im Internet unter www.im.bwl.de unter der Rubrik „Datenschutz".

[3] Entsprechend zur Safe-Harbor-Entscheidung *Klug*, RDV 2000, 212 (214, 215 Fn. 25).

[4] Zu den Befugnissen der Aufsichtsbehörde siehe § 38 BDSG.

[5] Vgl. *Räther/Seitz*, MMR 2002, 520; *Rittweger/Weiße*, CR 2003, 142; *Moritz/Tinnefeld*, JurPC Web-Dok. 181/2003, Abs.1 – 36; *Gackenholz*, DuD 2000, 727 (732) .

[6] Zu den Handlungsoptionen globaler Unternehmen *Büllesbach/Höss-Löw*, DuD 2001, 135 ff.; zum selbstregulativen Kundendatenschutz im Luftverkehr vgl. *Kranz*, DuD 2001, 161 ff.

derung des Schutzniveaus im Ganzen[1]. Unter Umständen kann dieser Handlungsspielraum dazu genutzt werden, Akzeptanzschwierigkeiten bei den im Drittland ansässigen Konzernunternehmen zu vermeiden, und somit einen verstärkten Einsatz von Unternehmensregelungen zu fördern.

Inhaltliche Leitlinien sind den Arbeitspapieren WP 12 und WP 74[2] der Datenschutzgruppe nach Artikel 29 der EG-Datenschutzrichtlinie zu entnehmen. Das Innenministerium Baden Württemberg verweist hinsichtlich der notwendigen Schutzgarantien auf den Inhalt der von der Kommission verabschiedeten Standardvertragsklauseln und speziell auf die dort enthaltene *Drittbegünstigungsklausel* und die *Haftungsregelungen*. Gleichzeitig lässt die Aufsichtsbehörde aber auch inhaltliche Abweichungen zu, wenn sie durch sonstige verbindliche unternehmensinterne Regelungen oder organisatorische Maßnahmen hinreichend kompensiert werden. Wegen der notwendigen Verbindlichkeit sog. Codes of Conduct bedarf es insbesondere geeigneter Durchsetzungsmechanismen[3]. Mit der Arbeitsgruppe der Obersten Aufsichtsbehörden für den Datenschutz („Düsseldorfer Kreis") sind inzwischen zwei derartige Regelwerke abgestimmt[4].

Noch nicht abschließend geklärt ist die Frage, ob bei der Verwendung von Unternehmensregelungen überhaupt die *Genehmigung* der Aufsichtsbehörde einzuholen ist[5]. Ein Rückgriff auf die Ausnahmevorschrift des Artikel 26 Abs. 2 EG-Datenschutzrichtlinie bzw. § 4c Abs. 2 BDSG erscheint aber entbehrlich, wenn das Drittland ein angemessenes Schutzniveau gewährleistet (Artikel 25 Abs. 1 der Richtlinie, § 4 Abs. 2 S. 2 sowie Abs. 3 BDSG). Gemäß Artikel 25 Abs. 2 der Richtlinie bzw. § 4b Abs. 3 BDSG wird die Angemessenheit des Schutzniveaus, das ein Drittland bietet, unter Berücksichtigung *aller Umstände*, die bei dem Datentransfer eine Rolle spielen beurteilt. Die in den Vorschriften genannten Beurteilungselemente sind nicht abschließend[6]. Mithin sind bei der Bestimmung der Angemessenheit auch verbindliche Unternehmensregelung beurteilungsrelevant[7]. Vor diesem Hintergrund wird deutlich, dass eine staatliche Genehmigung entbehrlich ist, wenn die verbindli-

[1] Ebenso *Dammann*, in: *Dammann/Simitis*, EG-Datenschutzrichtlinie, Art. 25 Erl. 3.

[2] Abrufbar unter http://europa.eu.int/comm/internal_market/privacy/workingroup_de.htm.

[3] Sog. Corporate Law Enforcement.

[4] Der *DaimlerChrysler* Code of Conduct und die Unternehmensrichtlinie des *Gesamtverbandes der Deutschen Versicherungswirtschaft (GDV)* sind veröffentlicht in der Dokumentation des Brandenburgischen und des Berliner Datenschutzbeauftragten „Dokumente zu Datenschutz und Informationsfreiheit 2002", S. 38 ff. und abrufbar unter http://www.datenschutz-berlin.de/jahresbe/02/anl/anlagenband2002.pdf; allgemeine Ausführungen zu verbindlichen Unternehmensregelungen im Jahresbericht 2002 des *Berliner Beauftragten für Datenschutz und Informationsfreiheit*, S. 33 Ziff. 3.2 = RDV 2003, 206 ff.

[5] *Berliner Beauftragten für Datenschutz und Informationsfreiheit*, a.a.O., S. 37 = RDV 2003, 208; eine Genehmigungspflicht ablehnend Innenministerium Baden-Württemberg, 2. Tätigkeitsbericht (2003), S. 36.

[6] Ebenso *Dammann*, in: *Dammann/Simitis*, EG-Datenschutzrichtlinie, Artikel 25 Erl. 3.

[7] Ebenso *Innenministerium Baden-Württemberg*, Zweiter Tätigkeitsbericht (2003) S. 36.

chen Unternehmensregelungen bereits ein angemessenes Schutzniveau gewährleisten. Kontrollkompetenzen der Aufsichtsbehörden werden hierdurch nicht beeinträchtigt. Diese Auslegung erscheint auch praxisgerecht, da eine Genehmigungspflicht zweifelsohne einen erheblichen bürokratischen Aufwand mit sich bringen würde.

Einzelheiten des Genehmigungsverfahrens sind noch abstimmungsbedürftig. Jedenfalls dürfte die Genehmigung als Verwaltungsakt nach verwaltungsverfahrensrechtlichen Grundsätzen zu behandeln sein[1]. Sie führt dazu, dass hinsichtlich der in Rede stehenden Übermittlung bzw. Arten von Übermittlungen vom Vorliegen eines angemessenen Schutzniveaus ausgegangen werden kann. Eine materielle Übermittlungsbefugnis soll die Genehmigung hingegen nicht ersetzen[2]. Letztendlich trägt danach der Datenexporteur die Verantwortung für die Zulässigkeit der Übermittlung (§ 4b Abs. 5 BDSG)[3].

3. Übermittlung von Personaldaten

Die Übermittlung von Mitarbeiterdaten in Drittländer[4] unterliegt regelmäßig dem *Mitbestimmungsrecht* des Betriebsrats[5]. Gemäß § 80 Abs. 1 Nr. 1 BetrVG gehört es zu den Aufgaben des Betriebsrats, darüber zu wachen, dass die zugunsten der Arbeitnehmer geltenden Gesetze eingehalten werden. Hierzu zählen auch die Vorschriften des BDSG[6]. Um die Gefahren, die den Arbeitnehmern durch die modernen Technologien mit ihren vielfältigen Überwachungsmöglichkeiten drohen, wirksam begegnen zu können, ist der individualrechtliche Persönlichkeitsschutz kollektivrechtlich durch das Mitbestimmungsrecht der Betriebsrats verstärkt worden. Gemäß § 87 Abs. 1 Nr. 6 BetrVG hat der Betriebsrat bei der Einführung und Anwendung von technischen Einrichtungen, die dazu bestimmt sind das Verhalten oder die Leistung des Arbeitnehmers zu überwachen, mitzubestimmen. Das Bundesarbeitsgericht[7] hat das Mitbestimmungsrecht sehr großzügig interpretiert und entschieden, dass die Einführung und Anwendung von Programmen zur Verarbeitung von Ar-

---

[1] Vgl. *Duhr/Naujok/Peter/Seiffert*, DuD 2002, 5 (18).

[2] *Innenministerium Baden-Württemberg*, Hinweise zum BDSG für die private Wirtschaft Nr. 40, B. Ziff. 2.4.

[3] Siehe vorstehend unter 1.

[4] Vgl. hierzu auch im 15. Bericht der *Hessischen Landesregierung* über die Tätigkeit der für den Datenschutz im nicht öffentlichen Bereich zuständigen Aufsichtsbehörden (LT-Drs. 15/4659 vom 26.11.2002), S. 17 f.; ferner *Lambrich/Cahlik*, RDV 2002, 287.

[5] Vgl. *Ehmann/Sutschet*, RDV 1997, 11; *Däubler*, RDV 1998, 97; *Wohlgemuth*, BB 1991, 341 f.; *Ehmann*, RDV 1998, 242; *ders.*; RDV 1999, 14; ferner *HessLAG*, BB 2001, 2432.

[6] *Fitting u. a.*, BetrVG, § 80 Rn. 7; allgemein zur EDV-Mitbestimmung siehe *Leuze*, ZTR 2003, 167 ff.; *Roßmann*, DuD 2002, 286 ff.; *Andres*, Die Integration moderner Technologien in den Betrieb (Diss., 2000).

[7] Vgl. die Aufzählung von Grundsatzentscheidungen bei *Fitting u. a., BetrVG*, § 87, Rdnr. 215.

beitnehmerdaten, die Aussagen über Verhalten oder Leistung eines Arbeitnehmers ermöglichen, der Mitbestimmung unterliegen. Damit wird die große Masse der elektronischen Verarbeitung von Arbeitnehmerdaten von dem Mitbestimmungstatbestand nach § 87 Abs. 1 Nr. 6 erfasst[1]. In dem Umstand, dass die Betriebsräte in vielen Fällen verhinderten, dass in elektronischen Dateien gespeicherte Mitarbeiterdaten online an die Mutterfirma im Ausland weitergegeben werden, wird z. T.[2] ein Grund dafür gesehen, dass viele ausländische Großunternehmen nur noch ungern oder gar nicht deutsche Tochterfirmen gründen oder haben wollten. Auch die Datenerhebung durch Personalfragebögen und sonstige geordnete Befragung des Arbeitnehmers unterliegt der Mitbestimmung des Betriebsrats nach § 94 BetrVG. Wollte der Arbeitnehmer anlässlich der Einführung eines neuen Systems nachträglich die Einwilligung einholen, könnte er dies nur mit Zustimmung des Betriebsrats tun[3]. Das Mitbestimmungsrecht des Betriebsrats erstreckt sich auch auf die Abgabe der Einverständniserklärung gem. § 4 BDSG [4], denn § 94 BetrVG deckt auch Fälle ab, in denen der Arbeitnehmer nur nach einer einzigen Sache gefragt wird.

Nach ganz überwiegender Auffassung stellen Betriebsvereinbarungen Rechtsvorschriften im Sinne des § 4 Abs. 1 BDSG dar[5]. Die EG-Datenschutzrichtlinie ändert hieran nichts, denn den Mitgliedstaaten verbleibt ein hinreichender Spielraum zur Schaffung von Rechtsnormen auf betrieblicher Ebene[6]. Unstrittig ist aber auch, dass nach deutschem Recht geschlossene Betriebsvereinbarungen nicht im Ausland gelten[7].

Was datenschutzrechtlich zulässig ist, kann der Betriebsrat im Wege der Mitbestimmung nicht verhindern[8]. Andererseits muss er seine Zustimmung nicht erteilen, wenn Verarbeitungsvorgänge hinter dem Maßstab des grundrechtlich verbürgten Persönlichkeitsschutzes, der auch im Arbeitsverhältnis relevant ist, zurückbleiben würden[9]. Nach in der Literatur[10] und im aufsichtsbehördlichen Bereich[11] vertretener Auffassung kann ein Arbeitgeber nicht über die Einwilligung des Arbeitnehmers

---

[1] Vgl. *Ehmann*, RDV 1999, 22.

[2] *Ehmann*, RDV 1998, 242.

[3] *Däubler*, RDV 1998, 97.

[4] *Wohlgemuth*, BB 1991, 341.

[5] *BAG*, DB 1986, 2080 (2082); *Gola/Wronka*, Handbuch zum Arbeitnehmer-Datenschutz, S. 68; *Eul/Godefroid*, RDV 1998, 187; *Walz*, in: *Simitis*, BDSG, § 4 Rdnr. 11.

[6] *Weber*, CR 1995, 298; *Bachmeier*, RDV 1995, 50 f.; *Wohlgemuth*, BB 1996, 691; *Eul/Godefroid*, a. a. O., 189.

[7] Zur Erforderlichkeit einer gleichzeitigen Gewährleistung ausreichender Datenschutzgarantien im Drittland vgl. *Berliner Beauftragter für Datenschutz und Informationsfreiheit*, Jahresbericht 2002, S.138 (Ziff. 4.7.3).

[8] *Ehmann*, RDV 1999, 23.

[9] Zur entspr. *BAG*-Rechtsprechung vgl. *Eul/Godefroid*, a. a. O., 187.

[10] *Fitting u. a.*, BetrVG, § 83 Rdnr. 28.

[11] Vgl. *Innenministerium Baden-Württemberg*, Hinweise zum BDSG für die private Wirtschaft Nr. 34, StAnz. Nr. 1 vom 2.1.1996, S. 10.

Informationen verarbeiten, die ihm nach den für das Arbeitsrecht geltenden Grundsätzen unzugänglich sind. Bestimmt eine Betriebsvereinbarung beispielsweise, dass Arbeitnehmerdaten nicht in ein bestimmtes Land oder an ein bestimmtes Unternehmen übermittelt werden dürfen, so kann eine Einwilligung des Arbeitnehmers die Unzulässigkeit dieser Verarbeitung nach der vorgenannten Auffassung nicht beseitigen. Danach verbleibt für die Einwilligung des Arbeitnehmers nur noch dort Raum, wo Tatbestände nicht bereits durch Betriebsvereinbarungen anderweitig geregelt sind. Zu bedenklichen Ergebnissen führt diese Auffassung, wenn einem Arbeitnehmer an einer kollektivrechtlich unzulässigen Drittlandübermittlung – etwa aus Karrieregründen – gelegen ist und er im Wege der Einwilligung hierüber selber bestimmen will. Hier erscheint es im Sinne des Rechts auf informationelle Selbstbestimmung geradezu geboten, dass Betriebsvereinbarungen eine entsprechende Öffnungsklausel enthalten.

IV. Automatisierte Einzelentscheidung

1. Allgemeines

§ 6a BDSG[1] soll in Umsetzung von Artikel 15 der EG-Datenschutzrichtlinie[2] verhindern, dass für den Betroffenen bedeutsame Negativentscheidungen ergehen, die ausschließlich auf automatisiert erstellten Persönlichkeitsprofilen beruhen, ohne dass er die Möglichkeit hat, die zugrunde liegenden Angaben und Bewertungsmaßstäbe zu erfahren und seinen Standpunkt geltend zu machen. Letztlich sollen Entscheidungen von Tragweite – jedenfalls soweit sie für den Betroffenen nachteilig sind – nicht allein von „Maschinen", sondern immer noch unter Würdigung der Einzelfallumstände vom Menschen getroffen werden; nur so kann den berechtigten Interessen der Betroffenen angemessen Rechnung getragen werden.

Die Bestimmung des Anwendungsbereichs von § 6a BDSG ist in der Praxis vielfach schwierig. In Betracht kommen insbesondere Auswertungs- und Beurteilungsverfahren z. B. in folgenden Bereichen:

> ➤ *Personalentscheidung und -bewertung (z.B. Bewerberauswahlverfahren[3], Potenzialanalysen, Auswahl im Rahmen eines Sozialplans)*

> ➤ *Kundenauswahl und -bewertung (z. B. Kredit-Scoring, Versicherungsanträge).*

> ➤ *Lieferantenauswahl und -bewertung, Handelsvertreterzuverlässigkeit.*

---

[1] Vgl. auch die nachstehende Gesetzesbegründung zu § 6a BDSG.
[2] Vgl. die nachstehende Begründung zu Artikel 15.
[3] Hierzu *Gola*, Computer-Fachwissen, 7-8/2002, 44 ff.

Anwendungsvoraussetzung des § 6a Abs. 1 BDSG ist, dass es um *Entscheidungen* geht, die ausschließlich auf einen *Automatismus* gestützt sind und für den Betroffenen eine *rechtliche Folge* nach sich ziehen oder ihn sonst *erheblich beeinträchtigen*.

2. Das Verbot automatisierter Einzelentscheidung

a) Entscheidung per Automatismus

Das Verbot des § 6a BDSG gilt nur, soweit es tatsächlich um *Entscheidungen* geht. Dies ist bei bloßen Vorentscheidungen oder wenn lediglich ausgeführt wird, was Gegenstand eines zugrunde liegenden Rechtsverhältnisses ist, nicht der Fall[1]. Voraussetzung ist ferner die *Ausschließlichkeit* der Entscheidung. Steht bereits vor Beginn der automatisierten Verarbeitung fest, dass die Entscheidung nicht allein auf einen Automatismus gestützt, sondern in letzter Konsequenz tatsächlich in Ansehung der Einzelumstände von einem Menschen getroffen wird, gilt das Verbot des § 6a BDSG nicht[2].

b) Automatisierte Verarbeitung zwecks Persönlichkeitsbewertung

Automatisiert erstellte Persönlichkeitsprofile[3] sind unter dem Gesichtspunkt des informationellen Selbstbestimmungsrecht kritisch zu betrachten[4]. § 3 Abs. 2 BDSG definiert die Erhebung, Verarbeitung oder Nutzung personenbezogener Daten unter Einsatz von Datenverarbeitungsanlagen als *automatisierte Verarbeitung*. Diese ist, auch wenn sie Grundlage einer automatisierten Einzelentscheidungen ist, im Verfahrensverzeichnis des Datenschutzbeauftragten zu dokumentieren und bedarf eines Erlaubnistatbestandes, dessen Vorliegen ggfs. im Rahmen einer Vorabkontrolle zu ermitteln ist. Eine allgemeine Definition des Begriffs *Persönlichkeitsprofile* ist nicht ersichtlich[5], wenngleich das Bundesverfassungsgericht in diesem Zusammenhang von einer „umfassenden Registrierung und Katalogisierung" gesprochen hat[6]. Zu beachten ist, dass zunehmend auch Profile im Zusammenhang mit der *Internet-Nutzung* erstellt werden[7], die nachfolgend auch für Entscheidungen i. S. v. § 6a BDSG herangezogen werden können.

---

[1] Beispiele hierzu in der nachstehende Gesetzesbegründung zu § 6a BDSG.

[2] Zur inhaltlichen Überprüfung automatisierter Einzelentscheidungen als Mittel der Wahrung der Interessen der Betroffenen siehe nachstehende Ausführungen zum Verfahren unter 3. c).

[3] Der Begriff findet sowohl in der Richtlinienbegründung zu Art. 15 als auch in der Gesetzesbegründung zu § 6a BDSG Verwendung.

[4] Sehr kritisch allerdings *Wittig*, RDV 2000, 59 ff.

[5] So auch *v. Lewinski*, RDV 2003, 122 (123).

[6] Vgl. bei *v. Lewinski*, a. a. O.

[7] Vgl. *Taeger*, K&R, 2003, 220 ff.; *Schaar*, DuD 2001, 383 ff.; *Hillenbrand-Beck/Greß*, DuD 2001, 389 ff.

§ 6a BDSG verlangt, dass es sich um *personenbezogene Daten*[1] handeln muss, die der *Bewertung* einzelner Persönlichkeitsmerkmale *dienen*. Neben persönlichen Eigenschaften, Vorlieben etc. kommen auch sachliche Verhältnisse in Betracht (z. B. Grundbesitz), wobei ein gewisses Mindestmaß an Persönlichkeitskriterien vorausgesetzt wird[2]. Artikel 15 Abs. 1 der EG-Datenschutzrichtlinie nennt beispielhaft die berufliche Leistungsfähigkeit, die Zuverlässigkeit oder das Verhalten einer Person sowie die Kreditwürdigkeit als bewertungsrelevante Daten. Die automatisierte Verarbeitung muss mit der Zweckbestimmung[3] der Persönlichkeitsbewertung erfolgen, was beispielsweise bei der Verwendung biometrischer Merkmale (z. B. Fingerabdruck, Iris-Scan)[4] im Rahmen von Identifizierungsverfahren nicht der Fall ist.

c) Rechtliche Folge

Rechtliche Folgen liegen vor, wenn Rechtspositionen geschaffen oder verändert werden. Sie können insbesondere aus Rechtsgeschäften und begünstigenden oder belastenden Verwaltungsakten (z.B. Subventionsgewährung oder -versagung) resultieren. Rechtlich Folgen treten in der Privatwirtschaft z. B. bei Vertragskündigung ein, nicht jedoch bei Vertragsablehnungen, da grundsätzlich Vertragsfreiheit besteht und somit regelmäßig (noch) keine Rechtspositionen berührt sind.

d) Erhebliche Beeinträchtigung

Wenn keine unmittelbaren rechtlichen Folgen im Raum stehen, ist zu prüfen, ob es um eine Entscheidung geht, die den Betroffenen auf andere Weise erheblich beeinträchtigt. Hier kommen z. B. abgelehnte Kreditgesuche oder Stellenbewerbungen in Betracht[5]. Auch Entscheidungen über die Leistungsfähigkeit eines Arbeitnehmers, über die Zuverlässigkeit von Personen oder ihr Verhalten können erhebliche Beeinträchtigungen mit sich bringen[6]. Eine hinreichende Beschwer wird hingegen verneint, wenn im Bereich des Direktmarketings durch sog. Scoring möglichst geeignete Adressaten für Werbeaktionen ermittelt werden[7]. Dies entbindet aber nicht davon, dass die automatisierte Verarbeitung von Kundendaten den datenschutzrechtrechtli-

---

[1] Zur Definition vgl. *Dammann*, in: *Simitis*, BDSG, § 3 Rdnr. 3 ff.; *Gola/Schomerus*, § 3 Rdnr. 2 ff.

[2] Vgl. *Dammann*, in: *Dammann/Simitis*, EG-Datenschutzrichtlinie, Artikel 15 Erl. 2; *Bizer*, in: *Simitis*, BDSG, § 6a Rdnr. 35.

[3] Vgl. den Wortlaut von Art. 15 Abs. 1 der EG-Datenschutzrichtlinie.

[4] Zum praktischen Einsatz biometrischer Verfahren vgl. *Klische*, RDV 2001, 60 ff.

[5] Vgl. *Dammann*, in: *Dammann/Simitis*, EG-Datenschutzrichtlinie, Artikel 15 Erl. 2; zum Kredit-Scoring vgl. auch *Möller/Florax*, NJW 2003, 2724 ff.; *Klein*, BKR 2003, 488 ff.; *Petri*, DuD 2003, 631 ff.; *Koch*, MMR 1998, 458 (459 f.).

[6]Vgl. *Bizer*, in: *Simitis*, BDSG, § 6a Rdnr. 23.

[7] So *Wronka*, RDV 1995, 197 (201) unter Hinweis auf die Richtlinienbegründung; dem folgend *Dammann*, a. a. O.; ebenso *Ehmann/Helfrich*, EG-Datenschutzrichtlinie, Artikel 15 Rdnr. 18 f.

chen Anforderungen genügen muss. Beinhaltet das Werbe-Scoring eine rechtswidrige Datenverarbeitung bzw. -nutzung oder wird das Widerspruchsrecht des Betroffenen (§ 28 Abs 4 BDSG) nicht respektiert, kann gleichwohl eine erhebliche Beeinträchtigung vorliegen.

Maßgebliches Beurteilungskriterium ist letztlich die Intensität der Beeinträchtigung, die im Einzelfall zu ermitteln ist.

3. Verfahren der automatisierten Einzelentscheidung

a) Allgemeines

§ 6a Abs. 1 BDSG regelt ein grundsätzliches Verbot der ausschließlich automatisierten Einzelentscheidung. Absatz 2 der Vorschrift lässt automatisierte Entscheidungen aber ausnahmsweise zu, wenn sie den Betroffenen nicht belasten bzw. wenn bestimmte Entscheidungsabläufe eingehalten werden.

b) Positiventscheidung

§ 6a Abs. 2 Nr. 1 BDSG gestattet automatisierte Einzelentscheidungen, wenn sie im Rahmen des Abschlusses oder der Erfüllung eines Vertragsverhältnisses oder eines sonstigen Rechtsverhältnisses ergehen und dem Begehren des Betroffenen stattgegeben wird. Eine diskriminierende Verwendung persönlichkeitsrelevanter Daten ist fernliegend, wenn diese ausschließlich dafür herangezogen werden, dem selbstbestimmten Interesse des Betroffenen Rechnung zu tragen. Bewerber, Arbeitnehmer, Lieferanten, Antragsteller etc. haben insoweit keine Verletzung des Rechts auf informationelle Selbstbestimmung zu befürchten.

c) Maßnahmen zur Interessenwahrung

Das Verbot automatisierter Einzelentscheidung gilt ferner gemäß § 6a Abs. 2 Nr. 2 BDSG nicht, wenn die Wahrung der berechtigten Interessen des Betroffenen durch *geeignete Maßnahmen* gewährleistet ist. Ausgangspunkt hierfür ist eine hinreichende *Transparenz* für den Betroffenen, der von der verantwortlichen Stelle über ihre Identität und das Vorliegen einer Entscheidung im Sinne des Absatzes 1 zunächst einmal zu unterrichten ist. Erhält der Betroffene auf der Basis dieser Information[1]

---

[1] Auf Antrag des Betroffenen ist diesem ferner Auskunft über den logischen Aufbau der automatisierten Verarbeitung zu erteilen, soweit hiermit nicht auch die Preisgabe von Geschäftsgeheimnissen oder die Verletzung von Urheberrechten verbunden ist (§ 6a Abs. 3 BDSG). Nach *Christians* (vgl. Statusbericht zur BDSG Novellierung, Sonderdruck zu RDV 4/2000, S. 14) ist insbesondere über die tragenden Funktionsprinzipien der Anwendungsprogramme Auskunft zu erteilen. Im Wesentlichen dürfte es hier um die einzelnen Verarbeitungs- und Beurteilungsschritte gehen. Nach Auffassung des *Berliner Beauftragten für Datenschutz und Informationsfreiheit* (Neuregelungen im Bundesdatenschutzgesetz, Materialien zum

die Möglichkeit zu der ausschließlich automatisierten Entscheidung einzelfallbezogen Stellung zu nehmen und erfolgt daraufhin eine – den Standpunkt des Betroffenen würdigende – erneute Überprüfung unter personaler Verantwortung[1], trägt die verantwortliche Stelle den berechtigten Interessen des Betroffenen Rechnung[2].

Erhält der Betroffene nicht auf diese Art und Weise die Gelegenheit, die Einzelumstände seines Falles vorzubringen, und werden auch sonst keine geeigneten Maßnahmen zur Wahrung seiner berechtigten Interessen getroffen, so ist das Verfahren der automatisierten Negativentscheidung unzulässig.

Datenschutz Nr. 30, S. 15) müssen aber keine Angaben über die „Gewichtung der gescorten Daten sowie ihrer Interdependenz" gemacht werden.

[1] Siehe auch *Duhr/Naujok/Peter/Seiffert*, DuD 2002, 5 (26); *Bizer*, in: *Simitis*, BDSG, § 6a Rdnr. 23 sowie *Dammann*, in: *Dammann/Simitis*, EG-Datenschutzrichtlinie, Artikel 15 Erl. 4.

[2] Kritisch hinsichtlich der tatsächlichen Überprüfungsmöglichkeit eines Kreditsachbearbeiters *Möller/Florax*, NJW 2003, 2724 (2725).

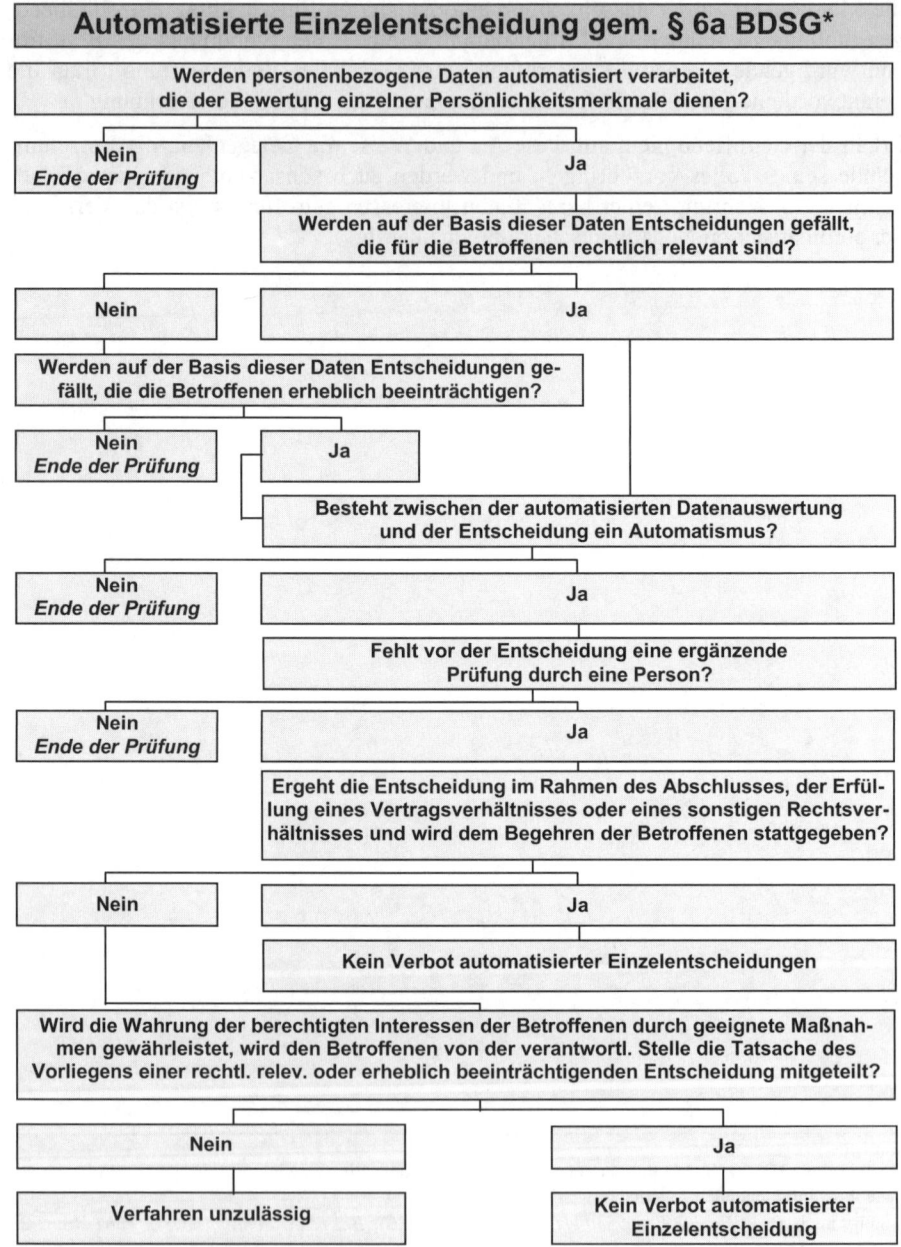

Automatisierte Einzelentscheidung gem. § 6a BDSG*

Werden personenbezogene Daten automatisiert verarbeitet, die der Bewertung einzelner Persönlichkeitsmerkmale dienen?

Nein
Ende der Prüfung

Ja

Werden auf der Basis dieser Daten Entscheidungen gefällt, die für die Betroffenen rechtlich relevant sind?

Nein

Ja

Werden auf der Basis dieser Daten Entscheidungen gefällt, die die Betroffenen erheblich beeinträchtigen?

Nein
Ende der Prüfung

Ja

Besteht zwischen der automatisierten Datenauswertung und der Entscheidung ein Automatismus?

Nein
Ende der Prüfung

Ja

Fehlt vor der Entscheidung eine ergänzende Prüfung durch eine Person?

Nein
Ende der Prüfung

Ja

Ergeht die Entscheidung im Rahmen des Abschlusses, der Erfüllung eines Vertragsverhältnisses oder eines sonstigen Rechtsverhältnisses und wird dem Begehren der Betroffenen stattgegeben?

Nein

Ja

Kein Verbot automatisierter Einzelentscheidungen

Wird die Wahrung der berechtigten Interessen der Betroffenen durch geeignete Maßnahmen gewährleistet, wird den Betroffenen von der verantwortl. Stelle die Tatsache des Vorliegens einer rechtl. relev. oder erheblich beeinträchtigenden Entscheidung mitgeteilt?

Nein

Ja

Verfahren unzulässig

Kein Verbot automatisierter Einzelentscheidung

* Entsprechende Checkliste von *Globig*, in: DuD, 2003, 4.

V. Videoüberwachung

1. Allgemeines

In Anbetracht der wachsende Gefahren für das Persönlichkeitsrecht durch eine zunehmende – höchst leistungsfähige – Videoüberwachung im privaten und öffentlichen Sektor sowie im Hinblick auf die inzwischen gegebenen Verbreitungsmöglichkeiten (z. B. über das Internet) wurden Bild- und Tondaten in den Anwendungsbereich der EG-Datenschutzrichtlinie einbezogen[1]. Artikel 33 der Richtlinie verpflichtet die Kommission, ein besonderes Augenmerk auf die rechtliche Zulässigkeit der Videoüberwachung unter Berücksichtigung der Entwicklung der Informationstechnologie zu legen und geeignete Vorschläge zu unterbreiten. Sie wird dabei durch die Artikel 29-Gruppe unterstützt. Die Schutzprinzipien der EG-Datenschutzrichtlinie gelten mithin auch für die Videoüberwachung[2]. Insbesondere die *Zulässigkeitsgrundsätze* des Artikels 7 sind zu beachten.

Verhindert werden soll vor allem eine flächendeckende Videoüberwachung öffentlicher Räume. Das Grundrecht auf Freizügigkeit (Artikel 11 GG) gewährt die Möglichkeit sich frei zu bewegen und wird flankiert durch das Recht auf informationelle Selbstbestimmung (Art. 2 Abs. 1 i.V.m. Art. 1 Abs. 1 GG). Dabei gilt es allerdings, einen am Grundsatz der *Verhältnismäßigkeit* ausgerichteten Ausgleich zwischen den Interessen öffentlicher und nicht öffentlicher Stellen an der Durchführung der Videoüberwachung einerseits und dem Persönlichkeitsschutz der Betroffenen andererseits zu schaffen[3]. Hierzu enthält § 6b BDSG eine spezielle Regelung zur Videoüberwachung öffentlich zugänglicher Räume durch private und öffentliche Stellen des Bundes[4].

2. Anwendungsbereich des § 6b BDSG

§ 6b BDSG bezweckt die Gewährleistung von Persönlichkeitsschutz. Dabei trägt die Vorschrift mit ihrem Anwendungsbereich dem Umstand Rechnung, dass bei der Videoüberwachung regelmäßig nicht eine bestimmte Person, sondern nur ein mehr oder weniger bestimmbarer Personenkreis erfasst wird. Obwohl es sich für die aufzeichnende Stelle zunächst meist nicht um personenbezogene Daten i. S. v. § 3 Abs. 1 BDSG handelt[5], soll ein Persönlichkeitsschutz gewährleistet sein. Der Aspekt

---

[1] Vgl. Erwägungsgrund 14 der EG-Datenschutzrichtlinie.

[2] Vgl. WP 67 der *Artikel 29-Gruppe*, S. 6 f.

[3] Vgl. Beschluss der 59. Konferenz der *Datenschutzbeauftragten des Bundes und der Länder* vom 14./15.3.2000 = RDV 2000, 137; ferner *BfD*, 17. Tätigkeitsbericht 1997/98, Ziff. 1.2.2 f; *BfD*, 16. Tätigkeitsbericht 1995/96, Ziff. 1.4 und 31.1; *Hessischer Datenschutzbeauftragter*, 28. Tätigkeitsbericht (1999), Ziff.13.1.

[4] Vgl. hierzu auch die nachstehend wiedergegebene Gesetzesbegründung zu § 6b BDSG.

[5] Allerdings ist in Art. 33 Satz 2 und Erwägungsgrund 14 der EG-Datenschutzrichtlinie die Rede von personenbezogenen Bilddaten.

der Personalisierung wird eigens in § 6b Abs. 4 BDSG geregelt. Andererseits fallen Beobachtungen, die keine Überwachung von Menschen ermöglichen (z.b. Kameraattrappen) bzw. eindeutig nicht darauf ausgerichtet sind, wie das z.b. bei großräumigen Bildern des Autobahnverkehrs oder bei der Videoüberwachung des Bahnsteigs durch den Zugführer hinsichtlich des Schließens aller Türen vor der Abfahrt[1] der Fall ist, nicht in den Anwendungsbereich. Ebenfalls nicht erfasst ist Videomaterial, das ausschließlich persönlichen Zwecken dient. Nur wenn die Beobachtung mit *optisch-elektronischen Einrichtungen* (Videokameras, Webcams[2]) durchgeführt wird , handelt es sich um Videoüberwachung i. S. v. § 6b Abs. 1 BDSG[3].

3. Öffentlich zugängliche Räume/Bereiche

Erfasst wird lediglich die Beobachtung öffentlich zugänglicher Bereiche innerhalb oder außerhalb von Gebäuden. Maßgeblich ist, ob die Bereiche entweder dem öffentlichen Verkehr *gewidmet* sind oder nach dem Willen des Inhabers des *Hausrechts*[4] von unbestimmten Personen genutzt oder betreten werden können. Hierunter fallen z. B. Verkaufsräume eines Warenhauses, Schalterbereiche im Bahnhof oder in einer Bank, Tankstellen etc.[5] Nicht gemeint sind hingegen Privatgrundstücke, Firmengelände, nicht mehr allgemein zugänglichen Bereiche eines Hotels oder am Arbeitsplatz[6]. Schwierige *Abgrenzungsfragen* können sich z. B. ergeben, wenn die Videokamera zum Zwecke der Zugangskontrolle bei nicht öffentlich zugänglichen Gewerbeobjekten so ausgerichtet ist, dass gleichzeitig auch öffentliche Flächen (z. B. Teile von Gehwegen oder Straßen) erfasst werden[7]. Aus Sicht des Datenschutzes ist den verantwortlichen Stellen hier zu empfehlen, die Videokameras möglichst so zu installieren, dass öffentliche Bereiche nicht erfasst werden.

---

[1] So *Innenministerium Baden-Württemberg*, Hinweise zum BDSG für die private Wirtschaft Nr. 40 unter A. = RDV 2002, 148.

[2] Zur Zulässigkeit von Webcams vgl. *Innenministerium Baden-Württemberg*, Hinweise zum Bundesdatenschutzgesetz für die private Wirtschaft Nr. 39 (Staatsanzeiger vom 25.01.2001, Az.: 2-0552. 41/16).

[3] Vgl. *Duhr/Naujok/Peter/Seiffert*, DuD 2002, 5(27).

[4] Zum Begriff, der auch bei der Beurteilung der Zulässigkeit der Videoüberwachung relevant wird, siehe nachstehend 4. b).

[5] Weitere Beispiele bei *v. Zezschwitz*, in: *Roßnagel*, Handbuch Datenschutzrecht, S. 1878, Rdnr. 1.

[6] Vgl. hierzu aber nachstehend 5.

[7] Zu weiteren Fallgruppen vgl. *Innenministerium Baden-Württemberg*, a. a. O. sowie *Königshofen*, RDV 2001, 220 f.

4. Der Umgang mit Videomaterial

a) Allgemeines

Nach den Ergebnissen einer EU-Analyse[1] beziehen die meisten Mitgliedstaaten die *reine Beobachtung* (ohne Aufzeichnung) in den Anwendungsbereich ihrer Datenschutzvorschriften mit ein. Die Frage, ob der Tatbestand der Beobachtung nach § 6b Abs. 1 BDSG auch ohne ein zumindest vorübergehendes Aufzeichnen und Auswerten erfüllt ist, erscheint im Hinblick auf die damit gegebene Reichweite der Norm fraglich, wird aber überwiegend bejaht[2].

Neben der reinen Beobachtung kommen als *Erscheinungsformen* der Videoüberwachung Verarbeitungen (z. B. Speichern bzw. Aufzeichnen auf einen Datenträger, Verändern, Übermitteln, Löschen) und Nutzungen (z. B. Auswertung des Videomaterials, insb. Zuordnung zu einer bestimmten Person) in Betracht. Während bei den letztgenannten Formen des Umgangs mit Videomaterial die Voraussetzungen des § 6b Abs. 3 – 5 BDSG zu beachten sind, benennt Abs. 1 der Vorschrift *abschließend* die *Zwecke*, die eine reine Beobachtung legitimieren können[3]. Die Zulässigkeit der Videoüberwachung ist ggf. bereits im Rahmen einer Vorabkontrolle nach § 4d Abs. 5 BDSG zu ermitteln[4].

b) Zulässigkeit der reinen Beobachtung

Die Videoüberwachung hat sich auf rechtmäßige Zwecke zu begrenzen (Artikel 6 EG-Datenschutzrichtlinie) bzw. darf nur anderweitigen Zwecken dienen, wenn dies mit der ursprünglichen Zweckbestimmung nicht unvereinbar ist. Die Artikel 29-Gruppe hat in ihrem Arbeitdokument WP 67 festgestellt, dass neben öffentlichen Interessen der Schutz des Eigentums, die Ermittlung, Verhütung und Verfolgung von Straftaten, die Beweissicherung und sonstige berechtigte Interessen typische Zweckbestimmungen der Videoüberwachung sind. In § 6b Abs. 1 BDSG werden drei Zweckbestimmungen genannt, die die Beobachtung rechtfertigen können. Danach muss die Überwachung erforderlich sein zur

> ➤ Aufgabenerfüllung einer öffentlichen Stelle,
>
> ➤ Wahrnehmung des Hausrechts,
>
> ➤ Wahrnehmung berechtigter Interessen für konkret festzulegende Zwecke.

---

[1] Technische Analyse u. a. hinsichtlich der Verarbeitung von Bild- und Tondaten unter http://europa.eu.int/comm/internal_market/privacy/docs/lawreport/consultation/technical-annex_en.pdf.

[2] *Bizer*, in: *Simitis*, BDSG, § 6b Rdnr. 37; *v. Zezschwitz*, in: *Roßnagel*, Handbuch Datenschutzrecht, S. 1889 Rdnr. 23; *Berliner Beauftragter für Datenschutz und Informationsfreiheit*, Neuregelungen im Bundesdatenschutzgesetz, Materialien zum Datenschutz Nr. 30, S. 20; vgl. aber auch *Gola/ Schomerus*, BDSG, § 6b Rdnr. 10 ff. m. w. N.

[3] Ablaufschema zur Zulässigkeitsprüfung, GDD-Arbeitskreis "BDSG 2001", Praxishilfe II, S. 16.

[4] Vgl. nachstehend die Gesetzesbegründung zu § 6b Abs. 2 BDSG.

Die Aufgaben der öffentlichen Stellen sind regelmäßig durch *Gesetz, Verordnung etc.* vorgegeben. Soweit es sich um vorrangige Rechtsvorschriften im Sinne des BDSG handelt, kann die Videobeobachtung bereits augrund dieser Vorschriften zulässig sein.

Insbesondere das *Hausrecht*[1] kann die Beobachtung sowohl bei öffentlichen als auch privaten Gebäuden, Plätzen etc. legitimieren. Der Inhaber des Hausrechts ist grundsätzlich befugt, die zum Schutz des Objekts erforderlichen Maßnahmen zu treffen, d.h. über Haus und Hof frei zu verfügen[2] und ein Hausverbot auszusprechen. Die Beobachtungsbefugnis des Hausrechtsinhabers endet grundsätzlich an den Grenzen seines Grundstücks.

Berechtigte Interessen sind solche, die nach vernünftiger Erwägung durch die Sachlage gerechtfertigt sind. Dabei kann es sich um ein Interesse rechtlicher, wirtschaftlicher oder ideeller Art handeln. Berechtigt ist z. B. das Interesse am Schutz vor Straftaten (z. B. Ladendiebstahl, Sachbeschädigung) bzw. an der Sicherung von Beweismaterial. Als berechtigte Interessen kommen nicht nur solche der die Videoüberwachung durchführenden Stelle in Betracht, sondern ggfs. auch Schutzinteressen der Beobachteten selbst.

Der *konkrete Zweck* der Videoüberwachung muss vor Inbetriebnahme der Überwachung feststehen und im Rahmen einer ordnungsgemäßen Organisationskontrolle (Anlage zu § 9 BDSG) dokumentiert werden. Das Innenministerium Baden-Württemberg[3] setzt die Videoüberwachung einem automatisierten, grundsätzlich meldepflichtigen Verfahren gleich. Das von ihm erstellte *Dokumentationsmuster* beinhaltet folgende Festlegungen:

Zwecke der Videoüberwachung (§ 6b Abs. 1 Nr. 3 BDSG) und betroffene Personen(gruppen):

> *Verkaufsräume, die Videoüberwachung erfolgt zur:*
> *- Dokumentation begangener Straftaten,*
> *- Senkung von Inventurdifferenzen,*
> *- Geltendmachung von Schadenersatzansprüchen,*
> *- Feststellung und Abwehr von Störungen,*
> *- Koordinierung des Einsatzes von Sicherheitskräften*
> *   bei akuten Gefahrensituationen.*
> *Betroffene Personen: Mitarbeiter und Kunden.*

---

[1] Der Begriff ist im Zivil- und Strafrecht bereits inhaltlich geprägt; für eine datenschutzrechtliche Definition plädiert *Ziegler*, DuD 2003, 337 ff.

[2] Vgl. 14. Bericht der *Hessischen Landesregierung* über die Tätigkeit der für den Datenschutz im nicht öffentlichen Bereich zuständigen Aufsichtsbehörden (LT-Drs. 15/2950), S. 13.

[3] Hinweise zum BDSG für die private Wirtschaft Nr. 40 (3.7), abrufbar im Internet unter www.im.bwl.de unter der Rubrik „Datenschutz"; s. auch die Begründung zu § 6b Abs. 2 BDSG.

Cafeteria, die Videoüberwachung erfolgt zum:
- *Schutz der Kunden vor Taschendiebstählen.*
Betroffene Personen: Kunden und Mitarbeiter.

Parkhaus, die Videoüberwachung erfolgt zum:
- *Schutz der Benutzer vor Überfällen und vor Einbrüchen*
in die Fahrzeuge.
Betroffene Personen: Parkhausbenutzer.

Das Muster verdeutlicht, dass mehrere legitime Zwecke nebeneinander verfolgt werden können. Die Zulässigkeit von über die reine Beobachtung hinausgehenden Videoüberwachungen ist anhand von § 6b Abs. 3 BDSG zu ermitteln.

Der *Grundsatz der Erforderlichkeit* ist gewahrt, wenn objektiv zumutbare Alternativen zur Videoüberwachung nicht gegeben sind. Unzumutbar wäre es z. B. den Betreiber eines Kaufhauses darauf zu verweisen, er möge sich zum Schutz vor Ladendiebstählen und zur Aufklärung von Straftaten ausschließlich auf den Einsatz von Detektiven beschränken. Abgesehen davon, dass es hier an einer gleichwertigen Eignung zur Zweckerreichung fehlen würde, wäre der damit verbundene Personaleinsatz – um auch nur in etwa den gleichen Schutzgrad zu erreichen – unangemessen. Mit Blick auf die vielfältigen Funktionalitäten moderner Videotechnik kommt bei der Beurteilung der Frage, inwieweit eine Videoüberwachung erforderlich ist, auch dem Grundsatz *der Datenvermeidung und Datensparsamkeit* (§ 3a BDSG) eine wichtige Bedeutung zu[1].

Abzuwägen ist das Interesse an der Überwachung mit ggf. entgegenstehenden schutzwürdigen Interessen des Betroffenen. § 6b BDSG verlangt diese *Interessenabwägung* ausdrücklich sowohl im Zusammenhang mit der in Abs. 1 geregelten *Beobachtung als* auch bei der *Zulässigkeitsprüfung nach Abs. 3*. Unter Umständen kann die Abwägung zu dem Ergebnis führen, dass die Beobachtung vom Betroffenen noch hinzunehmen ist, während er gegenüber der Speicherung entgegenstehende schutzwürdige Interessen geltend machen kann.

Der *Grundsatz der Verhältnismäßigkeit* ist der zentrale Wertungsmaßstab bei der Beurteilung der Zulässigkeit von Videoüberwachung. Im Rahmen der Prüfung ist ein besonderes Augenmerk auf die Wahrung der *Mittel-Zweck-Relation* zu richten. Zu vermeiden ist, dass Videoüberwachungsanlagen im Zusammenhang mit geringfügigen Verstößen (z. B. Rauchverbot in öffentlichen oder nicht öffentlichen Gebäuden) installiert werden[2]. Eine angemessene Relation ist z. B. auch beim Einsatz von Videokameras in Toiletten oder Umkleideräumen angesichts der hier im Vor-

---

[1] *Artikel 29-Gruppe*, WP 67, S.19.
[2] Vgl. hierzu und zu weiteren Beispielen *Artikel 29-Gruppe*, WP 67, S.17.

dergrund stehenden Privat- und Intimsphäre nicht gewahrt[1]. Schutzwürdige Interessen von Betroffenen werden regelmäßig nicht überwiegen, wenn die Videoüberwachung zur Wahrung des Hausrechts eingesetzt wird. Nach Auffassung des BGH[2] kann das Hausrecht und das Interesse eines Hausbesitzers an dem Schutz seines Grundstücks vor Beeinträchtigungen von außen die Überwachung eines Weges und die Aufzeichnung von Passanten aber nur in „Extremfällen" rechtfertigen.

Verletzt sein können auch Persönlichkeitsrechte von *indirekt* beobachteten Personen. In der Regel überwiegt aber z. B. das berechtigte Interesse einer Bank an der Überwachung von Bankautomaten – auch zum Schutz der Bankkunden – etwaige entgegenstehende Interesse der Betroffenen. Ferner muss unter Verhältnismäßigkeitsgesichtspunkten auch hinsichtlich der eingesetzten Technik differenziert werden. So dürften im Regelfall Interessen der Betroffenen nicht überwiegen, wenn der Auflösungsgrad der Bilder keine Identifizierung der Personen oder von KfZ-Zeichen zulässt. Andererseits ist der Einsatz der Zoom-Technik wegen der damit verbundenen genauen Erkennbarkeit des Beobachteten durchaus geeignet, schutzwürdige Interessen unangemessen zu beeinträchtigen.

Ob ein Eingriff in das Persönlichkeitsrecht gerechtfertigt ist, muss mithin unter Würdigung aller *Umstände des Einzelfalls* und durch Vornahme einer die (verfassungs-) rechtlich geschützten Positionen aller Beteiligten berücksichtigenden Güter- und Interessenabwägung ermittelt werden.

c) Verarbeitung und Nutzung von Videomaterial

Während § 6b Abs. 1 BDSG nur die reine Beobachtung betrifft, regeln die Abs. 2 – 5 die *Aufzeichnung* und sonstige *nachfolgende Verarbeitungen* und *Nutzungen* des Videomaterials. § 6b Abs. 3 Satz 1 BDSG regelt den Umgang (Speicherung, Auswertung, Übermittlung etc.) mit Videobildern, die zu den in Abs. 1 abschließend aufgeführten Zwecken (insbes. Hausrecht uns sonstige berechtigte Interessen) gewonnen worden sind. Jeder über die reine Beobachtung hinausgehende Verarbeitungs- oder Nutzungsschritt bedarf nach der Gesetzesbegründung einer eigenen Zulässigkeitsprüfung. Auch die Aufzeichnung und Übermittlung von Videobildern ist unter Wahrung des Verhältnismäßigkeitsgrundsatzes für die o. g. Zwecke zulässig. Maßgebliches Zulässigkeitskriterium ist aber auch hier die Erforderlichkeit im oben aufgezeigten Sinne, d. h. es ist stets das mildeste taugliche Mittel zur Zweckerreichung zu wählen und eine *Interessenabwägung* durchzuführen. So ist beispielsweise eine punktuelle Aufzeichnung zweifelsohne ein milderes Mittel gegenüber einer Dauerüberwachung.

Grundsätzlich darf das aus der Videoüberwachung gewonnene Bildmaterial nur für

---

[1] *Berliner Beauftragter für Datenschutz und Informationsfreiheit*, Neuregelungen im Bundesdatenschutzgesetz , Materialien zum Datenschutz Nr. 30, S. 21.
[2] RDV 1996, 26.

den originären Beobachtungszweck, der wie oben dargestellt festzulegen ist, verarbeitet und genutzt werden. § 6b Abs. 3 Satz 2 BDSG gestattet eine *zweckändernde Verwendung* nur zur Gefahrenabwehr und zur Verfolgung von Straftaten. Erbringt beispielsweise eine wegen des konkreten Unterschlagungsverdachts gegenüber einem Mitarbeiter (anlassbezogen) durchgeführte Videoüberwachung[1] zufällig das unerwartete Ergebnis, dass nicht er, sondern der Lieferant eine Straftat begeht, so kann das Videomaterial zu dessen strafrechtlicher Verfolgung genutzt werden. Die Aufzeichnungen können als Beweismittel an die Strafverfolgungsbehörden übermittelt oder zur Durchsetzung zivilrechtlicher Forderungen verwendet werden, was im Verfahrensverzeichnis zu dokumentieren ist[2].

d) Transparenz für den Betroffenen

Die Videobeobachtung ist nach § 6b Absatz 2 BDSG dem Betroffene von der verantwortlichen Stelle transparent zu machen. Regelmäßig werden wohl deutlich sichtbare Hinweisschilder zu installieren sein. Kenntlich zu machen ist nach dem Wortlaut der Norm der *Umstand der Beobachtung*. Nach Auffassung der Aufsichtsbehörde Baden-Württemberg[3] ist diese Angabe auch dort zu machen, wo dies – so z. B. in einer Bank – offensichtlich ist[4].

Nach § 6b Abs. 4 BDSG besteht eine Pflicht zur *Benachrichtigung* des Betroffenen entsprechend den §§ 19a und 33 BDSG, wenn durch die Videoüberwachung erhobene und gespeicherte Daten einer bestimmten Person zugeordnet werden. Eine Benachrichtigung von Straftätern wird jedoch je nach Fallkonstellation unter Heranziehung der Ausnahmetatbestände des § 33 Abs. 2 BDSG entfallen.

e) Löschung der Videoaufzeichnungen

Die Löschungspflicht des § 6b Abs. 5 BDSG ergänzt die entsprechenden Pflichten im Fall der Speicherung personenbezogener Daten (§§ 20 Abs. 2, 35 Abs. 2 BDSG). Sobald der die Speicherung legitimierende *Zweck entfallen* ist, ist das entsprechende Videomaterial unverzüglich[5] zu löschen, was z. B. durch rechtzeitiges[1] Überspielen

---

[1] Zur Zulässigkeit der Videoüberwachung am Arbeitsplatz vgl. nachstehend 5.

[2] Vgl. *Innenministerium Baden-Württemberg*, Hinweise zum BDSG für die private Wirtschaft Nr. 40, Ziff. 3.7.

[3] Innenministerium Baden-Württemberg, Hinweise zum BDSG für die private Wirtschaft Nr. 40, A. = RDV 2002, 148 (151), mit dem Argument, dass erkennbar sein muss, ob der Kunde seine Rechte bei der Filiale oder der Konzernzentrale geltend machen kann.

[4] Anders 14. Bericht der *Hessische Landesregierung*, a. a. O., S. 13 f., wonach es genügen soll, wenn die verantwortliche Stelle aus sonstigen Umständen offensichtlich erkennbar ist.

[5] Vgl. nachstehende Gesetzesbegründung zu § 6b Abs. 5 BDSG, die ebenso wie das *Innenministerium Baden-Württemberg* (a. a. O.) von 1 – 2 Tagen ausgeht; die *Artikel 29-Gruppe* geht in ihrem WP 67 (S. 18) von einer Höchstspeicherdauer von einer Woche aus. Zu darüber hinausgehenden Aufbewahrungsfristen im Bankbereich vgl. *Innenministerium Baden-Württemberg*, RDV 2003, 260.

der Videokassette geschehen kann. Im Bedarfsfall, also z. B., wenn die Videoaufzeichnungen zur Aufklärung und Verfolgung von Straftaten noch benötigt werden, können längere Speicherungen des insoweit relevanten Videomaterials statthaft sein.

5. Videoüberwachung am Arbeitsplatz

Handelt es sich bei den „öffentlichen Räumen" gleichzeitig um Arbeitsplätze von Mitarbeitern (z.b. Wächter des Museums, Kassierer der Bank), so kann sich auch der Mitarbeiter auf den Schutz des § 6b BDSG berufen[2]. Bei der Bewertung ihrer schutzwürdigen Interessen ist von Relevanz, ob die Mitarbeiter auch „Objekt" der Beobachtung sein sollen. Dient die Videoüberwachung z. B. dem Schutz vor Überfällen, so muss sichergestellt sein, dass eine zweckfremde Auswertung zur Kontrolle des Mitarbeiterverhaltens ausgeschlossen ist. Soll auch der Mitarbeiter Objekt der Kontrolle sein, so ist davon auszugehen, dass schon die Möglichkeit der jederzeitigen Überwachung einen mit dem Anspruch des Arbeitnehmers auf Wahrung seiner Persönlichkeitsrechte (§ 75 Abs. 2 BetrVG) regelmäßig nicht zu vereinbaren *Überwachungsdruck*[3] erzeugt. Zulässig ist die (grundsätzlich offen durchzuführende[4]) Videoüberwachung am Arbeitsplatz somit nur – und zwar unabhängig davon, ob § 6b BDSG zur Anwendung kommt – , wenn bei gleichzeitiger Berücksichtigung des Verhältnismäßigkeitsprinzips überwiegende Sicherheitsinteressen diese erforderlich machen[5]. Die Überwachung der Beschäftigten zu dem Zweck, einen ordnungsgemäßen Dienstablauf zu gewährleisten, ist mithin nicht gerechtfertigt[6].

Die Videoüberwachung unterliegt der Mitbestimmung des Betriebsrats bzw. der Personalvertretung (§ 87 Abs. 1 Nr. 6 BetrVG, § 75 Abs. 3 Nr. 17 BPersVG)[7].

VI. Grundsatz der Datenvermeidung und Datensparsamkeit als Zulässigkeitsvoraussetzung?

Nicht von der EG-Datenschutzrichtlinie vorgegeben, aber aus der Sicht einiger gleichwohl interpretationsfähig ist der in § 3a BDSG verankerte Grundsatz der Datenvermeidung und Datensparsamkeit[8]. Der Grundsatz war ursprünglich im Rahmen

---

[1] Vgl. hierzu *Innenministerium Baden-Württemberg*, RDV 2003, 260.

[2] Vgl. *Gola/Schomerus*, BDSG, § 6b Rdnr. 20.

[3] BAG, NZA 1992, 43.

[4] Vgl. *Artikel 29-Gruppe*, WP 67, S. 23; zur ausnahmsweisen Zulässigkeit verdeckter Videoüberwachung am Arbeitsplatz vgl. *BAG*-Entscheidung vom 27.3.2003 – 2 AZR 51/02.

[5] Vgl. *BAG* , RDV 1987, 137; ferner auch *LAG Köln*, BB 1997,476; *LAG Mannheim*, RDV 2000, 27.

[6] *Edenfeld*, PersR 2000, 323.

[7] Hierzu und zu den Zulässigkeitsvoraussetzungen im Einzelnen vgl. *Gola/Klug*, Gründzüge des Datenschutzrechts, S. 84 ff.

[8] Zum Systemdatenschutz vgl. *Roßnagel/Pfitzmann/Garstka*, DuD 2001, 253 (255); ferner *Roßnagel/Scholz*, MMR 2000, 721 ff.

der sog. Multimediagesetzgebung in § 3 Abs. 4 Teledienstedatenschutzgesetz (TDDSG) und § 12 Abs. 5 Mediendienste-Staatsvertrag (MDStV) verankert worden. Mit seiner Übernahme in das als Auffanggesetz fungierende BDSG ist die bereichsspezifische Regelung im Rahmen der Novellierung des TDDSG wieder entfallen. Nach der Gesetzesbegründung zu § 3a BDSG konkretisiert die Vorschrift den Grundsatz der Verhältnismäßigkeit für die technische Gestaltung[1] der Datenverarbeitungssysteme. Durch die Gestaltung der Systemstrukturen soll die Erhebung, Verarbeitung oder Nutzung personenbezogener Daten soweit wie möglich vermieden werden, damit Gefahren für das informationelle Selbstbestimmungsrecht des Betroffenen von vornherein minimiert werden können.

Auch wenn man den Grundsatz im oben dargelegten Sinne als Konkretisierung des Verhältnismäßigkeitsgrundsatzes versteht, so ist gleichwohl eine Abgrenzung vom Grundsatz der Erforderlichkeit geboten. Die Erforderlichkeit beschränkt als materiellrechtliche Anforderung den Umfang der Datenverarbeitung in jedem Einzelfall. § 3 a BDSG ist als Grundsatzaussage zutreffend vor die Regelungen über die Zulässigkeit (§§ 4 ff. BDSG) platziert. Dennoch wird die Vorschrift teilweise neben dem Erforderlichkeitsgrundsatz als materiellrechtliche Zulässigkeitsregelung missverstanden. Die Vorschrift des § 3a BDSG ist insgesamt ein Programmsatz, der dazu aufruft, technische Möglichkeiten zu nutzen[2].

Der Grundsatz der Datenvermeidung und -sparsamkeit mag nach dem Willen des Gesetzgebers als Konkretisierung des Verhältnismäßigkeitsgrundsatzes zu verstehen sein; gleichzeitig unterliegt er aber demselben, da eine Daten vermeidende bzw. Daten sparende technische Gestaltung der Datenverarbeitungssysteme nur im Rahmen eines angemessenen Aufwandes zumutbar ist[3].

Dem Ansatz des Systemdatenschutzes wird zu Recht eine Schlüsselrolle bei der Gewährleistung eines effektiven und modernen Datenschutzes beigemessen[4]. Der Vorrang anonymer und pseudonymer Form der Datenverarbeitung ist dabei eine von mehreren Möglichkeiten des Systemdatenschutzes. Hierdurch soll – soweit technisch möglich und aufgrund der vorgegebenen funktionalen Zusammenhänge sachgerecht – das Mitführen der vollen Identität Betroffener während der eigentlichen Datenverarbeitungsvorgänge reduziert werden[5]. Sog. Prepaid-Verfahren sind ein Beispiel, wie Personenbezug auf sinnvolle Art und Weise vermieden werden kann[6].

---

[1] Zum Ansatz „Datenschutz durch Technik" vgl. etwa *Bäumler*, RDV 1999, 5 ff.

[2] Vgl. *Christians*, Statusbericht zur BDSG Novellierung, Sonderdruck zu RDV 4/2000, 10.

[3] Dies entspricht der von § 3a Satz 2 BDSG geforderten Angemessenheit im Hinblick auf die Anonymisierung und Pseudonymisierung.

[4] *Roßnagel/Pfitzmann/Garstka*, DuD 2001, 253 (255).

[5] So *Christians*, Statusbericht zur BDSG-Novellierung, Sonderdruck zu RDV 4/2000, 10.

[6] Zur Möglichkeit anonymer Kommunikation bei Prepaid-Produkten vgl. *BVerwG*, Urteil vom 22.10.2004 – 6 C 23.02.

Amtliche Begründungen

Gesetzesbegründung[1] zum BDSG

I. Allgemeines

1. Allgemeine Vorgaben

1.1 Zielsetzung

Der Gesetzentwurf dient der Anpassung des Bundesdatenschutzgesetzes (BDSG) an die Richtlinie 95/46/EG des Europäischen Parlaments und des Rates vom 24. Oktober 1995 zum Schutz natürlicher Personen bei der Verarbeitung personenbezogener Daten und zum freien Datenverkehr (ABl. EG L Nr. 281 vom 23. November 1995, S. 31 ff.; im Folgenden: Richtlinie).

Die Richtlinie ist am 13. Dezember 1995 in Kraft getreten.

Die Richtlinie konkretisiert und ergänzt die Grundsätze der Datenschutzkonvention des Europarates von 1981 (BGBl. 1985 II, S. 538 ff.). Sie erweitert die Informationsrechte des Bürgers und verpflichtet die Mitgliedstaaten zur Einrichtung staatlicher Kontrollstellen, die die Einhaltung der in Umsetzung der Richtlinie geschaffenen nationalen Vorschriften überwachen.

Durch die Richtlinie wird ein einheitliches Datenschutzniveau für die Ausführung und Anwendung des Gemeinschaftsrechts durch die Mitgliedstaaten der EU geschaffen. Daher ist der innergemeinschaftliche Datenverkehr innerhalb des Anwendungsbereichs der Richtlinie künftig dem inländischen gleichzustellen. Für den Austausch personenbezogener Daten mit Drittstaaten sieht die Richtlinie ebenfalls die grundsätzliche Geltung der gemeinschaftlichen Standards vor, ohne den Wirtschaftsverkehr unangemessen zu beeinträchtigen.

1.2 Gesetzgebungskompetenz

Eine ausdrückliche Kompetenz des Bundes zu einer umfassenden Regelung der Querschnittsmaterie des Datenschutzes enthält das Grundgesetz nicht. Die Gesetzgebungskompetenz des Bundes ergibt sich aber im Rückgriff auf die dem Bund zustehenden Gesetzgebungskompetenzen für verschiedene Bereiche, die für den

---

[1] Begründung des Regierungsentwurfs (BT-Drs. 14/4392) sowie Begründung der Beschlussempfehlung des Innenausschusses (4. Ausschuss) des Bundestages (BT-Drs. 14/5793); die Begründung der Beschlussempfehlung trägt den Änderungen im parlamentarischen Verfahren Rechnung und ergänzt bzw. ersetzt passagenweise die des Gesetzentwurfs.

Datenschutz von Bedeutung sind. So folgt im Anwendungsbereich der öffentlichen Verwaltung die Gesetzgebungsbefugnis aus der Annexkompetenz des Verwaltungsverfahrens zu den jeweiligen Sachkompetenzen der Artikel 73 bis 75 des Grundgesetzes (GG). Bundesrechtliche Datenschutzbestimmungen können daher für die Verwaltungstätigkeit des Bundes sowie für die der Länder, soweit diese Bundesrecht ausführen, erlassen werden.

Für die gesetzliche Regelung im nicht öffentlichen Bereich beruht die Gesetzgebungskompetenz des Bundes auf der jeweiligen Sachkompetenz, also insbesondere auf Artikel 74 Nr. 1, 11 und 12 GG. Im Hinblick auf die Gegenstände der konkurrierenden Gesetzgebung ist maßgeblich, dass ein unterschiedlicher Datenschutzstandard im nicht öffentlichen Bereich gravierende Auswirkungen auf die hierdurch in erster Linie betroffene Wirtschaft hätte, die in ihrer unternehmerischen Tätigkeit durch im Kern unterschiedliche Länderregelungen gehemmt würde. Eine einheitliche Regelung durch den Bund zur Erzielung eines einheitlichen Datenschutzstandards ist daher zur Wahrung der Rechts- und Wirtschaftseinheit im gesamtstaatlichen Interesse zwingend erforderlich.

1.3 Kosten

Der Gesetzentwurf ist darauf ausgerichtet, die Richtlinie in dem erforderlichen Umfang umzusetzen und dabei von den zur Verfügung stehenden Optionen in einer für Bund, Länder, Gemeinden und Wirtschaft möglichst kostengünstigen Weise Gebrauch zu machen. Die geplante Regelung wird voraussichtlich durch folgende Änderungen zu Mehrbelastungen der Wirtschaft und Verwaltung führen: durch die Aufnahme des Grundsatzes der Datenvermeidung und -sparsamkeit und des Vorrangs pseudonymer und anonymer Formen der Datenverarbeitung (§ 3a), die Einführung von Informationspflichten im Rahmen der Erhebung personenbezogener Daten beim Betroffenen auch im nicht öffentlichen Bereich (§ 4 Abs. 3), die Verpflichtung zur Kenntlichmachung der Beobachtung öffentlich zugänglicher Räume mit optisch-elektronischen Einrichtungen (§ 6b), die prinzipielle Benachrichtigungspflicht gegenüber dem Betroffenen im öffentlichen Bereich (§ 19a), die Einführung eines Auskunftsrechts bei sog. automatisierten Einzelentscheidungen (§ 6a Abs. 3), die Modifizierung der bestehenden Meldepflicht für nicht öffentliche Stellen, die Einführung der sog. Vorabkontrolle für bestimmte automatisierte Verarbeitungen (§ 4d Abs. 5) sowie die obligatorische Bestellung von behördlichen Datenschutzbeauftragten im öffentlichen Bereich.

Im Einzelnen:

Durch die Einführung des Grundsatzes der Datenvermeidung und -sparsamkeit in § 3a soll Einfluss auf die Gestaltung der Systemstrukturen, in denen personenbezogene Daten erhoben und verarbeitet werden, genommen werden. Insbesondere in Verbindung mit dem Vorrang pseudonymer und anonymer Formen der Datenverarbeitung sind daher Mehrausgaben im Bereich der EDV sowohl für die Unternehmen als auch für die Verwaltung vorstellbar. Da der Grundsatz der Datenvermeidung und -sparsamkeit erstmalig in das allgemeine Datenschutzrecht aufgenommen wird, sind konkrete Aussagen hierzu jedoch derzeit nicht möglich.

Im Gegensatz zur bisherigen Rechtslage sind nunmehr auch nicht öffentliche Stellen, die personenbezogene Daten beim Betroffenen erheben, nach § 4 Abs. 3 diesem gegenüber u. a. zur Nennung der Identität der verantwortlichen Stelle sowie der Zweckbestimmungen der Erhebung, Verarbeitung oder Nutzung verpflichtet. Die Rechtsänderung beruht auf den Vorgaben von *Artikel 10 der Richtlinie*. Betroffen sind alle Wirtschaftsunternehmen, die personenbezogene Daten beim Betroffenen erheben. Es ist davon auszugehen, dass die Unternehmen ihrer Verpflichtung vorwiegend durch Ergänzungen ihrer formularmäßigen Hinweise nachkommen werden.

Die Pflicht zur Kenntlichmachung des Umstandes der Beobachtung und der verantwortlichen Stelle im Rahmen der Beobachtung öffentlich zugänglicher Räume mit optisch-elektronischen Einrichtungen (§ 6b Abs. 2) betrifft sowohl die Unternehmen als auch die Verwaltung. Da diese Kenntlichmachungspflicht nach den bereits bestehenden Erfahrungen im Regelfall durch entsprechende Hinweisschilder erfüllt wird, kann davon ausgegangen werden, dass die hierdurch verursachte Mehrbelastung insgesamt gering bleiben dürfte.

Die aufgrund von *Artikel 11 der Richtlinie* einzuführende Benachrichtigungspflicht des Betroffenen im öffentlichen Bereich über die Speicherung bzw. Übermittlung seiner Daten wird sich angesichts des weitgehenden Ausnahmekatalogs (vgl. § 19a Abs. 2) für die öffentlichen Stellen nahezu kostenneutral auswirken.

Die Richtlinie verpflichtet in *Artikel 12 Buchstabe a dritter Spiegelstrich* zur Schaffung eines Auskunftsrechts über den „logischen Aufbau automatisierter Verarbeitungen". Dieses neue Auskunftsrecht war gemäß der Richtlinie „zumindest im Fall automatisierter Entscheidungen" zwingend umzusetzen. Nur in diesem Bereich wurde es umgesetzt durch die Einstellung in § 6a Abs. 3. Betroffen sind hiervon die öffentliche Verwaltung und alle Wirtschaftsunternehmen, die automatisierte Einzelentscheidungen im Sinne des § 6a treffen. In der Vorschrift werden alle Ausnahmen vom Verbot derartiger automatisierter Einzelentscheidungen ausgeschöpft (§ 6a Abs. 2). Der Anwendungsbereich der Vorschrift und somit auch des Auskunftsrechts wird daher eher gering sein, die zu erwartende Mehrbelastung der öffentlichen Verwaltung und der betroffenen Wirtschaftsunternehmen dürfte insgesamt gering bleiben.

Im Hinblick auf die Meldepflicht für automatisierte Verarbeitungen durch Wirtschaftsunternehmen macht der Gesetzentwurf – ausgehend von dem in *Artikel 18 Abs. 1 der Richtlinie* zwingend vorgeschriebenen Prinzip der allgemeinen Meldepflicht – Gebrauch von der Option, von der Meldepflicht abzusehen, sofern entweder ein betrieblicher/behördlicher Datenschutzbeauftragter bestellt wird oder es sich um eine sog. weniger beeinträchtigende Verarbeitung handelt (Artikel 18 Abs. 2 erster und zweiter Spiegelstrich der Richtlinie). Der Entwurf zielt auf die möglichst weitgehende Abschaffung von Meldepflichten und setzt daher beide Ausnahmen von der Meldepflicht um (§ 4d Abs. 2 und 3). Für den öffentlichen Bereich hat dies die völlige Abschaffung der Meldepflicht und damit auch den Verzicht auf das beim Bundesbeauftragten für den Datenschutz eingerichtete Register der bei öffentlichen Stellen des Bundes geführten automatisierten Dateien zur Folge. Im nicht öffentlichen Bereich verbleibt es insoweit bei der derzeit bereits geltenden Verpflichtung, betriebliche Datenschutzbeauftragte zu bestellen, soweit mehr als vier Arbeitnehmer mit automatisierter Datenverarbeitung beschäftigt sind. In diesem Fall entfällt zukünftig die Meldepflicht. Zur Vermeidung der Meldepflicht kann ein betrieblicher Datenschutzbeauftragter auch auf freiwilliger Basis bestellt werden (§ 4d Abs. 2 Satz 2). In den übrigen Fällen besteht eine Meldepflicht, sofern es sich nicht um „weniger beeinträchtigende Verarbeitungen" im Sinne des *Artikels 18 Abs. 2 erster Spiegelstrich der Richtlinie* handelt. Dies ist der Fall, wenn personenbezogene Daten für eigene Zwecke erhoben, verarbeitet oder genutzt werden, hierbei höchstens vier Arbeitnehmer beschäftigt sind und entweder eine Einwilligung des Betroffenen vorliegt oder die Erhebung, Verarbeitung oder Nutzung der Zweckbestimmung eines Vertragsverhältnisses oder vertragsähnlichen Vertrauensverhältnisses dient (§ 4d Abs. 3).

Diese Voraussetzung wird regelmäßig bei der Datenverarbeitung einer Reihe von selbständig Berufstätigen, etwa Architekten, Ärzten, Apothekern u. Ä., vorliegen.

Die in § 4d Abs. 5 vorgesehene Vorabkontrolle betrifft besonders risikoreiche Datenverarbeitungen. Da es sich bei der Vorabkontrolle um eine neue Einrichtung handelt, ist der damit verbundene Zeit- und Kostenaufwand noch nicht absehbar. Zuständig für die Durchführung der Vorabkontrolle ist der betriebliche Datenschutzbeauftragte.

Der Arbeitsaufwand des betrieblichen Datenschutzbeauftragten wird durch zwei neue Aufgaben vermutlich nur geringfügig erhöht: Die bereits erwähnte Vorabkontrolle sowie die ebenfalls durch den betrieblichen Datenschutzbeauftragten zu erfüllende Aufgabe nach § 4g Abs. 2 Satz 2, Angaben zu automatisierten Verarbeitungen „auf Antrag jedermann in geeigneter Weise verfügbar zu machen". Diese zweite Aufgabe beruht auf *Artikel 21 Abs. 3 der Richtlinie*. Sie obliegt auch dem behördlichen Datenschutzbeauftragten, der bereits jetzt in allen obersten Bundesbehörden ohne gesetzliche Verpflichtung existiert. Mit Blick auf die vergleichbaren Regelungen in § 38 Abs. 2 Satz 3 und § 26 Abs. 5 Satz 4 BDSG a. F. (Einsichtsrecht in das Register der Aufsichtsbehörden und des Bundesbeauftragten für den Datenschutz), die in der Praxis kaum eine Rolle gespielt haben, ist insoweit nicht von einer wesentlichen Mehrbelastung der betrieblichen bzw. behördlichen Datenschutzbeauftragten auszugehen. Die Auskunft kann im Übrigen in pauschalierter Form erfolgen.

Die obligatorische Bestellung von Datenschutzbeauftragten im öffentlichen Bereich wird aufgrund der besonderen Struktur des Bundesministeriums der Verteidigung und seines Geschäftsbereichs dort zu zusätzlichem Personalaufwand und somit zu erhöhten Kosten führen. Da – unabhängig von der Anzahl der Arbeitnehmer – künftig betriebliche Datenschutzbeauftragte zu bestellen sind, wenn nicht öffentliche Stellen zur Durchführung einer Vorabkontrolle verpflichtet sind oder personenbezogene Daten geschäftsmäßig zum Zweck der Übermittlung oder der anonymisierten Übermittlung erheben, verarbeiten oder nutzen (§ 4f Abs. 1 Satz 6), kann es auch in diesem Bereich zu Mehrkosten kommen.

2. Wesentliche Inhalte des Gesetzentwurfs

2.1 Grundzüge der Novellierung

Der Anwendungsbereich der Richtlinie ist beschränkt auf den Geltungsbereich des EG-Vertrages. Die Datenverarbeitung von Polizei- und Nachrichtendiensten ist daher von der Richtlinie nicht unmittelbar berührt. Allerdings erscheint es nicht sinnvoll, eine lediglich auf den Geltungsbereich des EG-Vertrages beschränkte Anpassung des Bundesdatenschutzgesetzes vorzunehmen. Sonst würden unterschiedliche Regelungen gelten, je nachdem, ob Gemeinschaftsrecht oder ausschließlich deutsches Recht auszuführen und anzuwenden ist. Dies wäre mit dem Querschnittscharakter und der subsidiären Geltung des Bundesdatenschutzgesetzes nicht vereinbar.

Die Transparenz der Datenverarbeitung für den Bürger wurde u. a. erhöht durch die Ausdehnung der Benachrichtigungspflicht des Betroffenen von der Speicherung/Weitergabe seiner Daten auch auf den öffentlichen Bereich, durch eine grundsätzliche Informationspflicht des Betroffenen bei der Erhebung seiner Daten auch im nicht öffentlichen Bereich und eine geringfügige Erweiterung des Auskunftsrechts. Ebenfalls der Bürgerfreundlichkeit dient die Vorschrift des § 6a, wonach belastende Entscheidungen, die aufgrund von Persönlichkeitsprofilen ohne zusätzliche Überprüfung durch einen Menschen erfolgen, grundsätzlich verboten sind.

Die Richtlinie sieht eine Reihe von Restriktionen im Zusammenhang mit der Verarbeitung sog. sensitiver Daten vor, die den Bürger in diesem empfindlichen Bereich besonders schützen sollen. Die Richtlinie versteht unter sensitiven Daten solche, aus denen die rassische und ethnische Herkunft, politische Meinungen, religiöse oder philosophische Überzeugungen oder die Gewerkschaftszugehörigkeit hervorgehen, sowie von Daten über Gesundheit oder Sexualleben. In Umsetzung der Vorgaben der Richtlinie unterliegt nun der Umgang mit diesen Daten besonderen Einschränkungen sowohl im öffentlichen als auch im nicht öffentlichen Bereich.

Wichtig unter dem Aspekt der Erhaltung der unternehmerischen Freiheit und möglichst uneingeschränkter wirtschaftlicher Betätigung ist die Neuregelung der Übermittlung personenbezogener Daten in Drittstaaten. Übermittlungen personenbezogener Daten dürfen grundsätzlich nur bei Vorliegen eines angemessenen Datenschutzniveaus im Drittstaat vorgenommen werden. Durch einen breiten Ausnahmekatalog wird aber sichergestellt, dass der Wirtschaftsverkehr mit Drittstaaten nicht unangemessen beeinträchtigt wird.

Der Entbürokratisierung dient die Neuregelung der Meldepflicht automatisierter Verarbeitungen. Diese ist dahin gehend modifiziert worden, dass die in der Richtlinie vorgesehene Möglichkeit der Einschränkung der allgemeinen Meldepflicht weitestgehend genutzt wurde. So entfällt nach der Regelung des § 4d Abs. 2 die Meldepflicht, wenn die speichernde Stelle einen internen Datenschutzbeauftragten bestellt hat und im Falle des Vorliegens einer weniger beeinträchtigenden Verarbeitung (§ 4d Abs. 3). Da durch § 4f Abs. 1 der behördliche Datenschutzbeauftragte als obligatorische Institution eingeführt wird, kann die Meldepflicht im öffentlichen Bereich vollständig entfallen.

Die Wahrung des sog. Medienprivilegs wird in weitem Umfang gewährleistet. Die durch die Richtlinie erforderlich gewordene Erweiterung des Anwendungsbereichs für Unternehmen der Presse wurde restriktiv vorgenommen.

2.2 Die wesentlichen Änderungen aufgrund der Richtlinie im Einzelnen

- Der Anwendungsbereich des Bundesdatenschutzgesetzes war durch die Vorschrift des § 1 Abs. 5 zu ergänzen:

Diese betrifft zum einen die Datenverarbeitung innerhalb der Europäischen Union. Das Bundesdatenschutzgesetz kommt hier nicht zur Anwendung, wenn die Verarbeitung personenbezogener Daten durch eine verantwortliche Stelle eines anderen Mitgliedstaates der Europäischen Union im Inland ausgeführt wird. Als Ausnahme dieser Regelung findet das Bundesdatenschutzgesetz aber Anwendung, sofern die verantwortliche Stelle eine Niederlassung im Inland unterhält. Zum anderen soll mit der Vorschrift verhindert werden, dass ein möglicherweise geringerer Datenschutzstandard als der in den Mitgliedstaaten der Europäischen Union vorhandene in den Fällen zur Geltung kommt, in denen Datenerhebungen, -verarbeitungen oder -nutzungen innerhalb der Europäischen Union durch außerhalb der Europäischen Union belegene speichernde Stellen vorgenommen werden.

Darüber hinaus waren die Kriterien für den sachlichen Anwendungsbereich des Bundesdatenschutzgesetzes insofern in Übereinstimmung mit *Artikel 3 Abs. 1 der Richtlinie* zu bringen, als es bei automatisierten Verarbeitungen nicht mehr auf den Dateibegriff ankommt. Das Kriterium der Datei ist nur noch von Bedeutung, soweit es um die nicht automatisierte Verarbeitung personenbezogener Daten geht.

- Da die Richtlinie die Erhebung personenbezogener Daten als Teil der Verarbeitung begreift, das Bundesdatenschutzgesetz bisher aber nur die Erhebung für den öffentlichen Bereich regelt, bedurfte es der Einführung eines Gesetzesvorbehaltes auch für die Erhebung im nicht öffentlichen Bereich.

- Im Gegensatz zur bisherigen Rechtslage kommt dem Begriff des „Empfängers" nunmehr neben dem des „Dritten" eigenständige Bedeutung zu. Er war daher in § 3 Abs. 8 zu definieren, seine bisherige Verwendung im Bundesdatenschutzgesetz anzupassen.

- Die Übermittlung personenbezogener Daten in Drittstaaten wurde in § 4b und § 4c neu geregelt. Diese Vorschriften sollen zum einen ein koordiniertes Verhalten der Mitgliedstaaten beim Transfer in Drittstaaten sicherstellen und zum anderen – durch einen breiten Katalog von Ausnahmebestimmungen – dafür Sorge tragen, dass der Wirtschaftsverkehr mit Drittstaaten nicht unangemessen beeinträchtigt wird.

  Da nach Umsetzung der Richtlinie durch die Mitgliedstaaten der Europäischen Union innerhalb des Anwendungsbereichs der Richtlinie von einem angemessenen Datenschutzniveau innerhalb der Europäischen Union auszugehen ist, gelten insoweit die §§ 15, 16 und 28 ff.

- In den neu eingefügten §§ 4d und 4e ist die Meldepflicht für automatisierte Verarbeitungen öffentlicher und nicht öffentlicher Stellen geregelt.

  Nach der Regelung des § 4d Abs. 2 und 3 entfällt die Meldepflicht, wenn die verantwortliche Stelle einen Datenschutzbeauftragten bestellt hat oder eine weniger beeinträchtigende Verarbeitung vorliegt. Damit kann die Meldepflicht im öffentlichen Bereich vollständig entfallen, da durch § 4f Abs. 1 der behördliche Datenschutzbeauftragte als obligatorische Institution eingeführt wird. Neu ist die sog. Vorabkontrolle, d. h. bestimmte automatisierte Verarbeitungen werden vor Inbetriebnahme einer Prüfung durch den Datenschutzbeauftragten unterzogen.

- Die neue Vorschrift des § 6a beinhaltet die Regelung der sog. automatisierten Einzelentscheidung. Durch die Vorschrift soll verhindert werden, dass Entscheidungen ausschließlich aufgrund von automatisiert erstellten Persönlichkeitsprofilen getroffen werden, ohne dass eine Person den Sachverhalt erneut überprüft hat.

- Die Regelungen über die Erhebung und zweckändernde Verarbeitung personenbezogener Daten waren sowohl im öffentlichen als auch im nicht öffentlichen Bereich um Sonderregelungen hinsichtlich sog. sensitiver Daten zu ergänzen (§§ 13, 14 Abs. 5, § 28 Abs. 6 und 7, § 29 Abs. 5, § 30 Abs. 5). Entsprechendes gilt für die Voraussetzungen der Einwilligung, § 4a Abs. 3.

- Der neu geschaffene § 19a führt eine Benachrichtigungspflicht im öffentlichen Bereich für die Fälle ein, in denen Daten nicht beim Betroffenen selbst erhoben werden.

- Da die Richtlinie keine Beschränkung der Datenschutzkontrolle auf eine Anlasskontrolle vorsieht, wie sie in § 38 Abs. 1 und § 24 Abs. 1 Satz 2 a. F. geregelt war, waren die entsprechenden Einschränkungen zu streichen.

- Die neue Vorschrift des § 38a beinhaltet Regelungen im Zusammenhang mit den sog. Verhaltensregeln zur Förderung der ordnungsgemäßen Durchführung datenschutzrechtlicher Regelungen, die u. a. eine Vereinheitlichung derartiger interner Regeln bewirken sollen. Berufsverbände und ähnliche Vereinigungen erhalten die Möglichkeit, von ihnen erarbeitete Verhaltensregeln der Aufsichtsbehörde zu unterbreiten. Diese überprüft die Vereinbarkeit der Entwürfe mit dem geltenden Datenschutzrecht.

- Die Vorschrift des § 41, die die Verarbeitung und Nutzung personenbezogener Daten durch Medien regelt, ist als Rahmenvorschrift für die Landesgesetzgebung ausgestaltet worden. Der Anwendungsbereich der Datenschutzbestimmungen für die Medien ist auf die Vorschriften über die Haftung (insoweit nur eingeschränkt) und die Verhaltensregeln zur Förderung der Durchführung datenschutzrechtlicher Regelungen erweitert worden. Gleichzeitig war der Anwendungsbereich des sog. Medienprivilegs zu erweitern, da nunmehr auch die Verarbeitung personenbezogener Daten zu literarischen Zwecken hiervon erfasst wird.

- Die Anlage zu § 9 wurde gestrafft, um die Anforderungen der Richtlinie ergänzt, sprachlich überarbeitet sowie den heutigen Gegebenheiten der Informations- und Kommunikationstechnik angepasst.

2.3 Sonstige wesentliche Änderungen des BDSG

Neben den unmittelbar durch die Umsetzung der Datenschutzrichtlinie bedingten Änderungen des Bundesdatenschutzgesetzes sieht diese Novelle folgende neue Regelungen vor:

Der Grundsatz der Datenvermeidung und – sparsamkeit (§ 3a) besagt, dass sich die Gestaltung und Auswahl von Systemen der Datenverarbeitungsanlagen an dem Ziel auszurichten hat, keine oder so wenig personenbezogene Daten wie möglich zu verarbeiten. Die Regelung soll dazu führen, dass durch den gezielten Einsatz datenschutzfreundlicher Technik die Gefahren für das informationelle Selbstbestimmungsrecht der Betroffenen reduziert werden.

Die in weiten Bereichen durch öffentliche und nicht öffentliche Stellen bereits durchgeführte Videoüberwachung öffentlich zugänglicher Räume erhält durch die Vorschrift des § 6b eine gesetzliche Grundlage, die der Wahrung des informationellen Selbstbestimmungsrechts durch einen angemessenen Interessensausgleich Rechnung trägt.

Die neue Regelung des Datenschutzaudits (§ 9a) verfolgt das Ziel, datenschutzfreundliche Produkte auf dem Markt zu fördern, indem deren Datenschutzkonzept geprüft und bewertet wird.

Bereits bei der Novellierung des BDSG 1990 waren zuvor bestehende Unsicherheiten in der Rechtsanwendungspraxis hinsichtlich personenbezogener Daten, die einem Berufs- oder besonderen Amtsgeheimnis unterliegen, durch Klarstellung im Rahmen der damaligen Neufassung von § 24 Abs. 1 und 2 beseitigt worden. Keine ausdrückliche Regelung bestand für die Kontrolle des Bundesbeauftragten für den Datenschutz hinsichtlich der von öffentlichen Stellen des Bundes erlangten personenbezogenen Daten über den Inhalt und die näheren Umstände des Brief-, Post- und Fernmeldeverkehrs. Vielmehr verwehrte § 24 Abs. 2 Satz 3 a. F., der den Inhalt des Post- und Fernmeldeverkehrs von der Kontrolle ausnahm, es dem Bundesbeauftragten für den Datenschutz, die Verwendung der durch Eingriffe in das Brief-, Post- und Fernmeldegeheimnis erlangten Daten zu kontrollieren. Dies soll mit der neuen Regelung des § 24 Abs. 2 ermöglicht werden.

Der neu eingefügte § 29 Abs. 3 beinhaltet eine Regelung, mit der Folgendes erreicht wird: In den Fällen, in denen es sich bei Herausgebern elektronischer oder gedruckter Verzeichnisse nicht um Diensteanbieter im Sinne der Telekommunikationsdienstunternehmen-Datenschutzverordnung (TDSV) handelt, bestand bisher nur unzureichender Schutz der Betroffen vor nicht gewollten Eintragungen in diese Verzeichnisse. Diese Regelungslücke schließt der neue § 29 Abs. 3.

2.4 Ausblick

Der vorliegende Gesetzentwurf sieht Änderungen des Bundesdatenschutzgesetzes überwiegend in dem Umfang vor, den die Richtlinie vorgibt. Noch in dieser Legislaturperiode soll eine umfassende Neukonzeption des BDSG vorbereitet werden, die das Gesetz modernisiert, vereinfacht und seine Lesbarkeit erhöht, sowie geprüft werden, inwieweit die in der Richtlinie für Zwecke der Forschung und der Statistik eingeräumten Spielräume genutzt werden sollen.

Ferner soll die Beratungs- und Servicefunktion der Datenschutzbeauftragten ausgebaut und gestärkt werden. Ziel dieser Neufassung ist die Verbesserung und Vereinheitlichung des Schutzes der Betroffenen im öffentlichen und im privaten Bereich.

Darüber hinaus wird das gesamte bereichsspezifische Datenschutzrecht daraufhin zu überprüfen sein, ob über die bereits vorgenommenen Änderungen hinaus weitere Anpassungen an die Richtlinie geboten sind, und zwar auch, soweit keine europarechtliche Anpassungspflicht besteht. Nur so kann vermieden werden, dass es auf Dauer zweierlei Datenschutzrecht mit unterschiedlich hohem Schutzniveau gibt.

In diesem Zusammenhang wird ein Arbeitnehmerdatenschutzgesetz und ein Informationszugangsgesetz zu kodifizieren sein.

II. Begründung zu den einzelnen Vorschriften

Begründung des Regierungsentwurfs zur Überschrift vor § 1

Der erste Abschnitt enthält nunmehr vermehrt Vorschriften, die sowohl für den öffentlichen als auch für den nicht öffentlichen Bereich gelten. Die Überschrift war dementsprechend zu erweitern.

Erster Abschnitt

Allgemeine und gemeinsame Bestimmungen

§ 1 Zweck und Anwendungsbereich des Gesetzes

(1) Zweck dieses Gesetzes ist es, den Einzelnen davor zu schützen, dass er durch den Umgang mit seinen personenbezogenen Daten in seinem Persönlichkeitsrecht beeinträchtigt wird.

(2) Dieses Gesetz gilt für die Erhebung, Verarbeitung und Nutzung personenbezogener Daten durch

1. öffentliche Stellen des Bundes,

2. öffentliche Stellen der Länder, soweit der Datenschutz nicht durch Landesgesetz geregelt ist und soweit sie

   a) Bundesrecht ausführen oder

   b) als Organe der Rechtspflege tätig werden und es sich nicht um Verwaltungsangelegenheiten handelt,

3. nicht-öffentliche Stellen, soweit sie die Daten unter Einsatz von Datenverarbeitungsanlagen verarbeiten, nutzen oder dafür erheben oder die Daten in oder aus nicht automatisierten Dateien verarbeiten, nutzen oder dafür erheben, es sei denn, die Erhebung, Verarbeitung oder Nutzung der Daten erfolgt ausschließlich für persönliche oder familiäre Tätigkeiten.

(3) Soweit andere Rechtsvorschriften des Bundes auf personenbezogene Daten einschließlich deren Veröffentlichung anzuwenden sind, gehen sie den Vorschriften dieses Gesetzes vor. Die Verpflichtung zur Wahrung gesetzlicher Geheimhaltungspflichten oder von Berufs- oder besonderen Amtsgeheimnissen, die nicht auf gesetzlichen Vorschriften beruhen, bleibt unberührt.

(4) Die Vorschriften dieses Gesetzes gehen denen des Verwaltungsverfahrensgesetzes vor, soweit bei der Ermittlung des Sachverhalts personenbezogene Daten verarbeitet werden.

(5) Dieses Gesetz findet keine Anwendung, sofern eine in einem anderen Mitgliedstaat der Europäischen Union oder in einem anderen Vertragsstaat des Abkommens über den Europäischen Wirtschaftsraum belegene verantwortliche Stelle personenbezogene Daten im Inland erhebt, verarbeitet oder nutzt, es sei denn, dies erfolgt durch eine Niederlassung im Inland. Dieses Gesetz findet Anwendung, sofern eine verantwortliche Stelle, die nicht in einem Mitgliedstaat der Europäischen Union oder in einem anderen Vertragsstaat des Abkommens über den Europäischen Wirtschaftsraum belegen ist, personenbezogene Daten im Inland erhebt, verarbeitet oder nutzt. Soweit die verantwortliche Stelle nach diesem Gesetz zu nennen ist, sind auch Angaben über im Inland ansässige Vertreter zu machen. Die Sätze 2 und 3 gelten nicht, sofern Datenträger nur zum Zweck des Transits durch das Inland eingesetzt werden. § 38 Abs. 1 Satz 1 bleibt unberührt.

Begründung zu § 1 BDSG

Begründung des Regierungsentwurfs

Zu Absatz 2 Nr. 3

Während der bisherige Absatz 2 Nr. 3 positiv die Tätigkeiten benannte, bei deren Vorliegen das Bundesdatenschutzgesetz zur Anwendung gelangte, schließt die *Richtlinie* in *Artikel 3 Abs. 2 zweiter Spiegelstrich* generell (zum Anwendungsbereich der Richtlinie, insbesondere zum Dateibegriff, vgl. die Begründung zu § 3) nur solche Datenverarbeitungen von ihrem Anwendungsbereich aus, die von einer „natürlichen Person zur Ausübung ausschließlich persönlicher oder familiärer Tätigkeiten vorgenommen werden". Alle übrigen Datenverarbeitungen durch nicht öffentliche Stellen werden daher – soweit es sich um automatisierte Verarbeitungen oder um nicht automatisierte Dateien handelt (vgl. hierzu die Begründung zu § 3 Abs. 2) – vom Anwendungsbereich der Richtlinie erfasst. Die Vorschrift des Absatzes 2 Nr. 3 war dementsprechend zu ändern.

Zu Absatz 3

Absatz 3 war in Umsetzung von *Artikel 3 Abs. 1 der Richtlinie* aufzuheben, da die Richtlinie eine entsprechende Einschränkung des Anwendungsbereichs nicht vorsieht.

Zu Absatz 5

Artikel 4 der Richtlinie geht hinsichtlich des Anwendungsbereichs nationalen Datenschutzrechts im grenzüberschreitenden Datenverkehr – anders als das derzeit geltende Bundesdatenschutzgesetz – im Grundsatz nicht vom Territorialprinzip, sondern vom Sitzprinzip aus. Danach richtet sich das insoweit anzuwendende nationale Recht nicht nach dem Ort der Verarbeitung, sondern nach dem Sitz der verantwortlichen Stelle.

Als Ausnahme hiervon gilt aber wieder das Territorialprinzip, wenn die verantwortliche Stelle aus einem Mitgliedstaat der Europäischen Union eine Niederlassung in einem anderen Mitgliedstaat der Europäischen Union unterhält. Für die Erhebung, Verarbeitung oder Nutzung personenbezogener Daten durch diese Niederlassung gilt dann das nationale Datenschutzrecht des Landes, in dem sie belegen ist.

Diese Regelung der Richtlinie stellt einen Kompromiss dar zwischen den Belangen der Wirtschaft einerseits: Diese soll ihr gewohntes nationales Datenschutzrecht „exportieren" dürfen und sich nicht durch unbekannte Datenschutzvorschriften in ihrer unternehmerischen Tätigkeit eingeschränkt sehen müssen. Andererseits wird dem Gesichtspunkt der Rechtssicherheit insbesondere im Zusammenhang mit den Schutzrechten der von derartigen Datenverarbeitungen Betroffenen Rechnung getragen. Dieser zweite Gesichtspunkt führte zur Ausnahmeregelung für Niederlassungen. Absatz 5 Satz 1 setzt daher insoweit *Artikel 4 Abs. 1 Buchstabe a der Richtlinie* um.

Ausweislich des *Erwägungsgrundes 19 der Richtlinie* „setzt eine Niederlassung im Hoheitsgebiet eines Mitgliedstaats die effektive und tatsächliche Ausübung einer Tätigkeit mittels einer festen Einrichtung voraus. Die Rechtsform einer solchen Niederlassung, die eine Agentur oder eine Zweigstelle sein kann, ist in dieser Hinsicht nicht maßgeblich." Zur Erläuterung des Begriffs Niederlassung kann auf die Definition der Niederlassung in § 42 Abs. 2 Gewerbeordnung (GewO) verwiesen werden. Dieser zufolge ist eine Niederlassung vorhanden, wenn der Gewerbetreibende einen zum dauernden Gebrauch eingerichteten, ständig oder in regelmäßiger Wiederkehr von ihm benutzten Raum für den Betrieb seines Gewerbes besitzt.

Zur Ersetzung des Begriffs „speichernde Stelle" durch den Begriff der „verantwortlichen Stelle" wird auf die Begründung zu § 3 Abs. 7 verwiesen.

Artikel 4 Abs. 1 Buchstabe c der Richtlinie will – vom Grundsatz des Sitzprinzips ausgehend – verhindern, dass ein möglicherweise geringerer Datenschutzstandard als der in den Mitgliedstaaten der Europäischen Union vorhandene in den Fällen zur Geltung kommt, in denen Datenerhebungen, -verarbeitungen oder -nutzungen innerhalb der Europäischen Union durch außerhalb der Europäischen Union belegene speichernde Stellen vorgenommen werden. Die Richtlinie erklärt daher für diese Fälle – als Ausnahme – das Territorialprinzip für anwendbar.

Mit Blick auf das im Bundesdatenschutzgesetz im Übrigen geltende Territorialprinzip ist der *Artikel 4 Abs. 1 Buchstabe c der Richtlinie* umsetzende Absatz 5 Satz 2 daher lediglich deklaratorisch. Er ist gleichwohl notwendig als Anknüpfungspunkt zum einen für die *Artikel 4 Abs. 2 der Richtlinie* umsetzende Verpflichtung der speichernden Stelle zur Benennung eines Vertreters in diesen Fällen (Absatz 5 Satz 3). Zum anderen ist Absatz 5 Satz 2 erforderlich für die Umsetzung der aus deutscher Sicht ausnahmsweisen Geltung des Sitzprinzips in den Fällen, in denen Datenträger nur zum Zweck der Durchfuhr durch das Inland eingesetzt werden (Absatz 5 Satz 4).

Die Verpflichtung zur Benennung eines Vertreters will Transparenz in den Fällen sicherstellen, in denen die speichernde Stelle in einem Drittstaat belegen ist. Sowohl Betroffene als auch Aufsichtsbehörden sollen einen geeigneten Ansprechpartner haben, dem insoweit Mittlerfunktion zukommt.

Absatz 5 Satz 4 findet Anwendung, wenn Übertragungswege benutzt werden, ohne dass von den personenbezogenen Daten Kenntnis genommen wird.

Von einer *Artikel 4 Abs. 1 Buchstabe b der Richtlinie* umsetzenden Regelung konnte mit Blick auf die einschlägigen Regelungen des Völkerrechts abgesehen werden.

Absatz 5 Satz 5 stellt klar, dass sich das Kontrollrecht der Aufsichtsbehörden auch auf die Fälle erstreckt, in denen aufgrund der Regelung des Absatzes 5 das Recht anderer Mitgliedstaaten der Europäischen Union zur Anwendung gelangt.

Begründung der Beschlussempfehlung[1] des Innenausschusses des Bundestages zu § 1 Abs. 5

Die Änderung[2] trägt der zum 1. Juli 2000 wirksam gewordenen Übernahme der Richtlinie durch die EWR-Staaten (dies sind die EU-Staaten sowie Norwegen, Island und Liechtenstein) Rechnung. Danach gilt das Gebot des freien Datenverkehrs (Artikel 1 Abs. 2 Richtlinie) auch im Verhältnis zwischen EU-Staaten und den übrigen EWR-Staaten. Norwegen und Island haben den Abschluss der Umsetzung der Richtlinie bereits notifiziert. Die Umsetzung der Richtlinie wird für die EWR-Staaten, die nicht zugleich Mitgliedstaaten der EU sind, gemeinsam von EG-Kommission und der Aufsichtsbehörde nach Artikel 108 EWR-Abkommen überwacht.

§ 2 Öffentliche und nicht-öffentliche Stellen

(1) Öffentliche Stellen des Bundes sind die Behörden, die Organe der Rechtspflege und andere öffentlich-rechtlich organisierte Einrichtungen des Bundes, der bundesunmittelbaren Körperschaften, Anstalten und Stiftungen des öffentlichen Rechts sowie deren Vereinigungen ungeachtet ihrer Rechtsform. Als

---

[1] Beschlussempfehlung des 4. Ausschusses des Bundestages (BT-Drs. 14/5793). die Begründung der Beschlussempfehlung trägt den Änderungen im parlamentarischen Verfahren Rechnung und ergänzt bzw. ersetzt aufgrund ihrer Aktualität passagenweise die Begründung des Gesetzentwurfs.

[2] Einbeziehung der EWR-Staaten.

öffentliche Stellen gelten die aus dem Sondervermögen Deutsche Bundespost durch Gesetz hervorgegangenen Unternehmen, solange ihnen ein ausschließliches Recht nach dem Postgesetz zusteht.

(2) Öffentliche Stellen der Länder sind die Behörden, die Organe der Rechtspflege und andere öffentlich-rechtlich organisierte Einrichtungen eines Landes, einer Gemeinde, eines Gemeindeverbandes und sonstiger der Aufsicht des Landes unterstehender juristischer Personen des öffentlichen Rechts sowie deren Vereinigungen ungeachtet ihrer Rechtsform.

(3) Vereinigungen des privaten Rechts von öffentlichen Stellen des Bundes und der Länder, die Aufgaben der öffentlichen Verwaltung wahrnehmen, gelten ungeachtet der Beteiligung nicht-öffentlicher Stellen als öffentliche Stellen des Bundes, wenn

1. sie über den Bereich eines Landes hinaus tätig werden oder

2. dem Bund die absolute Mehrheit der Anteile gehört oder die absolute Mehrheit der Stimmen zusteht.

Andernfalls gelten sie als öffentliche Stellen der Länder.

(4) Nicht-öffentliche Stellen sind natürliche und juristische Personen, Gesellschaften und andere Personenvereinigungen des privaten Rechts, soweit sie nicht unter die Absätze 1 bis 3 fallen. Nimmt eine nicht-öffentliche Stelle hoheitliche Aufgaben der öffentlichen Verwaltung wahr, ist sie insoweit öffentliche Stelle im Sinne dieses Gesetzes.

(ohne Begründung)

§ 3 Weitere Begriffsbestimmungen

(1) Personenbezogene Daten sind Einzelangaben über persönliche oder sachliche Verhältnisse einer bestimmten oder bestimmbaren natürlichen Person (Betroffener).

(2) Automatisierte Verarbeitung ist die Erhebung, Verarbeitung oder Nutzung personenbezogener Daten unter Einsatz von Datenverarbeitungsanlagen. Eine nicht automatisierte Datei ist jede nicht automatisierte Sammlung personenbezogener Daten, die gleichartig aufgebaut ist und nach bestimmten Merkmalen zugänglich ist und ausgewertet werden kann.

(3) Erheben ist das Beschaffen von Daten über den Betroffenen.

(4) Verarbeiten ist das Speichern, Verändern, Übermitteln, Sperren und Löschen personenbezogener Daten. Im Einzelnen ist, ungeachtet der dabei ange-

wendeten Verfahren:

1. **Speichern das Erfassen, Aufnehmen oder Aufbewahren personenbezogener Daten auf einem Datenträger zum Zweck ihrer weiteren Verarbeitung oder Nutzung,**

2. **Verändern das inhaltliche Umgestalten gespeicherter personenbezogener Daten,**

3. **Übermitteln das Bekanntgeben gespeicherter oder durch Datenverarbeitung gewonnener personenbezogener Daten an einen Dritten in der Weise, dass**

   a) **die Daten an den Dritten weitergegeben werden oder**

   b) **der Dritte zur Einsicht oder zum Abruf bereitgehaltene Daten einsieht oder abruft,**

1. **Sperren das Kennzeichnen gespeicherter personenbezogener Daten, um ihre weitere Verarbeitung oder Nutzung einzuschränken,**

2. **Löschen das Unkenntlichmachen gespeicherter personenbezogener Daten.**

(5) Nutzen ist jede Verwendung personenbezogener Daten, soweit es sich nicht um Verarbeitung handelt.

(6) Anonymisieren ist das Verändern personenbezogener Daten derart, dass die Einzelangaben über persönliche oder sachliche Verhältnisse nicht mehr oder nur mit einem unverhältnismäßig großen Aufwand an Zeit, Kosten und Arbeitskraft einer bestimmten oder bestimmbaren natürlichen Person zugeordnet werden können.

(6a) Pseudonymisieren ist das Ersetzen des Namens und anderer Identifikationsmerkmale durch ein Kennzeichen zu dem Zweck, die Bestimmung des Betroffenen auszuschließen oder wesentlich zu erschweren.

(7) Verantwortliche Stelle ist jede Person oder Stelle, die personenbezogene Daten für sich selbst erhebt, verarbeitet oder nutzt oder dies durch andere im Auftrag vornehmen lässt.

(8) Empfänger ist jede Person oder Stelle, die Daten erhält. Dritter ist jede Person oder Stelle außerhalb der verantwortlichen Stelle. Dritte sind nicht der Betroffene sowie Personen und Stellen, die im Inland, in einem anderen Mitgliedstaat der Europäischen Union oder in einem anderen Vertragsstaat des Abkommens über den Europäischen Wirtschaftsraum personenbezogene Daten im Auftrag erheben, verarbeiten oder nutzen.

(9) Besondere Arten personenbezogener Daten sind Angaben über die rassische und ethnische Herkunft, politische Meinungen, religiöse oder philosophische Überzeugungen, Gewerkschaftszugehörigkeit, Gesundheit oder Sexualleben.

(10) Mobile personenbezogene Speicher- und Verarbeitungsmedien sind Datenträger,

1. **die an den Betroffenen ausgegeben werden,**

2. **auf denen personenbezogene Daten über die Speicherung hinaus durch die ausgebende oder eine andere Stelle automatisiert verarbeitet werden können und**

3. **bei denen der Betroffene diese Verarbeitung nur durch den Gebrauch des Mediums beeinflussen kann.**

Begründung zu § 3 BDSG

Begründung des Regierungsentwurfs

Zu Absatz 2

Während für das BDSG 1977 noch der Dateibezug für die Anwendbarkeit des Gesetzes maßgebend war, hat das BDSG 1990 grundsätzlich jedes Speichermedium einbezogen und lediglich im nicht öffentlichen Bereich das Erfordernis des Dateibezugs beibehalten (§ 1 Abs. 2 Nr. 3 a. F.).

Die Richtlinie wiederum stellt – insofern vergleichbar dem BDSG 1977 – im Rahmen der Bestimmung des Anwendungsbereichs teilweise auf das Speichermedium „Datei" ab. Kriterien für den sachlichen Anwendungsbereich des Bundesdatenschutzgesetzes sind nach *Artikel 3 Abs. 1 der Richtlinie* nunmehr die automatisierte Erhebung, Verarbeitung und Nutzung personenbezogener Daten sowie die nicht automatisierte Erhebung, Verarbeitung und Nutzung personenbezogener Daten, die in einer Datei gespeichert sind oder gespeichert werden sollen.

Das Kriterium der Datei ist für die Frage der Eröffnung des sachlichen Anwendungsbereichs des Bundesdatenschutzgesetzes nur noch von Bedeutung, soweit es um die nicht automatisierte Erhebung, Verarbeitung und Nutzung personenbezogener Daten geht. Diesem Ansatz folgt die Definition der (nicht automatisierten) Datei in Satz 2. Findet hingegen eine Erhebung, Verarbeitung oder Nutzung personenbezogener Daten in einer automatisierten Datei statt, ist für die Anwendbarkeit des Bundesdatenschutzgesetzes nicht das Merkmal der automatisierten Datei von Relevanz, sondern nur und ausschließlich das der automatisierten Erhebung, Verarbeitung oder Nutzung.

Dementsprechend war die Definition der automatisierten Datei in Absatz 2 Nr. 1 a. F. in Satz 1 zu ersetzen durch eine Definition der automatisierten Verarbeitung.

In *Artikel 2 Buchstabe c* definiert die *Richtlinie* „Datei" als „jede strukturierte Sammlung personenbezogener Daten, die nach bestimmten Kriterien zugänglich sind (...)". Im *Erwägungsgrund 27 der Richtlinie* wird hierzu ausgeführt, dass „insbesondere der Inhalt einer Datei nach bestimmten personenbezogenen Kriterien strukturiert sein muss, die einen leichten Zugriff auf die Daten ermöglichen. Nach der Definition in *Artikel 2 Buchstabe c* können die Mitgliedstaaten die Kriterien zur

Bestimmung der Elemente einer strukturierten Sammlung personenbezogener Daten sowie die verschiedenen Kriterien zur Regelung des Zugriffs zu einer solchen Sammlung festlegen." Der materielle Änderungsbedarf im Rahmen der Definition des Absatzes 2 Satz 2 war daher beschränkt auf die Verdeutlichung des Merkmals „zugänglich" durch dessen ausdrückliche Aufnahme in die Definition anstelle der bisherigen Definitionsmerkmale „geordnet" und „umgeordnet", die der Zugänglichmachung dienen.

Auf die Regelung des Absatzes 2 Satz 2 a. F. konnte aus folgenden Gründen verzichtet werden: Hinsichtlich der Einbeziehung von Akten in den Anwendungsbereich des Bundesdatenschutzgesetzes neuer Fassung gilt grundsätzlich, dass diese immer dann der Richtlinie und somit auch dem Bundesdatenschutzgesetz unterfallen, wenn sie unter den Begriff der nicht automatisierten Datei subsumierbar sind. Relevanz erlangt dies im nicht öffentlichen Bereich, da hier Akten bisher weitgehend vom Anwendungsbereich ausgenommen waren. Maßgeblich ist insoweit *Erwägungsgrund 27 der Richtlinie*, demzufolge die Richtlinie „bei manuellen Verarbeitungen lediglich Dateien erfasst, nicht jedoch unstrukturierte Akten. (...) Akten und Aktensammlungen sowie ihre Deckblätter, die nicht nach bestimmten Kriterien strukturierbar sind, fallen unter keinen Umständen unter den Anwendungsbereich dieser Richtlinie." Anlässlich der Annahme der Richtlinie ist von Rat und Kommission folgende Erklärung unter Nummer 7 zu Protokoll gegeben worden: „Der Rat und die Kommission bestätigen, dass sich die *Richtlinie* nach der derzeitigen Definition in *Artikel 2 Buchstabe c* nur auf Dateien erstreckt, nicht aber auf Akten; die Kriterien, nach denen sich die Bestandteile einer strukturierten Sammlung personenbezogener Daten bestimmen lassen, sowie die Kriterien, nach denen diese Sammlungen zugänglich sind, können von jedem einzelnen Mitgliedstaat festgelegt werden; Akten und Aktensammlungen und die Deckblätter dazu können nicht unter die unter dem ersten Gedankenstrich genannte Definition fallen, wenn ihr Inhalt nicht in der Art einer Datei strukturiert ist."

Absatz 2 Satz 2 war dementsprechend aufzuheben, da es für die Frage der Einbeziehung von Akten nicht mehr auf das Merkmal der automatisierten Auswertbarkeit ankommt. Ausschlaggebend ist anstelle dessen, ob eine nicht automatisierte Datei vorliegt; eine manuelle Auswertbarkeit genügt insoweit.

Zu Absatz 3

Der bislang in Absatz 4 geregelte Begriff des Erhebens findet sich nunmehr in Absatz 3. Da dem Begriff der Akte keine eigenständige Bedeutung mehr zukommt, war die Definition der Akte in Absatz 3 Satz 1 a. F. aufzuheben; hinsichtlich der Aufhebung von Absatz 3 Satz 1 zweiter Halbsatz a. F. gilt, dass nach *Erwägungsgrund 14 der Richtlinie* grundsätzlich personenbezogene Ton- und Bilddaten dem Anwendungsbereich der Richtlinie unterfallen. *Erwägungsgrund 15 der Richtlinie* führt hierzu aus, dass „die Verarbeitung solcher Daten von der Richtlinie nur erfasst wird, wenn sie automatisiert erfolgt oder wenn die Daten, auf die sich die Verarbeitung bezieht, in Dateien enthalten oder für solche bestimmt sind, die nach bestimmten personenbezogenen Kriterien strukturiert sind, um einen leichten Zugriff zu ermöglichen". Maßgeblich für die Einbeziehung von Bild und Tondaten ist daher die Möglichkeit der Subsumtion entweder unter den Begriff der automatisierten Verarbeitung im Sinne des Absatzes 2 Nr. 1 oder den der nicht automatisierten Datei im Sinne des Absatzes 2 Nr. 2.

Zu Absatz 4 Satz 2 Nr. 3

Der Begriff der Übermittlung beinhaltet als notwendige Komponenten die Bekanntgabe, die speichernde Stelle als bekannt gebende Instanz sowie den Dritten im Sinne des Absatzes 8 als Adressaten. Der Begriff des Empfängers wurde in Absatz 5 Nr. 3 a. F. synonym neben dem des Dritten gebraucht. Eigenständige Bedeutung kam ihm nicht zu. Da in Umsetzung von *Artikel 2 Buchstabe g der Richtlinie* der weitergehende Begriff des Empfängers nunmehr in Absatz 8 Satz 1 definiert wird, war er in Absatz 4 Nr. 3 n. F. zur Vermeidung von Missverständnissen zu streichen bzw. durch den des Dritten zu ersetzen.

Zu Absatz 6a

Neu aufzunehmen war eine Definition des Begriffs des Pseudonymisierens, da in § 3a Satz 2 erstmals der vorrangige Einsatz (anonymer und) pseudonymer Formen der Datenverarbeitung vorgesehen ist.

Zu Absatz 7

In *Artikel 2 Buchstabe d Satz 1 der Richtlinie* wird der Begriff des „für die Verarbeitung Verantwortlichen" definiert als „die natürliche oder juristische Person, Behörde, Einrichtung oder jede andere Stelle, die allein oder gemeinsam mit anderen über die Zwecke und Mittel der Verarbeitung von personenbezogenen Daten entscheidet". In Anpassung an diese Terminologie der Richtlinie wurde in Absatz 7 die Definition der speichernden Stelle durch die der verantwortlichen Stelle ersetzt.

Zu Absatz 8

Absatz 8 Satz 1 setzt *Artikel 2 Buchstabe g der Richtlinie* um. Der Begriff des Empfängers ist sehr weit gefasst. Er umfasst neben dem Dritten, dem Betroffenen und denjenigen Personen und Stellen, die im Geltungsbereich des Bundesdatenschutzgesetzes personenbezogene Daten im Auftrag verarbeiten oder nutzen, auch die verschiedenen Organisationseinheiten innerhalb einer speichernden Stelle. Die negative Definition des Begriffs des Dritten in § 3 Abs. 9 Satz 2 a. F. war in Umsetzung von *Artikel 1 Abs. 2 der Richtlinie* um die Personen und Stellen zu erweitern, die im Geltungsbereich der Rechtsvorschriften zum Schutz personenbezogener Daten der Mitgliedstaaten der Europäischen Union personenbezogene Daten im Auftrag verarbeiten oder nutzen. Die Wörter „Geltungsbereich dieses Gesetzes" wurden aus Gründen der Vereinheitlichung der Gesetzessprache nach Vollendung der Deutschen Einheit durch das Wort „Inland" ersetzt.

Begründung der Beschlussempfehlung des Innenausschusses des Bundestages

Die Begründung zu § 1 Abs. 5 gilt entsprechend.

Begründung des Regierungsentwurfs zu Absatz 9

Absatz 9 definiert die in *Artikel 8 Abs. 1 der Richtlinie* bezeichneten besonderen Kategorien personenbezogener Daten.

Begründung der Beschlussempfehlung des Innenausschusses des Bundestages zu Absatz 10

Die neu aufgenommene Definition führt den in § 6c verwandten Begriff „mobile personenbezogene Speicher- und Verarbeitungsmedien" ein. Erfasst werden ausschließlich Medien, auf denen personenbezogene Daten über die Speicherung hinaus automatisiert verarbeitet werden können (Nummer 2), die also mit einem Prozessorchip ausgestattet sind. Auch „blanko" ausgegebene Medien, auf denen noch keine Verfahren oder personenbezogene Daten gespeichert sind, fallen unter § 3 Abs. 10. In diesen Fällen ist der Begriff des „Betroffenen" in einem weiteren Sinn zu verstehen als in § 3 Abs. 1 und umfasst auch den erst künftig Betroffenen.

Bloße Speichermedien (CDs, Magnetkarten) werden nicht erfasst. Im Übrigen kommt es auf die Beschaffenheit und die Gestaltung des Mediums nicht an. Es muss keine Karte sein, sondern es kann sich auch um ein Armband, eine Halskette oder andere Gegenstände handeln.

Keine mobilen personenbezogenen Speicher- und Verarbeitungsmedien sind Mobiltelefone oder tragbare Personalcomputer, denn bei diesen Geräten kann der Benutzer die Verarbeitungsvorgänge auf vielfältige Weise steuern. Kennzeichnend für die mobilen personenbezogenen Speicher- und Verarbeitungsmedien ist hingegen, dass der Betroffene die Datenverarbeitung typischerweise nur dadurch beeinflussen kann, dass er das Medium, beispielsweise durch das Einführen in Lesegeräte, einsetzt. Der Begriff „Gebrauch" erfasst darüber hinaus auch die Auswahl zwischen einigen wenigen vom Verfahren vorgegebenen Alternativen, etwa durch Drücken einer Taste am Lesegerät. Anders als durch Abruf der vom Verfahren bereit gestellten (objektorientierten) Routinen kann der Betroffene die Verarbeitung auch in diesen Fällen nicht steuern.

§ 3a Datenvermeidung und Datensparsamkeit

Gestaltung und Auswahl von Datenverarbeitungssystemen haben sich an dem Ziel auszurichten, keine oder so wenig personenbezogene Daten wie möglich zu erheben, zu verarbeiten oder zu nutzen. Insbesondere ist von den Möglichkeiten der Anonymisierung und Pseudonymisierung Gebrauch zu machen, soweit dies möglich ist und der Aufwand in einem angemessenen Verhältnis zu dem angestrebten Schutzzweck steht.

Begründung des Regierungsentwurfs zu § 3a BDSG

Der Grundsatz der Datenvermeidung und -sparsamkeit wird erstmalig in das allgemeine Datenschutzrecht aufgenommen. Die Vorschrift konkretisiert den Grundsatz der Verhältnismäßigkeit für die technische Gestaltung der Datenverarbeitungssysteme. Eine vergleichbare Regelung findet sich im bereichsspezifischen Teledienstedatenschutzgesetz in § 3 Abs. 4. Wie dort, soll durch die Einführung des Grundsatzes bereits durch die Gestaltung der Systemstrukturen die Erhebung, Verarbeitung oder Nutzung personenbezogener Daten soweit wie möglich vermieden und dadurch Gefahren für das informationelle Selbstbestimmungsrecht des Betroffenen von vornherein minimiert werden. Dies bedeutet nicht, dass personenbezogene Daten, die für die Aufgabenerfüllung erforderlich sind, nicht erhoben, verarbeitet oder genutzt werden dürfen, wie z. B. beim Kraftfahrtbundesamt das Zentrale Verkehrsinformationssystem (ZEVIS), beim Bundesverwaltungsamt das Ausländerzentralregister (AZR), beim Bundeskriminalamt das polizeiliche Informationssystem (INPOL) sowie die bei den Nachrichtendiensten des Bundes geführten Informationssysteme.

Satz 2 beinhaltet den Vorrang anonymer und pseudonymer Formen der Datenverarbeitung als eine von mehreren Möglichkeiten der Ausgestaltung des Systemdatenschutzes als Mittel, dem Grundsatz der Erforderlichkeit Rechnung zu tragen. Hierbei geht es in erster Linie darum – soweit technisch möglich und aufgrund der vorgegebenen funktionalen Zusammenhänge sachgerecht – das Mitführen der vollen Identität Betroffener während der eigentlichen Datenverarbeitungsvorgänge zu reduzieren.

§ 4 Zulässigkeit der Datenerhebung, -verarbeitung und -nutzung

(1) Die Erhebung, Verarbeitung und Nutzung personenbezogener Daten sind nur zulässig, soweit dieses Gesetz oder eine andere Rechtsvorschrift dies erlaubt oder anordnet oder der Betroffene eingewilligt hat.

(2) Personenbezogene Daten sind beim Betroffenen zu erheben. Ohne seine Mitwirkung dürfen sie nur erhoben werden, wenn

1.　eine Rechtsvorschrift dies vorsieht oder zwingend voraussetzt oder

2. a) die zu erfüllende Verwaltungsaufgabe ihrer Art nach oder der Geschäftszweck eine Erhebung bei anderen Personen oder Stellen erforderlich macht oder

   a) die Erhebung beim Betroffenen einen unverhältnismäßigen Aufwand erfordern würde

und keine Anhaltspunkte dafür bestehen, dass überwiegende schutzwürdige Interessen des Betroffenen beeinträchtigt werden.

(3) Werden personenbezogene Daten beim Betroffenen erhoben, so ist er, sofern er nicht bereits auf andere Weise Kenntnis erlangt hat, von der verantwortlichen Stelle über

1. die Identität der verantwortlichen Stelle,

2. die Zweckbestimmungen der Erhebung, Verarbeitung oder Nutzung und

3. die Kategorien von Empfängern nur, soweit der Betroffene nach den Umständen des Einzelfalles nicht mit der Übermittlung an diese rechnen muss,

zu unterrichten. Werden personenbezogene Daten beim Betroffenen aufgrund einer Rechtsvorschrift erhoben, die zur Auskunft verpflichtet, oder ist die Erteilung der Auskunft Voraussetzung für die Gewährung von Rechtsvorteilen, so ist der Betroffene hierauf, sonst auf die Freiwilligkeit seiner Angaben hinzuweisen. Soweit nach den Umständen des Einzelfalles erforderlich oder auf Verlangen, ist er über die Rechtsvorschrift und über die Folgen der Verweigerung von Angaben aufzuklären.

Begründung zu § 4 BDSG

Begründung des Regierungsentwurfs zu den Absätzen 1 – 4

In Absatz 1 wurde der Begriff „Erhebung" aufgenommen, um den Anforderungen der Richtlinie insoweit Rechnung zu tragen, als auch die Erhebung personenbezogener Daten im privaten Sektor dem Vorbehalt des Gesetzes zu unterstellen ist. Dies folgt daraus, dass in *Artikel 2 Buchstabe b der Richtlinie* die Erhebung als Unterfall der Verarbeitung betrachtet und die Verarbeitung nach *Artikel 7* nur zulässig ist, wenn der Betroffene eingewilligt hat oder die dort aufgeführten, in das nationale Recht zu übertragenden Voraussetzungen vorliegen. Die übrigen Änderungen des Absatzes 1 stellen sprachliche Präzisierungen dar.

Absatz 2 greift den Rechtsgedanken von § 13 Abs. 2 a. F. auf, erweitert ihn aber in Nummer 2a für den nicht öffentlichen Bereich.

Absatz 3 modifiziert § 13 Abs. 3 a. F. nach den Voraussetzungen des *Artikels 10 der Richtlinie.*

Absatz 4 entspricht § 13 Abs. 4 a. F.

Begründung der Beschlussempfehlung des Innenausschusses des Bundestages zur Streichung des Absatzes 4

Mit der Streichung wird eine Prüfbitte des Bundesrates (BR-Drs. 461/00 – Beschluss, S. 3, Nr. 2, 1. Anstrich) aufgegriffen. Während eine Modifizierung der Regelung des § 4 Abs. 2 nicht geboten erscheint, kann die in § 4 Abs. 4 geregelte Hinweispflicht – entsprechend der bisherigen Gesetzesfassung – auf die Erhebung durch öffentliche Stellen beschränkt werden[1].

Durch die Hinweispflicht soll verhindert werden, dass eine nicht öffentliche Stelle personenbezogene Daten übermittelt, obwohl sie hierzu von Rechts wegen nicht verpflichtet ist, sich aber irrtümlich für verpflichtet hält. Diese Gefahr besteht regelmäßig nur, wenn eine öffentliche Stelle das Übermittlungsersuchen – hoheitlich – stellt. Im Verhältnis zwischen Privaten ist dagegen nicht zu erwarten, dass einem Übermittlungsbegehren auch dann entsprochen wird, wenn es außerhalb einer – nicht eigens hinweisbedürftigen – vertraglichen Verpflichtung geltend gemacht wird.

§ 4a Einwilligung

(1) Die Einwilligung ist nur wirksam, wenn sie auf der freien Entscheidung des Betroffenen beruht. Er ist auf den vorgesehenen Zweck der Erhebung, Verarbeitung oder Nutzung sowie, soweit nach den Umständen des Einzelfalles erforderlich oder auf Verlangen, auf die Folgen der Verweigerung der Einwilligung hinzuweisen. Die Einwilligung bedarf der Schriftform, soweit nicht wegen besonderer Umstände eine andere Form angemessen ist. Soll die Einwilligung zusammen mit anderen Erklärungen schriftlich erteilt werden, ist sie besonders hervorzuheben.

(2) Im Bereich der wissenschaftlichen Forschung liegt ein besonderer Umstand im Sinne von Absatz 1 Satz 3 auch dann vor, wenn durch die Schriftform der bestimmte Forschungszweck erheblich beeinträchtigt würde. In diesem Fall sind der Hinweis nach Absatz 1 Satz 2 und die Gründe, aus denen sich die erhebliche Beeinträchtigung des bestimmten Forschungszwecks ergibt, schriftlich festzuhalten.

(3) Soweit besondere Arten personenbezogener Daten (§ 3 Abs. 9) erhoben, verarbeitet oder genutzt werden, muss sich die Einwilligung darüber hinaus ausdrücklich auf diese Daten beziehen.

---

[1] Vgl. § 13 Abs. 1a.

Begründung des Regierungsentwurfs zu § 4a BDSG

Absatz 1 Satz 1 berücksichtigt die Voraussetzungen des *Artikels 2 Buchstabe h der Richtlinie*, wonach die Einwilligung ohne Zwang erfolgen muss. Die Anfügung des Wortes „vorgesehenen" vor dem Wort „Zweck" in Satz 2 dient der sprachlichen Verdeutlichung des Gewollten. Die Ersetzung der Wörter „Speicherung" und „Übermittlung" durch die Wörter „Erhebung, Verarbeitung und Nutzung" dient der Vereinheitlichung des Sprachgebrauchs des Bundesdatenschutzgesetzes in Übereinstimmung mit der Terminologie der Richtlinie (vgl. hierzu auch die Begründung zu § 4). Die Einfügung der Wörter „soweit nach den Umständen des Einzelfalles erforderlich" in Satz 2 dient der Umsetzung des Definitionsmerkmals „in Kenntnis der Sachlage" nach *Artikel 2 Buchstabe h der Richtlinie*. Die übrigen Anforderungen der Richtlinie sind bereits im Text des § 4 Abs. 2 a. F. verwirklicht, der im Folgenden wiedergegeben wird.

Absatz 2 entspricht § 4 Abs. 3 a. F.

Absatz 3 sieht in Umsetzung des *Artikels 8 Abs. 2 Buchstabe a der Richtlinie* für die besonderen Arten personenbezogener Daten (§ 3 Abs. 9) besondere Voraussetzungen für die Wirksamkeit der Einwilligung für jene Daten vor.

§ 4b Übermittlung personenbezogener Daten ins Ausland sowie an über- oder zwischenstaatliche Stellen

(1) Für die Übermittlung personenbezogener Daten an Stellen

1.   in anderen Mitgliedstaaten der Europäischen Union,

2.   in anderen Vertragsstaaten des Abkommens über den Europäischen Wirtschaftsraum oder

3.   der Organe und Einrichtungen der Europäischen Gemeinschaften

gelten § 15 Abs. 1, § 16 Abs. 1 und §§ 28 bis 30 nach Maßgabe der für diese Übermittlung geltenden Gesetze und Vereinbarungen, soweit die Übermittlung im Rahmen von Tätigkeiten erfolgt, die ganz oder teilweise in den Anwendungsbereich des Rechts der Europäischen Gemeinschaften fallen.

(2) Für die Übermittlung personenbezogener Daten an Stellen nach Absatz 1, die nicht im Rahmen von Tätigkeiten erfolgt, die ganz oder teilweise in den Anwendungsbereich des Rechts der Europäischen Gemeinschaften fallen, sowie an sonstige ausländische oder über- oder zwischenstaatliche Stellen gilt Absatz 1 entsprechend. Die Übermittlung unterbleibt, soweit der Betroffene ein schutzwürdiges Interesse an dem Ausschluss der Übermittlung hat, insbesondere wenn bei den in Satz 1 genannten Stellen ein angemessenes Datenschutzniveau nicht gewährleistet ist. Satz 2 gilt nicht, wenn die Übermittlung zur Erfüllung eigener Aufgaben einer öffentlichen Stelle des Bundes aus zwingenden

Gründen der Verteidigung oder der Erfüllung über- oder zwischenstaatlicher Verpflichtungen auf dem Gebiet der Krisenbewältigung oder Konfliktverhinderung oder für humanitäre Maßnahmen erforderlich ist.

(3) Die Angemessenheit des Schutzniveaus wird unter Berücksichtigung aller Umstände beurteilt, die bei einer Datenübermittlung oder einer Kategorie von Datenübermittlungen von Bedeutung sind; insbesondere können die Art der Daten, die Zweckbestimmung, die Dauer der geplanten Verarbeitung, das Herkunfts- und das Endbestimmungsland, die für den betreffenden Empfänger geltenden Rechtsnormen sowie die für ihn geltenden Standesregeln und Sicherheitsmaßnahmen herangezogen werden.

(4) In den Fällen des § 16 Abs. 1 Nr. 2 unterrichtet die übermittelnde Stelle den Betroffenen von der Übermittlung seiner Daten. Dies gilt nicht, wenn damit zu rechnen ist, dass er davon auf andere Weise Kenntnis erlangt, oder wenn die Unterrichtung die öffentliche Sicherheit gefährden oder sonst dem Wohl des Bundes oder eines Landes Nachteile bereiten würde.

(5) Die Verantwortung für die Zulässigkeit der Übermittlung trägt die übermittelnde Stelle.

(6) Die Stelle, an die die Daten übermittelt werden, ist auf den Zweck hinzuweisen, zu dessen Erfüllung die Daten übermittelt werden.

Begründung zu § 4b BDSG

Begründung des Regierungsentwurfs zu Absatz 1

Die Vorschrift regelt – anders als § 17 BDSG a. F. – die Übermittlung personenbezogener Daten ins Ausland sowohl für den öffentlichen als auch den nicht öffentlichen Bereich.

Absatz 1 beinhaltet eine Privilegierung für Übermittlungen öffentlicher und nicht öffentlicher Stellen der Mitgliedstaaten der EU innerhalb des Anwendungsbereichs der ersten Säule des EU-Vertrags. Unabhängig von dieser Privilegierung kann die Übermittlung auch auf eine Einwilligung gestützt werden (§ 4 Abs. 1 a. E.).

Begründung der Beschlussempfehlung des Innenausschusses des Bundestages zu Absatz 1

Die Änderung des § 4b[1] trägt – in Entsprechung der Ergänzung des § 1 Abs. 5 – der zum 1. Juli 2000 wirksam gewordenen Übernahme der Richtlinie durch die EWR-Staaten Rechnung. Im Rahmen des § 4b ist auch die durch Artikel 286 EGV des

---

1 Einbeziehung der EWR-Staaten, EG-Organe und –Einrichtungen.

Vertrages von Amsterdam wirksam gewordenen Geltung der Richtlinie für die Organe und Einrichtungen der Gemeinschaften, die für die Organe und Einrichtungen der Gemeinschaften durch das Europäische Parlament und den Rat in einer Datenschutzverordnung umgesetzt wurden, zu berücksichtigen.

Bei Gelegenheit dieser Ergänzung empfiehlt sich zugleich eine redaktionelle Überarbeitung der ersten beiden Absätze der Vorschrift sowie des § 4c Abs. 1 und 2.

Begründung des Regierungsentwurfs zu den Absätzen 2 – 6

Absatz 2 findet Anwendung bei Übermittlungen an EU-Mitgliedstaaten außerhalb der ersten Säule des EU-Vertrags sowie an Drittstaaten. Absatz 2 Satz 2 ergänzt § 17 Abs. 1 a. F. um das Erfordernis des angemessenen Datenschutzniveaus im Drittstaat sowie bei über- und zwischenstaatlichen Stellen und genügt damit den Anforderungen des *Artikels 25 Abs. 1 der Richtlinie*. Damit wird die bislang in § 17 Abs. 2 a. F. enthaltene Ordre-public-Klausel, die die Zulässigkeit grenzüberschreitender Übermittlungen von der Beachtung eines datenschutzrechtlichen Mindeststandards abhängig machte, überflüssig. Die Angemessenheit des Datenschutzniveaus in einem Drittstaat und das schutzwürdige Interesse des Betroffenen sind voneinander unabhängige Tatbestandsmerkmale. Um dem Gebot der Erforderlichkeit zu genügen, war für den öffentlichen Sektor die Bezugnahme auf § 15 Abs. 1 auszudehnen, § 16 Abs. 1 beizubehalten und die Regelungen der §§ 28 bis 30 für Datenübermittlungen nicht öffentlicher Stellen zu ergänzen. Satz 3 beinhaltet Ausnahmen von Satz 2 für öffentliche Stellen des Bundes.

Ferner bestimmt die Vorschrift entsprechend *Artikel 25 Abs. 1 der Richtlinie*, dass im Falle einzelstaatlicher Bestimmungen zur Regelung der Übermittlung personenbezogener Daten in Drittstaaten, die mit der Richtlinie vereinbar sind, die Vorschriften des § 16 Abs. 1 und der §§ 28 bis 30 nach Maßgabe dieser Gesetze anzuwenden sind. Entsprechendes gilt für völkerrechtliche Verträge, die im Hinblick auf Voraussetzungen und/oder Umfang der Datenübermittlungen nicht erschöpfend sind und für Vereinbarungen mit zwischen- und überstaatlichen Stellen.

Absatz 3 beinhaltet dem *Artikel 25 Abs. 2 der Richtlinie* entnommene Kriterien zur Bestimmung des angemessenen Datenschutzniveaus.

Absatz 4 übernimmt die Regelung des § 17 Abs. 1 letzter Halbsatz a. F., wonach der Betroffene bei Übermittlungen nach Maßgabe des § 16 Abs. 1 Nr. 2 zu unterrichten ist. Es bestand kein Anlass, diese Regelung auf andere Fallgruppen der Übermittlung personenbezogener Daten in Drittstaaten auszudehnen, da die Richtlinie keine entsprechende Vorschrift enthält. Insofern verbleibt es bei der Anwendung der Regelung des § 19a, der *Artikel 11 der Richtlinie* umsetzt.

Absatz 5 entspricht § 17 Abs. 3 a. F. und Absatz 6 entspricht § 17 Abs. 4 a. F

Begründung der Beschlussempfehlung des Innenausschusses des Bundestages zu Absatz 6

Durch die Änderung des § 4b Absatz 6 wird die dort enthaltene Hinweispflicht auf die Mitteilung des Übermittlungszwecks beschränkt. Die Mitteilung dient der Beachtung des Zweckbindungsgebots nach *Artikel 6 Abs. 1b der Richtlinie* durch die Stelle, der die Daten übermittelt werden. Da das Zweckbindungsgebot nach der Richtlinie nicht uneingeschränkt gilt, kann der Hinweis in deren Geltungsbereich keine weitergehende Wirkung entfalten.

§ 4c Ausnahmen

(1) Im Rahmen von Tätigkeiten, die ganz oder teilweise in den Anwendungsbereich des Rechts der Europäischen Gemeinschaften fallen, ist eine Übermittlung personenbezogener Daten an andere als die in § 4b Abs. 1 genannten Stellen, auch wenn bei ihnen ein angemessenes Datenschutzniveau nicht gewährleistet ist, zulässig, sofern

1.　der Betroffene seine Einwilligung gegeben hat,

2.　die Übermittlung für die Erfüllung eines Vertrags zwischen dem Betroffenen und der verantwortlichen Stelle oder zur Durchführung von vorvertraglichen Maßnahmen, die auf Veranlassung des Betroffenen getroffen worden sind, erforderlich ist,

3.　die Übermittlung zum Abschluss oder zur Erfüllung eines Vertrags erforderlich ist, der im Interesse des Betroffenen von der verantwortlichen Stelle mit einem Dritten geschlossen wurde oder geschlossen werden soll,

4.　die Übermittlung für die Wahrung eines wichtigen öffentlichen Interesses oder zur Geltendmachung, Ausübung oder Verteidigung von Rechtsansprüchen vor Gericht erforderlich ist,

5.　die Übermittlung für die Wahrung lebenswichtiger Interessen des Betroffenen erforderlich ist oder

6.　die Übermittlung aus einem Register erfolgt, das zur Information der Öffentlichkeit bestimmt ist und entweder der gesamten Öffentlichkeit oder allen Personen, die ein berechtigtes Interesse nachweisen können, zur Einsichtnahme offen steht, soweit die gesetzlichen Voraussetzungen im Einzelfall gegeben sind.

Die Stelle, an die die Daten übermittelt werden, ist darauf hinzuweisen, dass die übermittelten Daten nur zu dem Zweck verarbeitet oder genutzt werden dürfen, zu dessen Erfüllung sie übermittelt werden.

(2) Unbeschadet des Absatzes 1 Satz 1 kann die zuständige Aufsichtsbehörde einzelne Übermittlungen oder bestimmte Arten von Übermittlungen personenbezogener Daten an andere als die in § 4b Abs. 1 genannten Stellen genehmi-

gen, wenn die verantwortliche Stelle ausreichende Garantien hinsichtlich des Schutzes des Persönlichkeitsrechts und der Ausübung der damit verbundenen Rechte vorweist; die Garantien können sich insbesondere aus Vertragsklauseln oder verbindlichen Unternehmensregelungen ergeben. Bei den Post- und Telekommunikationsunternehmen ist der Bundesbeauftragte für den Datenschutz zuständig. Sofern die Übermittlung durch öffentliche Stellen erfolgen soll, nehmen diese die Prüfung nach Satz 1 vor.

(3) Die Länder teilen dem Bund die nach Absatz 2 Satz 1 ergangenen Entscheidungen mit.

Begründung des Regierungsentwurfs zu § 4 c

Diese Vorschrift beinhaltet Erleichterungen für die Übermittlung personenbezogener Daten an Drittstaaten sowie an über- und zwischenstaatliche Stellen innerhalb des Anwendungsbereichs der ersten Säule des EU-Vertrags. Keine Anwendung findet die Vorschrift auf Übermittlungen von Stellen außerhalb der ersten Säule des EU-Vertrags: Insoweit gelangt § 4b Abs. 2 ff. zur Anwendung.

Die Regelung des Absatzes 1 ergänzt die strikte Regelung des § 4b Abs. 2 durch einen weitreichenden Ausnahmekatalog. Diese in Anlehnung an *Artikel 26 der Richtlinie* formulierten Ausnahmen sollen dafür Sorge tragen, dass der Wirtschaftsverkehr mit Drittstaaten nicht unangemessen beeinträchtigt wird. Die Ausnahmen basieren auf dem Grundgedanken, dass das Schutzbedürfnis des Betroffenen geringer ist, wenn er über die Tatsache der Notwendigkeit der Übermittlung seiner Daten in einen Drittstaat informiert ist. Dass die in Nummer 1 entsprechend *Artikel 26 Abs. 1 Buchstabe a der Richtlinie* nochmals aufgenommene Einwilligung eine Übermittlung zulässt, ergibt sich bereits aus § 4 Abs. 1 a. E. (vgl. auch die Begründung zu § 4b Abs. 1). Ferner soll der Schutz des Persönlichkeitsrechts zurücktreten, wenn ein wichtiges öffentliches Interesse, die Verteidigung von Rechtsansprüchen vor Gericht oder der für öffentliche Register geltende Publizitätsgrundsatz es erfordern. Hier, wie auch im Falle der Unfähigkeit des Betroffenen seinen Willen zu bekunden (vgl. Nummer 5), ist Maßstab für die Frage der Zulässigkeit und des Umfangs der Übermittlung der Grundsatz der Verhältnismäßigkeit, der eine Abwägung der widerstreitenden Interessen gebietet. Die Regelung des Absatzes 1 gilt entsprechend dem Grundsatz von § 1 Abs. 4 nicht, wenn einer Übermittlung personenbezogener Daten spezielle Verwendungsbeschränkungen entgegenstehen. In diesem Fall kann trotz Vorliegens der Voraussetzungen des Absatzes 1 von einer Übermittlung in den Drittstaat abgesehen werden. Dieser Gedanke findet seinen Niederschlag in *Artikel 26 Abs. 1 der Richtlinie* und in *Erwägungsgrund 60*. Satz 2 entspricht § 17 Abs. 4 a. F.

Nach Absatz 2 können die Aufsichtsbehörden der Länder Ausnahmen erteilen, die über den Katalog des Absatzes 1 hinausgehen. Kommt die verantwortliche Stelle zu dem Ergebnis, dass ein angemessenes Datenschutzniveau im Drittstaat nicht vorhanden ist, kann sie ein angemessenes Schutzniveau auch auf andere Weise garantieren. Geeignete Garantien in diesem Sinne können sich insbesondere aus Vertragsklauseln oder verbindlichen Unternehmensregelungen ergeben. Die Einbeziehung verbindlicher Unternehmensregelungen trägt der Tatsache Rechnung, dass sich die Problematik der Übermittlung personenbezogener Daten auch in internationalen Unternehmen stellt, wenn einzelne ihrer Teilunternehmen in Ländern ohne angemessenes Datenschutzniveau angesiedelt sind. Das Verhältnis der Teilunternehmen untereinander ist nicht zwingend durch Vertragsklauseln geprägt. Internationale Konzerne gehen vielmehr vermehrt dazu über, für alle Teilunternehmen unabhängig von ihrem Standort verbindliche Regelungen über den Datenschutz zu erlassen („Codes of Conduct"). Sowohl Vertragsklauseln als auch verbindliche Unternehmensregelungen sind der Aufsichtsbehörde zur Genehmigung vorzulegen. Im öffentlichen Bereich stellen die verantwortlichen Stellen selbst das Vorliegen ausreichender Garantien im Sinne des Satzes 1 sicher.

Absatz 3 setzt *Artikel 26 Abs. 3 der Richtlinie* um. Die in der Richtlinie darüber hinaus vorgesehene Unterrichtungsverpflichtung der Mitgliedstaaten gegenüber der Kommission sowie untereinander bedurfte keiner Umsetzung in nationales Recht.

§ 4d Meldepflicht

(1) Verfahren automatisierter Verarbeitungen sind vor ihrer Inbetriebnahme von nicht-öffentlichen verantwortlichen Stellen der zuständigen Aufsichtsbehörde und von öffentlichen verantwortlichen Stellen des Bundes sowie von den Post- und Telekommunikationsunternehmen dem Bundesbeauftragten für den Datenschutz nach Maßgabe von § 4e zu melden.

(2) Die Meldepflicht entfällt, wenn die verantwortliche Stelle einen Beauftragten für den Datenschutz bestellt hat.

(3) Die Meldepflicht entfällt ferner, wenn die verantwortliche Stelle personenbezogene Daten für eigene Zwecke erhebt, verarbeitet oder nutzt, hierbei höchstens vier Arbeitnehmer mit der Erhebung, Verarbeitung oder Nutzung personenbezogener Daten beschäftigt und entweder eine Einwilligung der Betroffenen vorliegt oder die Erhebung, Verarbeitung oder Nutzung der Zweckbestimmung eines Vertragsverhältnisses oder vertragsähnlichen Vertrauensverhältnisses mit den Betroffenen dient.

(4) Die Absätze 2 und 3 gelten nicht, wenn es sich um automatisierte Verarbeitungen handelt, in denen geschäftsmäßig personenbezogene Daten von der jeweiligen Stelle

1.   zum Zweck der Übermittlung oder

2.   zum Zweck der anonymisierten Übermittlung

gespeichert werden.

(5) Soweit automatisierte Verarbeitungen besondere Risiken für die Rechte und Freiheiten der Betroffenen aufweisen, unterliegen sie der Prüfung vor Beginn der Verarbeitung (Vorabkontrolle). Eine Vorabkontrolle ist insbesondere durchzuführen, wenn

1. besondere Arten personenbezogener Daten (§ 3 Abs. 9) verarbeitet werden oder

2. die Verarbeitung personenbezogener Daten dazu bestimmt ist, die Persönlichkeit des Betroffenen zu bewerten einschließlich seiner Fähigkeiten, seiner Leistung oder seines Verhaltens,

es sei denn, dass eine gesetzliche Verpflichtung oder eine Einwilligung des Betroffenen vorliegt oder die Erhebung, Verarbeitung oder Nutzung der Zweckbestimmung eines Vertragsverhältnisses oder vertragsähnlichen Vertrauensverhältnisses mit dem Betroffenen dient.

(6) Zuständig für die Vorabkontrolle ist der Beauftragte für den Datenschutz. Dieser nimmt die Vorabkontrolle nach Empfang der Übersicht nach § 4g Abs. 2 Satz 1 vor. Er hat sich in Zweifelsfällen an die Aufsichtsbehörde oder bei den Post- und Telekommunikationsunternehmen an den Bundesbeauftragten für den Datenschutz zu wenden.

Begründung zu § 4d BDSG

Begründung des Regierungsentwurfs zu Absatz 1

§ 4d in Verbindung mit § 4e regelt die Meldepflicht für automatisierte Verarbeitungen öffentlicher und nicht öffentlicher Stellen. Die Regelungen ersetzen § 26 Abs. 5 Satz 3 und § 32 a. F.

Absatz 1 beinhaltet den Grundsatz der Meldepflicht automatisierter Verarbeitungen.

Begründung der Beschlussempfehlung des Innenausschusses des Bundestages zu Absatz 1

Der Bundesrat hat um Prüfung gebeten, ob in § 4d klargestellt werden kann, dass sich die in dieser Vorschrift begründete Meldepflicht nicht auf jeden einzelnen Verarbeitungsvorgang bezieht, sondern auf den Einsatz eines automatisierten Verfahrens als Ganzes (BR-Drs. 461/00 – Beschluss, S. 3, Nr. 2, 2. Anstrich). Die erbetene Klarstellung verstößt nicht gegen Artikel 18 Abs. 1 der Richtlinie, da dort Meldepflichten für den einzelnen Verarbeitungsvorgang nicht begründet werden. Der Begriff „Verfahren automatisierter Verarbeitungen" trägt dem Anliegen des Bundesrates Rechnung. Die Änderung ist dementsprechend auch im Einleitungssatz des § 4e vorzunehmen.

Begründung des Regierungsentwurfs zu den Absätzen 2 – 6

Die Absätze 2 und 3 beinhalten Ausnahmen von der Meldepflicht.

Absatz 2 setzt *Artikel 18 Abs. 2 zweiter Spiegelstrich der Richtlinie* um. Damit kann die Meldepflicht im öffentlichen Bereich vollständig entfallen, da dort die Bestellung eines behördlichen Beauftragten für den Datenschutz obligatorisch ist. Dies gilt trotz der in Absatz 4 geregelten Rückausnahme, da Absatz 4 nur im nicht öffentlichen Bereich Anwendung findet (vgl. insoweit die Begründung zu Absatz 4). Die Meldepflicht entfällt auch dann, wenn unbeschadet einer Verpflichtung zur Bestellung eines Beauftragten für den Datenschutz dieser freiwillig bestellt wird.

Absatz 3 setzt *Artikel 18 Abs. 2 erster Spiegelstrich der Richtlinie* um. Hiernach kann die Meldepflicht entfallen, wenn für Verarbeitungskategorien, bei denen unter Berücksichtigung der zu verarbeitenden Daten eine Beeinträchtigung der Rechte und Freiheiten der betroffenen Person unwahrscheinlich ist, die Zweckbestimmung der Verarbeitung, die Daten oder Kategorien der verarbeiteten Daten, die Kategorien der betroffenen Personen, die Empfänger oder Kategorien der Empfänger, denen die Daten weitergegeben werden und die Dauer der Aufbewahrung festgelegt werden. Da die Bestellung eines Beauftragten für den Datenschutz nach § 4f Abs. 1 Satz 1 im öffentlichen Bereich obligatorisch ist, die Meldepflicht im öffentlichen Bereich somit bereits nach Absatz 2 entfällt, ist für die Anwendung von Absatz 3 im öffentlichen Bereich kein Raum.

Verarbeitungskategorie im Sinne dieser Vorschrift ist die Verarbeitung für eigene Zwecke. Anwendungsbeispiele für den Ausnahmetatbestand des Absatzes 3 sind Datenverarbeitungen, wie sie typischerweise bei einer Reihe von selbständig Berufstätigen, etwa Architekten, Ärzten, Apothekern, Handwerkern, Sanitätshäusern, Optikern, Fitnessstudios und kleinen Gewerbetreibenden und für die Verarbeitung des Merkmals „Religionszugehörigkeit" durch den Arbeitgeber zwecks Abführung der Kirchensteuer in Betracht kommen. Dies gilt auch, soweit Daten nach § 3 Abs. 9 verarbeitet werden.

Absatz 4 ist die Rückausnahme der Absätze 2 und 3. Absatz 4 findet ausweislich seines Wortlauts („geschäftsmäßig") nur im nicht öffentlichen Bereich Anwendung, die Nummern 1 und 2 entsprechen § 32 Abs. 1 Nr. 1 und 2 a. F.

Absatz 5 bestimmt in Umsetzung von *Artikel 20 Abs. 1 der Richtlinie* die automatisierten Verarbeitungen, die der Vorabkontrolle unterliegen. *Erwägungsgrund 53 der Richtlinie* führt hierzu aus: „Bestimmte Verarbeitungen können jedoch aufgrund ihrer Art, ihrer Tragweite oder ihrer Zweckbestimmung – wie beispielsweise derjenigen, betroffene Personen von der Inanspruchnahme eines Rechts, einer Leistung oder eines Vertrags auszuschließen – oder aufgrund der besonderen Verwendung einer neuen Technologie besondere Risiken im Hinblick auf die Rechte und Freiheiten der betroffenen Personen aufweisen." *Erwägungsgrund 54 der Richtlinie* ergänzt: „Bei allen in der Gesellschaft durchgeführten Verarbeitungen sollte die Zahl der Verarbeitungen mit solchen besonderen Risiken sehr beschränkt sein." Die dem wird von ihrem Zweck bestimmt, erkennbar zu machen, wie personenbezogene Daten verarbeitet werden können. Die Unterrichtung muss „in allgemein verständlicher Form" erfolgen. Detaillierte technische Beschreibungen werden dem nicht gerecht; andererseits können sie nach dieser Vorschrift auch nicht beansprucht werden.

Bei Ausgabe eines Mediums, auf das noch keine Verfahren aufgebracht sind, ist darüber zu unterrichten, dass es sich um ein Medium mit Prozessorchip handelt, auf das Verfahren zur automatisierten Verarbeitung personenbezogener Daten aufgebracht werden können. Hierbei ist beispielsweise über die Verwendung eines karten- und maschinenunabhängigen Programmiercodes (etwa: Java-Fähigkeit) und allgemein über das Verwendungspotenzial des Mediums bei Aufbringung entsprechender Verfahren zu unterrichten. Ferner muss der Betroffene Kenntnis erlangen, wie Verfahren auf das Medium aufgebracht werden können (beispielsweise: berührungslos an einem Lese- und Schreibgerät). Der Betroffene soll Möglichkeiten und Risiken des Mediums im Blick auf sein informationelles Selbstbestimmungsrecht erkennen können.

Das Aufbringen eines Verfahrens zur automatisierten Verarbeitung personenbezogener Daten, das ganz oder teilweise auf einem mobilen personenbezogenen Speicher- und Verarbeitungsmedium abläuft, ist der zweite Tatbestand, der die Unterrichtungspflicht auslöst. Er wird erfüllt, wenn auf dem Medium die konkreten Vorkehrungen dafür getroffen werden, dass die automatisierte Verarbeitung personenbezogener Daten im Rahmen eines Verfahrens erfolgen kann. Typischerweise erfolgt das durch Speichern eines Programmcodes auf dem Medium und die Reservierung eines Speicherbereichs. Nach Absatz 1 Nr. 2 ist über die nach Aufbringung des Verfahrens erweiterte Funktionsweise des Mediums zu unterrichten, konkret also über die Funktion des aufgebrachten Verfahrens. Wie sich aus der Formulierung „Verfahren, (...) das ganz oder teilweise auf dem (...) Medium abläuft" ergibt, ist Anknüpfungspunkt das Verfahren insgesamt, einschließlich außerhalb des Mediums ablaufender Teile und einschließlich einzelner bei bestimmten Sachverhalten etwa manuell vorzunehmender Entscheidungen. Andererseits genügt eine Unterrichtung über die im Blick auf das informationelle Selbstbestimmungsrecht praktisch relevanten Verarbeitungsoptionen.

Die Unterrichtungspflicht nach Absatz 1 Nr. 3 bezieht sich nicht unmittelbar auf die personenbezogenen Daten, sondern darauf, wie der Betroffene seine Rechte nach den §§ 19, 20, 34 und 35 im Hinblick auf Besonderheiten des Mediums ausüben kann. Die Unterrichtung muss sich insbesondere auf die Standorte und Funktion der Geräte oder Einrichtungen nach Absatz 2 beziehen. Die ausschließliche Erwähnung der §§ 19, 20, 34 und 35 lässt die Benachrichtigungspflichten nach §§ 19a und 33 (denen keine Rechte des Betroffenen gegenüberstehen, die von ihm im Sinne von Absatz 1 Nr. 3 „ausgeübt" werden könnten) und alle übrigen Rechte des Betroffenen und Pflichten der verantwortlichen Stelle nach diesem Gesetz unberührt. Zu unterrichten ist auch über die bei Verlust oder Zerstörung des Mediums zu treffenden Maßnahmen, Absatz 1 Nr. 4.

Der letzte Halbsatz von Absatz 1 reduziert den Unterrichtungsaufwand bei Verfahrensänderungen auf den tatsächlichen Umfang der Änderungen. Es liegt in der Eigenverantwortung des Betroffenen, ihm ausgehändigte Handzettel und Broschüren aufzubewahren bzw. sich Notizen über erfolgte Unterrichtungen zu machen.

Zu Absatz 2

Bereits in den allgemeinen Vorschriften über das Auskunftsrecht des Betroffenen ist die Unentgeltlichkeit der Auskunft vorgeschrieben (§ 19 Abs. 7, § 34 Abs. 5 Satz 1). Absatz 2 konkretisiert und ergänzt diese Vorschriften für Medien nach § 3 Abs. 10. Die Auskunft muss danach auch dann unentgeltlich bleiben, wenn zur Wahrnehmung des Auskunftsrechts hinsichtlich der auf dem Medium gespeicherten personenbezogenen Daten Geräte oder Einrichtungen erforderlich sind; solche erforderlichen Geräte oder Einrichtungen müssen in angemessenem Umfang zum unentgeltlichen Gebrauch zur Verfügung stehen. Der unbestimmte Rechtsbegriff „in angemessenem Umfang" ermöglicht die insbesondere im Hinblick auf die Sensibilität der im Einzelfall betroffenen personenbezogenen Daten, den wirtschaftlichen Aufwand, die Verbreitung eines Verfahrens und den technischen Fortschritt gebotene flexible Rechtsanwendung. Nicht jedes Lese- und/oder Schreibgerät, mit dem das Medium kommuniziert, muss über die in Absatz 2 angesprochene Auskunftsfunktion verfügen. Absatz 2 beschränkt die Unentgeltlichkeit auf den „Gebrauch" der erforderlichen Geräte oder Einrichtungen. Ein Anspruch auf Übereignung oder auf Einräumung des – die Nutzung durch andere Personen ausschließenden – eigenen Besitzes wird durch Absatz 2 nicht begründet.

Zu Absatz 3

Während Absatz 1 zur einmaligen Unterrichtung bei der Ausgabe eines Mediums und bei der erstmaligen Aufbringung oder späteren Änderung eines Verfahrens auf das Medium verpflichtet, bezieht sich Absatz 3 auf einzelne Anwendungsfälle, in denen Kommunikationsvorgänge auf dem Medium eine Datenverarbeitung auslösen. Die Regelung ergänzt die Unterrichtungspflichten nach Absatz 1 und soll sicherstellen, dass Verarbeitungen nicht unbemerkt, z.B. beim Vorbeigehen an einem Terminal, ausgelöst werden.

§ 7 Schadensersatz

Fügt eine verantwortliche Stelle dem Betroffenen durch eine nach diesem Gesetz oder nach anderen Vorschriften über den Datenschutz unzulässige oder unrichtige Erhebung, Verarbeitung oder Nutzung seiner personenbezogenen Daten einen Schaden zu, ist sie oder ihr Träger dem Betroffenen zum Schadensersatz verpflichtet. Die Ersatzpflicht entfällt, soweit die verantwortliche Stelle die nach den Umständen des Falles gebotene Sorgfalt beachtet hat.

Begründung des Regierungsentwurfs zu § 7 BDSG

Begründung des Regierungsentwurfs zu den Absätzen 1 und 2

Im Gegensatz zur Regelung der §§ 7 und 8 a. F. wird in Umsetzung von *Artikel 23 der Richtlinie* in Satz 1 erstmals eine eigenständige Anspruchsgrundlage im Bundesdatenschutzgesetz für eine Verschuldenshaftung geschaffen, die sowohl im öffentlichen als auch im nicht öffentlichen Bereich gilt. Sie umfasst sowohl Schadensersatzansprüche aus automatisierter als auch aus nicht automatisierter Datenverarbeitung. Satz 2 setzt *Artikel 23 Abs. 2 der Richtlinie* um, der den für die Verarbeitung Verantwortlichen von der Haftung befreit, wenn er nachweist, dass der Umstand, durch den der Schaden eingetreten ist, ihm nicht zur Last gelegt werden kann. Er erfasst erstmals auch den öffentlichen Bereich und dort auch Ansprüche aus fehlerhafter nicht automatisierter Datenverarbeitung und findet damit auch bei der Datenverarbeitung in Akten Anwendung. Da *Artikel 2 Buchstabe b der Richtlinie* auch die Erhebung und Nutzung in den Verarbeitungsbegriff einbezieht, war die Vorschrift entsprechend zu ergänzen. Absatz 2 entspricht Absatz 5 a. F., Absatz 3 entspricht Absatz 7 a. F. und Absatz 4 entspricht Absatz 8 a. F.

Begründung der Beschlussempfehlung des Innenausschusses des Bundestages zu § 7 BDSG

Die Änderung zu § 7 folgt dem Vorschlag des Bundesrates (BR-Drs. 461/00 – Beschluss, S. 6, Nr. 6. a), die in Absatz 1 Satz 2 geregelte Beweislastverteilung dadurch zu verdeutlichen, dass in Satz 1 das Wort „schuldhaft" gestrichen wird. Die Einfügung der Wörter „sie oder", ebenfalls in Satz 1, soll dem Umstand Rechnung tragen, dass bei juristischen Personen des Privatrechts eine Haftung des Trägers nicht in Betracht kommt.

§ 8 Schadensersatz bei automatisierter Datenverarbeitung durch öffentliche Stellen

(1) Fügt eine verantwortliche öffentliche Stelle dem Betroffenen durch eine nach diesem Gesetz oder nach anderen Vorschriften über den Datenschutz unzulässige oder unrichtige automatisierte Erhebung, Verarbeitung oder Nutzung seiner personenbezogenen Daten einen Schaden zu, ist ihr Träger dem Betroffenen unabhängig von einem Verschulden zum Schadensersatz verpflichtet.

(2) Bei einer schweren Verletzung des Persönlichkeitsrechts ist dem Betroffenen der Schaden, der nicht Vermögensschaden ist, angemessen in Geld zu ersetzen.

(3) Die Ansprüche nach den Absätzen 1 und 2 sind insgesamt auf einen Betrag von 130 000 Euro begrenzt. Ist aufgrund desselben Ereignisses an mehrere Personen Schadensersatz zu leisten, der insgesamt den Höchstbetrag von 130 000 Euro übersteigt, so verringern sich die einzelnen Schadensersatzleistungen in dem Verhältnis, in dem ihr Gesamtbetrag zu dem Höchstbetrag steht.

(4) Sind bei einer automatisierten Verarbeitung mehrere Stellen speicherungsberechtigt und ist der Geschädigte nicht in der Lage, die speichernde Stelle festzustellen, so haftet jede dieser Stellen.

(5) Hat bei der Entstehung des Schadens ein Verschulden des Betroffenen mitgewirkt, gilt § 254 des Bürgerlichen Gesetzbuchs.

(6) Auf die Verjährung finden die für unerlaubte Handlungen geltenden Verjährungsvorschriften des Bürgerlichen Gesetzbuchs entsprechende Anwendung.

Begründung des Regierungsentwurfs zu § 8 BDSG

§ 8 entspricht im Wesentlichen § 7 a. F.

Begründung der Beschlussempfehlung des Innenausschusses des Bundestages zu § 8

Der Bundesrat hat zu § 7 außerdem geltend gemacht, dass die Absätze 2 bis 4 entbehrlich sind, da § 7 einen deliktischen Anspruch zum Gegenstand hat.

Die Bundesregierung hat in ihrer Gegenäußerung zur Stellungnahme des Bundesrates (Drs. 14/4458, vgl. dort zu Nr. 6 Buchstabe b) darauf hingewiesen, dass die Regelungstatbestände des § 7 Abs. 2 bis 4 im Rahmen der von § 8 geregelten Gefährdungshaftung ebenfalls nur deklaratorische Bedeutung haben. Dementsprechend kann auch die in § 8 Abs. 6[1] enthaltene Verweisungsnorm entfallen.

---

[1] Betrifft den Regierungsentwurf.

§ 9 Technische und organisatorische Maßnahmen

Öffentliche und nicht-öffentliche Stellen, die selbst oder im Auftrag personenbezogene Daten erheben, verarbeiten oder nutzen, haben die technischen und organisatorischen Maßnahmen zu treffen, die erforderlich sind, um die Ausführung der Vorschriften dieses Gesetzes, insbesondere die in der Anlage zu diesem Gesetz genannten Anforderungen, zu gewährleisten. Erforderlich sind Maßnahmen nur, wenn ihr Aufwand in einem angemessenen Verhältnis zu dem angestrebten Schutzzweck steht.

Begründung des Regierungsentwurfs zu § 9 BDSG

Da *Artikel 2 Buchstabe b der Richtlinie* auch die Erhebung und Nutzung in den Verarbeitungsbegriff einbezieht, war die Vorschrift entsprechend zu ergänzen.

§ 9a Datenschutzaudit

Zur Verbesserung des Datenschutzes und der Datensicherheit können Anbieter von Datenverarbeitungssystemen und -programmen und datenverarbeitende Stellen ihr Datenschutzkonzept sowie ihre technischen Einrichtungen durch unabhängige und zugelassene Gutachter prüfen und bewerten lassen sowie das Ergebnis der Prüfung veröffentlichen. Die näheren Anforderungen an die Prüfung und Bewertung, das Verfahren sowie die Auswahl und Zulassung der Gutachter werden durch besonderes Gesetz geregelt.

Begründung des Regierungsentwurfs zu § 9a BDSG

Das Datenschutzaudit verfolgt das Ziel, datenschutzfreundliche Produkte auf dem Markt zu fördern, indem deren Datenschutzkonzept geprüft und bewertet wird. Eine entsprechende Regelung zum Datenschutzaudit enthält § 17 Mediendienste-Staatsvertrag.

Satz 2 bestimmt für das nähere Verfahren des Audits eine Regelung durch Gesetz. Dies ist notwendig, da die Bestimmung der Anforderungen an die Prüfung und Bewertung sowie die Auswahl und Zulassung der Gutachter berufsbeschränkenden Charakter hat und damit dem verfassungsrechtlichen Vorbehalt des Gesetzes unterliegt.

§ 10 Einrichtung automatisierter Abrufverfahren

(1) Die Einrichtung eines automatisierten Verfahrens, das die Übermittlung personenbezogener Daten durch Abruf ermöglicht, ist zulässig, soweit dieses Verfahren unter Berücksichtigung der schutzwürdigen Interessen der Betroffenen und der Aufgaben oder Geschäftszwecke der beteiligten Stellen angemessen ist. Die Vorschriften über die Zulässigkeit des einzelnen Abrufs bleiben unberührt.

(2) Die beteiligten Stellen haben zu gewährleisten, dass die Zulässigkeit des Abrufverfahrens kontrolliert werden kann. Hierzu haben sie schriftlich festzulegen:

1.   Anlass und Zweck des Abrufverfahrens,

2.   Dritte, an die übermittelt wird,

3.   Art der zu übermittelnden Daten,

4.   nach § 9 erforderliche technische und organisatorische Maßnahmen.

Im öffentlichen Bereich können die erforderlichen Festlegungen auch durch die Fachaufsichtsbehörden getroffen werden.

(3) Über die Einrichtung von Abrufverfahren ist in Fällen, in denen die in § 12 Abs. 1 genannten Stellen beteiligt sind, der Bundesbeauftragte für den Datenschutz unter Mitteilung der Festlegungen nach Absatz 2 zu unterrichten. Die Einrichtung von Abrufverfahren, bei denen die in § 6 Abs. 2 und in § 19 Abs. 3 genannten Stellen beteiligt sind, ist nur zulässig, wenn das für die speichernde und die abrufende Stelle jeweils zuständige Bundes- oder Landesministerium zugestimmt hat.

(4) Die Verantwortung für die Zulässigkeit des einzelnen Abrufs trägt der Dritte, an den übermittelt wird. Die speichernde Stelle prüft die Zulässigkeit der Abrufe nur, wenn dazu Anlass besteht. Die speichernde Stelle hat zu gewährleisten, dass die Übermittlung personenbezogener Daten zumindest durch geeignete Stichprobenverfahren festgestellt und überprüft werden kann. Wird ein Gesamtbestand personenbezogener Daten abgerufen oder übermittelt (Stapelverarbeitung), so bezieht sich die Gewährleistung der Feststellung und Überprüfung nur auf die Zulässigkeit des Abrufes oder der Übermittlung des Gesamtbestandes.

(5) Die Absätze 1 bis 4 gelten nicht für den Abruf allgemein zugänglicher Daten. Allgemein zugänglich sind Daten, die jedermann, sei es ohne oder nach vorheriger Anmeldung, Zulassung oder Entrichtung eines Entgelts, nutzen kann.

Begründung zu § 10 BDSG

Begründung des Regierungsentwurfs zu den Absätzen 1 – 4

Beim Abruf handelt es sich um eine Form der Übermittlung. § 10 gilt daher nur für On-Line-Verfahren der verantwortlichen Stelle mit Dritten. Da der Begriff des Empfängers nun in § 3 Abs. 8 Satz 1 definiert ist, war Absatz 2 Nr. 2 durch den Begriff des Dritten zu präzisieren.

Entsprechendes gilt für die Neuformulierung von Absatz 4.

Die Änderung in Absatz 3 geht auf einen Beschluss des Bundeskabinetts vom 20. Januar 1993 (GMBl. S. 46) zurück, nach dem einheitlich für alle Bundesressorts die sächliche Bezeichnungsform einzuführen ist. Auch in den Ländern ist die sächliche Bezeichnungsform für die Landesressorts eingeführt worden.

Begründung der Beschlussempfehlung des Innenausschusses des Bundestages zu Absatz 5

Der Bundesrat hat bei der von ihm angeregten Neufassung der Straf- und Bußgeldvorschriften die Ersetzung des Begriffs „offenkundig" durch „allgemein zugänglich" vorgeschlagen. Soweit dem gefolgt wird, empfiehlt sich insgesamt die Verwendung eines einheitlichen Sprachgebrauchs, da Bedeutungsunterschiede zwischen den Formulierungen „Datenbestände, die jedermann (...) offen stehen" (§ 10 Abs. 5 der geltenden Gesetzesfassung), „Daten aus allgemein zugänglichen Quellen" (§ 14 Abs. 2 Nr. 5 und § 28 Abs. 1 Satz 1 Nr. 3 i. d. F. des Regierungsentwurfs) und „Daten, die allgemein zugänglich sind" (vgl. Vorschlag des Bundesrates zu § 43 Abs. 1 und 2 Nr. 1) und „Daten, die (...) offenkundig sind" (§ 43 Abs. 1 und 2 Nr. 1 i. d. F. des Regierungsentwurfs) nicht bestehen.

§ 11 Erhebung, Verarbeitung oder Nutzung personenbezogener Daten im Auftrag

(1) Werden personenbezogene Daten im Auftrag durch andere Stellen erhoben, verarbeitet oder genutzt, ist der Auftraggeber für die Einhaltung der Vorschriften dieses Gesetzes und anderer Vorschriften über den Datenschutz verantwortlich. Die in den §§ 6, 7 und 8 genannten Rechte sind ihm gegenüber geltend zu machen.

(2) Der Auftragnehmer ist unter besonderer Berücksichtigung der Eignung der von ihm getroffenen technischen und organisatorischen Maßnahmen sorgfältig auszuwählen. Der Auftrag ist schriftlich zu erteilen, wobei die Datenerhebung, -verarbeitung oder -nutzung, die technischen und organisatorischen Maßnahmen und etwaige Unterauftragsverhältnisse festzulegen sind. Er kann bei öf-

fentlichen Stellen auch durch die Fachaufsichtsbehörde erteilt werden. Der Auftraggeber hat sich von der Einhaltung der beim Auftragnehmer getroffenen technischen und organisatorischen Maßnahmen zu überzeugen.

(3) Der Auftragnehmer darf die Daten nur im Rahmen der Weisungen des Auftraggebers erheben, verarbeiten oder nutzen. Ist er der Ansicht, dass eine Weisung des Auftraggebers gegen dieses Gesetz oder andere Vorschriften über den Datenschutz verstößt, hat er den Auftraggeber unverzüglich darauf hinzuweisen.

(4) Für den Auftragnehmer gelten neben den §§ 5, 9, 43 Abs. 1 Nr. 2, 10 und 11, Abs. 2 Nr. 1 bis 3 und Abs. 3 sowie § 44 nur die Vorschriften über die Datenschutzkontrolle oder die Aufsicht, und zwar für

1. a) öffentliche Stellen,

    b) nicht-öffentliche Stellen, bei denen der öffentlichen Hand die Mehrheit der Anteile gehört oder die Mehrheit der Stimmen zusteht und der Auftraggeber eine öffentliche Stelle ist,

    die §§ 18, 24 bis 26 oder die entsprechenden Vorschriften der Datenschutzgesetze der Länder,

2. die übrigen nicht-öffentlichen Stellen, soweit sie personenbezogene Daten im Auftrag als Dienstleistungsunternehmen geschäftsmäßig erheben, verarbeiten oder nutzen, die §§ 4f, 4g und 38.

(5) Die Absätze 1 bis 4 gelten entsprechend, wenn die Prüfung oder Wartung automatisierter Verfahren oder von Datenverarbeitungsanlagen durch andere Stellen im Auftrag vorgenommen wird und dabei ein Zugriff auf personenbezogene Daten nicht ausgeschlossen werden kann.

Begründung zu § 11 BDSG

Begründung des Regierungsentwurfs zu den Absätzen 1 und 2

*Da **Artikel 2 Buchstabe b der Richtlinie*** auch die Erhebung und Nutzung in den Verarbeitungsbegriff einbezieht, war die Vorschrift entsprechend zu ergänzen.

Die Änderung in Absatz 1 Satz 2 ist eine Folgeänderung der neu eingefügten Vorschriften der §§ 6a ff.

Absatz 2 Satz 4 *setzt **Artikel 17 Abs. 2 zweiter Halbsatz der Richtlinie*** um.

Begründung der Beschlussempfehlung des Innenausschusses des Bundestages zu Absatz 2 Satz 4

Die Änderung[1] setzt einen Vorschlag des Bundesrates (Drs. 461/00 – Beschluss, S. 7 zu Nr. 8) um. Der Bundesrat hat darauf hingewiesen, dass die Verpflichtung des Auftraggebers, sich von der Einhaltung der getroffenen technischen und organisatorischen Maßnahmen zu überzeugen, nicht zwingend „beim" Auftragnehmer vor Ort erfüllt werden muss.

Die vom Bundesrat zusätzlich für erforderlich gehaltene Klarstellung „in geeigneter Weise" ist dagegen entbehrlich, da es keiner gesetzlichen Klarstellung bedarf, dass der Auftragnehmer seine gesetzlichen Verpflichtungen nur durch geeignete Maßnahmen erfüllen kann (vgl. Gegenäußerung der Bundesregierung, Drs. 14/4458, S. 2 zu Nr. 8).

Begründung des Regierungsentwurfs zu den Absätzen 4 und 5

Die geänderten Verweise in Absatz 4 Nr. 2 sind Folgeänderungen im Zusammenhang mit den Aufhebungen der §§ 32, 36 und 37, dem Entfallen der Meldepflicht für die Auftragsdatenverarbeitung im nicht öffentlichen Bereich (§ 4d Abs. 4) sowie mit der Schaffung der neuen Vorschriften der §§ 4f und 4g.

Die Vorschrift erklärt die Regelungen über die Auftragsdatenverarbeitung der Absätze 1 bis 4 für entsprechend anwendbar auf die Prüfung oder Wartung automatisierter Verfahren oder von Datenverarbeitungsanlagen durch Stellen außerhalb der verantwortlichen Stelle.

---

[1] Umstellung von Satz 4.

Zweiter Abschnitt

Datenverarbeitung der öffentlichen Stellen

Erster Unterabschnitt

Rechtsgrundlagen der Datenverarbeitung

§ 12 Anwendungsbereich

(1) Die Vorschriften dieses Abschnittes gelten für öffentliche Stellen des Bundes, soweit sie nicht als öffentlichrechtliche Unternehmen am Wettbewerb teilnehmen.

(2) Soweit der Datenschutz nicht durch Landesgesetz geregelt ist, gelten die §§ 12 bis 16, 19 bis 20 auch für die öffentlichen Stellen der Länder, soweit sie

1. Bundesrecht ausführen und nicht als öffentlich-rechtliche Unternehmen am Wettbewerb teilnehmen oder

2. als Organe der Rechtspflege tätig werden und es sich nicht um Verwaltungsangelegenheiten handelt.

(3) Für Landesbeauftragte für den Datenschutz gilt § 23 Abs. 4 entsprechend.

(4) Werden personenbezogene Daten für frühere, bestehende oder zukünftige dienst- oder arbeitsrechtliche Rechtsverhältnisse erhoben, verarbeitet oder genutzt, gelten anstelle der §§ 13 bis 16, 19 bis 20 der § 28 Abs. 1 und 3 Nr. 1 sowie die §§ 33 bis 35, auch soweit personenbezogene Daten weder automatisiert verarbeitet noch in nicht automatisierten Dateien verarbeitet oder genutzt oder dafür erhoben werden.

Begründung des Regierungsentwurfs zu § 12 BDSG

Die Änderungen der Verweise in den Absätzen 2 und 4 sind Folgeänderungen im Zusammenhang mit der Streichung von § 17 a. F., der Schaffung der neuen Vorschrift des § 19a, der Einbeziehung der Erhebung in § 28 Abs. 1 sowie der Einfügung eines neuen Absatzes 2 in § 28. Durch die Ergänzung in Absatz 4 war sicherzustellen, dass Arbeitnehmerdaten unabhängig von dem verwendeten Speichermedium geschützt sind.

§ 13 Datenerhebung

(1) Das Erheben personenbezogener Daten ist zulässig, wenn ihre Kenntnis zur Erfüllung der Aufgaben der verantwortlichen Stelle erforderlich ist.

(1a) Werden personenbezogene Daten statt beim Betroffenen bei einer nicht-öffentlichen Stelle erhoben, so ist die Stelle auf die Rechtsvorschrift, die zur Auskunft verpflichtet, sonst auf die Freiwilligkeit ihrer Angaben hinzuweisen.

(2) Das Erheben besonderer Arten personenbezogener Daten (§ 3 Abs. 9) ist nur zulässig, soweit

1. **eine Rechtsvorschrift dies vorsieht oder aus Gründen eines wichtigen öffentlichen Interesses zwingend erfordert,**

2. **der Betroffene nach Maßgabe des § 4a Abs. 3 eingewilligt hat,**

3. **dies zum Schutz lebenswichtiger Interessen des Betroffenen oder eines Dritten erforderlich ist, sofern der Betroffene aus physischen oder rechtlichen Gründen außerstande ist, seine Einwilligung zu geben,**

4. **es sich um Daten handelt, die der Betroffene offenkundig öffentlich gemacht hat,**

5. **dies zur Abwehr einer erheblichen Gefahr für die öffentliche Sicherheit erforderlich ist,**

6. **dies zur Abwehr erheblicher Nachteile für das Gemeinwohl oder zur Wahrung erheblicher Belange des Gemeinwohls zwingend erforderlich ist,**

7. **dies zum Zweck der Gesundheitsvorsorge, der medizinischen Diagnostik, der Gesundheitsversorgung oder Behandlung oder für die Verwaltung von Gesundheitsdiensten erforderlich ist und die Verarbeitung dieser Daten durch ärztliches Personal oder durch sonstige Personen erfolgt, die einer entsprechenden Geheimhaltungspflicht unterliegen,**

8. **dies zur Durchführung wissenschaftlicher Forschung erforderlich ist, das wissenschaftliche Interesse an der Durchführung des Forschungsvorhabens das Interesse des Betroffenen an dem Ausschluss der Erhebung erheblich überwiegt und der Zweck der Forschung auf andere Weise nicht oder nur mit unverhältnismäßigem Aufwand erreicht werden kann oder**

9. **dies aus zwingenden Gründen der Verteidigung oder der Erfüllung über- oder zwischenstaatlicher Verpflichtungen einer öffentlichen Stelle des Bundes auf dem Gebiet der Krisenbewältigung oder Konfliktverhinderung oder für humanitäre Maßnahmen erforderlich ist.**

Begründung zu § 13 BDSG

Begründung des Regierungsentwurfs zu Absatz 1

In Absatz 1 steht die Ersetzung des Begriffs „erhebenden Stellen" durch den der „verantwortlichen Stelle" im Zusammenhang mit der Ersetzung des Begriffs der speichernden Stelle durch den der verantwortlichen Stelle (vgl. hierzu die Begründung zu § 3 Abs. 7). Anstelle der bisherigen Pluralform („Stellen") wurde in Übereinstimmung mit § 14 Abs. 1 die Singularform gewählt. Im Übrigen wird auf die Begründung zu § 4 verwiesen.

Begründung der Beschlussempfehlung des Innenausschusses des Bundestages zu Absatz 1a

Folgeänderung (Beschränkung der Hinweispflicht auf den öffentlichen Bereich durch Einstellung der Vorschrift des § 4 Abs. 4 in § 13).

Begründung des Regierungsentwurfs zu Absatz 2

Absatz 2 setzt *Artikel 8 der Richtlinie* um, der ein generelles Verwendungsverbot mit enumerativen Ausnahmetatbeständen für die in § 3 Abs. 9 bezeichneten Daten vorsieht. Durch die Nummern 1 bis 9 werden die nach der Richtlinie möglichen Ausnahmen im Hinblick auf das Bestimmtheitsgebot konkretisiert. Aufgrund der Subsidiarität des Bundesdatenschutzgesetzes nach § 1 Abs. 3 gelten die Einschränkungen des Absatzes 2 nur für Bereiche, in denen spezialgesetzliche Regelungen für die Verwendung der in § 3 Abs. 9 genannten Arten von Daten fehlen. Dies gilt etwa für die Datenschutzregelungen im Bereich des Gesundheitswesens, die von *Artikel 8 Abs. 3 der Richtlinie* erfasst werden. Ferner geht die Gesetzgebung auf dem Gebiet der sozialen Sicherheit den hier geschaffenen Regelungen vor, da es sich dabei um ein „wichtiges öffentliches Interesse" im Sinne von *Artikel 8 Abs. 4 der Richtlinie* handelt, bei dessen Vorliegen Ausnahmen von dem Verwendungsverbot des Absatzes 1 zulässig sind. Dies wird im *Erwägungsgrund 34 der Richtlinie* besonders hervorgehoben. In *Erwägungsgrund 35* wird darüber hinaus ausgeführt, dass die Verarbeitung personenbezogener Daten durch staatliche Stellen für verfassungsrechtlich oder im Völkerrecht niedergelegte Zwecke von staatlich anerkannten Religionsgesellschaften im Hinblick auf ein wichtiges öffentliches Interesse erfolgt. Absatz 2 Nr. 1 verdeutlicht, dass die Erhebung der in § 3 Abs. 9 genannten Arten von Daten aufgrund entsprechender bereichsspezifischer Ermächtigungsgrundlagen oder dann zulässig ist, wenn die Erhebung zur Ermittlung des Sachverhalts zu einem auf solche Daten bezogenen Tatbestandsmerkmal einer bereichsspezifischen Norm aus Gründen eines wichtigen öffentlichen Interesses zwingend erforderlich ist.

Die Nummern 2, 3 und 4 setzen *Artikel 8 Abs. 2 Buchstabe a, c und e der Richtlinie* um.

Die Nummern 5 und 6 beruhen auf einer Umsetzung des *Artikels 8 Abs. 4 der Richtlinie*. Die Anwendbarkeit der Nummer 6 setzt in Anbetracht der Anforderungen des *Artikels 8 Abs. 4 der Richtlinie* voraus, dass die Schwelle für die Annahme erheblicher Nachteile oder erheblicher Belange des Gemeinwohls hoch ist. Nicht jedes öffentliche Interesse ist ausreichend.

Nummer 7 setzt *Artikel 8 Abs. 3 der Richtlinie* um und schafft eine gesetzliche Grundlage für die Erhebung von Daten, um die Notwendigkeit der Einwilligung verbunden mit der Beachtung des Ausdrücklichkeitserfordernisses nach § 4a Abs. 3 zu vermeiden. Für die Verarbeitung und Nutzung der Daten sind wie bisher gemäß § 1 Abs. 3 Satz 2 Berufs- und besondere Amtsgeheimnisse maßgeblich, die ein solches Ausdrücklichkeitserfordernis nicht kennen. Die Vorschrift erfasst auch die für die medizinische Begutachtung erforderliche Diagnostik. Die Verwaltung von Gesundheitsdiensten umfasst auch die Abrechnung ihrer Leistungen.

Im Rahmen der Nummer 8 kommt bei der Abwägung und Gewichtung zwischen dem wissenschaftlichen Interesse an dem Forschungsvorhaben und dem Individualinteresse des Betroffenen am Ausschluss der Erhebung seiner Daten dem öffentlichen Interesse an dem Forschungsvorhaben eine erhebliche Bedeutung zu. Die grundgesetzlich geschützte zweckfreie wissenschaftliche Forschung liegt regelmäßig im öffentlichen Interesse, wie es *Artikel 8 Abs. 4 der Richtlinie* fordert.

Nummer 9 schafft eine Ausnahme außerhalb des von dem Anwendungsbereich der Richtlinie betroffenen Gegenstands der ersten Säule des EU-Vertrages.

§ 14 Datenspeicherung, -veränderung und -nutzung

(1) Das Speichern, Verändern oder Nutzen personenbezogener Daten ist zulässig, wenn es zur Erfüllung der in der Zuständigkeit der verantwortlichen Stelle liegenden Aufgaben erforderlich ist und es für die Zwecke erfolgt, für die die Daten erhoben worden sind. Ist keine Erhebung vorausgegangen, dürfen die Daten nur für die Zwecke geändert oder genutzt werden, für die sie gespeichert worden sind.

(2) Das Speichern, Verändern oder Nutzen für andere Zwecke ist nur zulässig, wenn

1. **eine Rechtsvorschrift dies vorsieht oder zwingend voraussetzt,**

2. **der Betroffene eingewilligt hat,**

3. **offensichtlich ist, dass es im Interesse des Betroffenen liegt, und kein Grund zu der Annahme besteht, dass er in Kenntnis des anderen Zwecks seine Einwilligung verweigern würde,**

4. **Angaben des Betroffenen überprüft werden müssen, weil tatsächliche Anhaltspunkte für deren Unrichtigkeit bestehen,**

5. die Daten allgemein zugänglich sind oder die verantwortliche Stelle sie veröffentlichen dürfte, es sei denn, dass das schutzwürdige Interesse des Betroffenen an dem Ausschluss der Zweckänderung offensichtlich überwiegt,

6. es zur Abwehr erheblicher Nachteile für das Gemeinwohl oder einer Gefahr für die öffentliche Sicherheit oder zur Wahrung erheblicher Belange des Gemeinwohls erforderlich ist,

7. es zur Verfolgung von Straftaten oder Ordnungswidrigkeiten, zur Vollstreckung oder zum Vollzug von Strafen oder Maßnahmen im Sinne des § 11 Abs. 1 Nr. 8 des Strafgesetzbuchs oder von Erziehungsmaßregeln oder Zuchtmitteln im Sinne des Jugendgerichtsgesetzes oder zur Vollstreckung von Bußgeldentscheidungen erforderlich ist,

8. es zur Abwehr einer schwerwiegenden Beeinträchtigung der Rechte einer anderen Person erforderlich ist oder

9. es zur Durchführung wissenschaftlicher Forschung erforderlich ist, das wissenschaftliche Interesse an der Durchführung des Forschungsvorhabens das Interesse des Betroffenen an dem Ausschluss der Zweckänderung erheblich überwiegt und der Zweck der Forschung auf andere Weise nicht oder nur mit unverhältnismäßigem Aufwand erreicht werden kann.

(3) Eine Verarbeitung oder Nutzung für andere Zwecke liegt nicht vor, wenn sie der Wahrnehmung von Aufsichts- und Kontrollbefugnissen, der Rechnungsprüfung oder der Durchführung von Organisationsuntersuchungen für die verantwortliche Stelle dient. Das gilt auch für die Verarbeitung oder Nutzung zu Ausbildungs- und Prüfungszwecken durch die verantwortliche Stelle, soweit nicht überwiegende schutzwürdige Interessen des Betroffenen entgegenstehen.

(4) Personenbezogene Daten, die ausschließlich zu Zwecken der Datenschutzkontrolle, der Datensicherung oder zur Sicherstellung eines ordnungsgemäßen Betriebes einer Datenverarbeitungsanlage gespeichert werden, dürfen nur für diese Zwecke verwendet werden.

(5) Das Speichern, Verändern oder Nutzen von besonderen Arten personenbezogener Daten (§ 3 Abs. 9) für andere Zwecke ist nur zulässig, wenn

1. die Voraussetzungen vorliegen, die eine Erhebung nach § 13 Abs. 2 Nr. 1 bis 6 oder 9 zulassen würden oder

2. dies zur Durchführung wissenschaftlicher Forschung erforderlich ist, das öffentliche Interesse an der Durchführung des Forschungsvorhabens das Interesse des Betroffenen an dem Ausschluss der Zweckänderung erheblich überwiegt und der Zweck der Forschung auf andere Weise nicht oder nur mit unverhältnismäßigem Aufwand erreicht werden kann.

Bei der Abwägung nach Satz 1 Nr. 2 ist im Rahmen des öffentlichen Interesses das wissenschaftliche Interesse an dem Forschungsvorhaben besonders zu berücksichtigen.

(6) Die Speicherung, Veränderung oder Nutzung von besonderen Arten personenbezogener Daten (§ 3 Abs. 9) zu den in § 13 Abs. 2 Nr. 7 genannten Zwecken richtet sich nach den für die in § 13 Abs. 2 Nr. 7 genannten Personen geltenden Geheimhaltungspflichten.

Begründung zu § 14 BDSG

Begründung der Beschlussempfehlung des Innenausschusses des Bundestages zu Absatz 2 Nr. 5

Folgeänderung zu VIII.[1] (Vereinheitlichung des Sprachgebrauchs durch Ersetzung von „allgemein zugänglichen Quellen" durch „allgemein zugänglich").

Begründung des Regierungsentwurfs zu Absatz 2 Nr. 6 – Absatz 6

Die Änderungen sind Folgeänderungen im Zusammenhang mit der Ersetzung des Begriffs der speichernden Stelle durch den der verantwortlichen Stelle (vgl. hierzu die Begründung zu § 3 Abs. 7).

In Absatz 2 Nr. 6 bedurfte es zur Vermeidung von Wertungswidersprüchen einer entsprechenden Ergänzung für Daten, die nicht § 3 Abs. 9 unterfallen, da § 13 Abs. 2 Nr. 6 die Erhebung von besonderen Arten personenbezogener Daten (§ 3 Abs. 9) auch zur Wahrung erheblicher Belange des Gemeinwohls vorsieht. Die Wörter „sonst unmittelbar drohenden" wurden in Anpassung an die gebräuchliche Terminologie in bereichsspezifischen Gesetzen gestrichen.

In Absatz 5 bedurfte es aufgrund der Regelung der Erhebung besonderer Arten personenbezogener Daten (§ 3 Abs. 9) in Verbindung mit § 13 Abs. 2 einer Bestimmung zur weiteren zweckändernden Verwendung dieser Daten.

Zu Nummer 1: Durch Verweis auf die Voraussetzungen des § 13 Abs. 2 in Nummer 1 wird sichergestellt, dass sich die zweckändernde Verwendung in Übereinstimmung mit *Artikel 6 Abs. 1 Buchstabe b der Richtlinie* und ebenfalls im Rahmen der Möglichkeiten des *Artikels 8 der Richtlinie* bewegt.

Zu Nummer 2: Im Rahmen der Durchführung von Forschungsvorhaben ist zunächst wichtige Aufgabe des Wissenschaftlers, Ziel und Zweck des jeweiligen Forschungsvorhabens zu umschreiben. Dies hat in einer Weise zu erfolgen, die es ermöglicht, weitere Änderungen der wissenschaftlichen Fragestellung von vornherein mit einzu-

---

[1] § 10 Abs. 5.

beziehen, so dass insoweit keine Zweckänderungen im Sinne der Nummer 2 vorlie-gen. Das in Nummer 2 statuierte Abwägungserfordernis des öffentlichen Interesses an der Durchführung des Forschungsvorhabens mit dem Interesse des Betroffenen an dem Ausschluss der Zweckänderung ist somit erst dann zu prüfen, wenn es sich um Änderungen außerhalb der oben beschriebenen wissenschaftlichen Fragestellung handelt. Zudem stellt Satz 2 sicher, dass dem wissenschaftlichen Interesse an dem Forschungsvorhaben im Rahmen dieser Abwägung besonderes Gewicht zukommt.

Zu Absatz 6: Für die Speicherung, Veränderung oder Nutzung dieser Daten sind gemäß § 1 Abs. 3 Satz 2 wie bisher Berufs- und besondere Amtsgeheimnisse maß-geblich, die das Ausdrücklichkeitserfordernis des § 4a Abs. 3 nicht kennen. Der Gedanke des Absatzes 6 findet über die in § 15 Abs. 1 Nr. 2 und § 16 Abs. 1 Nr. 1 erfolgende Bezugnahme auf § 14 auch Eingang in die für die Übermittlung gelten-den Vorschriften.

§ 15 Datenübermittlung an öffentliche Stellen

(1) Die Übermittlung personenbezogener Daten an öffentliche Stellen ist zuläs-sig, wenn

1.   **sie zur Erfüllung der in der Zuständigkeit der übermittelnden Stelle oder des Dritten, an den die Daten übermittelt werden, liegenden Aufgaben er-forderlich ist und**

2.   **die Voraussetzungen vorliegen, die eine Nutzung nach § 14 zulassen wür-den.**

(2) Die Verantwortung für die Zulässigkeit der Übermittlung trägt die übermit-telnde Stelle. Erfolgt die Übermittlung auf Ersuchen des Dritten, an den die Daten übermittelt werden, trägt dieser die Verantwortung. In diesem Fall prüft die übermittelnde Stelle nur, ob das Übermittlungsersuchen im Rahmen der Aufgaben des Dritten, an den die Daten übermittelt werden, liegt, es sei denn, dass besonderer Anlass zur Prüfung der Zulässigkeit der Übermittlung besteht. § 10 Abs. 4 bleibt unberührt.

(3) Der Dritte, an den die Daten übermittelt werden, darf diese für den Zweck verarbeiten oder nutzen, zu dessen Erfüllung sie ihm übermittelt werden. Eine Verarbeitung oder Nutzung für andere Zwecke ist nur unter den Vorausset-zungen des § 14 Abs. 2 zulässig.

(4) Für die Übermittlung personenbezogener Daten an Stellen der öffentlich-rechtlichen Religionsgesellschaften gelten die Absätze 1 bis 3 entsprechend, sofern sichergestellt ist, dass bei diesen ausreichende Datenschutzmaßnahmen getroffen werden.

(5) Sind mit personenbezogenen Daten, die nach Absatz 1 übermittelt werden dürfen, weitere personenbezogene Daten des Betroffenen oder eines Dritten so

verbunden, dass eine Trennung nicht oder nur mit unvertretbarem Aufwand möglich ist, so ist die Übermittlung auch dieser Daten zulässig, soweit nicht berechtigte Interessen des Betroffenen oder eines Dritten an deren Geheimhaltung offensichtlich überwiegen; eine Nutzung dieser Daten ist unzulässig.

(6) Absatz 5 gilt entsprechend, wenn personenbezogene Daten innerhalb einer öffentlichen Stelle weitergegeben werden.

Begründung des Regierungsentwurfs zu § 15 BDSG

Die Vorschrift regelt den Fall der Übermittlung von Daten an öffentliche Stellen. Wesentliches Element der Übermittlung ist die Bekanntgabe von Daten an Dritte (§ 3 Abs. 4 Nr. 3). Zu den datenempfangenden öffentlichen Stellen im Sinne der Vorschrift zählen alle deutschen öffentlichen Stellen, soweit sie Dritte sind, sowie solche im EU-Ausland. Um Missverständnisse mit dem weitergehenden Begriff des nun in § 3 Abs. 8 Satz 1 definierten Empfängers zu vermeiden, war der Begriff des Empfängers durch den des Dritten, an den die Daten übermittelt werden, zu ersetzen bzw. die Vorschrift entsprechend zu modifizieren.

Hinsichtlich des Verzichts auf den Begriff „Akten" in Absatz 5 wird auf die Begründung zu § 3 Abs. 2 verwiesen.

§ 16 Datenübermittlung an nicht-öffentliche Stellen

(1) Die Übermittlung personenbezogener Daten an nicht-öffentliche Stellen ist zulässig, wenn

1. sie zur Erfüllung der in der Zuständigkeit der übermittelnden Stelle liegenden Aufgaben erforderlich ist und die Voraussetzungen vorliegen, die eine Nutzung nach § 14 zulassen würden, oder

2. der Dritte, an den die Daten übermittelt werden, ein berechtigtes Interesse an der Kenntnis der zu übermittelnden Daten glaubhaft darlegt und der Betroffene kein schutzwürdiges Interesse an dem Ausschluss der Übermittlung hat. Das Übermitteln von besonderen Arten personenbezogener Daten (§ 3 Abs. 9) ist abweichend von Satz 1 Nr. 2 nur zulässig, wenn die Voraussetzungen vorliegen, die eine Nutzung nach § 14 Abs. 5 und 6 zulassen würden oder soweit dies zur Geltendmachung, Ausübung oder Verteidigung rechtlicher Ansprüche erforderlich ist.

(2) Die Verantwortung für die Zulässigkeit der Übermittlung trägt die übermittelnde Stelle.

(3) In den Fällen der Übermittlung nach Absatz 1 Nr. 2 unterrichtet die übermittelnde Stelle den Betroffenen von der Übermittlung seiner Daten. Dies gilt

nicht, wenn damit zu rechnen ist, dass er davon auf andere Weise Kenntnis erlangt, oder wenn die Unterrichtung die öffentliche Sicherheit gefährden oder sonst dem Wohle des Bundes oder eines Landes Nachteile bereiten würde.

(4) Der Dritte, an den die Daten übermittelt werden, darf diese nur für den Zweck verarbeiten oder nutzen, zu dessen Erfüllung sie ihm übermittelt werden. Die übermittelnde Stelle hat ihn darauf hinzuweisen. Eine Verarbeitung oder Nutzung für andere Zwecke ist zulässig, wenn eine Übermittlung nach Absatz 1 zulässig wäre und die übermittelnde Stelle zugestimmt hat.

Begründung des Regierungsentwurfs zu § 16 BDSG
Zur Ersetzung des Begriffs des Empfängers durch den Begriff des Dritten, an den die Daten übermittelt werden, wird auf die Begründung zu § 15 verwiesen.

Die Ergänzung in Absatz 1 Nr. 2 Satz 2 stellt sicher, dass bei einer Übermittlung von Daten nach § 3 Abs. 9 die Anforderungen des § 14 Abs. 5 und 6 gewahrt werden. Auf die Begründung zu dieser Vorschrift wird verwiesen. Der letzte Halbsatz setzt *Artikel 8 Abs. 2 Buchstabe e zweiter Halbsatz* der Richtlinie um und gewährleistet unter den genannten Voraussetzungen die Übermittlung von Daten nach § 3 Abs. 9 an nicht öffentliche Stellen.

§ 17 (weggefallen)

Begründung des Regierungsentwurfs

Auf die Begründung zu § 4b wird verwiesen.

§ 18 Durchführung des Datenschutzes in der Bundesverwaltung

(1) Die obersten Bundesbehörden, der Präsident des Bundeseisenbahnvermögens sowie die bundesunmittelbaren Körperschaften, Anstalten und Stiftungen des öffentlichen Rechts, über die von der Bundesregierung oder einer obersten Bundesbehörde lediglich die Rechtsaufsicht ausgeübt wird, haben für ihren Geschäftsbereich die Ausführung dieses Gesetzes sowie anderer Rechtsvorschriften über den Datenschutz sicherzustellen. Das Gleiche gilt für die Vorstände der aus dem Sondervermögen Deutsche Bundespost durch Gesetz hervorgegangenen Unternehmen, solange diesen ein ausschließliches Recht nach dem Postgesetz zusteht.

(2) Die öffentlichen Stellen führen ein Verzeichnis der eingesetzten Datenverarbeitungsanlagen. Für ihre automatisierten Verarbeitungen haben sie die Angaben nach § 4e sowie die Rechtsgrundlage der Verarbeitung schriftlich festzulegen. Bei allgemeinen Verwaltungszwecken dienenden automatisierten Verarbeitungen, bei welchen das Auskunftsrecht des Betroffenen nicht nach § 19 Abs. 3 oder 4 eingeschränkt wird, kann hiervon abgesehen werden. Für automatisierte Verarbeitungen, die in gleicher oder ähnlicher Weise mehrfach geführt werden, können die Festlegungen zusammengefasst werden.

Begründung des Regierungsentwurfs zu § 18 BDSG

Um unnötige Wiederholungen zu vermeiden, wurde die Auflistung des Absatzes 2 Satz 2 durch den Verweis auf die neue Vorschrift des § 4e ersetzt. Die Angabe der Rechtsgrundlage der Verarbeitung dient der Erleichterung der Überprüfung durch den Bundesbeauftragten für den Datenschutz.

Absatz 2 Satz 3 und 4 beinhaltet eine Einschränkung der Verpflichtung der öffentlichen Stellen zur Führung eines Verzeichnisses ihrer automatisierten Verarbeitungen, die der Entlastung dieser Stellen dient. Anwendungsbeispiele sind in erster Linie triviale automatisierte Verarbeitungen (Geburtstagslisten u. ä.).

Die umzusetzende Richtlinie sieht eine Privilegierungsmöglichkeit für nur vorübergehend vorgehaltene Dateien im Sinne des § 18 Abs. 3 a. F. nicht vor. Die Vorschrift des Absatzes 3 war daher ersatzlos aufzuheben.

Zweiter Unterabschnitt

Rechte des Betroffenen

§ 19 Auskunft an den Betroffenen

(1) Dem Betroffenen ist auf Antrag Auskunft zu erteilen über

1. die zu seiner Person gespeicherten Daten, auch soweit sie sich auf die Herkunft dieser Daten beziehen,

2. die Empfänger oder Kategorien von Empfängern, an die die Daten weitergegeben werden, und

3. den Zweck der Speicherung.

In dem Antrag soll die Art der personenbezogenen Daten, über die Auskunft erteilt werden soll, näher bezeichnet werden. Sind die personenbezogenen Daten weder automatisiert noch in nicht automatisierten Dateien gespeichert, wird die Auskunft nur erteilt, soweit der Betroffene Angaben macht, die das

Auffinden der Daten ermöglichen, und der für die Erteilung der Auskunft erforderliche Aufwand nicht außer Verhältnis zu dem vom Betroffenen geltend gemachten Informationsinteresse steht. Die verantwortliche Stelle bestimmt das Verfahren, insbesondere die Form der Auskunftserteilung, nach pflichtgemäßem Ermessen.

(2) Absatz 1 gilt nicht für personenbezogene Daten, die nur deshalb gespeichert sind, weil sie aufgrund gesetzlicher, satzungsmäßiger oder vertraglicher Aufbewahrungsvorschriften nicht gelöscht werden dürfen, oder ausschließlich Zwecken der Datensicherung oder der Datenschutzkontrolle dienen und eine Auskunftserteilung einen unverhältnismäßigen Aufwand erfordern würde.

(3) Bezieht sich die Auskunftserteilung auf die Übermittlung personenbezogener Daten an Verfassungsschutzbehörden, den Bundesnachrichtendienst, den Militärischen Abschirmdienst und, soweit die Sicherheit des Bundes berührt wird, andere Behörden des Bundesministeriums der Verteidigung, ist sie nur mit Zustimmung dieser Stellen zulässig.

(4) Die Auskunftserteilung unterbleibt, soweit

1. die Auskunft die ordnungsgemäße Erfüllung der in der Zuständigkeit der verantwortlichen Stelle liegenden Aufgaben gefährden würde,

2. die Auskunft die öffentliche Sicherheit oder Ordnung gefährden oder sonst dem Wohle des Bundes oder eines Landes Nachteile bereiten würde oder

3. die Daten oder die Tatsache ihrer Speicherung nach einer Rechtsvorschrift oder ihrem Wesen nach, insbesondere wegen der überwiegenden berechtigten Interessen eines Dritten, geheim gehalten werden müssen

und deswegen das Interesse des Betroffenen an der Auskunftserteilung zurücktreten muss.

(5) Die Ablehnung der Auskunftserteilung bedarf einer Begründung nicht, soweit durch die Mitteilung der tatsächlichen und rechtlichen Gründe, auf die die Entscheidung gestützt wird, der mit der Auskunftsverweigerung verfolgte Zweck gefährdet würde. In diesem Fall ist der Betroffene darauf hinzuweisen, dass er sich an den Bundesbeauftragten für den Datenschutz wenden kann.

(6) Wird dem Betroffenen keine Auskunft erteilt, so ist sie auf sein Verlangen dem Bundesbeauftragten für den Datenschutz zu erteilen, soweit nicht die jeweils zuständige oberste Bundesbehörde im Einzelfall feststellt, dass dadurch die Sicherheit des Bundes oder eines Landes gefährdet würde. Die Mitteilung des Bundesbeauftragten an den Betroffenen darf keine Rückschlüsse auf den Erkenntnisstand der verantwortlichen Stelle zulassen, sofern diese nicht einer weitergehenden Auskunft zustimmt.

(7) Die Auskunft ist unentgeltlich.

Begründung des Regierungsentwurfs zu § 19 BDSG

Durch die Neufassung des Absatzes 1 wird *Artikel 12 Buchstabe a erster Spiegelstrich der Richtlinie* umgesetzt.

Die Neufassung erweitert den Umfang des Auskunftsrechts um die Information über Empfänger oder Kategorien von Empfängern. Um inhaltliche Überschneidungen von Nummer 2 mit Nummer 1 a. F. zu vermeiden, war Nummer 1 a. F. entsprechend zu modifizieren. Im Hinblick auf den Begriff des Empfängers wird auf § 3 Abs. 8 Satz 1 sowie die Begründung hierzu verwiesen.

Die Änderungen in Absatz 1 Satz 4, den Absätzen 4 und 6 sind Folgeänderungen im Zusammenhang mit der Ersetzung des Begriffs der speichernden Stelle durch den der verantwortlichen Stelle (vgl. hierzu die Begründung zu § 3 Abs. 7). Hinsichtlich der Ersetzung des Wortes „Akten" durch die Wörter „weder automatisiert noch in nicht automatisierten Dateien" in Absatz 1 Satz 3 wird auf die Begründung zu § 3 Abs. 2 verwiesen.

Die Ausnahme des Absatzes 2 Satz 1 wurde in Anwendung des *Artikels 13 Abs. 1 Buchstabe g der Richtlinie* modifiziert.

Die Änderung in Absatz 3 geht auf einen Beschluss des Bundeskabinetts vom 20. Januar 1993 (GMBl. S. 46) zurück, nach dem einheitlich für alle Bundesressorts die sächliche Bezeichnungsform einzuführen ist. Entsprechende Änderungen finden sich in § 22 Abs. 5 und § 23 Abs. 3 und 5.

§ 19a Benachrichtigung

(1) Werden Daten ohne Kenntnis des Betroffenen erhoben, so ist er von der Speicherung, der Identität der verantwortlichen Stelle sowie über die Zweckbestimmungen der Erhebung, Verarbeitung oder Nutzung zu unterrichten. Der Betroffene ist auch über die Empfänger oder Kategorien von Empfängern von Daten zu unterrichten, soweit er nicht mit der Übermittlung an diese rechnen muss. Sofern eine Übermittlung vorgesehen ist, hat die Unterrichtung spätestens bei der ersten Übermittlung zu erfolgen.

(2) Eine Pflicht zur Benachrichtigung besteht nicht, wenn

1. der Betroffene auf andere Weise Kenntnis von der Speicherung oder der Übermittlung erlangt hat,

2. die Unterrichtung des Betroffenen einen unverhältnismäßigen Aufwand erfordert oder

3. die Speicherung oder Übermittlung der personenbezogenen Daten durch Gesetz ausdrücklich vorgesehen ist.

Die verantwortliche Stelle legt schriftlich fest, unter welchen Voraussetzungen von einer Benachrichtigung nach Nummer 2 oder 3 abgesehen wird.

(3) § 19 Abs. 2 bis 4 gilt entsprechend.

Begründung des Regierungsentwurfs zu § 19a BDSG

Absatz 1 führt in Umsetzung von *Artikel 11 der Richtlinie* eine Benachrichtigungspflicht im öffentlichen Bereich für die Fälle ein, in denen Daten nicht beim Betroffenen unmittelbar selbst erhoben werden.

Die in Absatz 2 Nr. 1 bis 3 geregelten Ausnahmen von der Benachrichtigungspflicht setzen *Artikel 11 Abs. 2 der Richtlinie* um, die in Absatz 3 geregelten Ausnahmen beruhen auf *Artikel 13 der Richtlinie*.

Durch Absatz 2 Satz 2 wird das Erfordernis der „geeigneten Garantien" nach *Artikel 11 Abs. 2 Satz 2 der Richtlinie* umgesetzt. Der behördliche Beauftragte für den Datenschutz wirkt auf die Einhaltung dieser Vorschrift hin.

§ 20 Berichtigung, Löschung und Sperrung von Daten; Widerspruchsrecht

(1) Personenbezogene Daten sind zu berichtigen, wenn sie unrichtig sind. Wird festgestellt, dass personenbezogene Daten, die weder automatisiert verarbeitet noch in nicht automatisierten Dateien gespeichert sind, unrichtig sind, oder wird ihre Richtigkeit von dem Betroffenen bestritten, so ist dies in geeigneter Weise festzuhalten.

(2) Personenbezogene Daten, die automatisiert verarbeitet oder in nicht automatisierten Dateien gespeichert sind, sind zu löschen, wenn

1. ihre Speicherung unzulässig ist oder

2. ihre Kenntnis für die verantwortliche Stelle zur Erfüllung der in ihrer Zuständigkeit liegenden Aufgaben nicht mehr erforderlich ist.

(3) An die Stelle einer Löschung tritt eine Sperrung, soweit

1. einer Löschung gesetzliche, satzungsmäßige oder vertragliche Aufbewahrungsfristen entgegenstehen,

2. Grund zu der Annahme besteht, dass durch eine Löschung schutzwürdige Interessen des Betroffenen beeinträchtigt würden, oder

3. eine Löschung wegen der besonderen Art der Speicherung nicht oder nur mit unverhältnismäßig hohem Aufwand möglich ist.

(4) Personenbezogene Daten, die automatisiert verarbeitet oder in nicht automatisierten Dateien gespeichert sind, sind ferner zu sperren, soweit ihre Rich-

tigkeit vom Betroffenen bestritten wird und sich weder die Richtigkeit noch die Unrichtigkeit feststellen lässt.

(5) Personenbezogene Daten dürfen nicht für eine automatisierte Verarbeitung oder Verarbeitung in nicht automatisierten Dateien erhoben, verarbeitet oder genutzt werden, soweit der Betroffene dieser bei der verantwortlichen Stelle widerspricht und eine Prüfung ergibt, dass das schutzwürdige Interesse des Betroffenen wegen seiner besonderen persönlichen Situation das Interesse der verantwortlichen Stelle an dieser Erhebung, Verarbeitung oder Nutzung überwiegt. Satz 1 gilt nicht, wenn eine Rechtsvorschrift zur Erhebung, Verarbeitung oder Nutzung verpflichtet.

(6) Personenbezogene Daten, die weder automatisiert verarbeitet noch in einer nicht automatisierten Datei gespeichert sind, sind zu sperren, wenn die Behörde im Einzelfall feststellt, dass ohne die Sperrung schutzwürdige Interessen des Betroffenen beeinträchtigt würden und die Daten für die Aufgabenerfüllung der Behörde nicht mehr erforderlich sind.

(7) Gesperrte Daten dürfen ohne Einwilligung des Betroffenen nur übermittelt oder genutzt werden, wenn

1. es zu wissenschaftlichen Zwecken, zur Behebung einer bestehenden Beweisnot oder aus sonstigen im überwiegenden Interesse der verantwortlichen Stelle oder eines Dritten liegenden Gründen unerlässlich ist und

2. die Daten hierfür übermittelt oder genutzt werden dürften, wenn sie nicht gesperrt wären.

(8) Von der Berichtigung unrichtiger Daten, der Sperrung bestrittener Daten sowie der Löschung oder Sperrung wegen Unzulässigkeit der Speicherung sind die Stellen zu verständigen, denen im Rahmen einer Datenübermittlung diese Daten zur Speicherung weitergegeben wurden, wenn dies keinen unverhältnismäßigen Aufwand erfordert und schutzwürdige Interessen des Betroffenen nicht entgegenstehen.

(9) § 2 Abs. 1 bis 6, 8 und 9 des Bundesarchivgesetzes ist anzuwenden.

Begründung des Regierungsentwurfs zu § 20

Die Überschrift war aufgrund der Einfügung des Widerspruchsrechts in Absatz 5 zu ergänzen.

Zu Absatz 1

Hinsichtlich der Ersetzung des Wortes „Akten" durch die Wörter „weder automatisiert verarbeitet noch in nicht automatisierten Dateien gespeichert" wird auf die Begründung zu § 3 Abs. 2 verwiesen. Die Änderungen im zweiten Teil von Satz 2 sind bloße Folgeänderungen ohne inhaltliche Auswirkung.

Zu Absatz 2

Hinsichtlich der Änderung in Satz 1 vor Nummer 1 wird auf die Begründung zu § 3 Abs. 2 verwiesen. Die Änderung in Absatz 2 Nr. 2 ist eine Folgeänderung im Zusammenhang mit der Ersetzung des Begriffs der speichernden Stelle durch den der verantwortlichen Stelle (vgl. hierzu die Begründung zu § 3 Abs. 7).

Zu Absatz 4

Auf die Begründung zu § 3 Abs. 2 wird verwiesen.

Zu Absatz 5

Absatz 5 setzt *Artikel 14 Buchstabe a der Richtlinie* für den öffentlichen Bereich um. Ausweislich des *Erwägungsgrundes 45 der Richtlinie* gilt das Widerspruchsrecht des Betroffenen für Fälle rechtmäßiger Datenverarbeitung. Begründet ist der Widerspruch des Betroffenen allerdings nur, sofern besondere Umstände in der Person des Betroffenen vorliegen und das schutzwürdige Interesse des Betroffenen an der Unterlassung das der speichernden Stelle an der Verarbeitung überwiegt. Diese Voraussetzungen werden nur in Ausnahmefällen erfüllt sein. Vor dem Hintergrund, dass dem Widerspruch eine rechtmäßige Verarbeitung und Nutzung zugrunde liegt, ist bei der Prüfung des Vorliegens einer besonderen

persönlichen Situation, die das öffentliche Interesse an der Verarbeitung und Nutzung zurücktreten lässt, ein besonders strenger Maßstab anzulegen. Beispiele für derartige Regelungen finden sich bereits im Melderecht (§ 7 Nr. 5 Melderechtsrahmengesetz), im Sozialgesetzbuch (§ 76 Abs. 2 Nr. 1 SGB X) und im Krebsregistergesetz (§ 3 Abs. 2 Satz 2). Satz 2 schließt das Widerspruchsrecht in den Fällen aus, in denen eine Rechtsvorschrift zur Erhebung, Verarbeitung oder Nutzung verpflichtet. Dies steht im Einklang mit der Richtlinie, *da Artikel 14 Buchstabe a der Richtlinie* nicht auf *Artikel 7 Buchstabe c der Richtlinie* verweist. Zusätzliche bereichsspezifische Ausnahmen sind möglich *(Artikel 14 Buchstabe a zweiter Halbsatz der Richtlinie)*.

Zu Absatz 6

Hinsichtlich der Ersetzung des Wortes „Akten" durch die Wörter „weder automatisiert verarbeitet noch in einer Datei gespeichert" wird auf die Begründung zu § 3 Abs. 2 verwiesen.

Zu Absatz 7

Die Änderung in Absatz 7 Nr. 1 ist eine Folgeänderung im Zusammenhang mit der Ersetzung des Begriffs der speichernden Stelle durch den der verantwortlichen Stelle (vgl. hierzu die Begründung zu § 3 Abs. 7).

Zu Absatz 8

Durch den Wegfall der Regelmäßigkeit der Datenübermittlung als Voraussetzung der Nachberichtspflicht (vgl. § 20 Abs. 7 a. F.) wird in Umsetzung von *Artikel 12 Buchstabe c der Richtlinie* der Anwendungsbereich der Nachberichtspflicht erweitert. Gleichzeitig wird – ebenfalls in Umsetzung der Richtlinie – sichergestellt, dass die Nachberichtspflicht nur besteht, wenn sie keinen unverhältnismäßigen Aufwand erfordert. Durch die Formulierung „und schutzwürdige Interessen des Betroffenen nicht entgegenstehen" soll verhindert werden, dass eine Benachrichtigung zu Lasten des Betroffenen erfolgen kann.

§ 21 Anrufung des Bundesbeauftragten für den Datenschutz

Jedermann kann sich an den Bundesbeauftragten für den Datenschutz wenden, wenn er der Ansicht ist, bei der Erhebung, Verarbeitung oder Nutzung seiner personenbezogenen Daten durch öffentliche Stellen des Bundes in seinen Rechten verletzt worden zu sein. Für die Erhebung, Verarbeitung oder Nutzung von personenbezogenen Daten durch Gerichte des Bundes gilt dies nur, soweit diese in Verwaltungsangelegenheiten tätig werden.

(ohne Begründung)

Dritter Unterabschnitt
Bundesbeauftragter für den Datenschutz

§ 22 Wahl des Bundesbeauftragten für den Datenschutz

(1) Der Deutsche Bundestag wählt auf Vorschlag der Bundesregierung den Bundesbeauftragten für den Datenschutz mit mehr als der Hälfte der gesetzlichen Zahl seiner Mitglieder. Der Bundesbeauftragte muss bei seiner Wahl das

35. Lebensjahr vollendet haben. Der Gewählte ist vom Bundespräsidenten zu ernennen.

(2) Der Bundesbeauftragte leistet vor dem Bundesminister des Innern folgenden Eid:

> „Ich schwöre, dass ich meine Kraft dem Wohle des deutschen Volkes widmen, seinen Nutzen mehren, Schaden von ihm wenden, das Grundgesetz und die Gesetze des Bundes wahren und verteidigen, meine Pflichten gewissenhaft erfüllen und Gerechtigkeit gegen jedermann üben werde. So wahr mir Gott helfe."

Der Eid kann auch ohne religiöse Beteuerung geleistet werden.

(3) Die Amtszeit des Bundesbeauftragten beträgt fünf Jahre. Einmalige Wiederwahl ist zulässig.

(4) Der Bundesbeauftragte steht nach Maßgabe dieses Gesetzes zum Bund in einem öffentlich-rechtlichen Amtsverhältnis. Er ist in Ausübung seines Amtes unabhängig und nur dem Gesetz unterworfen. Er untersteht der Rechtsaufsicht der Bundesregierung.

(5) Der Bundesbeauftragte wird beim Bundesministerium des Innern eingerichtet. Er untersteht der Dienstaufsicht des Bundesministeriums des Innern. Dem Bundesbeauftragten ist die für die Erfüllung seiner Aufgaben notwendige Personal- und Sachausstattung zur Verfügung zu stellen; sie ist im Einzelplan des Bundesministeriums des Innern in einem eigenen Kapitel auszuweisen. Die Stellen sind im Einvernehmen mit dem Bundesbeauftragten zu besetzen. Die Mitarbeiter können, falls sie mit der beabsichtigten Maßnahme nicht einverstanden sind, nur im Einvernehmen mit ihm versetzt, abgeordnet oder umgesetzt werden.

(6) Ist der Bundesbeauftragte vorübergehend an der Ausübung seines Amtes verhindert, kann der Bundesminister des Innern einen Vertreter mit der Wahrnehmung der Geschäfte beauftragen. Der Bundesbeauftragte soll dazu gehört werden.

Begründung des Regierungsentwurfs zu § 22 BDSG

Zu den Änderungen in Absatz 5 wird auf die Begründung zu § 19 Abs. 3 verwiesen. Wegen der Bedeutung der Vereidigung und der Beauftragung eines Stellvertreters des Bundesbeauftragten bleiben die Absätze 2 und 6 insoweit unverändert.

§ 23 Rechtsstellung des Bundesbeauftragten für den Datenschutz

(1) Das Amtsverhältnis des Bundesbeauftragten für den Datenschutz beginnt mit der Aushändigung der Ernennungsurkunde. Es endet

1. mit Ablauf der Amtszeit,
2. mit der Entlassung.

Der Bundespräsident entlässt den Bundesbeauftragten, wenn dieser es verlangt oder auf Vorschlag der Bundesregierung, wenn Gründe vorliegen, die bei einem Richter auf Lebenszeit die Entlassung aus dem Dienst rechtfertigen. Im Fall der Beendigung des Amtsverhältnisses erhält der Bundesbeauftragte eine vom Bundespräsidenten vollzogene Urkunde. Eine Entlassung wird mit der Aushändigung der Urkunde wirksam. Auf Ersuchen des Bundesministers des Innern ist der Bundesbeauftragte verpflichtet, die Geschäfte bis zur Ernennung seines Nachfolgers weiterzuführen.

(2) Der Bundesbeauftragte darf neben seinem Amt kein anderes besoldetes Amt, kein Gewerbe und keinen Beruf ausüben und weder der Leitung oder dem Aufsichtsrat oder Verwaltungsrat eines auf Erwerb gerichteten Unternehmens noch einer Regierung oder einer gesetzgebenden Körperschaft des Bundes oder eines Landes angehören. Er darf nicht gegen Entgelt außergerichtliche Gutachten abgeben.

(3) Der Bundesbeauftragte hat dem Bundesministerium des Innern Mitteilung über Geschenke zu machen, die er in Bezug auf sein Amt erhält. Das Bundesministerium des Innern entscheidet über die Verwendung der Geschenke.

(4) Der Bundesbeauftragte ist berechtigt, über Personen, die ihm in seiner Eigenschaft als Bundesbeauftragter Tatsachen anvertraut haben, sowie über diese Tatsachen selbst das Zeugnis zu verweigern. Dies gilt auch für die Mitarbeiter des Bundesbeauftragten mit der Maßgabe, dass über die Ausübung dieses Rechts der Bundesbeauftragte entscheidet. Soweit das Zeugnisverweigerungsrecht des Bundesbeauftragten reicht, darf die Vorlegung oder Auslieferung von Akten oder anderen Schriftstücken von ihm nicht gefordert werden.

(5) Der Bundesbeauftragte ist, auch nach Beendigung seines Amtsverhältnisses, verpflichtet, über die ihm amtlich bekannt gewordenen Angelegenheiten Verschwiegenheit zu bewahren. Dies gilt nicht für Mitteilungen im dienstlichen Verkehr oder über Tatsachen, die offenkundig sind oder ihrer Bedeutung nach keiner Geheimhaltung bedürfen. Der Bundesbeauftragte darf, auch wenn er nicht mehr im Amt ist, über solche Angelegenheiten ohne Genehmigung des Bundesministeriums des Innern weder vor Gericht noch außergerichtlich aussagen oder Erklärungen abgeben. Unberührt bleibt die gesetzlich begründete Pflicht, Straftaten anzuzeigen und bei Gefährdung der freiheitlichen demokratischen Grundordnung für deren Erhaltung einzutreten. Für den Bundesbeauftragten und seine Mitarbeiter gelten die §§ 93, 97, 105 Abs. 1, § 111 Abs. 5 in

Verbindung mit § 105 Abs. 1 sowie § 116 Abs. 1 der Abgabenordnung nicht. Satz 5 findet keine Anwendung, soweit die Finanzbehörden die Kenntnis für die Durchführung eines Verfahrens wegen einer Steuerstraftat sowie eines damit zusammenhängenden Steuerverfahrens benötigen, an deren Verfolgung ein zwingendes öffentliches Interesse besteht, oder soweit es sich um vorsätzlich falsche Angaben des Auskunftspflichtigen oder der für ihn tätigen Personen handelt. Stellt der Bundesbeauftragte einen Datenschutzverstoß fest, ist er befugt, diesen anzuzeigen und den Betroffenen hierüber zu informieren.

(6) Die Genehmigung, als Zeuge auszusagen, soll nur versagt werden, wenn die Aussage dem Wohle des Bundes oder eines deutschen Landes Nachteile bereiten oder die Erfüllung öffentlicher Aufgaben ernstlich gefährden oder erheblich erschweren würde. Die Genehmigung, ein Gutachten zu erstatten, kann versagt werden, wenn die Erstattung den dienstlichen Interessen Nachteile bereiten würde. § 28 des Bundesverfassungsgerichtsgesetzes bleibt unberührt.

(7) Der Bundesbeauftragte erhält vom Beginn des Kalendermonats an, in dem das Amtsverhältnis beginnt, bis zum Schluss des Kalendermonats, in dem das Amtsverhältnis endet, im Fall des Absatzes 1 Satz 6 bis zum Ende des Monats, in dem die Geschäftsführung endet, Amtsbezüge in Höhe der einem Bundesbeamten der Besoldungsgruppe B 9 zustehenden Besoldung. Das Bundesreisekostengesetz und das Bundesumzugskostengesetz sind entsprechend anzuwenden. Im Übrigen sind die §§ 13 bis 20 des Bundesministergesetzes in der Fassung der Bekanntmachung vom 27. Juli 1971 (BGBl. I S. 1166), zuletzt geändert durch das Gesetz zur Kürzung des Amtsgehalts der Mitglieder der Bundesregierung und der Parlamentarischen Staatssekretäre vom 22. Dezember 1982 (BGBl. I S. 2007), mit der Maßgabe anzuwenden, dass an die Stelle der zweijährigen Amtszeit in § 15 Abs. 1 des Bundesministergesetzes eine Amtszeit von fünf Jahren tritt. Abweichend von Satz 3 in Verbindung mit den §§ 15 bis 17 des Bundesministergesetzes berechnet sich das Ruhegehalt des Bundesbeauftragten unter Hinzurechnung der Amtszeit als ruhegehaltsfähige Dienstzeit in entsprechender Anwendung des Beamtenversorgungsgesetzes, wenn dies günstiger ist und der Bundesbeauftragte sich unmittelbar vor seiner Wahl zum Bundesbeauftragten als Beamter oder Richter mindestens in dem letzten gewöhnlich vor Erreichen der Besoldungsgruppe B 9 zu durchlaufenden Amt befunden hat.[*]

---

[*] Gemäß Artikel 3 Nr. 2 des Versorgungsänderungsgesetzes 2001 vom 20. Dezember 2001 (BGBl. I S. 3926) ist am 1. Januar 2003 § 23 Abs. 7 wie folgt geändert worden:

    a) Satz 3 wird wie folgt gefasst:

       „Im Übrigen sind die §§ 13 bis 20 und 21a Abs. 5 des Bundesministergesetzes mit den Maßgaben anzuwenden, dass an die Stelle der zweijährigen Amtszeit in § 15 Abs. 1 des Bundesministergesetzes eine Amtszeit von fünf Jahren und an die Stelle der Besoldungsgruppe B 11 in § 21a Abs. 5 des Bundesministergesetzes die Besoldungsgruppe B 9 tritt."

    b) In Satz 4 wird die Angabe „§§ 15 bis 17" durch die Angabe „§§ 15 bis 17 und 21a Abs. 5" ersetzt.

(8) Absatz 5 Satz 5 bis 7 gilt entsprechend für die öffentlichen Stellen, die für die Kontrolle der Einhaltung der Vorschriften über den Datenschutz in den Ländern zuständig sind.

Begründung zu § 23 BDSG

Begründung des Regierungsentwurfs

Zu den Änderungen in Absatz 3 Satz 1 und 2 und Absatz 5 Satz 3 wird auf die Begründung zu § 19 Abs. 3 verwiesen. Wegen der Bedeutung des Amtes des Bundesbeauftragten bleibt Absatz 1 Satz 6 unverändert.

Die Regelung des Absatzes 5 Satz 5, die an § 27 Abs. 2 BImSchG angelehnt ist, stellt sicher, dass die in den benannten Vorschriften der Abgabenordnung normierten Mitteilungspflichten nicht gelten. Die erfolgte Ergänzung stellt eine Konkretisierung des bereits nach geltendem Recht bestehenden Gebots der Verschwiegenheit für den Bundesbeauftragten für den Datenschutz dar, wonach die ihm bekannt gewordenen Daten grundsätzlich einem Übermittlungsverbot unterliegen, soweit nicht die Ausnahmen der Sätze 2 oder 4 einschlägig sind. Satz 6 sieht – ebenfalls in Anlehnung an § 27 Abs. 2 BImSchG – Ausnahmen von diesem Grundsatz vor. Satz 7 beinhaltet in Umsetzung von *Artikel 28 Abs. 3, dritter Spiegelstrich der Richtlinie* eine Anzeigebefugnis des Bundesbeauftragten für den Datenschutz sowie dessen Recht, Betroffene zu informieren.

Absatz 8 erweitert die Anwendung der Regelung des Absatzes 5 Satz 5 bis 7 auf die öffentlichen Stellen, die für die Kontrolle der Einhaltung der Vorschriften über den Datenschutz in den Ländern zuständig sind.

Begründung der Beschlussempfehlung des Innenausschusses des Bundestages zu Absatz 6 Satz 3

Redaktionelle Änderung (Die Verweisung kann dynamisch erfolgen).

§ 24 Kontrolle durch den Bundesbeauftragten für den Datenschutz

(1) Der Bundesbeauftragte für den Datenschutz kontrolliert bei den öffentlichen Stellen des Bundes die Einhaltung der Vorschriften dieses Gesetzes und anderer Vorschriften über den Datenschutz.

(2) Die Kontrolle des Bundesbeauftragten erstreckt sich auch auf

1. von öffentlichen Stellen des Bundes erlangte personenbezogene Daten über den Inhalt und die näheren Umstände des Brief-, Post- und Fernmeldeverkehrs und

2. personenbezogene Daten, die einem Berufs- oder besonderen Amtsgeheimnis, insbesondere dem Steuergeheimnis nach § 30 der Abgabenordnung, unterliegen.

Das Grundrecht des Brief-, Post- und Fernmeldegeheimnisses des Artikels 10 des Grundgesetzes wird insoweit eingeschränkt. Personenbezogene Daten, die der Kontrolle durch die Kommission nach § 15 des Artikel 10-Gesetzes unterliegen, unterliegen nicht der Kontrolle durch den Bundesbeauftragten, es sei denn, die Kommission ersucht den Bundesbeauftragten, die Einhaltung der Vorschriften über den Datenschutz bei bestimmten Vorgängen oder in bestimmten Bereichen zu kontrollieren und ausschließlich ihr darüber zu berichten. Der Kontrolle durch den Bundesbeauftragten unterliegen auch nicht personenbezogene Daten in Akten über die Sicherheitsüberprüfung, wenn der Betroffene der Kontrolle der auf ihn bezogenen Daten im Einzelfall gegenüber dem Bundesbeauftragten widerspricht.

(3) Die Bundesgerichte unterliegen der Kontrolle des Bundesbeauftragten nur, soweit sie in Verwaltungsangelegenheiten tätig werden.

(4) Die öffentlichen Stellen des Bundes sind verpflichtet, den Bundesbeauftragten und seine Beauftragten bei der Erfüllung ihrer Aufgaben zu unterstützen. Ihnen ist dabei insbesondere

1. Auskunft zu ihren Fragen sowie Einsicht in alle Unterlagen, insbesondere in die gespeicherten Daten und in die Datenverarbeitungsprogramme, zu gewähren, die im Zusammenhang mit der Kontrolle nach Absatz 1 stehen,

2. jederzeit Zutritt in alle Diensträume zu gewähren.

Die in § 6 Abs. 2 und § 19 Abs. 3 genannten Behörden gewähren die Unterstützung nur dem Bundesbeauftragten selbst und den von ihm schriftlich besonders Beauftragten. Satz 2 gilt für diese Behörden nicht, soweit die oberste Bundesbehörde im Einzelfall feststellt, dass die Auskunft oder Einsicht die Sicherheit des Bundes oder eines Landes gefährden würde.

(5) Der Bundesbeauftragte teilt das Ergebnis seiner Kontrolle der öffentlichen Stelle mit. Damit kann er Vorschläge zur Verbesserung des Datenschutzes, insbesondere zur Beseitigung von festgestellten Mängeln bei der Verarbeitung oder Nutzung personenbezogener Daten, verbinden. § 25 bleibt unberührt.

(6) Absatz 2 gilt entsprechend für die öffentlichen Stellen, die für die Kontrolle der Einhaltung der Vorschriften über den Datenschutz in den Ländern zuständig sind.

Begründung zu § 24 BDSG

Begründung des Regierungsentwurfs zu den Absätzen 1 – 3

Zu Absatz 1

Die bisherige Beschränkung der Kontrolle des Bundesbeauftragten für den Datenschutz (BfD) in Akten auf eine Anlasskontrolle (Absatz 1 Satz 2) war zu streichen, da *Artikel 28 der Richtlinie* insoweit keine Einschränkung vorsieht. Unabhängig hiervon wird der BfD, sofern die kontrollierte Stelle den Sicherheitsvorbehalt nach § 24 Abs. 4 Satz 4 erhebt, zunächst die Entscheidung der obersten Bundesbehörde abwarten.

Zu Absatz 2 Satz 1 – 3

Bereits bei der Novellierung des BDSG 1990 waren zuvor bestehende Unsicherheiten in der Rechtsanwendungspraxis hinsichtlich personenbezogener Daten, die einem Berufs oder besonderen Amtsgeheimnis unterliegen, durch Klarstellung im Rahmen der Neufassung von § 24 Abs. 1 und 2 beseitigt worden. Keine ausdrückliche Regelung enthält das geltende Recht für die Kontrolle des Bundesbeauftragten für den Datenschutz hinsichtlich der von öffentlichen Stellen des Bundes erlangten personenbezogenen Daten über den Inhalt und die näheren Umstände des Brief-, Post- und Fernmeldeverkehrs. Vielmehr verwehrt § 24 Abs. 2 Satz 3 des geltenden Rechts, der den Inhalt des Post- und Fernmeldeverkehrs von der Kontrolle ausnimmt, es dem Bundesbeauftragten für den Datenschutz, die Verwendung der durch Eingriffe in das Brief-, Post- und Fernmeldegeheimnis erlangten Daten zu kontrollieren. Dies soll mit der vorgesehenen Änderung ermöglicht werden. Soweit der bisherige Satz 4 (zukünftig Satz 3) des § 24 Abs. 2 eine ausschließliche Kontrollkompetenz der in § 9 des Gesetzes zu Artikel 10 des Grundgesetzes[1] genannten Kommission vorsieht, bleibt diese unberührt.

Zu Absatz 2 Satz 4

Die Neuformulierung des Satzes 4 ist redaktionell bedingt durch die Streichung von Satz 4 Nr. 2 a. F.

In Umsetzung von *Artikel 28 der Richtlinie* war in Absatz 2 Satz 4 a. F. das Widerspruchsrecht gegen die Kontrolle durch den Bundesbeauftragten für den Datenschutz, wie es in Absatz 2 Satz 4 Nr. 2 Buchstabe a und b sowie c erster Teil (Personalakten) a. F. vorgesehen war, mit Blick auf die insoweit unbeschränkten Kontrollrechte nach *Artikel 28 der Richtlinie* zu streichen.

---

[1] Nunmehr § 15 des Artikel 10-Gesetzes.

Zu Absatz 3

Die Neuregelung des Absatzes 3 präzisiert die Ausnahmen von der Kontrolle durch den Bundesbeauftragten für den Datenschutz im Bereich der Justiz.

Begründung der Beschlussempfehlung des Innenausschusses des Bundestages zu Absatz 3

Die Streichung[1] führt zur Beibehaltung der bisherigen Gesetzesfassung, wonach die Kontrolle der Bundesgerichte durch den Bundesdatenschutzbeauftragten auf Verwaltungsangelegenheiten beschränkt ist. Die Streichung entspricht dem Vorschlag des Bundesrates (BR-Drs. 461/00 – Beschluss, S. 8, Nr. 9).

§ 25 Beanstandungen durch den Bundesbeauftragten für den Datenschutz

(1) Stellt der Bundesbeauftragte für den Datenschutz Verstöße gegen die Vorschriften dieses Gesetzes oder gegen andere Vorschriften über den Datenschutz oder sonstige Mängel bei der Verarbeitung oder Nutzung personenbezogener Daten fest, so beanstandet er dies

1. bei der Bundesverwaltung gegenüber der zuständigen obersten Bundesbehörde,

2. beim Bundeseisenbahnvermögen gegenüber dem Präsidenten,

3. bei den aus dem Sondervermögen Deutsche Bundespost durch Gesetz hervorgegangenen Unternehmen, solange ihnen ein ausschließliches Recht nach dem Postgesetz zusteht, gegenüber deren Vorständen,

4. bei den bundesunmittelbaren Körperschaften, Anstalten und Stiftungen des öffentlichen Rechts sowie bei Vereinigungen solcher Körperschaften, Anstalten und Stiftungen gegenüber dem Vorstand oder dem sonst vertretungsberechtigten Organ

und fordert zur Stellungnahme innerhalb einer von ihm zu bestimmenden Frist auf. In den Fällen von Satz 1 Nr. 4 unterrichtet der Bundesbeauftragte gleichzeitig die zuständige Aufsichtsbehörde.

(2) Der Bundesbeauftragte kann von einer Beanstandung absehen oder auf eine Stellungnahme der betroffenen Stelle verzichten, insbesondere wenn es sich um unerhebliche oder inzwischen beseitigte Mängel handelt.

---

[1] Es handelt sich um die Streichung der vom Regierungsentwurf an dieser Stelle vorgesehenen Neuregelungen.

(3) Die Stellungnahme soll auch eine Darstellung der Maßnahmen enthalten, die aufgrund der Beanstandung des Bundesbeauftragten getroffen worden sind. Die in Absatz 1 Satz 1 Nr. 4 genannten Stellen leiten der zuständigen Aufsichtsbehörde gleichzeitig eine Abschrift ihrer Stellungnahme an den Bundesbeauftragten zu.

(ohne Begründung)

§ 26 Weitere Aufgaben des Bundesbeauftragten für den Datenschutz

(1) Der Bundesbeauftragte für den Datenschutz erstattet dem Deutschen Bundestag alle zwei Jahre einen Tätigkeitsbericht. Er unterrichtet den Deutschen Bundestag und die Öffentlichkeit über wesentliche Entwicklungen des Datenschutzes.

(2) Auf Anforderung des Deutschen Bundestages oder der Bundesregierung hat der Bundesbeauftragte Gutachten zu erstellen und Berichte zu erstatten. Auf Ersuchen des Deutschen Bundestages, des Petitionsausschusses, des Innenausschusses oder der Bundesregierung geht der Bundesbeauftragte ferner Hinweisen auf Angelegenheiten und Vorgänge des Datenschutzes bei den öffentlichen Stellen des Bundes nach. Der Bundesbeauftragte kann sich jederzeit an den Deutschen Bundestag wenden.

(3) Der Bundesbeauftragte kann der Bundesregierung und den in § 12 Abs. 1 genannten Stellen des Bundes Empfehlungen zur Verbesserung des Datenschutzes geben und sie in Fragen des Datenschutzes beraten. Die in § 25 Abs. 1 Nr. 1 bis 4 genannten Stellen sind durch den Bundesbeauftragten zu unterrichten, wenn die Empfehlung oder Beratung sie nicht unmittelbar betrifft.

(4) Der Bundesbeauftragte wirkt auf die Zusammenarbeit mit den öffentlichen Stellen, die für die Kontrolle der Einhaltung der Vorschriften über den Datenschutz in den Ländern zuständig sind, sowie mit den Aufsichtsbehörden nach § 38 hin. § 38 Abs. 1 Satz 3 und 4 gilt entsprechend.

Begründung des Regierungsentwurfs zu § 26 BDSG

Absatz 1 Satz 2 beinhaltet eine ausdrückliche Befugnis des Bundesbeauftragten, sich jederzeit an Parlament und Öffentlichkeit wenden zu dürfen, um diese über wichtige Entwicklungen des Datenschutzes zu unterrichten.

Absatz 4 Satz 2 erstreckt die Amtshilferegelung des § 38 Abs. 1 Satz 3 und 4 für die Aufsichtsbehörden auf den Bundesbeauftragten für den Datenschutz.

Nach § 4d Abs. 1 und 2 in Verbindung mit § 4f Abs. 1 Satz 1 entfällt aufgrund der obligatorischen Bestellung eines behördlichen Beauftragten für den Datenschutz die Meldepflicht im öffentlichen Bereich. Adressat der Verpflichtung nach § 4g Abs. 2 ist im öffentlichen Bereich ausschließlich der Beauftragte für den Datenschutz. Die Notwendigkeit zur Führung eines Registers beim Bundesbeauftragten für den Datenschutz nach Absatz 5 a. F. entfällt daher.

Dritter Abschnitt
Datenverarbeitung nicht öffentlicher Stellen und öffentlich-rechtlicher Wettbewerbsunternehmen

Erster Unterabschnitt
Rechtsgrundlagen der Datenverarbeitung

§ 27 Anwendungsbereich

(1) Die Vorschriften dieses Abschnittes finden Anwendung, soweit personenbezogene Daten unter Einsatz von Datenverarbeitungsanlagen verarbeitet, genutzt oder dafür erhoben werden oder die Daten in oder aus nicht automatisierten Dateien verarbeitet, genutzt oder dafür erhoben werden durch

1.   nicht-öffentliche Stellen,

2.   a)   öffentliche Stellen des Bundes, soweit sie als öffentlich-rechtliche Unternehmen am Wettbewerb teilnehmen,

**   b)   öffentliche Stellen der Länder, soweit sie als öffentlich- rechtliche Unternehmen am Wettbewerb teilnehmen, Bundesrecht ausführen und der Datenschutz nicht durch Landesgesetz geregelt ist.**

Dies gilt nicht, wenn die Erhebung, Verarbeitung oder Nutzung der Daten ausschließlich für persönliche oder familiäre Tätigkeiten erfolgt. In den Fällen der Nummer 2 Buchstabe a gelten anstelle des § 38 die §§ 18, 21 und 24 bis 26.

(2) Die Vorschriften dieses Abschnittes gelten nicht für die Verarbeitung und Nutzung personenbezogener Daten außerhalb von nicht automatisierten Dateien, soweit es sich nicht um personenbezogene Daten handelt, die offensichtlich aus einer automatisierten Verarbeitung entnommen worden sind.

Begründung des Regierungsentwurfs zu § 27 BDSG

Zu den Änderungen in Absatz 1 wird auf die Begründung zu § 1 Abs. 2 Nr. 3 sowie zu § 3 Abs. 2 verwiesen. Hinsichtlich der Einfügung des Wortes „erhoben" in Absatz 1 wird auf die Begründung zu § 4 Abs. 1 verwiesen.

Die Änderung in Absatz 2 ist eine Folgeänderung im Zusammenhang mit der Änderung des Dateibegriffs und der Tatsache, dass dem Begriff der Akte keine eigenständige Bedeutung mehr zukommt (vgl. hierzu die Begründung zu § 3 Abs. 2).

§ 28 Datenerhebung, -verarbeitung und -nutzung für eigene Zwecke

(1) Das Erheben, Speichern, Verändern oder Übermitteln personenbezogener Daten oder ihre Nutzung als Mittel für die Erfüllung eigener Geschäftszwecke ist zulässig,

1. **wenn es der Zweckbestimmung eines Vertragsverhältnisses oder vertragsähnlichen Vertrauensverhältnisses mit dem Betroffenen dient,**

2. **soweit es zur Wahrung berechtigter Interessen der verantwortlichen Stelle erforderlich ist und kein Grund zu der Annahme besteht, dass das schutzwürdige Interesse des Betroffenen an dem Ausschluss der Verarbeitung oder Nutzung überwiegt, oder**

3. **wenn die Daten allgemein zugänglich sind oder die verantwortliche Stelle sie veröffentlichen dürfte, es sei denn, dass das schutzwürdige Interesse des Betroffenen an dem Ausschluss der Verarbeitung oder Nutzung gegenüber dem berechtigten Interesse der verantwortlichen Stelle offensichtlich überwiegt.**

Bei der Erhebung personenbezogener Daten sind die Zwecke, für die die Daten verarbeitet oder genutzt werden sollen, konkret festzulegen.

(2) Für einen anderen Zweck dürfen sie nur unter den Voraussetzungen des Absatzes 1 Satz 1 Nr. 2 und 3 übermittelt oder genutzt werden.

(3) Die Übermittlung oder Nutzung für einen anderen Zweck ist auch zulässig:

1. **soweit es zur Wahrung berechtigter Interessen eines Dritten oder**

2. **zur Abwehr von Gefahren für die staatliche und öffentliche Sicherheit sowie zur Verfolgung von Straftaten erforderlich ist, oder**

3. **für Zwecke der Werbung, der Markt- und Meinungsforschung, wenn es sich um listenmäßig oder sonst zusammengefasste Daten über Angehörige einer Personengruppe handelt, die sich auf**

    a) **eine Angabe über die Zugehörigkeit des Betroffenen zu dieser Personengruppe,**

b)   Berufs-, Branchen- oder Geschäftsbezeichnung,

c)   Namen,

d)   Titel,

e)   akademische Grade,

f)   Anschrift und

g)   Geburtsjahr

beschränken

und kein Grund zu der Annahme besteht, dass der Betroffene ein schutzwürdiges Interesse an dem Ausschluss der Übermittlung oder Nutzung hat, oder

4.   wenn es im Interesse einer Forschungseinrichtung zur Durchführung wissenschaftlicher Forschung erforderlich ist, das wissenschaftliche Interesse an der Durchführung des Forschungsvorhabens das Interesse des Betroffenen an dem Ausschluss der Zweckänderung erheblich überwiegt und der Zweck der Forschung auf andere Weise nicht oder nur mit unverhältnismäßigem Aufwand erreicht werden kann.

In den Fällen des Satzes 1 Nr. 3 ist anzunehmen, dass dieses Interesse besteht, wenn im Rahmen der Zweckbestimmung eines Vertragsverhältnisses oder vertragsähnlichen Vertrauensverhältnisses gespeicherte Daten übermittelt werden sollen, die sich

1.   auf strafbare Handlungen,

2.   auf Ordnungswidrigkeiten sowie

3.   bei Übermittlung durch den Arbeitgeber auf arbeitsrechtliche Rechtsverhältnisse

beziehen.

(4) Widerspricht der Betroffene bei der verantwortlichen Stelle der Nutzung oder Übermittlung seiner Daten für Zwecke der Werbung oder der Markt- oder Meinungsforschung, ist eine Nutzung oder Übermittlung für diese Zwecke unzulässig. Der Betroffene ist bei der Ansprache zum Zweck der Werbung oder der Markt- oder Meinungsforschung über die verantwortliche Stelle sowie über das Widerspruchsrecht nach Satz 1 zu unterrichten; soweit der Ansprechende personenbezogene Daten des Betroffenen nutzt, die bei einer ihm nicht bekannten Stelle gespeichert sind, hat er auch sicherzustellen, dass der Betroffene Kenntnis über die Herkunft der Daten erhalten kann. Widerspricht der Betroffene bei dem Dritten, dem die Daten nach Absatz 3 übermittelt werden, der Verarbeitung oder Nutzung für Zwecke der Werbung oder der Markt- oder Meinungsforschung, hat dieser die Daten für diese Zwecke zu sperren.

(5) Der Dritte, dem die Daten übermittelt worden sind, darf diese nur für den Zweck verarbeiten oder nutzen, zu dessen Erfüllung sie ihm übermittelt wer-

den. Eine Verarbeitung oder Nutzung für andere Zwecke ist nicht-öffentlichen Stellen nur unter den Voraussetzungen der Absätze 2 und 3 und öffentlichen Stellen nur unter den Voraussetzungen des § 14 Abs. 2 erlaubt. Die übermittelnde Stelle hat ihn darauf hinzuweisen.

(6) Das Erheben, Verarbeiten und Nutzen von besonderen Arten personenbezogener Daten (§ 3 Abs. 9) für eigene Geschäftszwecke ist zulässig, soweit nicht der Betroffene nach Maßgabe des § 4a Abs. 3 eingewilligt hat, wenn

1. dies zum Schutz lebenswichtiger Interessen des Betroffenen oder eines Dritten erforderlich ist, sofern der Betroffene aus physischen oder rechtlichen Gründen außerstande ist, seine Einwilligung zu geben,

2. es sich um Daten handelt, die der Betroffene offenkundig öffentlich gemacht hat,

3. dies zur Geltendmachung, Ausübung oder Verteidigung rechtlicher Ansprüche erforderlich ist und kein Grund zu der Annahme besteht, dass das schutzwürdige Interesse des Betroffenen an dem Ausschluss der Erhebung, Verarbeitung oder Nutzung überwiegt, oder

4. dies zur Durchführung wissenschaftlicher Forschung erforderlich ist, das wissenschaftliche Interesse an der Durchführung des Forschungsvorhabens das Interesse des Betroffenen an dem Ausschluss der Erhebung, Verarbeitung und Nutzung erheblich überwiegt und der Zweck der Forschung auf andere Weise nicht oder nur mit unverhältnismäßigem Aufwand erreicht werden kann.

(7) Das Erheben von besonderen Arten personenbezogener Daten (§ 3 Abs. 9) ist ferner zulässig, wenn dies zum Zweck der Gesundheitsvorsorge, der medizinischen Diagnostik, der Gesundheitsversorgung oder Behandlung oder für die Verwaltung von Gesundheitsdiensten erforderlich ist und die Verarbeitung dieser Daten durch ärztliches Personal oder durch sonstige Personen erfolgt, die einer entsprechenden Geheimhaltungspflicht unterliegen. Die Verarbeitung und Nutzung von Daten zu den in Satz 1 genannten Zwecken richtet sich nach den für die in Satz 1 genannten Personen geltenden Geheimhaltungspflichten. Werden zu einem in Satz 1 genannten Zweck Daten über die Gesundheit von Personen durch Angehörige eines anderen als in § 203 Abs. 1 und 3 des Strafgesetzbuchs genannten Berufes, dessen Ausübung die Feststellung, Heilung oder Linderung von Krankheiten oder die Herstellung oder den Vertrieb von Hilfsmitteln mit sich bringt, erhoben, verarbeitet oder genutzt, ist dies nur unter den Voraussetzungen zulässig, unter denen ein Arzt selbst hierzu befugt wäre.

(8) Für einen anderen Zweck dürfen die besonderen Arten personenbezogener Daten (§ 3 Abs. 9) nur unter den Voraussetzungen des Absatzes 6 Nr. 1 bis 4 oder des Absatzes 7 Satz 1 übermittelt oder genutzt werden. Eine Übermittlung oder Nutzung ist auch zulässig, wenn dies zur Abwehr von erheblichen Gefah-

ren für die staatliche und öffentliche Sicherheit sowie zur Verfolgung von Straftaten von erheblicher Bedeutung erforderlich ist.

(9) Organisationen, die politisch, philosophisch, religiös oder gewerkschaftlich ausgerichtet sind und keinen Erwerbszweck verfolgen, dürfen besondere Arten personenbezogener Daten (§ 3 Abs. 9) erheben, verarbeiten oder nutzen, soweit dies für die Tätigkeit der Organisation erforderlich ist. Dies gilt nur für personenbezogene Daten ihrer Mitglieder oder von Personen, die im Zusammenhang mit deren Tätigkeitszweck regelmäßig Kontakte mit ihr unterhalten. Die Übermittlung dieser personenbezogenen Daten an Personen oder Stellen außerhalb der Organisation ist nur unter den Voraussetzungen des § 4a Abs. 3 zulässig. Absatz 3 Nr. 2 gilt entsprechend.

Begründung zu § 28 BDSG

Begründung der Beschlussempfehlung des Innenausschusses des Bundestages zu Absatz 1 Satz 1 Nr. 3

Folgeänderung zu VIII.[1] (Vereinheitlichung des Sprachgebrauchs durch Ersetzung der Worte „aus allgemein zugänglichen Quellen" durch die Worte „allgemein zugänglich").

Begründung des Regierungsentwurfs zu den Absätzen 1 – 9

Zu Absatz 1

Absatz 1 Satz 1 bedurfte der Ergänzung durch den Begriff der Erhebung, da *Artikel 2 Buchstabe b der Richtlinie* die Erhebung als Verarbeitungsform begreift und die in *Artikel 7* aufgeführten Voraussetzungen für die Zulässigkeit der Verarbeitung damit auch bei der Erhebung personenbezogener Daten zu beachten sind. Absatz 1 Satz 2 a. F. konnte daher entfallen.

Die Neuformulierung von Absatz 1 Nr. 1 verdeutlicht den Gedanken der Zweckbestimmung. Die Änderungen in Absatz 1 Nr. 2 und 3 sowie in Absatz 4 („verantwortliche Stelle") sind Folgeänderungen im Zusammenhang mit der Ersetzung des Begriffs der speichernden Stelle durch den der verantwortlichen Stelle (vgl. hierzu die Begründung zu § 3 Abs. 7). Die übrigen Änderungen in Absatz 1 Nr. 3 verdeutlichen, dass eine Abwägung der schutzwürdigen Interessen des Betroffenen mit dem berechtigten Interesse der verantwortlichen Stelle stattfinden muss.

Absatz 1 Nr. 4 a. F. beinhaltete – insofern atypisch im Vergleich zu Absatz 1 Nr. 1 bis 3 – eine Zweckänderungsregelung, die fast wörtlich der Zweckänderungsregelung in § 14 Abs. 2 Nr. 9 entsprach. In Übereinstimmung mit der Systematik des

---

[1] Folgeänderung zu § 10 Abs. 5

Absatzes 1 Nr. 1 bis 3 und um Überschneidungen mit Absatz 3 Nr. 4 zu vermeiden, war Absatz 1 Nr. 4 aufzuheben. Die Zulässigkeit des Erhebens im Bereich der wissenschaftlichen Forschung bleibt hiervon unberührt und richtet sich wie bisher nach Absatz 1 Nr. 1 und 2.

Artikel 6 Abs. 1 Buchstabe b der Richtlinie sieht vor, dass personenbezogene Daten „für festgelegte eindeutige und rechtmäßige Zwecke erhoben und nicht in einer mit diesen Zweckbestimmungen nicht zu vereinbarenden Weise weiterverarbeitet werden". Gemäß *Artikel 10 der Richtlinie* ist der Betroffene bereits bei der Erhebung über die Zweckbestimmungen der Erhebung, Verarbeitung und Nutzung zu informieren. Dies setzt voraus, dass bereits bei der Erhebung der Zweck festliegen muss.

Zu Absatz 2

Da die Richtlinie nicht zwischen dem öffentlichen und dem nicht öffentlichen Bereich differenziert, *Artikel 6 Abs. 1 Buchstabe b der Richtlinie* somit auch im nicht öffentlichen Bereich uneingeschränkt Anwendung findet, war der Grundsatz der Zweckbindung daher hier weitergehend als bisher zu verankern. Absatz 2 beinhaltet deswegen eine entsprechende über Absatz 4 a. F. hinausgehende Zweckänderungsregelung. Da Fälle einer Zweckänderung unter den Voraussetzungen des Absatzes 1 Nr. 1 nicht vorstellbar sind, konnte der Verweis auf Absatz 1 Nr. 2 und 3 beschränkt werden.

Zu Absatz 3

Die Neufassung von Absatz 3 beruht im Wesentlichen auf rechtsförmlichen Überlegungen. Absatz 3 Satz 1 Nr. 2 entspricht Absatz 2 Nr. 1 Buchstabe a zweite Alternative a. F. In Übereinstimmung mit den *Artikeln 6 und 13 der Richtlinie* war der Begriff des öffentlichen Interesses auf den der Abwehr von Gefahren für die staatliche und öffentliche Sicherheit sowie der Verfolgung von Straftaten zu begrenzen. Durch die Änderung in Absatz 3 Satz 1 Nr. 3 wird die Zweckbindung in Umsetzung von *Artikel 6 Abs. 1 Buchstabe b der Richtlinie* verankert und gleichzeitig der betroffene Adressatenkreis der Regelung verdeutlicht. Da der Betroffene in den Fällen des Absatzes 3 Nr. 1 bis 3 nicht nur ein schutzwürdiges Interesse am Ausschluss der Übermittlung, sondern auch der Nutzung haben kann, war Absatz 3 Satz 1 a. E. entsprechend zu ergänzen. Die Streichung des Merkmals „gesundheitliche Verhältnisse" in Absatz 3 Satz 2 beruht auf der Einfügung des Absatzes 6, der für die besonderen Arten personenbezogener Daten (§ 3 Abs. 9), und damit auch für Gesundheitsdaten, eine enge Verwendungsbeschränkung vorsieht.

Zu Absatz 4

Satz 2 setzt **Artikel 14 Satz 2 der Richtlinie** um, wonach die Mitgliedstaaten die erforderlichen Maßnahmen zu ergreifen haben, um sicherzustellen, dass die betroffenen Personen vom Bestehen des Widerspruchsrechts Kenntnis haben. Damit der Adressat des Widerspruchsrechts insbesondere im Rahmen von schriftlichen Werbeaktionen ermittelt werden kann, ist eine Information über die verantwortliche Stelle vorgesehen.

Da es sich bei der Regelung des Absatzes 4 Satz 3 um ein Widerspruchsrecht des Betroffenen gegenüber demjenigen handelt, an den Daten des Betroffenen übermittelt wurden, also gegenüber einem Dritten, war der weitergehende Begriff des Empfängers durch den des Dritten zu ersetzen.

Begründung der Beschlussempfehlung des Innenausschusses des Bundestages zu Absatz 4 Satz 2

Die Änderung[1] folgt dem Vorschlag des Bundesrates (BR-Drs. 461/00 – Beschluss, S. 9, Nr. 11) unter Berücksichtigung der in der Gegenäußerung der Bundesregierung (BT-Drs. 14/4458, S. 2, Nr. 11) vorgeschlagenen Änderung.

Der Bundesrat hat seinen Vorschlag wie folgt begründet: „Mit der Ergänzung soll klargestellt werden, dass die Verpflichtung, dem Betroffenen die Kenntnis über die Quelle seiner für die Werbung genutzten Daten zu verschaffen, auch dann besteht, wenn der Werbetreibende fremde Datenbestände insbesondere im sog. Listbrokingverfahren einsetzen lässt. (...) Damit der Betroffene das Widerspruchsrecht effektiv wahrnehmen kann, muss er jedoch die Möglichkeit haben, sich auf einfache Weise Kenntnis über die Quelle seiner Daten zu verschaffen. Dazu reicht die Verpflichtung aus, dem Betroffenen bei der werblichen Ansprache eine Nachfragemöglichkeit nach dem Adresslisteneigner zu eröffnen, der seine Daten für die Werbung zur Verfügung gestellt hat. Dies kann beispielsweise durch die Angabe einer Telefonnummer im Werbemittel realisiert werden, die zu einer Stelle geschaltet ist, welche über die Zuordnung der Daten zum Adresseigner informieren und ggf. Widersprüche des Betroffenen entgegennehmen kann."

Die Ergänzung des § 28 Abs. 4 führt im Ergebnis zu einer Verbesserung der Rechtsstellung des Betroffenen. Die Pflicht sicherzustellen, „dass der Betroffene Kenntnis über die Herkunft der Daten erhalten kann", kann auf verschiedene Weise erfüllt werden. Neben dem vom Bundesrat genannten Beispiel ist auch eine Lösung denkbar und z.B. für einen Werbeadressaten auch einfacher, nach der die Unterrichtung durch den Ansprechenden selbst erfolgt, etwa indem dieser den Datenmakler vertraglich verpflichtet, ihm – zur Weiterleitung an den Betroffenen – im Einzelfall die Herkunft der entsprechenden Daten offen zu legen.

---

[1] Änderung von Abs. 4 Satz 2.

Begründung des Regierungsentwurfs

Zu Absatz 5

Im Hinblick auf Absatz 5 Satz 1 wird auf die Begründung zu Absatz 4 Satz 3 verwiesen. Die Änderungen in Absatz 5 Satz 2 beseitigen eine redaktionelle Unschärfe der bisherigen Regelung.

Zu den Absätzen 6 – 9

Die Absätze 6 bis 9 setzen *Artikel 8 der Richtlinie* um. Auf dem Gebiet des Arbeitsrechts können für die Verwendung der in § 3 Abs. 9 genannten Arten personenbezogener Daten bereichsspezifische Regelungen geschaffen werden. Das ist durch *Artikel 8 Abs. 2 Buchstabe b der Richtlinie* gedeckt. Die in § 3 Abs. 9 genannten Daten dürfen im Übrigen auch bisher nur im Rahmen der Grundsätze des allgemeinen arbeitsrechtlichen Informations- und Datenschutzes erhoben, verarbeitet und genutzt werden, die die von der Richtlinie vorgesehenen Garantien enthalten.

Nummer 1 des Absatzes 6 setzt *Artikel 8 Abs. 2 Buchstabe c der Richtlinie* um.

Die Nummern 2 und 3 des Absatzes 6 setzen *Artikel 8 Abs. 2 Buchstabe e der Richtlinie* um. Die nach Nummer 3 vorzunehmende Abwägung trägt dem Umstand Rechnung, dass die Berücksichtigung der Belange des Betroffenen nach Absatz 1 Nr. 2 bereits für Daten gilt, die nicht § 3 Abs. 9 unterfallen.

Zu Absatz 6 Nr. 4 wird auf die Ausführungen zu § 13 Abs. 2 Nr. 8 verwiesen.

Zu Absatz 7 wird auf die Begründung zu § 13 Abs. 2 Nr. 7 verwiesen. Satz 3 ist eine Auffangnorm für Leistungserbringer, die zu Lasten der Sozialversicherungssysteme abrechnen.

Absatz 8 Satz 1 entspricht der Regelung des Absatzes 2 und verankert auch hier den Grundsatz der Zweckbindung nach *Artikel 6 Abs. 1 Buchstabe b der Richtlinie*. Satz 2 regelt einen zusätzlichen Fall zulässiger Zweckänderung, der mit *Artikel 8 Abs. 4 der Richtlinie* in Einklang steht.

Absatz 9 setzt Artikel 8 Abs. 2 Buchstabe d der Richtlinie um.

§ 29 Geschäftsmäßige Datenerhebung und -speicherung zum Zwecke der Übermittlung

(1) Das geschäftsmäßige Erheben, Speichern oder Verändern personenbezogener Daten zum Zweck der Übermittlung, insbesondere wenn dies der Werbung, der Tätigkeit von Auskunfteien, dem Adresshandel oder der Markt- und Meinungsforschung dient, ist zulässig, wenn

1. kein Grund zu der Annahme besteht, dass der Betroffene ein schutzwürdiges Interesse an dem Ausschluss der Erhebung, Speicherung oder Veränderung hat, oder

2. die Daten aus allgemein zugänglichen Quellen entnommen werden können oder die verantwortliche Stelle sie veröffentlichen dürfte, es sei denn, dass das schutzwürdige Interesse des Betroffenen an dem Ausschluss der Erhebung, Speicherung oder Veränderung offensichtlich überwiegt.

§ 28 Abs. 1 Satz 2 ist anzuwenden.

(2) Die Übermittlung im Rahmen der Zwecke nach Absatz 1 ist zulässig, wenn

1. a) der Dritte, dem die Daten übermittelt werden, ein berechtigtes Interesse an ihrer Kenntnis glaubhaft dargelegt hat oder

    b) es sich um listenmäßig oder sonst zusammengefasste Daten nach § 28 Abs. 3 Nr. 3 handelt, die für Zwecke der Werbung oder der Markt- oder Meinungsforschung übermittelt werden sollen, und

2. kein Grund zu der Annahme besteht, dass der Betroffene ein schutzwürdiges Interesse an dem Ausschluss der Übermittlung hat.

§ 28 Abs. 3 Satz 2 gilt entsprechend. Bei der Übermittlung nach Nummer 1 Buchstabe a sind die Gründe für das Vorliegen eines berechtigten Interesses und die Art und Weise ihrer glaubhaften Darlegung von der übermittelnden Stelle aufzuzeichnen. Bei der Übermittlung im automatisierten Abrufverfahren obliegt die Aufzeichnungspflicht dem Dritten, dem die Daten übermittelt werden.

(3) Die Aufnahme personenbezogener Daten in elektronische oder gedruckte Adress-, Telefon-, Branchenoder vergleichbare Verzeichnisse hat zu unterbleiben, wenn der entgegenstehende Wille des Betroffenen aus dem zugrunde liegenden elektronischen oder gedruckten Verzeichnis oder Register ersichtlich ist. Der Empfänger der Daten hat sicherzustellen, dass Kennzeichnungen aus elektronischen oder gedruckten Verzeichnissen oder Registern bei der Übernahme in Verzeichnisse oder Register übernommen werden.

(4) Für die Verarbeitung oder Nutzung der übermittelten Daten gilt § 28 Abs. 4 und 5.

(5) § 28 Abs. 6 bis 9 gilt entsprechend.

Begründung des Regierungsentwurfs zu § 29 BDSG

Zu Absatz 1

Hinsichtlich der Einfügung des Begriffs der Erhebung in die Überschrift sowie in Absatz 1 wird auf die Begründung zu § 28 Abs. 1 verwiesen.

Der nunmehr verwandte Begriff der verantwortlichen Stelle ist in der Begründung zu § 3 Abs. 7 erläutert.

Die Ergänzungen von Absatz 1 vor Nummer 1 verstärken den Grundsatz der Zweckbindung im Rahmen der Vorschrift. Auf die Begründung zu § 28 Abs. 2 wird insoweit verwiesen.

Zu Absatz 2

Der Einschub in Absatz 2 vor Nummer 1 Buchstabe a stellt sicher, dass Übermittlungen gemäß Absatz 2 nur bei Vorliegen der Zwecke des Absatzes 1 vorgenommen werden dürfen.

Die Vorschrift erfasst nicht öffentliche Stellen, die geschäftsmäßig Daten speichern, um sie zu übermitteln, also an Dritte bekanntzugeben (§ 3 Abs. 4 Satz 2 Nr. 3). Um Missverständnisse mit dem weitergehenden Begriff des nun in § 3 Abs. 8 Satz 1 definierten Empfängers zu vermeiden, war der Begriff des Empfängers durch den des Dritten, dem die Daten übermittelt werden, zu ersetzen.

Die Änderungen der Verweise in Absatz 2 Satz 1 Nr. 1 Buchstabe b sowie Satz 2 sind Folgeänderungen im Zusammenhang mit der Einfügung eines neuen Absatzes 2 in § 28 und der Neugestaltung des Absatzes 3.

Zu Absatz 3

§ 10 Telekommunikationsdienstunternehmen-Datenschutzverordnung (TDSV) erlaubt, dass sog. Diensteanbieter, d. h. alle, die ganz oder teilweise geschäftsmäßig Telekommunikationsleistungen erbringen, Verzeichnisse ihrer Kunden als Druckwerke oder elektronisch herstellen und diese selbst oder durch Dritte herausgeben. Hierin werden die Kunden auf freiwilliger Basis mit ihrem Namen und ihrer Anschrift eingetragen. Der Kunde hat die Möglichkeit, seiner Eintragung in elektronischen und gedruckten Verzeichnissen jeweils gesondert zu widersprechen. Der Widerspruch muss in den Kundenverzeichnissen kenntlich gemacht werden. Da die Vorschrift des § 10 TDSV als Normadressaten nur Diensteanbieter erfasst, besteht eine Regelungslücke für denjenigen Personenkreis, der – ohne Diensteanbieter zu sein – vergleichbare Verzeichnisse erstellt. Auch Adressbücher werden zunehmend in elektronischer Form erstellt. Bislang galten insoweit nur die allgemeinen Vorschriften des Bundesdatenschutzgesetzes, die sich als unzureichend erwiesen haben.

Der neue Absatz 3 schafft nun Rechtsklarheit insofern, als er sicherstellt, dass der Wille von Betroffenen, nicht eingetragen zu werden, von jedem potenziellen Herausgeber entsprechender Verzeichnisse dahingehend zu respektieren ist, dass die Aufnahme in Adress- u. ä. Verzeichnisse zu unterbleiben hat oder bei der Übernahme in Verzeichnisse oder Register entsprechende Markierungen übernommen werden müssen. Voraussetzung hierfür ist die Kenntlichmachung des einer Eintragung entgegenstehenden Willens in dem Verzeichnis oder Register, das von dem potentiellen Herausgeber als Grundlage für sein eigenes Verzeichnis herangezogen wird. Dies ist bereichsspezifisch zu regeln.

Zu Absatz 4

Die geänderten Verweise in Absatz 4 sind Folgeänderungen im Zusammenhang mit der Schaffung eines neuen Absatzes 2 in § 28.

Zu Absatz 5

Absatz 5 stellt sicher, dass die Restriktionen für die Erhebung, Verarbeitung und Nutzung sensitiver Daten auch im Anwendungsbereich von § 29 gelten.

§ 30 Geschäftsmäßige Datenerhebung und -speicherung zum Zwecke der Übermittlung in anonymisierter Form

(1) Werden personenbezogene Daten geschäftsmäßig erhoben und gespeichert, um sie in anonymisierter Form zu übermitteln, sind die Merkmale gesondert zu speichern, mit denen Einzelangaben über persönliche oder sachliche Verhältnisse einer bestimmten oder bestimmbaren natürlichen Person zugeordnet werden können. Diese Merkmale dürfen mit den Einzelangaben nur zusammengeführt werden, soweit dies für die Erfüllung des Zwecks der Speicherung oder zu wissenschaftlichen Zwecken erforderlich ist.

(2) Die Veränderung personenbezogener Daten ist zulässig, wenn

1. kein Grund zu der Annahme besteht, dass der Betroffene ein schutzwürdiges Interesse an dem Ausschluss der Veränderung hat, oder

2. die Daten aus allgemein zugänglichen Quellen entnommen werden können oder die verantwortliche Stelle sie veröffentlichen dürfte, soweit nicht das schutzwürdige Interesse des Betroffenen an dem Ausschluss der Veränderung offensichtlich überwiegt.

(3) Die personenbezogenen Daten sind zu löschen, wenn ihre Speicherung unzulässig ist.

(4) § 29 gilt nicht.

(5) § 28 Abs. 6 bis 9 gilt entsprechend.

Begründung des Regierungsentwurfs zu § 30 BDSG

Hinsichtlich der Einfügung des Begriffs der Erhebung in die Überschrift sowie in Absatz 1 wird auf die Begründung zu § 28 Abs. 1 verwiesen.

Bezüglich des Begriffs der verantwortlichen Stelle in Absatz 2 Nr. 2 wird auf die Begründung zu § 3 Abs. 7 verwiesen. Die Formulierung „soweit nicht" in Absatz 2 Nr. 2 verdeutlicht das Erfordernis einer Abwägung mit den schutzwürdigen Interessen des Betroffenen.

Da die Vereinbarkeit des Ausschlusses der Betroffenenrechte in Absatz 4 mit *Artikel 13 der Richtlinie* zweifelhaft ist, war die Verweisung in Absatz 4 insoweit zu streichen.

Zu Absatz 5

Auf die Begründung zu § 29 Abs. 5 wird verwiesen.

§ 31 Besondere Zweckbindung

Personenbezogene Daten, die ausschließlich zu Zwecken der Datenschutzkontrolle, der Datensicherung oder zur Sicherstellung eines ordnungsgemäßen Betriebes einer Datenverarbeitungsanlage gespeichert werden, dürfen nur für diese Zwecke verwendet werden.

(ohne Begründung)

§ 32 (weggefallen)

Begründung des Regierungsentwurfs

Die Aufhebung von § 32 a. F. ist eine Folgeänderung im Zusammenhang mit den neu geschaffenen Vorschriften der §§ 4d und 4e.

Zweiter Unterabschnitt

Rechte des Betroffenen

§ 33 Benachrichtigung des Betroffenen

(1) Werden erstmals personenbezogene Daten für eigene Zwecke ohne Kenntnis des Betroffenen gespeichert, ist der Betroffene von der Speicherung, der Art der Daten, der Zweckbestimmung der Erhebung, Verarbeitung oder Nutzung und der Identität der verantwortlichen Stelle zu benachrichtigen. Werden personenbezogene Daten geschäftsmäßig zum Zweck der Übermittlung ohne Kenntnis des Betroffenen gespeichert, ist der Betroffene von der erstmaligen Übermittlung und der Art der übermittelten Daten zu benachrichtigen. Der Betroffene ist in den Fällen der Sätze 1 und 2 auch über die Kategorien von Empfängern zu unterrichten, soweit er nach den Umständen des Einzelfalles nicht mit der Übermittlung an diese rechnen muss.

(2) Eine Pflicht zur Benachrichtigung besteht nicht, wenn

1. der Betroffene auf andere Weise Kenntnis von der Speicherung oder der Übermittlung erlangt hat,

2. die Daten nur deshalb gespeichert sind, weil sie aufgrund gesetzlicher, satzungsmäßiger oder vertraglicher Aufbewahrungsvorschriften nicht gelöscht werden dürfen oder ausschließlich der Datensicherung oder der Datenschutzkontrolle dienen und eine Benachrichtigung einen unverhältnismäßigen Aufwand erfordern würde,

3. die Daten nach einer Rechtsvorschrift oder ihrem Wesen nach, namentlich wegen des überwiegenden rechtlichen Interesses eines Dritten, geheim gehalten werden müssen,

4. die Speicherung oder Übermittlung durch Gesetz ausdrücklich vorgesehen ist,

5. die Speicherung oder Übermittlung für Zwecke der wissenschaftlichen Forschung erforderlich ist und eine Benachrichtigung einen unverhältnismäßigen Aufwand erfordern würde,

6. die zuständige öffentliche Stelle gegenüber der verantwortlichen Stelle festgestellt hat, dass das Bekanntwerden der Daten die öffentliche Sicherheit oder Ordnung gefährden oder sonst dem Wohle des Bundes oder eines Landes Nachteile bereiten würde,

7. die Daten für eigene Zwecke gespeichert sind und

    a) aus allgemein zugänglichen Quellen entnommen sind und eine Benachrichtigung wegen der Vielzahl der betroffenen Fälle unverhältnismäßig ist, oder

b) die Benachrichtigung die Geschäftszwecke der verantwortlichen Stelle erheblich gefährden würde, es sei denn, dass das Interesse an der Benachrichtigung die Gefährdung überwiegt, oder

8. die Daten geschäftsmäßig zum Zweck der Übermittlung gespeichert sind und

   a) aus allgemein zugänglichen Quellen entnommen sind, soweit sie sich auf diejenigen Personen beziehen, die diese Daten veröffentlicht haben, oder

   b) es sich um listenmäßig oder sonst zusammengefasste Daten handelt (§ 29 Abs. 2 Nr. 1 Buchstabe b)

und eine Benachrichtigung wegen der Vielzahl der betroffenen Fälle unverhältnismäßig ist.

Die verantwortliche Stelle legt schriftlich fest, unter welchen Voraussetzungen von einer Benachrichtigung nach Satz 1 Nr. 2 bis 7 abgesehen wird.

Begründung des Regierungsentwurfs zu § 33 BDSG

Zu Absatz 1

Durch die Erweiterung der Benachrichtigungspflicht gegenüber dem Betroffenen in Absatz 1 Satz 1 und 3 wird *Artikel 11 Abs. 1 der Richtlinie* für den nicht öffentlichen Bereich umgesetzt.

Zu Absatz 2 Satz 1 Nr. 2

Die bisher geltende Ausnahme von der Benachrichtigung in Absatz 2 Satz 1 Nr. 2 war aufgrund des in *Artikel 11 Abs. 2 der Richtlinie* vorgesehenen Gedankens des Absehens von der Benachrichtigung aus Gründen der Unverhältnismäßigkeit entsprechend einzuschränken.

Zu Absatz 2 Satz 1 Nr. 4

Durch die neu eingefügte Nummer 4 wird der Ausnahmekatalog des Absatzes 2 um einen in *Artikel 11 Abs. 2 der Richtlinie* vorgesehenen Ausnahmetatbestand ergänzt.

Anwendungsbeispiel ist etwa das Geldwäschegesetz vom 25. Oktober 1993 (BGBl. I S. 1770, zuletzt geändert durch Gesetz vom 17. Dezember 1997, BGBl. I S. 3108). Hier entfällt eine Benachrichtigungspflicht aufgrund der im Geldwäschegesetz ausdrücklich vorgesehenen Speicherungs- und Übermittlungsvorschriften der hiervon betroffenen Institute.

Zu Absatz 2 Satz 1 Nr. 5

Hinsichtlich der Aufhebung von Absatz 2 Nr. 5 a. F. wird auf die Begründung zur Aufhebung von § 18 Abs. 3 verwiesen.

Die neu eingefügte Nummer 5 setzt *Artikel 11 Abs. 2 der Richtlinie* um, soweit dort eine Ausnahme von der Benachrichtigungspflicht im Rahmen der Datenverarbeitung für Zwecke der wissenschaftlichen Forschung vorgesehen ist.

Zu Absatz 2 Satz 1 Nr. 7 Buchstabe a und Nr. 8

Auf die Begründung zu Absatz 2 Nr. 2 wird verwiesen.

Zu Absatz 2 Satz 2

Durch Absatz 2 Satz 2 wird das Erfordernis der „geeigneten Garantien" gemäß *Artikel 11 Abs. 2 Satz 2 der Richtlinie* umgesetzt. Der betriebliche Beauftragte für den Datenschutz wirkt auf die Einhaltung dieser Vorschrift hin.

§ 34 Auskunft an den Betroffenen

(1) Der Betroffene kann Auskunft verlangen über

1. **die zu seiner Person gespeicherten Daten, auch soweit sie sich auf die Herkunft dieser Daten beziehen,**

2. **Empfänger oder Kategorien von Empfängern, an die Daten weitergegeben werden, und**

3. **den Zweck der Speicherung.**

Er soll die Art der personenbezogenen Daten, über die Auskunft erteilt werden soll, näher bezeichnen. Werden die personenbezogenen Daten geschäftsmäßig zum Zweck der Übermittlung gespeichert, kann der Betroffene über Herkunft und Empfänger nur Auskunft verlangen, sofern nicht das Interesse an der Wahrung des Geschäftsgeheimnisses überwiegt. In diesem Fall ist Auskunft über Herkunft und Empfänger auch dann zu erteilen, wenn diese Angaben nicht gespeichert sind.

(2) Der Betroffene kann von Stellen, die geschäftsmäßig personenbezogene Daten zum Zweck der Auskunftserteilung speichern, Auskunft über seine personenbezogenen Daten verlangen, auch wenn sie weder in einer automatisierten Verarbeitung noch in einer nicht automatisierten Datei gespeichert sind. Auskunft über Herkunft und Empfänger kann der Betroffene nur verlangen, sofern nicht das Interesse an der Wahrung des Geschäftsgeheimnisses überwiegt.

(3) Die Auskunft wird schriftlich erteilt, soweit nicht wegen der besonderen Umstände eine andere Form der Auskunftserteilung angemessen ist.

(4) Eine Pflicht zur Auskunftserteilung besteht nicht, wenn der Betroffene nach § 33 Abs. 2 Satz 1 Nr. 2, 3 und 5 bis 7 nicht zu benachrichtigen ist.

(5) Die Auskunft ist unentgeltlich. Werden die personenbezogenen Daten geschäftsmäßig zum Zweck der Übermittlung gespeichert, kann jedoch ein Entgelt verlangt werden, wenn der Betroffene die Auskunft gegenüber Dritten zu wirtschaftlichen Zwecken nutzen kann. Das Entgelt darf über die durch die Auskunftserteilung entstandenen direkt zurechenbaren Kosten nicht hinausgehen. Ein Entgelt kann in den Fällen nicht verlangt werden, in denen besondere Umstände die Annahme rechtfertigen, dass Daten unrichtig oder unzulässig gespeichert werden, oder in denen die Auskunft ergibt, dass die Daten zu berichtigen oder unter der Voraussetzung des § 35 Abs. 2 Satz 2 Nr. 1 zu löschen sind.

(6) Ist die Auskunftserteilung nicht unentgeltlich, ist dem Betroffenen die Möglichkeit zu geben, sich im Rahmen seines Auskunftsanspruchs persönlich Kenntnis über die ihn betreffenden Daten und Angaben zu verschaffen. Er ist hierauf in geeigneter Weise hinzuweisen.

Begründung zu § 34 BDSG

Begründung des Regierungsentwurfs

Zu Absatz 1

Durch die Neufassung wird *Artikel 12 Buchstabe a erster Spiegelstrich der Richtlinie* umgesetzt.

Die Neufassung erweitert den Umfang des Auskunftsrechts um die Information über Empfänger oder Kategorien von Empfängern. Um inhaltliche Überschneidungen von Nummer 2 mit Nummer 1 a. F. zu vermeiden, war Nummer 1 entsprechend zu modifizieren. Im Hinblick auf den Begriff des Empfängers wird auf § 3 Abs. 8 Satz 1 sowie die Begründung hierzu verwiesen. Das Kriterium der Regelmäßigkeit (vgl. Nummer 3 a. F.) war zu streichen, da die Richtlinie keine entsprechende Einschränkung vorsieht. Die Änderung des Satzes 3 beruht auf einer Anpassung an die Ausnahme vom Auskunftsrecht nach *Artikel 13 Buchstabe g der Richtlinie*. Der Schutz der „Rechte und Freiheiten anderer Personen" umfasst auch das Geschäftsgeheimnis.

Zu Absatz 2

Absatz 2 Satz 3 a. F. war in Übereinstimmung mit *Artikel 28 der Richtlinie* aufzuheben. Zu Satz 2 wird auf die Begründung zu Absatz 1 verwiesen.

Zu Absatz 4

Anders als im Rahmen der Benachrichtigung sind im Rahmen der Auskunft Ausnahmen in den Fällen des § 33 Abs. 2 Nr. 2, 4 und 5 nicht sachgerecht. Die Verweisung in § 33 Abs. 4 war dementsprechend zu begrenzen.

Begründung der Beschlussempfehlung des Innenausschusses des Bundestages zu Absatz 4

Die Anpassung setzt eine Prüfbitte des Bundesrates um (vgl. BR-Drs. 461/00 – Beschluss, S. 4, Nr. 2, 6. Anstrich). Sie stellt die nach der Richtlinie zulässigen Ausnahmetatbestände der bisherigen Gesetzesfassung – eingeschränkt – wieder her.

Durch die Änderung wird gegenüber der Fassung des Regierungsentwurfs das Auskunftsrecht nur in Ausnahmefällen begrenzt. Die in § 33 Abs. 2 Nrn. 2, 5 und 7 Buchstabe a zugunsten von Betroffenen eingeführte Änderung, derzufolge von einer Benachrichtigung nur abgesehen werden darf, wenn sie einen unverhältnismäßigen Aufwand erfordert, bleibt auch im Rahmen des geänderten § 34 erhalten.

Der vom Bundesrat ebenfalls vorgeschlagenen Begrenzung der Auskunftspflicht nach § 6a Abs. 3 im Interesse des Schutzes der Betriebs- und Geschäftsgeheimnisse der verantwortlichen Stelle trägt der Regierungsentwurf bereits Rechnung, da sich die Auskunftspflicht nur auf den logischen Aufbau der automatisierten Verarbeitung, nicht aber beispielsweise auf Auskünfte über die verwendete Software bezieht.

Zu § 6a ist jedoch noch folgende Klarstellung geboten: Entgegen der Begründung des Regierungsentwurfs kommt es bei § 6a für die Beurteilung, ob eine Entscheidung ausschließlich auf eine automatisierte Verarbeitung personenbezogener Daten gestützt wird, nicht darauf an, ob das Scoring-Verfahren und die abschließende Entscheidung in einer Hand liegen. Der Schutzgedanke des § 6a geht vielmehr davon aus, dass – soweit nach Absatz 2 die berechtigten Interessen des Betroffenen berührt sind und nicht anderweitig gewahrt werden –, eine Bewertung von Persönlichkeitsmerkmalen, wie z. B. der Kreditwürdigkeit, in jedem Fall eine Beurteilung durch einen Menschen erfordert, die das Ergebnis einer standardisierten Computeranalyse nicht zur einzigen Entscheidungsgrundlage macht, sondern Raum lässt für eine Überprüfung und Relativierung dieses Ergebnisses, insbesondere auf Grund eigener zusätzlicher Erkenntnisse oder besonderer Umstände des Einzelfalls.

§ 35 Berichtigung, Löschung und Sperrung von Daten

(1) Personenbezogene Daten sind zu berichtigen, wenn sie unrichtig sind.

(2) Personenbezogene Daten können außer in den Fällen des Absatzes 3 Nr. 1 und 2 jederzeit gelöscht werden.

Personenbezogene Daten sind zu löschen, wenn

1. ihre Speicherung unzulässig ist,

2. es sich um Daten über die rassische oder ethnische Herkunft, politische Meinungen, religiöse oder philosophische Überzeugungen oder die Gewerkschaftszugehörigkeit, über Gesundheit oder das Sexualleben, strafbare Handlungen oder Ordnungswidrigkeiten handelt und ihre Richtigkeit von der verantwortlichen Stelle nicht bewiesen werden kann,

3. sie für eigene Zwecke verarbeitet werden, sobald ihre Kenntnis für die Erfüllung des Zwecks der Speicherung nicht mehr erforderlich ist, oder

4. sie geschäftsmäßig zum Zweck der Übermittlung verarbeitet werden und eine Prüfung jeweils am Ende des vierten Kalenderjahres beginnend mit ihrer erstmaligen Speicherung ergibt, dass eine längerwährende Speicherung nicht erforderlich ist.

(3) An die Stelle einer Löschung tritt eine Sperrung, soweit

1. im Fall des Absatzes 2 Nr. 3 einer Löschung gesetzliche, satzungsmäßige oder vertragliche Aufbewahrungsfristen entgegenstehen,

2. Grund zu der Annahme besteht, dass durch eine Löschung schutzwürdige Interessen des Betroffenen beeinträchtigt würden, oder

3. eine Löschung wegen der besonderen Art der Speicherung nicht oder nur mit unverhältnismäßig hohem Aufwand möglich ist.

(4) Personenbezogene Daten sind ferner zu sperren, soweit ihre Richtigkeit vom Betroffenen bestritten wird und sich weder die Richtigkeit noch die Unrichtigkeit feststellen lässt.

(5) Personenbezogene Daten dürfen nicht für eine automatisierte Verarbeitung oder Verarbeitung in nicht automatisierten Dateien erhoben, verarbeitet oder genutzt werden, soweit der Betroffene dieser bei der verantwortlichen Stelle widerspricht und eine Prüfung ergibt, dass das schutzwürdige Interesse des Betroffenen wegen seiner besonderen persönlichen Situation das Interesse der verantwortlichen Stelle an dieser Erhebung, Verarbeitung oder Nutzung überwiegt. Satz 1 gilt nicht, wenn eine Rechtsvorschrift zur Erhebung, Verarbeitung oder Nutzung verpflichtet.

(6) Personenbezogene Daten, die unrichtig sind oder deren Richtigkeit bestritten wird, müssen bei der geschäftsmäßigen Datenspeicherung zum Zweck der Übermittlung außer in den Fällen des Absatzes 2 Nr. 2 nicht berichtigt, gesperrt oder gelöscht werden, wenn sie aus allgemein zugänglichen Quellen entnommen und zu Dokumentationszwecken gespeichert sind. Auf Verlangen des Betroffenen ist diesen Daten für die Dauer der Speicherung seine Gegendarstellung beizufügen. Die Daten dürfen nicht ohne diese Gegendarstellung übermittelt werden.

(7) Von der Berichtigung unrichtiger Daten, der Sperrung bestrittener Daten sowie der Löschung oder Sperrung wegen Unzulässigkeit der Speicherung sind die Stellen zu verständigen, denen im Rahmen einer Datenübermittlung diese Daten zur Speicherung weitergegeben werden, wenn dies keinen unverhältnismäßigen Aufwand erfordert und schutzwürdige Interessen des Betroffenen nicht entgegenstehen.

(8) Gesperrte Daten dürfen ohne Einwilligung des Betroffenen nur übermittelt oder genutzt werden, wenn

1. es zu wissenschaftlichen Zwecken, zur Behebung einer bestehenden Beweisnot oder aus sonstigen im überwiegenden Interesse der verantwortlichen Stelle oder eines Dritten liegenden Gründen unerlässlich ist und

2. die Daten hierfür übermittelt oder genutzt werden dürften, wenn sie nicht gesperrt wären.

Begründung des Regierungsentwurfs zu § 35 BDSG

Absatz 2 Satz 2 Nr. 2 ist um die Merkmale von *Artikel 8 der Richtlinie* ergänzt. Im Hinblick auf die Ersetzung der Wörter „speichernde Stelle" durch die Wörter „verantwortliche Stelle" wird auf die Begründung zu § 3 Abs. 7 verwiesen.

Durch die Änderungen in Absatz 2 Satz 2 Nr. 4 wird sichergestellt, dass bei Daten, die geschäftsmäßig zum Zwecke der Übermittlung verarbeitet werden, jeweils nach vier Jahren eine Überprüfung ihrer Erforderlichkeit erfolgt.

Hinsichtlich der Einfügung von Absatz 5 wird auf die Begründung zu § 20 Abs. 5 verwiesen.

Durch den Wegfall der Regelmäßigkeit der Datenübermittlung in Absatz 7 als Voraussetzung der Nachberichtspflicht (vgl. Absatz 6 a. F.) wird in Umsetzung von *Artikel 12 Buchstabe c der Richtlinie* der Anwendungsbereich der Nachberichtspflicht erweitert. Gleichzeitig wird – ebenfalls in Umsetzung der Richtlinie – sichergestellt, dass die Nachberichtspflicht nur besteht, wenn sie keinen unverhältnismäßigen Aufwand erfordert.

Durch die Formulierung „und schutzwürdige Interessen des Betroffenen nicht entgegenstehen" soll verhindert werden, dass eine Benachrichtigung zu Lasten des Betroffenen erfolgen kann.

Die Änderung in Absatz 8 Nr. 1 ist eine Folgeänderung im Zusammenhang mit der Ersetzung des Begriffs der speichernden Stelle durch den der verantwortlichen Stelle (vgl. hierzu die Begründung zu § 3 Abs. 7).

Dritter Unterabschnitt

Aufsichtsbehörde

Begründung des Regierungsentwurfs zur Überschrift des Dritten Unterabschnitts zum Dritten Abschnitt

Die Regelungen über den betrieblichen Beauftragten für den Datenschutz wurden im Dritten Abschnitt aufgehoben und finden sich nunmehr in den §§ 4f und 4g. Die Überschrift des Dritten Unterabschnitts war daher anzupassen.

§ 36 (weggefallen)

Begründung des Regierungsentwurfs

Die Aufhebung von § 36 ist eine Folgeänderung im Zusammenhang mit der neu geschaffenen Vorschrift des § 4f.

§ 37 (weggefallen)

Begründung des Regierungsentwurfs

Die Aufhebung von § 37 ist eine Folgeänderung im Zusammenhang mit der neu geschaffenen Vorschrift des § 4g.

§ 38 Aufsichtsbehörde

(1) Die Aufsichtsbehörde kontrolliert die Ausführung dieses Gesetzes sowie anderer Vorschriften über den Datenschutz, soweit diese die automatisierte Verarbeitung personenbezogener Daten oder die Verarbeitung oder Nutzung personenbezogener Daten in oder aus nicht automatisierten Dateien regeln einschließlich des Rechts der Mitgliedstaaten in den Fällen des § 1 Abs. 5. Die Aufsichtsbehörde darf die von ihr gespeicherten Daten nur für Zwecke der Aufsicht verarbeiten und nutzen; § 14 Abs. 2 Nr. 1 bis 3, 6 und 7 gilt entsprechend. Insbesondere darf die Aufsichtsbehörde zum Zweck der Aufsicht Daten an andere Aufsichtsbehörden übermitteln. Sie leistet den Aufsichtsbehörden

anderer Mitgliedstaaten der Europäischen Union auf Ersuchen ergänzende Hilfe (Amtshilfe). Stellt die Aufsichtsbehörde einen Verstoß gegen dieses Gesetz oder andere Vorschriften über den Datenschutz fest, so ist sie befugt, die Betroffenen hierüber zu unterrichten, den Verstoß bei den für die Verfolgung oder Ahndung zuständigen Stellen anzuzeigen sowie bei schwerwiegenden Verstößen die Gewerbeaufsichtsbehörde zur Durchführung gewerberechtlicher Maßnahmen zu unterrichten. Sie veröffentlicht regelmäßig, spätestens alle zwei Jahre, einen Tätigkeitsbericht. § 21 Satz 1 und § 23 Abs. 5 Satz 4 bis 7 gelten entsprechend.

(2) Die Aufsichtsbehörde führt ein Register der nach § 4d meldepflichtigen automatisierten Verarbeitungen mit den Angaben nach § 4e Satz 1. Das Register kann von jedem eingesehen werden. Das Einsichtsrecht erstreckt sich nicht auf die Angaben nach § 4e Satz 1 Nr. 9 sowie auf die Angabe der zugriffsberechtigten Personen.

(3) Die der Kontrolle unterliegenden Stellen sowie die mit deren Leitung beauftragten Personen haben der Aufsichtsbehörde auf Verlangen die für die Erfüllung ihrer Aufgaben erforderlichen Auskünfte unverzüglich zu erteilen. Der Auskunftspflichtige kann die Auskunft auf solche Fragen verweigern, deren Beantwortung ihn selbst oder einen der in § 383 Abs. 1 Nr. 1 bis 3 der Zivilprozessordnung bezeichneten Angehörigen der Gefahr strafgerichtlicher Verfolgung oder eines Verfahrens nach dem Gesetz über Ordnungswidrigkeiten aussetzen würde. Der Auskunftspflichtige ist darauf hinzuweisen.

(4) Die von der Aufsichtsbehörde mit der Kontrolle beauftragten Personen sind befugt, soweit es zur Erfüllung der der Aufsichtsbehörde übertragenen Aufgaben erforderlich ist, während der Betriebs- und Geschäftszeiten Grundstücke und Geschäftsräume der Stelle zu betreten und dort Prüfungen und Besichtigungen vorzunehmen. Sie können geschäftliche Unterlagen, insbesondere die Übersicht nach § 4g Abs. 2 Satz 1 sowie die gespeicherten personenbezogenen Daten und die Datenverarbeitungsprogramme, einsehen. § 24 Abs. 6 gilt entsprechend. Der Auskunftspflichtige hat diese Maßnahmen zu dulden.

(5) Zur Gewährleistung des Datenschutzes nach diesem Gesetz und anderen Vorschriften über den Datenschutz, soweit diese die automatisierte Verarbeitung personenbezogener Daten oder die Verarbeitung personenbezogener Daten in oder aus nicht automatisierten Dateien regeln, kann die Aufsichtsbehörde anordnen, dass im Rahmen der Anforderungen nach § 9 Maßnahmen zur Beseitigung festgestellter technischer oder organisatorischer Mängel getroffen werden. Bei schwerwiegenden Mängeln dieser Art, insbesondere, wenn sie mit besonderer Gefährdung des Persönlichkeitsrechts verbunden sind, kann sie den Einsatz einzelner Verfahren untersagen, wenn die Mängel entgegen der Anordnung nach Satz 1 und trotz der Verhängung eines Zwangsgeldes nicht in angemessener Zeit beseitigt werden. Sie kann die Abberufung des Beauftragten

für den Datenschutz verlangen, wenn er die zur Erfüllung seiner Aufgaben erforderliche Fachkunde und Zuverlässigkeit nicht besitzt.

(6) Die Landesregierungen oder die von ihnen ermächtigten Stellen bestimmen die für die Kontrolle der Durchführung des Datenschutzes im Anwendungsbereich dieses Abschnittes zuständigen Aufsichtsbehörden.

(7) Die Anwendung der Gewerbeordnung auf die den Vorschriften dieses Abschnittes unterliegenden Gewerbebetriebe bleibt unberührt.

Begründung zu § 38 BDSG

Begründung des Regierungsentwurfs zu Absatz 1

Artikel 28 der Richtlinie sieht keine Beschränkung der Datenschutzkontrolle auf eine Anlasskontrolle vor, wie sie in Absatz 1 a. F. geregelt war. Die entsprechenden Einschränkungen in Absatz 1 a. F. waren daher zu streichen, das Wort „überprüft" durch das Wort „kontrolliert" zur Vereinheitlichung der Terminologie zu ersetzen. Zu den Vorschriften, deren Ausführung die Aufsichtsbehörde kontrolliert, zählen auch die Verhaltensregeln nach § 38a. Die Ergänzung „einschließlich (...) § 1 Abs. 5" in Absatz 1 Satz 1 stellt in Übereinstimmung mit *Artikel 28 Abs. 6 Satz 1 der Richtlinie* sicher, dass die Aufsichtsbehörde auch in den Fällen, in denen nach § 1 Abs. 5 das Recht anderer Mitgliedstaaten zur Anwendung gelangt, zuständig ist.

Absatz 1 Satz 2, 3 und 5 legt auf der einen Seite die Zweckbindung der von der Aufsichtsbehörde gespeicherten Daten fest und regelt andererseits näher die notwendigen Datenübermittlungen der Aufsichtsbehörde an andere Stellen.

Durch Absatz 1 Satz 4 wird in Umsetzung von *Artikel 28 Abs. 6 Satz 1 und 2 der Richtlinie* die Amtshilfe unter den Aufsichtsbehörden der Mitgliedstaaten der Europäischen Union geregelt.

Durch Absatz 1 Satz 6 wird *Artikel 28 Abs. 5 der Richtlinie* umgesetzt. Die gewählte Frist entspricht der Verpflichtung des Bundesbeauftragten für den Datenschutz nach § 26 Abs. 1 Satz 1, alle zwei Jahre einen Tätigkeitsbericht vorzulegen.

Absatz 1 Satz 7 gewährleistet entsprechend *Artikel 28 Abs. 4 Satz 1 der Richtlinie* Betroffenen ein Anrufungsrecht gegenüber der Aufsichtsbehörde und stellt sicher, dass die in § 23 Abs. 5 benannten Vorschriften der Abgabenordnung nicht gelten. Ferner beinhaltet Satz 7 eine Anzeigebefugnis der Aufsichtsbehörde sowie deren Recht, Betroffene hierüber zu informieren. Auf die Begründung zu § 23 Abs. 5 wird verwiesen. *Artikel 28 Abs. 2 der Richtlinie* war nicht umzusetzen, da die Länder bei der Ausarbeitung von Vorschriften im Sinne des *Artikels 28 Abs. 2 der Richtlinie* ohnehin angehört werden und diese wiederum gemäß Absatz 6 die Aufsichtsbehörden bestimmen. Der Bundesbeauftragte für den Datenschutz ist gemäß § 26 Abs. 3 bereits gegenwärtig an der Erarbeitung von Rechtsvorschriften zu beteiligen. Da für die Mitarbeiter der Aufsichtsbehörden und des Bundesbeauftragten für den Datenschutz ähnliche Vorschriften über die Verschwiegenheitspflicht gelten (vgl. insoweit für Beamte § 39 BRRG, §§ 61, 62 BBG, für Angestellte § 9 BAT und Arbeiter § 11 MTArb), *war Artikel 28 Abs. 7 der Richtlinie* für die Mitarbeiter dieser Behörden nicht umzusetzen.

Begründung des Regierungsentwurfs zu Absatz 2

Absatz 2 Satz 1 a. F. konnte aufgehoben werden, da aufgrund des Wegfalls der Beschränkung auf die Anlasskontrolle in Absatz 1 der Grund für die unterschiedlichen Regelungen in den Absätzen 1 und 2 weggefallen ist. Die Änderung von Satz 2 ist eine Folgeänderung im Zusammenhang mit der Aufhebung des § 32 Abs. 2 und der neu geschaffenen Vorschrift des § 4d Satz 2 entspricht Absatz 2 Satz 3 a. F. Satz 3 entspricht der Regelung des § 4g Abs. 2 Satz 2.

Begründung der Beschlussempfehlung des Innenausschusses des Bundestages zu Absatz 3

Die Änderungen[1] folgen Vorschlägen des Bundesrates (BR-Drs. 461/00 – Beschluss, S. 12, Nr. 13), der für § 38 zur Herstellung eines einheitlichen Sprachgebrauchs die durchgehende Verwendung des Wortes „Kontrolle" angeregt hat.

Begründung des Regierungsentwurfs zu Absatz 4

Die Änderung des Verweises in Absatz 4 Satz 2 ist eine Folgeänderung im Zusammenhang mit der Aufhebung der Vorschrift des § 37 Abs. 2 a. F.

Begründung des Regierungsentwurfs zu Absatz 5

Im Hinblick auf die Einfügung des Wortes „Erhebung" wird auf die Begründung zu § 28 Abs. 1, im Hinblick auf die Einfügung der Wörter „automatisierte Verarbeitung personenbezogener Daten oder die Verarbeitung personenbezogener Daten in oder aus nicht automatisierten Dateien" auf die Begründung zu § 3 Abs. 2 verwiesen.

---

[1] Es handelt sich um Änderungen der Abs. 3, 4 und 6 und dort jeweils um die Ersetzung der Wörter „Prüfung", „Überprüfung" und „Überwachung" durch das Wort „Kontrolle".

§ 38a Verhaltensregeln zur Förderung der Durchführung datenschutzrechtlicher Regelungen

(1) Berufsverbände und andere Vereinigungen, die bestimmte Gruppen von verantwortlichen Stellen vertreten, können Entwürfe für Verhaltensregeln zur Förderung der Durchführung von datenschutzrechtlichen Regelungen der zuständigen Aufsichtsbehörde unterbreiten.

(2) Die Aufsichtsbehörde überprüft die Vereinbarkeit der ihr unterbreiteten Entwürfe mit dem geltenden Datenschutzrecht.

Begründung des Regierungsentwurfs zu § 38a BDSG

Diese Vorschrift setzt *Artikel 27 der Richtlinie* um. Die Verhaltensregeln des Absatzes 1 sollen als interne Regelungen zur ordnungsgemäßen Durchführung datenschutzrechtlicher Regelungen beitragen. Berufsverbände und die anderen in Absatz 1 genannten Vereinigungen erhalten die Möglichkeit, von ihnen erarbeitete Verhaltensregeln der Aufsichtsbehörde zur Überprüfung vorzulegen. Die Entwürfe sind in rechtlicher, technischer und organisatorischer Hinsicht ausreichend zu begründen und auf Verlangen der Aufsichtsbehörde zu erläutern.

Die Verpflichtung der Aufsichtsbehörde zur Überprüfung ihr vorgelegter Entwürfe anhand geltenden Datenschutzrechts gemäß Absatz 2 soll verhindern, dass Berufsverbände und die anderen in Absatz 1 genannten Vereinigungen sich interne Verhaltensregeln geben, die im Widerspruch zu den gesetzlichen Regelungen stehen.

Vierter Abschnitt

Sondervorschriften

§ 39 Zweckbindung bei personenbezogenen Daten, die einem Berufs- oder besonderen Amtsgeheimnis unterliegen

(1) Personenbezogene Daten, die einem Berufs- oder besonderen Amtsgeheimnis unterliegen und die von der zur Verschwiegenheit verpflichteten Stelle in Ausübung ihrer Berufs- oder Amtspflicht zur Verfügung gestellt worden sind, dürfen von der verantwortlichen Stelle nur für den Zweck verarbeitet oder genutzt werden, für den sie sie erhalten hat. In die Übermittlung an eine nichtöffentliche Stelle muss die zur Verschwiegenheit verpflichtete Stelle einwilligen.

(2) Für einen anderen Zweck dürfen die Daten nur verarbeitet oder genutzt werden, wenn die Änderung des Zwecks durch besonderes Gesetz zugelassen ist.

Begründung des Regierungsentwurfs zu § 39 BDSG

Die Änderung in Absatz 1 Satz 1 ist eine Folgeänderung im Zusammenhang mit der Ersetzung des Begriffs der speichernden Stelle durch den der verantwortlichen Stelle (vgl. hierzu die Begründung zu § 3 Abs. 7).

§ 40 Verarbeitung und Nutzung personenbezogener Daten durch Forschungseinrichtungen

(1) Für Zwecke der wissenschaftlichen Forschung erhobene oder gespeicherte personenbezogene Daten dürfen nur für Zwecke der wissenschaftlichen Forschung verarbeitet oder genutzt werden.

(2) Die personenbezogenen Daten sind zu anonymisieren, sobald dies nach dem Forschungszweck möglich ist. Bis dahin sind die Merkmale gesondert zu speichern, mit denen Einzelangaben über persönliche oder sachliche Verhältnisse einer bestimmten oder bestimmbaren Person zugeordnet werden können. Sie dürfen mit den Einzelangaben nur zusammengeführt werden, soweit der Forschungszweck dies erfordert.

(3) Die wissenschaftliche Forschung betreibenden Stellen dürfen personenbezogene Daten nur veröffentlichen, wenn

1. der Betroffene eingewilligt hat oder

2. dies für die Darstellung von Forschungsergebnissen über Ereignisse der Zeitgeschichte unerlässlich ist.

Begründung des Regierungsentwurfs zu § 40 BDSG

Im Gegensatz zu Absatz 1, der sowohl für öffentliche als auch für nicht öffentliche Stellen gilt, enthielt Absatz 2 a. F. eine Sonderregelung für die Übermittlung an „andere als öffentliche Stellen". Inhaltlich beschränkte sich Absatz 2 a. F. auf die Verpflichtung zur Abgabe einer Erklärung zur Einhaltung des Gebotes der Zweckbindung und der Beachtung des Absatzes 3 durch die Stelle, an die übermittelt wird. Da die Stelle, an die die Daten nach Absatz 2 a. F. übermittelt werden, aber ohnehin unter die Regelung des § 40 fällt, die Verpflichtungen gemäß der Absätze 1 und 3 a. F. somit gelten, konnte Absatz 2 aufgehoben werden.

§ 41 Erhebung, Verarbeitung und Nutzung personenbezogener Daten durch die Medien

(1) Die Länder haben in ihrer Gesetzgebung vorzusehen, dass für die Erhebung, Verarbeitung und Nutzung personenbezogener Daten von Unternehmen und Hilfsunternehmen der Presse ausschließlich zu eigenen journalistisch-redaktionellen oder literarischen Zwecken den Vorschriften der §§ 5, 9 und 38a entsprechende Regelungen einschließlich einer hierauf bezogenen Haftungsregelung entsprechend § 7 zur Anwendung kommen.

(2) Führt die journalistisch-redaktionelle Erhebung, Verarbeitung oder Nutzung personenbezogener Daten durch die Deutsche Welle zur Veröffentlichung von Gegendarstellungen des Betroffenen, so sind diese Gegendarstellungen zu den gespeicherten Daten zu nehmen und für dieselbe Zeitdauer aufzubewahren wie die Daten selbst.

(3) Wird jemand durch eine Berichterstattung der Deutschen Welle in seinem Persönlichkeitsrecht beeinträchtigt, so kann er Auskunft über die der Berichterstattung zugrunde liegenden, zu seiner Person gespeicherten Daten verlangen. Die Auskunft kann nach Abwägung der schutzwürdigen Interessen der Beteiligten verweigert werden, soweit

1. aus den Daten auf Personen, die bei der Vorbereitung, Herstellung oder Verbreitung von Rundfunksendungen berufsmäßig journalistisch mitwirken oder mitgewirkt haben, geschlossen werden kann,

2. aus den Daten auf die Person des Einsenders oder des Gewährsträgers von Beiträgen, Unterlagen und Mitteilungen für den redaktionellen Teil geschlossen werden kann,

3. durch die Mitteilung der recherchierten oder sonst erlangten Daten die journalistische Aufgabe der Deutschen Welle durch Ausforschung des Informationsbestandes beeinträchtigt würde.

Der Betroffene kann die Berichtigung unrichtiger Daten verlangen.

(4) Im Übrigen gelten für die Deutsche Welle von den Vorschriften dieses Gesetzes die §§ 5, 7, 9 und 38a. Anstelle der §§ 24 bis 26 gilt § 42, auch soweit es sich um Verwaltungsangelegenheiten handelt.

Begründung des Regierungsentwurfs zu § 41 BDSG

Zu Absatz 1

Anstelle der bisher in Absatz 1 enthaltenen Vollregelung beinhaltet Absatz 1 nur noch eine Rahmenvorschrift. Damit wird der Änderung von Artikel 75 GG durch das 42. Gesetz zur Änderung des Grundgesetzes vom 27. Oktober 1994 (BGBl. I S. 3146) Rechnung getragen. Da die Ausgestaltung der zu den in Absatz 1 genannten Zwecken erfolgenden redaktionellen Datenverarbeitung mitprägend für die Gestaltung der Rechtsverhältnisse der Presse ist und somit nur in die Rahmenkompetenz des Bundes fällt, gelten insoweit die übrigen BDSG-Regelungen nicht. Die Vorschrift, die damit auf dem Gebiet des redaktionellen Datenschutzes lex specialis zu § 1 Abs. 2 Nr. 3 ist, enthält dementsprechend auch keine unmittelbar geltenden Regelungen, sondern gibt für die in die Zuständigkeit der Länder fallende Umsetzung lediglich den Mindeststandard der in der Rechtsprechung seit dem Volkszählungsurteil des Bundesverfassungsgerichts (BVerfGE 65, 1) geforderten datenschutzrechtlichen Regelungen im Bereich der Medien unter Berücksichtigung des aufgrund von *Artikel 9 der Richtlinie* bestehenden Änderungsbedarfs vor.

In Umsetzung von *Artikel 9 der Richtlinie* erweitert Absatz 1 den Anwendungsbereich der Datenschutzbestimmungen im Rahmen der Verarbeitung personenbezogener Daten durch Medien. *Artikel 9 der Richtlinie* sieht keine Ausnahme von den Vorschriften des Dritten Kapitels der Richtlinie – Rechtsbehelfe, Haftung und Sanktionen – vor. Die Regelung zur Haftung war daher in die Regelung des § 41 einzubeziehen. Entsprechendes gilt für das Fünfte Kapitel der Richtlinie – Verhaltensregeln zur Förderung der Durchführung datenschutzrechtlicher Regelungen.

Der Deutsche Presserat wird im Wege der Selbstregulierung ergänzende Regelungen treffen. Inhalte dieser Selbstregulierung werden insbesondere die Erarbeitung von – nicht notwendigerweise auf den Anwendungsbereich der §§ 5 und 9 beschränkten – Verhaltensregeln und Empfehlungen, eine regelmäßige Berichterstattung zum redaktionellen Datenschutz sowie die Schaffung eines Beschwerdeverfahrens sein, das Betroffenen die Möglichkeit einer presseinternen Überprüfung beim Umgang mit personenbezogenen Daten eröffnet. Dieses Konzept ist zu begrüßen, da es in besonderer Weise geeignet erscheint, den Datenschutz im Medienbereich weiter zu verstärken. Insbesondere vor diesem Hintergrund besteht nach Auffassung des Bundes keine Veranlassung für die Länder, über die im Gesetz genannten Vorgaben hinausgehende Regelungen zu treffen.

Zu Absatz 3

Die Neufassung passt die Auskunftsregelung an den Stand neuerer Vorschriften an (vgl. § 17 Abs. 3 ZDF-Staatsvertrag oder § 16 Abs. 3 Mediendienstestaatsvertrag).

Zu Absatz 4

Der Kreis der auf die Deutsche Welle anwendbaren Vorschriften des Bundesdatenschutzgesetzes war nach Maßgabe des *Artikels 9 der Richtlinie* zu erweitern.

§ 42 Datenschutzbeauftragter der Deutschen Welle

(1) Die Deutsche Welle bestellt einen Beauftragten für den Datenschutz, der an die Stelle des Bundesbeauftragten für den Datenschutz tritt. Die Bestellung erfolgt auf Vorschlag des Intendanten durch den Verwaltungsrat für die Dauer von vier Jahren, wobei Wiederbestellungen zulässig sind. Das Amt eines Beauftragten für den Datenschutz kann neben anderen Aufgaben innerhalb der Rundfunkanstalt wahrgenommen werden.

(2) Der Beauftragte für den Datenschutz kontrolliert die Einhaltung der Vorschriften dieses Gesetzes sowie anderer Vorschriften über den Datenschutz. Er ist in Ausübung dieses Amtes unabhängig und nur dem Gesetz unterworfen. Im Übrigen untersteht er der Dienst- und Rechtsaufsicht des Verwaltungsrates.

(3) Jedermann kann sich entsprechend § 21 Satz 1 an den Beauftragten für den Datenschutz wenden.

(4) Der Beauftragte für den Datenschutz erstattet den Organen der Deutschen Welle alle zwei Jahre, erstmals zum 1. Januar 1994 einen Tätigkeitsbericht. Er erstattet darüber hinaus besondere Berichte auf Beschluss eines Organes der Deutschen Welle. Die Tätigkeitsberichte übermittelt der Beauftragte auch an den Bundesbeauftragten für den Datenschutz.

(5) Weitere Regelungen entsprechend den §§ 23 bis 26 trifft die Deutsche Welle für ihren Bereich. Die §§ 4f und 4g bleiben unberührt.

Begründung des Regierungsentwurfs zu § 42 BDSG

Die Änderungen in Absatz 5 Satz 2 sind Folgeänderungen im Zusammenhang mit der Schaffung einheitlicher Vorschriften für den internen Beauftragten für den Datenschutz (§§ 4f und 4g). Diese Regelungen über den internen Beauftragten für den Datenschutz, die erstmals auch für den behördlichen Bereich Anwendung finden, gelten damit ausdrücklich im Bereich der Deutschen Welle. Hierdurch erfährt insbesondere auch der Datenschutzbeauftragte der Deutschen Welle eine deutliche Aufwertung.

Fünfter Abschnitt

Schlussvorschriften

§ 43 Bußgeldvorschriften

(1) Ordnungswidrig handelt, wer vorsätzlich oder fahrlässig

1. entgegen § 4d Abs. 1, auch in Verbindung mit § 4e Satz 2, eine Meldung nicht, nicht richtig, nicht vollständig oder nicht rechtzeitig macht,

2. entgegen § 4f Abs. 1 Satz 1 oder 2, jeweils auch in Verbindung mit Satz 3 und 6, einen Beauftragten für den Datenschutz nicht, nicht in der vorgeschriebenen Weise oder nicht rechtzeitig bestellt,

3. entgegen § 28 Abs. 4 Satz 2 den Betroffenen nicht, nicht richtig oder nicht rechtzeitig unterrichtet oder nicht sicherstellt, dass der Betroffene Kenntnis erhalten kann,

4. entgegen § 28 Abs. 5 Satz 2 personenbezogene Daten übermittelt oder nutzt,

5. entgegen § 29 Abs. 2 Satz 3 oder 4 die dort bezeichneten Gründe oder die Art und Weise ihrer glaubhaften Darlegung nicht aufzeichnet,

6. entgegen § 29 Abs. 3 Satz 1 personenbezogene Daten in elektronische oder gedruckte Adress-, Rufnummern-, Branchen- oder vergleichbare Verzeichnisse aufnimmt,

7. entgegen § 29 Abs. 3 Satz 2 die Übernahme von Kennzeichnungen nicht sicherstellt,

8. entgegen § 33 Abs. 1 den Betroffenen nicht, nicht richtig oder nicht vollständig benachrichtigt,

9. entgegen § 35 Abs. 6 Satz 3 Daten ohne Gegendarstellung übermittelt,

10. entgegen § 38 Abs. 3 Satz 1 oder Abs. 4 Satz 1 eine Auskunft nicht, nicht richtig, nicht vollständig oder nicht rechtzeitig erteilt oder eine Maßnahme nicht duldet oder

11. einer vollziehbaren Anordnung nach § 38 Abs. 5 Satz 1 zuwiderhandelt.

(2) Ordnungswidrig handelt, wer vorsätzlich oder fahrlässig

1. unbefugt personenbezogene Daten, die nicht allgemein zugänglich sind, erhebt oder verarbeitet,

2. unbefugt personenbezogene Daten, die nicht allgemein zugänglich sind, zum Abruf mittels automatisierten Verfahrens bereithält,

3. unbefugt personenbezogene Daten, die nicht allgemein zugänglich sind, abruft oder sich oder einem anderen aus automatisierten Verarbeitungen oder nicht automatisierten Dateien verschafft,

4. die Übermittlung von personenbezogenen Daten, die nicht allgemein zugänglich sind, durch unrichtige Angaben erschleicht,

5. entgegen § 16 Abs. 4 Satz 1, § 28 Abs. 5 Satz 1, auch in Verbindung mit § 29 Abs. 4, § 39 Abs. 1 Satz 1 oder § 40 Abs. 1, die übermittelten Daten für andere Zwecke nutzt, indem er sie an Dritte weitergibt, oder

6. entgegen § 30 Abs. 1 Satz 2 die in § 30 Abs. 1 Satz 1 bezeichneten Merkmale oder entgegen § 40 Abs. 2 Satz 3 die in § 40 Abs. 2 Satz 2 bezeichneten Merkmale mit den Einzelangaben zusammenführt.

(3) Die Ordnungswidrigkeit kann im Fall des Absatzes 1 mit einer Geldbuße bis zu fünfundzwanzigtausend Euro, in den Fällen des Absatzes 2 mit einer Geldbuße bis zu zweihundertfünfzigtausend Euro geahndet werden.

Begründung zu § 43 BDSG

Begründung des Regierungsentwurfs[1]

Der Formulierung „von diesem Gesetz geschützte" in Absatz 1 vor Nummer 1 sowie in Absatz 2 Nr. 1 kam kein eigenständiger Regelungsinhalt zu. Er war daher zu streichen. Die Änderungen in Absatz 1 Nr. 1 passen die Terminologie der Strafvorschriften an die des übrigen Bundesdatenschutzgesetzes an.

Die Änderung der Verweise in Absatz 2 Nr. 2 ist eine Folgeänderung im Zusammenhang mit der Einfügung eines neuen Absatzes 3 in § 29.

Die Änderung der Verweise in Absatz 2 Nr. 3 ist eine Folgeänderung im Zusammenhang mit der Aufhebung von § 40 Abs. 2 a. F.

Der Zusatz in Absatz 4[2] ist durch die Ergänzung des § 23 Abs. 5 durch einen Satz 7 erforderlich geworden. Danach steht dem Bundesbeauftragten für den Datenschutz eine Anzeigebefugnis in Umsetzung des *Artikels 28 Abs. 3 dritter Spiegelstrich der Richtlinie* zu.

Entsprechendes gilt nach § 38 Abs. 1 Satz 7 für die Aufsichtsbehörden der Länder für den nicht öffentlichen Bereich. Die Aufnahme der verantwortlichen Stelle ist sachgerecht, damit sich diese gegen einen Missbrauch der von ihr gespeicherten Daten zur Wehr setzen kann.

---

[1] Im Rahmen des parlamentarischen Verfahrens wurde eine Überarbeitung der Straf- und Bußgeldvorschriften beschlossen. Dabei wurden die Strafvorschriften in § 44 und die Bußgeldvorschriften in § 43 des neuen BDSG geregelt. Da die Vorschriften nach dem BDSG a. F. in umgekehrter Reihenfolge geregelt waren, bezieht sich die Begründung des Regierungsentwurfs zu § 43 auf die Straf- und zu § 44 auf die Bußgeldvorschriften. Für die Interpretation der neuen Bußgeld- und Strafvorschriften kommt der nachstehenden Begründung zu der Beschlussempfehlung des *Innenausschusses des Bundestages* zu §§ 43, 44 maßgebliche Bedeutung zu.

[2] Nunmehr § 44 Abs. 2.

Begründung der Beschlussempfehlung des Innenausschusses des Bundestages zu den §§ 43, 44

Der Bundesrat schlägt vor, die Straf- und Bußgeldvorschriften zu überarbeiten und dabei insbesondere den Grundtatbestand der bisherigen Strafvorschrift in den Ordnungswidrigkeitenkatalog zu überführen. Er begründet dies im Wesentlichen damit, dass der Grundtatbestand der Strafvorschrift geringe praktische Bedeutung habe. Die Lösung, insoweit die Verfolgung als Ordnungswidrigkeit zu ermöglichen, gestatte den zuständigen Kontrollbehörden eine flexiblere Reaktion als sie nach geltendem Recht möglich sei.

Der Bundesrat hat außerdem vorgeschlagen, den Bußgeldkatalog zu erweitern.

Die Vorschläge des Bundesrats werden zum Anlass genommen, die Straf- und Bußgeldvorschrift insgesamt zu überarbeiten, zu straffen und widerspruchsfrei auszugestalten. Die Sanktionsbestände werden nur in begrenztem Umfang erweitert. Hierfür spricht, dass das Gesamtgefüge der Gebots- und Verbotsnorm des BDSG im Zuge der geplanten grundlegenden Reform des Datenschutzrechts ohnehin einer Prüfung zu unterziehen ist, bei der auch die Notwendigkeit der weiteren Verwendung von Blankettvorschriften zu untersuchen sein wird. Gegenwärtig bedarf der – um den bisherigen Grundtatbestand der Strafvorschriften ergänzte – Bußgeldkatalog nur insoweit der Anpassung, als mit dem Gesetzentwurf neue Handlungsge- und -verbote neu eingeführt werden oder ergänzt wurden, ohne dass diese nicht bereits von § 43 Abs. 2 Nr. 1 bis 3 erfasst werden. Dies betrifft § 43 Abs. 1 Nr. 3 und 4 sowie Nr. 6 und 7, die eine Verletzung der Vorschriften § 28 Abs. 3 und Abs. 4 (neu) sanktionieren.

In der Übersicht wirkt sich gegenüber der Fassung des Regierungsentwurfs die Umstellung wie folgt aus:

Fassung Regierungsentwurf	Nach Umstellung	Fassung Regierungsentwurf	Nach Umstellung
§ 44 Abs. 1 (Bußgeldvorschr.)	§ 43 Abs. 1 (Bußgeldvorschr.)	§ 43 (Strafvorschr.)	§ 43 Abs. 2 (Bußgeld vorschr).
Nr. 2	Nr. 1	Abs. 1 Nr. 1	Nr. 1
Nr. 5	Nr. 2	Abs. 1 Nr. 2	Nr. 2
	Nr. 3 (neu)	Abs. 1 Nr. 3	Nr. 3
	Nr. 4 (neu)	Abs. 2 Nr. 1	Nr. 4
Nr. 1	Nr. 5	Abs. 2 Nr. 2	Nr. 5
	Nr. 6 (neu)	Abs. 2 Nr. 3	Nr. 6
	Nr. 7 (neu)		
Nr. 3	Nr. 8	§ 43 Abs. 3 (Strafvorschr.)	§ 44 Abs. 1 (Strafvorschr.)
Nr. 4	Nr. 9		
Nr. 6	Nr. 10	§ 43 Abs. 4 (Strafvorschr.)	§ 44 Abs. 2 (Strafvorschr.)
Nr. 7	Nr. 11		

Für diese Neufassung sind folgende Erwägungen maßgeblich:

Im Gegensatz zum geltenden Recht, in dem die Straf- und Bußgeldvorschriften voneinander unabhängig normiert sind, bilden sie nach dem Konzept des Bundesrates unechte Mischtatbestände. Die Straf- und Bußgeldvorschriften stimmen im Grundtatbestand überein; bei den Straftatbeständen treten zu dem Grundtatbestand weitere Merkmale hinzu, nämlich das Handeln gegen Entgelt oder in Bereicherungs- oder Schädigungsabsicht. Diese enge Verknüpfung von Straf- und Bußgeldvorschriften ist in der Formulierung der Strafvorschriften hervorzuheben. Hierzu wird in den Strafvorschriften auf die Bußgeldnormen Bezug genommen, die im Grundtatbestand mit den Strafvorschriften übereinstimmen. Diese Fassung der Strafvorschriften entspricht der üblichen Rechtsetzungstechnik, führt zu einer wesentlichen Straffung der Strafnormen und vermeidet Unstimmigkeiten zwischen den Strafvorschriften und den zugehörigen Bußgeldvorschriften. Zur Vermeidung einer – rechtstechnisch ungewöhnlichen – Verweisung auf nachfolgende Vorschriften werden – wie im Nebenstrafrecht üblich – zunächst in § 43 BDSG die Bußgeldvorschriften und sodann in § 44 BDSG die Strafvorschriften normiert. Entsprechend der üblichen Handhabung im Nebenstrafrecht folgt die Reihenfolge der Bußgeldvorschriften der numerischen Abfolge der bewehrten verwaltungsrechtlichen Vorschriften.

Bei § 43 Abs. 2 Nr. 6 handelt es sich materiell um die Strafnorm des geltenden § 43 Abs. 2 Nr. 3 BDSG, die entsprechend dem Vorschlag des Bundesrates nunmehr im Grundtatbestand nur noch eine Ordnungswidrigkeit sein soll. Dem Vorschlag des Bundesrats, diese Vorschrift als neue Nummer 11 in Absatz 1 der Bußgeldvorschrift einzustellen, wird nicht gefolgt. Es erscheint nicht vertretbar, eine Strafvorschrift in eine Bußgeldvorschrift umzuwandeln, die Verstöße lediglich mit Geldbuße bis zu 50.000 DM (vgl. § 43 Abs. 3 BDSG) bedroht. Zudem bestünden unter dem Gesichtspunkt der Verhältnismäßigkeit Bedenken, eine – gemessen an der Bußgelddrohung – relativ geringfügige Ordnungswidrigkeit durch weitere Tatbestandsmerkmale zu einer Strafvorschrift zu „qualifizieren". Bei unechten Mischtatbeständen muss die sachliche Nähe zwischen Straf- und Bußgeldvorschrift auch in der Relation zwischen den Sanktionen zum Ausdruck kommen: Während für die Strafvorschrift eine Strafdrohung im unteren Bereich vorzusehen ist, sollte sich die Bußgeldnorm durch eine Bußgelddrohung auszeichnen, die den Regelrahmen des § 17 Abs. 1 OWiG deutlich übertrifft. Dies wird üblicherweise aber erst bei einem Bußgeldrahmen angenommen, der 100.000 DM erreicht oder übersteigt. Der neue Bußgeldtatbestand ist deshalb nicht in Absatz 1, sondern in Absatz 2 der Bußgeldvorschrift einzustellen.

Durch die Formulierung „allgemein zugänglich" in § 43 Nr. 1 bis 3 (vgl. die zu § 10 Abs. 5 eingeführte Definition) wird sichergestellt, dass bei Vorliegen der sonstigen Voraussetzungen eine Ahndung nur in denjenigen Fällen ausgeschlossen ist, in denen es sich um Daten handelt, die von jedermann zur Kenntnis genommen werden können.

§ 44 Strafvorschriften

(1) Wer eine in § 43 Abs. 2 bezeichnete vorsätzliche Handlung gegen Entgelt oder in der Absicht, sich oder einen anderen zu bereichern oder einen anderen zu schädigen, begeht, wird mit Freiheitsstrafe bis zu zwei Jahren oder mit Geldstrafe bestraft.

(2) Die Tat wird nur auf Antrag verfolgt. Antragsberechtigt sind der Betroffene, die verantwortliche Stelle, der Bundesbeauftragte für den Datenschutz und die Aufsichtsbehörde.

Begründung des Regierungsentwurfs zu § 44 BDSG

Zu Absatz 1 Nr. 2

Die Änderung der Verweise in Absatz 1 Nr. 2 ist eine Folgeänderung im Zusammenhang mit der Aufhebung von § 32 sowie mit der Schaffung der neuen Vorschriften der §§ 4d und 4e.

Zu Absatz 1 Nr. 4

Die Änderung ist eine Folgeänderung im Zusammenhang mit der Einfügung eines neuen Absatzes 5 in § 35.

Zu Absatz 1 Nr. 5

Die Änderung des Verweises in Absatz 1 Nr. 5 ist eine Folgeänderung im Zusammenhang mit der Aufhebung von § 36 sowie mit der Schaffung der neuen Vorschrift des § 4f.

Sachlich zuständig für die Durchführung des Ordnungswidrigkeitsverfahrens ist nach § 36 Abs. 1 Nr. 2b OWiG der fachlich zuständige Bundesminister, soweit das Gesetz von Bundesbehörden ausgeführt wird.

(Begründung der Beschlussempfehlung des Bundestagsinnenausschusses vorstehend bei § 43)

Sechster Abschnitt

Übergangsvorschriften

Begründung des Regierungsentwurfs zur Überschrift des Sechsten Abschnitts

Zur Verdeutlichung des Übergangscharakters von §§ 45 und 46 waren beide Vorschriften in einem neuen Sechsten Abschnitt zusammenzufassen.

§ 45 Laufende Verwendungen

Erhebungen, Verarbeitungen oder Nutzungen personenbezogener Daten, die am 23. Mai 2001 bereits begonnen haben, sind binnen drei Jahren nach diesem Zeitpunkt mit den Vorschriften dieses Gesetzes in Übereinstimmung zu bringen. Soweit Vorschriften dieses Gesetzes in Rechtsvorschriften außerhalb des

Anwendungsbereichs der Richtlinie 95/46/EG des Europäischen Parlaments und des Rates vom 24. Oktober 1995 zum Schutz natürlicher Personen bei der Verarbeitung personenbezogener Daten und zum freien Datenverkehr zur Anwendung gelangen, sind Erhebungen, Verarbeitungen oder Nutzungen personenbezogener Daten, die am 23. Mai 2001 bereits begonnen haben, binnen fünf Jahren nach diesem Zeitpunkt mit den Vorschriften dieses Gesetzes in Übereinstimmung zu bringen.

Begründung zu § 45

Begründung des Regierungsentwurfs

Die Vorschrift setzt *Artikel 32 Abs. 2 der Richtlinie* um. Er gestattet einen Anpassungszeitraum von maximal drei Jahren ab Inkrafttreten des Gesetzes für solche Erhebungen, Verarbeitungen oder Nutzungen personenbezogener Daten, die zum Zeitpunkt des Inkrafttretens der Änderungen des Bundesdatenschutzgesetzes bereits begonnen haben.

§ 45 gilt auch in den Rechtsbereichen, die nicht in den Anwendungsbereich der Richtlinie fallen, soweit die Vorschriften des BDSG in den jeweiligen bereichsspezifischen Gesetzen zur Anwendung gelangen. Hierfür enthält Satz 2 eine Sonderregelung.

Begründung der Beschlussempfehlung des Innenausschusses des Bundestages

Die Änderung des § 45 ist – nach Änderung des § 4b – redaktioneller Natur.

§ 46 Weitergeltung von Begriffsbestimmungen

(1) Wird in besonderen Rechtsvorschriften des Bundes der Begriff Datei verwendet, ist Datei

1. eine Sammlung personenbezogener Daten, die durch automatisierte Verfahren nach bestimmten Merkmalen ausgewertet werden kann (automatisierte Datei), oder

2. jede sonstige Sammlung personenbezogener Daten, die gleichartig aufgebaut ist und nach bestimmten Merkmalen geordnet, umgeordnet und ausgewertet werden kann (nicht automatisierte Datei).

Nicht hierzu gehören Akten und Aktensammlungen, es sei denn, dass sie durch automatisierte Verfahren umgeordnet und ausgewertet werden können.

(2) Wird in besonderen Rechtsvorschriften des Bundes der Begriff Akte verwendet, ist Akte jede amtlichen oder dienstlichen Zwecken dienende Unterlage,

die nicht dem Dateibegriff des Absatzes 1 unterfällt; dazu zählen auch Bild- und Tonträger. Nicht hierunter fallen Vorentwürfe und Notizen, die nicht Bestandteil eines Vorgangs werden sollen.

(3) Wird in besonderen Rechtsvorschriften des Bundes der Begriff Empfänger verwendet, ist Empfänger jede Person oder Stelle außerhalb der verantwortlichen Stelle. Empfänger sind nicht der Betroffene sowie Personen und Stellen, die im Inland, in einem anderen Mitgliedstaat der Europäischen Union oder in einem anderen Vertragsstaat des Abkommens über den Europäischen Wirtschaftsraum personenbezogene Daten im Auftrag erheben, verarbeiten oder nutzen.

Begründung zu § 46 BDSG

Begründung des Regierungsentwurfs

Da es aus zeitlichen Gründen nicht möglich ist, das gesamte bereichsspezifische Datenschutzrecht bereits in der 1. Gesetzgebungsstufe an die neue Terminologie des BDSG anzupassen, wird angeordnet, dass die bisherigen Definitionen der Begriffe Datei, Akte und Empfänger zunächst weitergelten sollen. Es ist beabsichtigt, in der 2. Novellierungsstufe die Anpassung des bereichsspezifischen Datenschutzrechts an die Richtlinie umfassend zu überprüfen.

Absatz 1 entspricht § 3 Abs. 2 a. F., Absatz 2 § 3 Abs. 3 a. F. und Absatz 3 § 3 Abs. 9 a. F.

Begründung der Beschlussempfehlung des Innenausschusses des Bundestages

Hinsichtlich des § 46 Abs. 3[1] wird auf die Begründung zu § 1 Abs. 5 und § 3 Abs. 8 verwiesen.

---

[1] Einbeziehung der EWR-Vertragsstaaten.

Anlage (zu § 9 Satz 1)

Werden personenbezogene Daten automatisiert verarbeitet oder genutzt, ist die innerbehördliche oder innerbetriebliche Organisation so zu gestalten, dass sie den besonderen Anforderungen des Datenschutzes gerecht wird. Dabei sind insbesondere Maßnahmen zu treffen, die je nach der Art der zu schützenden personenbezogenen Daten oder Datenkategorien geeignet sind,

1. Unbefugten den Zutritt zu Datenverarbeitungsanlagen, mit denen personenbezogene Daten verarbeitet oder genutzt werden, zu verwehren (Zutrittskontrolle),

2. zu verhindern, dass Datenverarbeitungssysteme von Unbefugten genutzt werden können (Zugangskontrolle),

3. zu gewährleisten, dass die zur Benutzung eines Datenverarbeitungssystems Berechtigten ausschließlich auf die ihrer Zugriffsberechtigung unterliegenden Daten zugreifen können, und dass personenbezogene Daten bei der Verarbeitung, Nutzung und nach der Speicherung nicht unbefugt gelesen, kopiert, verändert oder entfernt werden können (Zugriffskontrolle),

4. zu gewährleisten, dass personenbezogene Daten bei der elektronischen Übertragung oder während ihres Transports oder ihrer Speicherung auf Datenträger nicht unbefugt gelesen, kopiert, verändert oder entfernt werden können, und dass überprüft und festgestellt werden kann, an welche Stellen eine Übermittlung personenbezogener Daten durch Einrichtungen zur Datenübertragung vorgesehen ist (Weitergabekontrolle),

5. zu gewährleisten, dass nachträglich überprüft und festgestellt werden kann, ob und von wem personenbezogene Daten in Datenverarbeitungssysteme eingegeben, verändert oder entfernt worden sind (Eingabekontrolle),

6. zu gewährleisten, dass personenbezogene Daten, die im Auftrag verarbeitet werden, nur entsprechend den Weisungen des Auftraggebers verarbeitet werden können (Auftragskontrolle),

7. zu gewährleisten, dass personenbezogene Daten gegen zufällige Zerstörung oder Verlust geschützt sind (Verfügbarkeitskontrolle),

zu gewährleisten, dass zu unterschiedlichen Zwecken erhobene Daten getrennt verarbeitet werden können.

Begründung des Regierungsentwurfs zur Anlage zu § 9 BDSG

Die Anlage zu § 9 wurde gestrafft (Einfügung von Nummer 10 a. F. in Satz 1 vor Nummer 1, Zusammenführung von den Nummern 2, 3 und 5 a. F. als Teil von Nummer 3), um die Anforderungen der Richtlinie ergänzt (insbesondere Nummer 7 n. F.), sprachlich überarbeitet (Nummer 1 bis 5) sowie den heutigen Gegebenheiten der Informations- und Kommunikationstechnik angepasst (Nummer 4 und 5). Allgemein gilt, dass Schutzzweck und Aufwand maßgeblich für die Festlegung der

Einzelmaßnahmen sind, d. h. dass Einzelmaßnahmen so gewählt werden müssen, dass der Schutz der einzelnen gespeicherten Daten konkret gewährleistet wird.

Im Einzelnen:

1. Die Erweiterung um den Begriff der Nutzung in Satz 1, vor Nummer 1, sowie in Nummer 1 beruht auf *Artikel 3 Abs. 1 in Verbindung mit Artikel 2 Buchstabe b der Richtlinie.*

2. Die Einfügung „Datenkategorien" in Satz 1 vor Nummer 1 ist eine Anpassung an die Terminologie der Richtlinie. Auf *Artikel 19 Abs. 1 Buchstabe c der Richtlinie* sowie die Begründung zu § 4e Satz 1 Nr. 5 wird verwiesen.

3. Bei den Nummern 1, 2 und 3 (Nummer 1, 2, 3, 4 und 5 a. F.) wurde der gesetzliche Wortlaut der gebräuchlichen informationstechnischen Terminologie angepasst: Zutritt im Sinne der Nummer 1 ist ausschließlich räumlich zu verstehen, erfasst daher den räumlichen Zutritt durch unbefugte (externe) Personen. Nummer 1 a. F. war demgegenüber sprachlich unklar und gab Anlass zu unterschiedlichen Interpretationen.

   Zugang im Sinne der Nummer 2 (Nummer 4 a. F.) erfasst das Eindringen in das EDV-System selbst seitens unbefugter (externer) Personen.

   Durch den Verzicht auf die Formulierung „mit Hilfe von Einrichtungen zur Datenübertragung" in Nummer 2 wurde gegenüber der bisherigen Nummer 4 a. F. der Anwendungsbereich neben dem bereits erfassten Schutz des Zugangs über Datenübertragungseinrichtungen auf den Schutz des lokalen Zugangs zum System erweitert. Zugriff im Sinne der Nummer 3 schließlich erfasst die Tätigkeit innerhalb des EDV-Systems durch einen grundsätzlich Berechtigten außerhalb seiner Berechtigung. Nummer 3 entspricht in ihrem ersten Teil vollständig Nummer 5 a. F. und beinhaltet in ihrem zweiten Teil eine teilweise Zusammenfassung von den Nummern 2 und 3 a. F.; die Überschneidungen dieser Nummern der alten Fassung werden beseitigt. Auf den Begriff „Löschung" in den Nummern 3 und 9 a. F. konnte verzichtet werden, da er im informationstechnischen Sinn vom Begriff „Veränderung" mit umfasst wird.

4. Nummer 4 fasst sämtliche Aspekte der Weitergabe personenbezogener Daten, also elektronische Übertragung, Datenträgertransport und Übermittlungskontrolle, unter dem Begriff „Weitergabekontrolle" zusammen. Zu ergänzen war Nummer 4 um den Begriff der „elektronischen Übertragung". Der zweite Teil von Nummer 4 entspricht im Wesentlichen Nummer 6 a. F.

   Die in der neuen Fassung von Nummer 4, zweiter Teil durch die vorgenommene Änderung („vorgesehen" anstelle von „werden können") gegenüber Nummer 6 a. F. erfolgte Eingrenzung ist angesichts der technischen Entwicklung – weitgehend unbegrenzte Möglichkeit zur Datenübertragung als Normalfall – notwendig.

5. Nummer 5 stellt im Gegensatz zur bisherigen Fassung (Nummer 7 a. F.) nicht mehr in erster Linie auf die eingegebenen Daten ab („welche"), sondern maßgeblich auf den Zugang („ob"). Dies war erforderlich, da die Praxis erwiesen hat, dass die bisherige Fassung überzogene, nicht praktikable Anforderungen stellte. Gleichzeitig wurde der Anwendungsbereich der Nummer 5 um die nachträgliche Überprüfung und Feststellung der Veränderung oder Entfernung ergänzt.

6. Nummer 6 entspricht unverändert Nummer 8 a. F.

7. Die in Nummer 7 neu aufgenommene Verfügbarkeitskontrolle beruht auf *Artikel 17 Abs. 1 der Richtlinie*. Schutz vor zufälliger Zerstörung oder Verlust meint beispielsweise Schutz vor Wasserschäden, Blitzschlag oder Stromausfall. Beispiel für eine insoweit zu treffende Sicherungsmaßnahme ist etwa das Erstellen zusätzlicher Sicherungskopien, die an besonders geschützten Orten gelagert werden.

8. Die Regelung in Nummer 8 beinhaltet in Anlehnung an die Regelung des § 4 Abs. 2 Nr. 4 TDDSG ein grundsätzliches Trennungsgebot zu unterschiedlichen Zwecken erhobener Daten. Dieses Trennungsgebot findet in den Fällen eine Einschränkung, in denen ein Informationssystem daraufhin konzipiert ist, dass gesetzlich im Regelfall zugelassenen Zweckänderungen Rechnung getragen werden soll.

Begründung[1] zur EG-Datenschutzrichtlinie

I. Allgemeine Einführung

Am 18. Juli 1990 hat die Kommission dem Rat ein Vorschlagspaket von zwei Richtlinien und einem Beschluß vorgelegt. Mit ihm sollen der freie Verkehr von Daten in der Gemeinschaft erleichtert und dabei ein hohes Schatzniveau von Personen bei Verarbeitungen personenbezogener Daten gewährleistet sowie die Sicherheit der Verarbeitungen von Daten insbesondere im diensteintegrierenden digitalen Telekommunikationsnetz verstärkt werden.

Der Wirtschafts- und Sozialausschuß hat seine Stellungnahme zu diesen Vorschlägen am 24. April 1991 abgegeben (Amtsblatt vom 17. Juni 1991).

Im Rahmen des Verfahrens der Zusammenarbeit hat das Europäische Parlament diese Vorschläge in seinen Ausschüssen gründlich geprüft. Nach Erörterung des Berichts des Ausschusses für Recht und Bürgerrechte (Berichterstatter Herr Hoon) am 10. Februar 1992 hat das Parlament am 11. März 1992 fast einstimmig eine befürwortende Stellungnahme zu den Vorschlägen in der von ihm in zahlreichen Punkten geänderten Form angenommen.

Der Rat hat den Vorschlag für einen Beschluß auf dem Gebiet der Informationssicherheit am 31. März 1992 angenommen (Amtsblatt vom 5. Mai 1992).

Mit dem vorliegenden geänderten Vorschlag soll die Stellungnahme des Europäischen Parlaments berücksichtigt werden.

II. Wichtigste Änderungen

1. Das Schutzkonzept

Zwei wesentliche Änderungen des ursprünglichen Vorschlags durch das Parlament wurden in den geänderten Vorschlag aufgenommen. Sie betreffen:

- den Verzicht auf die formelle Unterscheidung zwischen den für den öffentlichen und den privaten Sektor geltenden Regeln,

- nähere Bestimmungen für das selektive Meldeverfahren bei der Kontrollbehörde und zu den Verhaltensregeln.

---

[1] Begründung des geänderten Vorschlags der Kommission für eine Richtlinie des Rates zum Schutz natürlicher Personen bei der Verarbeitung personenbezogener Daten und zum freien Datenverkehr vom 15. Oktober 1992, KOM (92) 422 endg. - SYN 287 - ABl. Nr. C 311 vom 27.11.1992, 30.

Diese Änderungen bieten den Vorteil, daß sie verdeutlichen, daß – unabhängig von dem betreffenden Sektor – überall der gleiche Schutz gelten muß.

Außerdem ermöglichen sie, bürokratische Abweichungen zu verhindern und zu einer besseren Gewährleistung der Konvergenz und Gleichwertigkeit der Methoden beizutragen, mit denen in den Mitgliedstaaten ein wirksamer Schutz sichergestellt werden soll. Der Umfang des Meldeverfahrens und die Aufgaben der unabhängigen Kontrollbehörden werden präzisiert entsprechend dem Grad der Risiken, die die Verarbeitungen personenbezogener Daten für die Rechte und Freiheiten der betroffenen Personen aufweisen.

2. Konzepte und Begriffsbestimmungen

Die Überlegungen zu den Änderungen des Parlaments, die zum einen darauf abzielen, das überholte und im Rahmen der Entwicklung der Automatisierung und des Telekommunikationswesens nicht relevante Konzept der Datei aus dem Vorschlag zu streichen, zum anderen, die Datenerhebung in die Definition der Verarbeitung personenbezogener Daten einzubeziehen, haben dazu geführt, vorzuschlagen, daß der Kern der Regelung bei der Verarbeitung personenbezogener Daten liegt.

Diese Änderung bringt zwei Vorteile mit sich: Die Grundsätze des Schutzes aufgrund der Richtlinie hängen nicht von einer Technologie oder besonderer technischer Organisation ab; das Konzept der Datenverarbeitung ermöglicht die Entwicklung eines Globalansatzes, bei dem sich die Aufmerksamkeit auf die benutzten Daten sowie auf alle Operationen konzentriert, die sie im Hinblick auf die angestrebte Zweckbestimmung betreffen.

Ferner hat sich herausgestellt, daß es erforderlich ist, das Konzept der Datei beizubehalten und zu präzisieren, um den Anwendungsbereich der Richtlinien – wenn die Verarbeitungen nicht automatisiert erfolgen – lediglich auf personenbezogene Daten zu beschränken, die in Dateien enthalten oder dazu bestimmt sind, in Dateien aufgenommen zu werden. Außerdem wird der Begriff des Dritten, dem personenbezogene Daten übermittelt werden, eingeführt.

3. Anwendungsbereich und spezifische Ausnahmebestimmungen

Die nachstehenden Änderungen werden vorgeschlagen, um den Besorgnissen des Parlaments Rechnung zu tragen. Sie zielen darauf ab, die betreffenden Rechte und Freiheiten zu gewährleisten und miteinander zu vereinbaren, um den freien Verkehr der entsprechenden Daten sicherzustellen.

- Die Kritik an der ursprünglichen Bestimmung unter bestimmten Voraussetzungen Verarbeitungen durch Verbände ohne Erwerbszweck aus dem Bereich der Richtlinie auszuschließen, haben entsprechend bestimmten Änderungen des Parlaments zur Verarbeitung sensibler Daten zu dem Vorschlag geführt, diese Verarbeitungen unter die Richtlinie fallen zu lassen, wobei gleichzeitig eine besondere Ausnahme von der Meldepflicht vorgesehen wird. Diese ist um die Meinungsfreiheit zu gewährleisten.

- Bei der Verarbeitung für journalistische Zwecke wird vorgeschlagen, die Ermächtigung der Mitgliedstaaten durch eine Verpflichtung zu ersetzen, die erforderlichen Ausnahmen vorzusehen, um den Schutz des Privatlebens der betroffenen Person mit dem Recht der freien Meinungsäußerung zu vereinbaren.

- Für Verarbeitungen, die keine besonderen Risiken darstellen und durchgeführt werden, um insbesondere gesetzlichen Verpflichtungen nachzukommen, wird eine Ausnahme von der Meldepflicht vorgeschlagen.

4. Drittländer

Die Bestimmung, mit der dem Risiko eines Umgehens der Gemeinschaftsbestimmungen bei dem Datentransfer in Drittländer vorgebeugt werden soll und die ein Verbot derartiger Transfers in Länder vorsieht, die kein angemessenes Schutzniveau gewährleisten, wurde so formuliert, daß die Unklarheiten über das verfolgte Ziel beseitigt wurden. Dazu wurden Kriterien für eine Beurteilung der Angemessenheit hinzugefügt. Außerdem sind in einer beschränkten Zahl von Fällen Ausnahmen von der Regel vorgesehen, um gerechtfertigte besondere Umstände zu berücksichtigen.

III. Struktur und Inhalt des geänderten Vorschlags

Der Vorschlag wurde neu strukturiert, um die Streichung der formellen Unterscheidung zwischen öffentlichem und privatem Sektor sowie die Entwicklung der Bestimmungen zu berücksichtigen, die die Meldung bei den Kontrollbehörden betreffen. Die neue Struktur zielt ferner darauf ab, die verschiedenen Bestandteile des Schutzmechanismus deutlicher aufzuzeigen. Sie berücksichtigt auch die Kritik an dem zu ausführlichen ursprünglichen Text. Die Umstrukturierung des Vorschlags betrifft die Bestimmungen in den Kapiteln II bis VI des ursprünglichen Vorschlags, die im Wesentlichen in einem neuen Kapitel II zusammengefaßt sind, das alle allgemeinen Bedingungen für die Zulässigkeit der Verarbeitung personenbezogener Daten enthält, diese aber neu ordnet. Die Struktur der ursprünglichen Kapitel I, VII ff. wurde nicht verändert.

Kapitel II des geänderten Vorschlags ist in Abschnitte untergliedert, die die Grundsätze darlegen, die für die Gestaltung und Durchführung von Verarbeitungen personenbezogener Daten zu gelten haben (Abschnitte 1, 2 und 3), das Recht auf Information, Auskunft und Widerspruch der betroffenen Personen (Abschnitte 4, 5 und 6), die Verpflichtungen im Bereich der Sicherheit (Abschnitt 7) und die Meldeverfahren bei den Kontrollbehörden (Abschnitt 8).

Abschnitt 1 behandelt die allen Rechtsvorschriften der Mitgliedstaaten gemeinen Grundsätze, die sich aus den Bestimmungen des Übereinkommens 108 des Europarats über die Qualität der Daten ableiten, die Gegenstand einer Verarbeitung sind. Er entspricht dem ursprünglichen Artikel 16. Die auf Antrag des Parlaments erfolgte Aufnahme der Datenerhebung in den Begriff der Verarbeitung hat einige redaktionelle Änderungen erforderlich gemacht. Außerdem wurde die Änderung des Parlaments bezüglich der Archivierung von Daten für die wissenschaftliche Forschung berücksichtigt.

Die berechtigte Zweckbestimmung der Verarbeitungen personenbezogener Daten – einer der in Abschnitt I genannten Grundsätze – wird in Abschnitt 2 über die Grundsätze für die Verarbeitung von Daten erläutert. Dieser Abschnitt greift die in den ursprünglichen Kapiteln II und III enthaltene einschränkende Liste der Voraussetzungen auf, unter denen die Verarbeitungen durchgeführt werden dürfen; er verdeutlicht diese und bewahrt ihren allgemeinen Charakter. Dieser Liste zufolge sind diese Voraussetzungen insbesondere die Einwilligung der betroffenen Person, die Erfüllung eines mit der betroffenen Person geschlossenen Vertrags, die Erfüllung einer gesetzlichen Verpflichtung oder schließlich das Abwägen der verschiedenen Interessen, die eine Rolle spielen. Diese „Interessenabwägung", die sehr unterschiedliche Verarbeitungen betreffen kann, wie Verarbeitungen für die kommerzielle Werbung oder die Verarbeitung öffentlich zugänglicher Daten, haben die Mitgliedstaaten nach von ihnen festgelegten Verfahren vorzunehmen und dabei vor allem die allgemeinen Grundsätze des Abschnitts I und der Rechte der betroffenen Personen zu berücksichtigen.

Abschnitt 3 betrifft die besonderen Bestimmungen für Verarbeitungen im Zusammenhang mit den Grundfreiheiten. Dieser Abschnitt umfaßt Bestimmungen, die unter Bezugnahme auf das vorgenannte Übereinkommen und die Stellungnahme des Parlaments, die in diesem Punkt teilweise aufgegriffen wird, einen verstärkten Schutz bei der Verarbeitung empfindlicher Daten vorsehen, d. h. bei der Verarbeitung von Daten insbesondere im Zusammenhang mit der Meinungsfreiheit. Diese Bestimmungen entsprechen dem ursprünglichen Artikel 17. Sie greifen die Vorschläge des Parlaments zu den Verarbeitungen durch politische oder gewerkschaftliche Vereinigungen auf. In dem geänderten Vorschlag fallen diese Veränderungen somit in den Anwendungsbereich der Richtlinie, womit die Rechte der Personen ihnen gegenüber garantiert und der freie Verkehr der genannten Daten gewährleistet werden kann. Abschnitt 3 betrifft außerdem die bereits genannten Regeln für Verarbeitungen für journalistische Zwecke, die die Vereinbarkeit der beiden Grundfreiheiten im Hinblick auf die Privatsphäre und die freie Meinungsäußerung garantieren sollen.

Abschnitt 4 betrifft die Verpflichtungen des Verantwortlichen der Verarbeitung im Bereich der Information der betroffenen Person über die erfolgten Verarbeitungen. Sie sollen die Transparenz der Verarbeitungen sicherstellen und damit zu der Anwendung der Grundsätze der loyalen Verarbeitung der Daten gemäß dem Übereinkommen 108 des Europarats beitragen, auf die in Abschnitt 1 hingewiesen wurde. Abschnitt 4 entspricht den Bestimmungen der ursprünglichen Kapitel II, III und IV, die in dem geänderten Vorschlag neu formuliert wurden, um insbesondere Auslegungsprobleme auszuräumen, die zu Informationsredundanzen führen.

Abschnitt 5 betrifft das Auskunftsrecht der Person über sie betreffende Daten sowie das Recht auf Berichtigung dieser Daten. Er entspricht den diesbezüglichen Bestimmungen des ursprünglichen Kapitels IV und greift die Änderungen des Parlaments auf, das die Tragweite dieses Rechts allgemein verstärkt (insbesondere das Recht der betroffenen Person, die Herkunft der verarbeiteten Daten zu erfahren und die bei den automatisierten Verarbeitungen verwendeten Argumentationen, deren Ergebnisse ihr entgegengehalten werden). Die geänderten Bestimmungen berücksichtigen auch den Vorschlag des Parlaments, demzufolge die Möglichkeit einer Beschränkung der Wahrnehmung des Auskunftsrechts im Privatsektor unter den Bedingungen vorgesehen wird, die ursprünglich dem öffentlichen Sektor vorbehalten waren.

Abschnitt 6 betrifft das Widerspruchsrecht der betroffenen Person aus berechtigten Gründen. Er entspricht den diesbezüglichen Bestimmungen der Kapitel III und IV des ursprünglichen Vorschlags. Dieser Abschnitt enthält die Verpflichtung, den betroffenen Personen die Möglichkeit des Widerspruchs vor der Übermittlung von Daten an Dritte zum Zweck schriftlicher Werbung anzubieten.

Abschnitt 7 greift mit einigen redaktionellen Änderungen die Bestimmungen über die Sicherheit auf, die im ursprünglichen Kapitel V enthalten waren.

Abschnitt 8 entwickelt die ursprünglichen Bestimmungen über die Meldung. Mit dem vorgeschlagenen selektiven System, das weitgehend aus den Änderungen des Parlaments übernommen wurde, wird das Ziel verfolgt, die Transparenz der Verarbeitungen und insbesondere die Ermittlung ihrer Zweckbestimmungen zu gewährleisten und dabei die Intervention der Kontrollbehörden an den Verarbeitungen auszurichten, die besondere Aufmerksamkeit erfordern, weil sie Risiken mit sich bringen. Er geht von dem Grundsatz aus, daß jede Verarbeitung der Kontrollbehörde zu melden ist, sofern sie teilweise oder vollständig automatisiert ist; präzisiert wird, daß die Meldung ein Paket von Verarbeitungen betreffen kann, deren Zweckbestimmungen vom Standpunkt des Verantwortlichen dieser Verarbeitungen aus und gegenüber den betroffenen Personen verbunden sind. Vorgeschlagen wird, daß die Mitgliedstaaten im Lichte ihrer Erfahrung Maßnahmen treffen, um die Verarbeitungen, deren Durchführung im Hinblick auf die Rechte und Freiheiten der betroffenen Personen keine Risiken birgt, von der Meldepflicht zu befreien oder diese Pflicht zu erleichtern. Die getroffenen Maßnahmen beschreiben die betroffenen Verarbeitungen und ihre möglichen Durchführungsbedingungen. Schließlich wird vorgeschlagen, daß den Kontrollbehörden die Befugnis übertragen werden kann, die gemeldeten Verarbeitungen vor ihrer Durchführung zu prüfen.

Kapitel III enthält die Bestimmungen der Kapitel IV und VII des ursprünglichen Vorschlags über die Rechtsmittel der betroffenen Person, Haftung und Sanktionen. Diese Bestimmungen wurden geändert, um die Stellungnahme des Parlaments zu berücksichtigen.

Kapitel IV betrifft die Transfers personenbezogener Daten in Drittländer. Es entspricht dem ursprünglichen Kapitel VIII. Es wurde wie obengenannt geändert und greift die Bestimmungen auf, die der Gemeinschaft die Entwicklung einer gemeinsamen Politik in dem Bereich ermöglichen sollen.

Kapitel V betrifft die Verhaltensregeln. Es entspricht den diesbezüglichen Bestimmungen des ursprünglichen Kapitels VI und greift die Stellungnahme des Parlaments zu dem Verfahren der Ausarbeitung der Verhaltensregeln auf, bei dem die unabhängigen Kontrollbehörden einbezogen werden. Außerdem wird die Möglichkeit für die Mitgliedstaaten hinzugefügt, die Berufsgruppen bei der Umsetzung der Rechtsvorschriften durch die Ausarbeitung nationaler Verhaltensregeln zu beteiligen.

Kapitel VI behandelt die nationalen Kontrollbehörden und die Datenschutzgruppe, die zur einheitlichen Anwendung der nationalen Durchführungsbestimmungen der Richtlinie beitragen und die Kommission beraten soll. Dem Wunsch des Parlaments gemäß wurden die Untersuchungsbefugnisse der nationalen Behörden präzisiert. Die ursprüngliche Zusammensetzung der Gruppe wurde beibehalten, um ihre Unabhängigkeit zu gewährleisten. Aus diesem Grund ist auch vorgesehen, daß die Gruppe ihren Vorsitzenden wählt. Die genauen Bedingungen, unter denen sie von der Kommission zu konsultieren ist, werden genannt.

Kapitel VII betrifft die Durchführungsbefugnisse, die der Rat der Kommission übertragen sollte. Entgegen der Stellungnahme des Parlaments bleibt die Kommission hier bei ihrem ursprünglichen Vorschlag. Sie ist der Ansicht, daß die Annahme technischer Anpassungsmaßnahmen aufgrund der Tragweite und des technischen Charakters des Bereichs der Verarbeitung personenbezogener Daten erforderlich sein wird.

Schlußbestimmungen: Um dem Wunsch des Parlaments zu entsprechen, ist eine Frist von drei Jahren, die zu der Frist für die Umsetzung der Richtlinie hinzukommt, für die Anwendung der neuen nationalen Rechtsvorschriften vorgesehen.

IV. Kommentare zum Titel und zu den Erwägungsgründen

1. Titel

Der Titel wurde in zweierlei Hinsicht präzisiert:

- „Zum freien Datenverkehr" wurde hinzugefügt, um deutlich hervorzuheben, daß der Vorschlag auf die Errichtung und das Funktionieren des Binnenmarkts auf der Grundlage einer Harmonisierung abzielt, die den Schutz der Personen gewährleistet;

- um jede Unklarheit über den Anwendungsbereich des Vorschlags auszuräumen, wurde präzisiert, daß der Schutz nur für natürliche Personen gilt.

2. Erwägungsgründe

Die Kommission hat die Erwägungsgründe geändert, um die an den Bestimmungen des Vorschlags vorgenommenen Änderungen zu berücksichtigen.

Dazu ist insbesondere folgendes zu bemerken:

- Der Erwägungsgrund Nr. 2 greift die Stellungnahme des Parlaments auf (Änderung Nr. 9), die darauf abzielt, die Vorteile hervorzuheben, die die Systeme der automatisierten Datenverarbeitung aufweisen, sofern sie die Rechte der Personen und die individuellen Freiheiten achten.

- Es schien besser, den das Übereinkommen des Europarats vom 28. Januar 1981 betreffenden Erwägungsgrund Nr. 10 unter die Erwägungsgründe einzureihen, mit denen die Problematik einer diesbezüglichen Gemeinschaftspolitik beschrieben werden soll, da die Richtlinie die in dem Übereinkommen enthaltenen Grundsätze konkretisiert. In dem ursprünglichen Vorschlag stand dieser Erwägungsgrund (Nr. 22), dessen Wortlaut nicht geändert wurde, unter den Bestimmungen über den Datentransfer in Drittländer.

- Ein neuer Erwägungsgrund (Nr. 14) wurde aufgenommen, der die Grundsätze des Schutzes, die in den nachstehenden Erwägungsgründen zum Ausdruck kommen, kurz zusammenfassen soll.

- Mit den Änderungen der Erwägungsgründe Nr. 4 (neu) und 5 soll die Beschreibung der Sachverhalte verstärkt werden, die zu einer Gemeinschaftsinitiative führen müssen, deren Notwendigkeit in den Erwägungsgründen 7 und 8 hervorgehoben wird.

V. Kommentare zu den Artikeln

KAPITEL I
ALLGEMEINE BESTIMMUNGEN

Artikel 1
Gegenstand der Richtlinie

(1) Die Mitgliedstaaten gewährleisten nach den Bestimmungen dieser Richtlinie den Schutz der Grundrechte und Grundfreiheiten und insbesondere den Schutz der Privatsphäre natürlicher Personen bei der Verarbeitung personenbezogener Daten.

(2) Die Mitgliedstaaten beschränken oder untersagen nicht den freien Verkehr personenbezogener Daten zwischen Mitgliedstaaten aus Gründen des gemäß Absatz 1 gewährleisteten Schutzes.

Erwägungsgründe:[1] 1 – 11, 23 und 68

Begründung:[2]

Artikel 1 ist dem Gegenstand der Richtlinie gewidmet. Dieser Gegenstand ist die Gewährleistung des freien Verkehrs personenbezogener Daten zwischen den Mitgliedstaaten mittels einer Harmonisierung der einzelstaatlichen Rechtsvorschriften.

- gemäß Absatz 1 sind die Mitgliedstaaten verpflichtet, den Schutz der Rechte und Freiheiten natürlicher Personen und insbesondere den Schutz der Privatsphäre bei der Verarbeitung personenbezogener Daten zu gewährleisten. (Diese Terminologie wurde auch in Artikel 1 des Übereinkommens 108 des Europarats verwendet);

- Da der Schutz aufgrund der Richtlinie in allen Mitgliedstaaten nach denselben Grundsätzen gewährleistet wird und somit im gesamten Gebiet der Gemeinschaft gleichwertig ist, können die Mitgliedstaaten aufgrund von Absatz 2 den Verkehr der Daten in den unter die Richtlinie fallenden Bereichen nicht mehr aus Gründen des Schutzes der betroffenen Person beschränken.

So ermöglicht der Vorschlag nach Wunsch des Parlaments (Änderung Nr. 10, zweiter Teil), die Erfordernisse der Vollendung des Binnenmarkts mit denen des Schutzes der Personen zu vereinbaren.

---

[1] Die Erwägungsgründe sind vorstehend auf den Seiten 62 ff. abgedruckt.
[2] Die zu den einzelnen Artikeln angegebenen Begründungen geben die Kommentare des geänderten Kommissionsvorschlags wieder; vgl. Fn. 1 auf S. 269.

Die Änderung Nr. 10 (erster Teil) wurde in dem geänderten Vorschlag insofern aufgenommen, als der Begriff der Verarbeitung gemäß der Definition in Artikel 2 Buchstabe a die Erhebung einschließt.

Artikel 2
Begriffsbestimmungen

Im Sinne dieser Richtlinie bezeichnet der Ausdruck

a) „personenbezogene Daten" alle Informationen über eine bestimmte oder bestimmbare natürliche Person („betroffene Person"); als bestimmbar wird eine Person angesehen, die direkt oder indirekt identifiziert werden kann, insbesondere durch Zuordnung zu einer Kennummer oder zu einem oder mehreren spezifischen Elementen, die Ausdruck ihrer physischen, physiologischen, psychischen, wirtschaftlichen, kulturellen oder sozialen Identität sind;

b) „Verarbeitung personenbezogener Daten" („Verarbeitung") jeden mit oder ohne Hilfe automatisierter Verfahren ausgeführten Vorgang oder jede Vorgangsreihe im Zusammenhang mit personenbezogenen Daten wie das Erheben, das Speichern, die Organisation, die Aufbewahrung, die Anpassung oder Veränderung, das Auslesen, das Abfragen, die Benutzung, die Weitergabe durch Übermittlung, Verbreitung oder jede andere Form der Bereitstellung, die Kombination oder die Verknüpfung sowie das Sperren, Löschen oder Vernichten;

c) „Datei mit personenbezogenen Daten" („Datei") jede strukturierte Sammlung personenbezogener Daten, die nach bestimmten Kriterien zugänglich sind, gleichgültig ob diese Sammlung zentral, dezentralisiert oder nach funktionalen oder geographischen Gesichtspunkten aufgeteilt geführt wird;

d) „für die Verarbeitung Verantwortlicher" die natürliche oder juristische Person, Behörde, Einrichtung oder jede andere Stelle, die allein oder gemeinsam mit anderen über die Zwecke und Mittel der Verarbeitung von personenbezogenen Daten entscheidet. Sind die Zwecke und Mittel der Verarbeitung von personenbezogenen Daten in einzelstaatlichen oder gemeinschaftlichen Rechts- und Verwaltungsvorschriften festgelegt, so können der für die Verarbeitung Verantwortliche bzw. die spezifischen Kriterien für seine Benennung durch einzelstaatliche oder gemeinschaftliche Rechtsvorschriften bestimmt werden;

e) „Auftragsverarbeiter" die natürliche oder juristische Person, Behörde, Einrichtung oder jede andere Stelle, die personenbezogene Daten im Auftrag des für die Verarbeitung Verantwortlichen verarbeitet;

f) „Dritter" die natürliche oder juristische Person, Behörde, Einrichtung oder jede andere Stelle, außer der betroffenen Person, dem für die Verarbeitung

Verantwortlichen, dem Auftragsverarbeiter und den Personen, die unter der unmittelbaren Verantwortung des für die Verarbeitung Verantwortlichen oder des Auftragsverarbeiters befugt sind, die Daten zu verarbeiten;

g) „Empfänger" die natürliche oder juristische Person, Behörde, Einrichtung oder jede andere Stelle, die Daten erhält, gleichgültig, ob es sich bei ihr um einen Dritten handelt oder nicht. Behörden, die im Rahmen eines einzelnen Untersuchungsauftrags möglicherweise Daten erhalten, gelten jedoch nicht als Empfänger;

h) „Einwilligung der betroffenen Person" jede Willensbekundung, die ohne Zwang, für den konkreten Fall und in Kenntnis der Sachlage erfolgt und mit der die betroffene Person akzeptiert, daß personenbezogene Daten, die sie betreffen, verarbeitet werden.

Erwägungsgründe: 14 – 17, 25 – 27, 32 und 47

Begründung:

Mit diesem Artikel werden die wichtigsten in der Richtlinie verwendeten Begriffe definiert. Die Definitionen greifen die Begriffsbestimmungen des Übereinkommens 108 des Europarats auf, die sie allerdings in dem erforderlichen Maße anpassen und präzisieren, um einen hohen gleichwertigen Schutz in der Gemeinschaft sicherzustellen.

a) „Personenbezogene Daten". Der geänderte Vorschlag erfüllt das Ziel des Parlaments, das eine möglichst globale Definition des Begriffs der „personenbezogenen Daten" wünscht, um alle Informationen abzudecken, die mit einer natürlichen Person in Verbindung gebracht werden können (Änderung Nr. 12). Eine Person kann unmittelbar durch einen Namen oder mittelbar durch eine Telefonnummer, ein Kraftfahrzeugkennzeichen, eine Sozialversicherungsnummer, eine Paßnummer oder eine Verknüpfung bedeutsamer Kriterien identifiziert werden, die beispielsweise ihre Bestimmung innerhalb einer kleinen Gruppe ermöglichen (Alter, Beschäftigung, Anschrift usw.). Die Begriffsbestimmung erlaubt auch ein Abdecken von Daten wie Bild und Stimme, Fingerabdrücke und genetische Merkmale.

Eine Definition der anonymen Daten wird nicht gegeben, da dieser Begriff in der Richtlinie nicht verwendet wird. Das Anonymat einer Information hängt somit nicht mehr von den Kosten für die Zuordnung zu der Ursprungsinformation ab (Änderung Nr. 13). In dem besonderen Fall einer Erfassung von Daten als Statistik erschien es jedoch zweckmäßig, zu präzisieren, daß diese nicht mehr als „personenbezogen" angesehen werden können, sobald die betroffenen Personen vernünftigerweise nicht mehr bestimmbar sind.

b) „Verarbeitung personenbezogener Daten" (Verarbeitung). Die zugrunde gelegte Definition geht in Richtung eines weiten Anwendungsbereichs, der die Garantie des Schutzes Einzelner ermöglicht (Änderung Nr. 15). Sie umfaßt die Erhebung der

Daten bis zu ihrer Löschung, über ihre Organisation, Benutzung, Abfrage, Weitergabe – definiert als Übermittlung, Verbreitung oder jede sonstige Form der Bereitstellung (Änderung Nr. 16) –, die Verknüpfung und das Sperren einschließt.

c) „Datei mit personenbezogenen Daten" (Datei). Diese Definition, unter die sowohl automatisierte als auch nicht automatisierte Dateien fallen, wurde präzisiert. In bezug auf nicht automatisierte Datenverarbeitung ermöglicht sie eine Beschränkung des Anwendungsbereichs der Richtlinie auf Daten, die so strukturiert sind, daß sie den Zugriff und die Suche nach Daten über natürliche Personen erleichtern. Personenbezogene Daten, die nicht für ihre Benutzung im Hinblick auf die betroffenen Personen organisiert sind, sind somit ausgeschlossen. Diese letztgenannten Daten weisen für die Personen nicht dieselben Risiken auf, und es ist realistischer, sie nicht denselben Verpflichtungen zu unterwerfen.

Um den Schutz der Personen zu gewährleisten, wird präzisiert, daß das Ziel oder die Wirkung der Kriterien der „Zugänglichkeit" darin bestehen muß, die Benutzung oder die Kombination von Daten zu erleichtern, damit die betroffene Person nicht genötigt ist, die Absicht nachzuweisen, was die Anwendung der einzelstaatlichen Rechtsvorschriften in Frage stellen könnte.

Der Begriff „Kombination" wurde dem Begriff „Verknüpfung" vorgezogen, um sowohl automatisierte Verarbeitungen als auch Dateien auf Papier einzubeziehen.

d) „Verantwortlicher der Verarbeitung". Diese Definition lehnt sich an den Be-griff „maître du fichier" des Übereinkommens 108 des Europarats an.

Da die Richtlinie im wesentlichen auf eine Regelung der Benutzung von Daten im Hinblick auf die verfolgten Zwecke abzielt, ist ein Bezug auf das Konzept des Verantwortlichen der Verarbeitung vorzuziehen. Es handelt sich um die Person, die in letzter Instanz für die Entscheidungen über die Definition und die Durchführung der Verarbeitungen verantwortlich ist (meist der Betriebsleiter) und nicht um Personen, die die Verarbeitung gemäß den Anweisungen des Verantwortlichen vornehmen.

Deshalb ist ausgeführt, daß der Verantwortliche „die Ziele" der Verarbeitung definiert. Die Änderung Nr. 17 wurde in diesem Punkt berücksichtigt. Der Verantwortliche der Verarbeitung kann die Daten selbst verarbeiten oder durch Mitglieder seines Personals oder auch durch eine mit der Verarbeitung beauftragte Person verarbeiten lassen; diese Person unterscheidet sich rechtlich von dem Verantwortlichen, ist aber in seinem Auftrag tätig.

e) „Mit der Verarbeitung beauftragte Person": Diese nützliche Definition hat das Parlament vorgeschlagen (Änderung Nr. 18).

f) „Dritter". Diese Definition ist das Ergebnis einer parlamentarischen Änderung (Nr. 134); sie ist in dem geänderten Vorschlag überarbeitet worden, um klar herauszustellen, daß die betroffene Person, der Verantwortliche der Verarbeitung sowie die Personen, die ermächtigt sind, unter seiner unmittelbaren Verantwortung oder in seinem Auftrag, wie die mit der Verarbeitung beauftragte Person, Daten zu verarbeiten, nicht als Dritte angesehen werden. Personen, die in einem anderen Unternehmen arbeiten, auch wenn dieses demselben Konzern oder derselben Holding angehört, dürfen im allgemeinen als Dritte angesehen werden.

Bankfilialen hingegen, die Verarbeitungen im Rahmen der Kundenverwaltung unter der unmittelbaren Verantwortung des Hauptsitzes durchführen, dürften nicht als Dritte angesehen werden. Dies dürfte auch für Versicherungsvertreter gelten; die Situation für Versicherungsmakler beispielsweise könnte sich hingegen anders darstellen.

g) „Einwilligung der betroffenen Person". In dem ursprünglichen Vorschlag stand die Definition der Einwilligung der Person in eine Verarbeitung sie betreffender Daten in Artikel 12 in dem Kapitel zu den Rechten der Person.

Dies hat zu Problemen geführt, da gewisse Berufskreise daraus abgeleitet hatten, daß für jede Verarbeitung die zuvorige Einwilligung der betroffenen Person erforderlich sei, während es sich nur um eine der Grundlagen der Zulässigkeit der Verarbeitung handelt.

Deshalb scheint es logischer, daß die Bestimmungen über die Einwilligung mit einigen redaktionellen Änderungen, die ihnen die Form einer Definition geben, in Artikel 2 der Richtlinie aufgenommen werden.

Der Bezug auf den ausdrücklichen Charakter der Einwilligung wurde gestrichen, um zu verhindern, daß dies als Erfordernis einer schriftlichen Erklärung ausgelegt werden kann (den empfindlichen Daten des Artikels 8 des geänderten Vorschlags vorbehaltenes Verfahren). Es wurde durch die „ausdrückliche Willensbekundung" ersetzt, die schriftlich oder mündlich erfolgen kann.

In der geänderten Fassung wurde präzisiert, daß die Einwilligung in den Fällen, in denen möglicherweise Druck auf die betroffene Person ausgeübt wird (Fall des Arbeitnehmers gegenüber seinem Arbeitgeber beispielsweise), „ohne Zwang" zu erfolgen hat.

Um der betroffenen Person die Möglichkeit zu geben, Gefahren und Vorteile der Verarbeitung sie betreffender Daten zu beurteilen und ihre Rechte gemäß Artikel 13 des Richtlinienvorschlags wahrzunehmen (Berichtigung, Löschung, Sperrung), hat die Einwilligung auf der Grundlage der Information zu erfolgen. Aus diesem Grund hat der Verantwortliche der Verarbeitung der betroffenen Person die benötigen Informationen mitzuteilen, wie Namen und Anschrift des Verantwortlichen oder gegebenenfalls seines Vertreters (vgl. Artikel 4 Absatz 2), den Zweck der Verarbeitung, die gespeicherten Daten usw.

Die Einwilligung der betroffenen Person gilt für den konkreten Fall, d.h., daß sie sich auf eine konkrete Verarbeitung von Daten über die betroffene Person durch einen bestimmten Verantwortlichen und für bestimmte Zwecke beziehen muß.

Die betroffene Person hat das Recht, ihre Einwilligung jederzeit zu widerrufen. Der Widerruf hat allerdings keine Rückwirkung, da anderenfalls eine Verarbeitung personenbezogener Daten, die zuvor zulässig war, rückwirkend unzulässig würde.

Drei in dem ursprünglichen Vorschlag enthaltene Definitionen wurden gestrichen:

- Die Definition der Kontrollbehörde, die in Artikel 32 des geänderten Vorschlags enthalten ist.

- Die Definitionen des öffentlichen und des privaten Sektors aufgrund der Zusammenfassung der Bestimmungen für diese Sektoren (vgl. Kapitel II des geänderten Vorschlags).

Artikel 3
Anwendungsbereich

(1) Diese Richtlinie gilt für die ganz oder teilweise automatisierte Verarbeitung personenbezogener Daten sowie für die nicht automatisierte Verarbeitung personenbezogener Daten, die in einer Datei gespeichert sind oder gespeichert werden sollen.

(2) Diese Richtlinie findet keine Anwendung auf die Verarbeitung personenbezogener Daten,

- **die für die Ausübung von Tätigkeiten erfolgt, die nicht in den Anwendungsbereich des Gemeinschaftsrechts fallen, beispielsweise Tätigkeiten gemäß den Titeln V und VI des Vertrags über die Europäische Union, und auf keinen Fall auf Verarbeitungen betreffend die öffentliche Sicherheit, die Landesverteidigung, die Sicherheit des Staates (einschließlich seines wirtschaftlichen Wohls, wenn die Verarbeitung die Sicherheit des Staates berührt) und die Tätigkeiten des Staates im strafrechtlichen Bereich;**

- **die von einer natürlichen Person zur Ausübung ausschließlich persönlicher oder familiärer Tätigkeiten vorgenommen wird.**

Erwägungsgründe: 12 – 17, 21, 24, 27 und 71

Begründung:

Absatz 1 des geänderten Vorschlags bringt die Standpunkte derer, die sich im Bereich Informatik lediglich auf das Konzept der „automatisierten Verarbeitung" beziehen wollen (weil eine automatisierte Verarbeitung nicht notwendigerweise die Existenz einer Datei voraussetzt) sowie derer in Übereinstimmung, die befürchten, daß die Richtlinie sich auf alle, auch auf die nicht strukturierten Daten auf Papier ausdehnt.

Deshalb wurden in dem geänderten Vorschlag unterschiedliche Kriterien für die Definition des Anwendungsbereichs der Richtlinie zugrundegelegt, je nachdem, ob die Daten Gegenstand einer automatisierten Verarbeitung sind oder nicht: sie gilt nur für die nicht automatisierte Verarbeitung von Daten, wenn diese Daten in einer Datei enthalten sind; im Informatikbereich hingegen geht die Definition über den Begriff der Datei hinaus; die Richtlinie findet auf jede automatisierte Datenverarbeitung Anwendung, auch wenn diese Daten nicht in einer Datei enthalten sind.

Die Richtlinie gilt also für personenbezogene Daten, die entweder durch ihre Organisation in einer manuellen Datei oder mittels einer Datenverarbeitung strukturiert sind.

Es wird auf „ganz oder teilweise" automatisierte Verarbeitungen Bezug genommen, um darauf hinzuweisen, daß eine Verarbeitung eine Einheit darstellt, auch wenn nur ein Teil (beispielsweise der Index) informatisiert ist.

In Absatz 2 sind zwei Ausnahmen vorgesehen:

- Die erste betrifft die Verarbeitungen für die Ausübung von Tätigkeiten, die nicht in den Anwendungsbereich des Gemeinschaftsrechts fallen (wie Geheimdienste). Der Anwendungsbereich der Richtlinie ist im Verhältnis zu dem Anwendungsbereich des Gemeinschaftsrechts definiert, um ihm zu ermöglichen, sich mit diesem zu entwickeln.

- Die zweite Ausnahme betrifft die Benutzung von Daten zu ausschließlich privaten Zwecken, wie beispielsweise ein elektronisches Notizbuch (Änderung Nr. 22).

- Weitere Ausnahmen sind nicht vorgesehen. Die Rechte der Bürger wären nicht mehr garantiert, wenn reihenweise verschiedene Organisationen von jeder Verpflichtung ausgenommen würden: Es ist zwar berechtigt, das für bestimmte Verarbeitungen personenbezogener Daten geltende System zu erleichtern (vgl. Abschnitt VIII in Kapitel II über die Meldung, der Möglichkeiten für die Befreiung oder Vereinfachung der Formalitäten vorsieht); eine Globalbefreiung ist hingegen nicht erforderlich.

Das besondere Problem der Vereinigungen und Verbände wird in dem Artikel behandelt, der Ausnahmebestimmungen für die Sammlung empfindlicher Daten enthält (Artikel 8 des geänderten Vorschlags).

Artikel 4
Geltendes einzelstaatliches Recht

(1) Jeder Mitgliedstaat wendet die Vorschriften, die er zur Umsetzung dieser Richtlinie erläßt, auf alle Verarbeitungen personenbezogener Daten an,

a) die im Rahmen der Tätigkeiten einer Niederlassung ausgeführt werden, die der für die Verarbeitung Verantwortliche im Hoheitsgebiet dieses Mitgliedstaats besitzt. Wenn der Verantwortliche eine Niederlassung im Hoheitsgebiet mehrerer Mitgliedstaaten besitzt, ergreift er die notwendigen Maßnahmen,

damit jede dieser Niederlassungen die im jeweils anwendbaren einzelstaatlichen Recht festgelegten Verpflichtungen einhält;

b) die von einem für die Verarbeitung Verantwortlichen ausgeführt werden, der nicht in seinem Hoheitsgebiet, aber an einem Ort niedergelassen ist, an dem das einzelstaatlich Recht dieses Mitgliedstaats gemäß dem internationalen öffentlichen Recht Anwendung findet;

c) die von einem für die Verarbeitung Verantwortlichen ausgeführt werden, der nicht im Gebiet der Gemeinschaft niedergelassen ist und zum Zwecke der Verarbeitung personenbezogener Daten auf automatisierte oder nicht automatisierte Mittel zurückgreift, die im Hoheitsgebiet des betreffenden Mitgliedstaats belegen sind, es sei denn, daß diese Mittel nur zum Zweck der Durchfuhr durch das Gebiet der Europäischen Gemeinschaft verwendet werden.

(2) In dem in Absatz 1 Buchstabe c) genannten Fall hat der für die Verarbeitung Verantwortliche einen im Hoheitsgebiet des genannten Mitgliedstaats ansässigen Vertreter zu benennen, unbeschadet der Möglichkeit eines Vorgehens gegen den für die Verarbeitung Verantwortlichen selbst.

Erwägungsgründe: 18 – 21, 24, 68, 71 und 72

Begründung:

In diesem Artikel sind die Kriterien enthalten, auf deren Grundlage bestimmt werden kann, welche einzelstaatliche Rechtsvorschrift auf die Verarbeitungen Anwendung findet, die in den Anwendungsbereich der Richtlinie fallen; damit soll vermieden werden:

- zum einen, daß die betroffene Person jeden Schutz verliert, insbesondere aufgrund eines Umgehens der Rechtsvorschrift;

- zum anderen, daß dieselbe Verarbeitung der Anwendung mehrerer einzelstaatlicher Rechtsvorschriften unterworfen wird.

In dem ursprünglichen Vorschlag bestimmte der Standort der Datei die territoriale Zuständigkeit; dieses Kriterium wurde in dem geänderten Vorschlag nicht aufgegriffen, weil der Standort einer Datei oder einer Verarbeitung oft unmöglich zu bestimmen sein wird: letztere können viele, auf mehrere Mitgliedstaaten verteilte Standorte haben, vor allem im Fall von Datenbanken und Netzen, Phänomenen in ständiger Expansion.

Deshalb wird in dem geänderten Vorschlag das geltende Recht unter Bezugnahme auf den Ort definiert, an dem der Verantwortliche der Verarbeitung ansässig ist.

Ist der Verantwortliche der Verarbeitung nicht im Hoheitsgebiet der Gemeinschaft ansässig, benutzt aber automatisierte oder nicht automatisierte Mittel zum Zwecke der Verarbeitung (Terminals, Fragebögen usw.) im Hoheitsgebiet eines Mitgliedstaats, so gilt das Recht des Staats, in dessen Hoheitsgebiet sich diese Mittel befinden. Außerdem hat der Verantwortliche der Verarbeitung einen in diesem Hoheitsgebiet ansässigen Vertreter zu benennen, der in seine Rechte und Pflichten eintritt.

In diesem Fall obliegt diesem Vertreter die Meldepflicht (vgl. Abschnitt VIII in Kapitel II); jede Unterrichtung der betroffenen Personen über den Verantwortlichen der Verarbeitung gemäß dem Richtlinienvorschlag ist durch eine Information über dessen Vertreter zu ergänzen.

Die Änderung Nr. 24 wurde insofern aufgegriffen, als sie den Bezug auf eine vereinzelte Abfrage streicht, einen Begriff, dem die klare Zuordnung fehlte und der somit zu unterschiedlichen Auslegungen geführt hätte.

Aufgrund der Wahl des Kriteriums der Ansässigkeit des Verantwortlichen der Verarbeitung ergibt sich durch eine vorübergehende Verbringung einer Datei keine Änderung für das anwendbare Recht. Deshalb wurde Artikel 4 Absatz 3 des ursprünglichen Vorschlags nicht aufgenommen.

KAPITEL II
ALLGEMEINE BEDINGUNGEN FÜR DIE RECHTMÄSSIGKEIT DER VERARBEITUNG PERSONENBEZOGENER DATEN

Der geänderte Vorschlag hat eine andere Struktur als der ursprüngliche Vorschlag: In dem neuen Kapitel II sind alle Grundsätze, Rechte und Pflichten zusammengefaßt, die die Zulässigkeit der Verarbeitungen bestimmen. Gemäß der Stellungnahme des Parlaments wurden die Bestimmungen zum öffentlichen und zum privaten Sektor zusammengefaßt.

Artikel 5

Die Mitgliedstaaten bestimmen nach Maßgabe dieses Kapitels die Voraussetzungen näher, unter denen die Verarbeitung personenbezogener Daten rechtmäßig ist.

Erwägungsgründe: 22 – 25, 28 – 31, 33 – 38, 45, 46 und 68

Begründung:

Dieser Artikel greift Artikel 6 Absatz 2 und Artikel 8 Absätze 1 und 3 des ursprünglichen Vorschlags auf.

Ihm zufolge sehen die Mitgliedstaaten vor, daß die Verarbeitung personenbezogener Daten nur dann zulässig ist, wenn sie im Einklang mit allen Bestimmungen des Kapitels II, das eine Einheit bildet, erfolgt.

Außerdem wird hervorgehoben, daß die Mitgliedstaaten in ihren Rechtsvorschriften die Voraussetzungen näher bestimmen können, unter denen die Verarbeitung im Rahmen der Bestimmungen des Kapitels II zulässig sind. Diese Präzisierungen können beispielsweise darin bestehen, je nach betrachtetem Sektor die Fälle zu definieren, in denen das Interesse der betroffenen Person überwiegt (Artikel 7 Buchstabe f), die Modalitäten für die Unterrichtung der betroffenen Personen (Abschnitt IV) oder die Bedingungen für die Wahrnehmung des Widerspruchsrechts (Abschnitt VI[1]). Sie dürfen den Grundsatz des freien Verkehrs der Daten innerhalb der Gemeinschaft nicht in Frage stellen.

ABSCHNITT I
GRUNDSÄTZE IN BEZUG AUF DIE QUALITÄT DER DATEN

Artikel 6

(1) Die Mitgliedstaaten sehen vor, daß personenbezogene Daten

a) nach Treu und Glauben und auf rechtmäßige Weise verarbeitet werden;

b) für festgelegte eindeutige und rechtmäßige Zwecke erhoben und nicht in einer mit diesen Zweckbestimmungen nicht zu vereinbarenden Weise weiterverarbeitet werden. Die Weiterverarbeitung von Daten zu historischen, statistischen oder wissenschaftlichen Zwecken ist im allgemeinen nicht als unvereinbar mit den Zwecken der vorausgegangenen Datenerhebung anzusehen, sofern die Mitgliedstaaten geeignete Garantien vorsehen;

c) den Zwecken entsprechen, für die sie erhoben und/oder weiterverarbeitet werden, dafür erheblich sind und nicht darüber hinausgehen;

d) sachlich richtig und, wenn nötig, auf den neuesten Stand gebracht sind; es sind alle angemessenen Maßnahmen zu treffen, damit im Hinblick auf die Zwecke, für die sie erhoben oder weiterverarbeitet werden, nichtzutreffende oder unvollständige Daten gelöscht oder berichtigt werden;

e) nicht länger, als es für die Realisierung der Zwecke, für die sie erhoben oder weiterverarbeitet werden, erforderlich ist, in einer Form aufbewahrt werden,

---

[1] Jetzt Abschnitt VII.

die die Identifizierung der betroffenen Personen ermöglicht. **Die Mitgliedstaaten sehen geeignete Garantien für personenbezogene Daten vor, die über die vorgenannte Dauer hinaus für historische, statistische oder wissenschaftliche Zwecke aufbewahrt werden.**

Der für die Verarbeitung Verantwortliche hat für die Einhaltung des Absatzes 1 zu sorgen.

Erwägungsgründe: 11, 25, 28, 29 sowie 38

Begründung:

Dieser Artikel enthält die wesentlichen Grundsätze aus Artikel 5 des Übereinkommens 108 des Europarats.

Da es sich um Bestimmungen über die Grundrechte von Personen bei der Verarbeitung von Informationen handelt, stehen sie am Beginn des Kapitels über die Rechtmäßigkeit der Verarbeitungen. Für die Auslegung der folgenden Artikel dieses Kapitels ist es notwendig, sich darauf zu beziehen.

Die Bestimmungen des Artikels 6 greifen die des Übereinkommens 108 des Europarats mit einigen Änderungen auf, mit denen sie an die Begriffsbestimmungen in Artikel 2 (insbesondere die Definition der Verarbeitung) und den Anwendungsbereich der Richtlinie angepaßt werden sollen, die – im Gegensatz zu dem Übereinkommen 108 – sowohl automatisierte als auch nicht automatisierte Verarbeitungen von Daten betreffen, die in Dateien enthalten sind.

Artikel 6 Buchstabe a bestimmt, daß die Verarbeitung personenbezogener Daten nach Treu und Glauben und auf rechtmäßige Art und Weise zu erfolgen hat. Diese Bestimmung zielt auf die Verarbeitung in ihrer Definition nach Artikel 2 Buchstabe e[1] ab und schließt somit natürlich die Erhebung ein.

Die Bestimmung in Artikel 6 Buchstabe a schließt insbesondere die Verwendung verborgener Geräte aus, mit denen heimlich und ohne Wissen der betroffenen Person beispielsweise durch Abhören des Telefons und andere Mittel Daten gesammelt werden können. Diese Bestimmung untersagt ferner den Verantwortlichen der Verarbeitung, heimlich eine Verarbeitung personenbezogener Daten vorzunehmen und diese zu benutzen.

Artikel 6 Buchstabe b enthält den Grundsatz der Zweckbestimmung der Datenerhebung (unabhängig davon, ob sie mit automatisierten oder nicht automatisierten Mitteln erfolgt). Diesem Grundsatz zufolge dürfen persönliche Daten nur für bestimmte, ausdrücklich festgelegte und rechtmäßige Zwecke bewahrt werden.

Der Gegenstand der Erhebung persönlicher Daten muß bestimmt sein, d. h., das Ziel

---

[1] Nunmehr Buchstabe b.

der Erhebung und Benutzung der Daten muß so genau wie möglich definiert werden. Eine allgemeine oder vage Definition oder Beschreibung des Gegenstandes einer Verarbeitung (beispielsweise „für kommerzielle Zwecke") entspricht dem Grundsatz der Definition der Zweckbestimmung nach Artikel 6 Buchstabe b nicht.

Die Zweckbestimmung ist vor der Erhebung der Daten zu spezifizieren. Werden die Daten bei der betroffen Person erhoben, so sieht Artikel 11 vor, daß die Zweckbestimmung bereits zu dem Zeitpunkt der Datenerhebung feststehen muß.

Eine spätere Änderung der Zweckbestimmung einer Verarbeitung ist nur dann rechtmäßig, wenn sie mit der ursprünglichen Zweckbestimmung vereinbar ist.

Nach Artikel 6 Buchstabe b ist der Verantwortliche der Verarbeitung auch verpflichtet, die Zweckbestimmung der Datenspeicherung und des Datensatzes festzulegen.

Da die Zweckbestimmung der Speicherung und Benutzung personenbezogener Daten rechtmäßig sein muß, sind die potentiellen Zweckbestimmungen einer Verarbeitung beschränkt. Eine solche Verarbeitung kann nur für einen Gegenstand gestaltet und benutzt werden, der den Bestimmungen der Richtlinie und den einzelstaatlichen Rechtsvorschriften der Mitgliedstaaten entspricht.

Gemäß Artikel 6 Buchstabe c müssen die Daten den Zwecken entsprechen, für die sie verarbeitet werden, dafür erheblich sein und nicht darüber hinausgehen. Dieser Grundsatz setzt voraus, daß die Art der Daten der verfolgten Zweckbestimmung entspricht.

Die Bestimmungen in Artikel 6 Buchstabe d stehen in engem Zusammenhang zu den Bestimmungen in Artikel 6 Absatz 1 Buchstaben b und c. Die Daten müssen richtig und, falls erforderlich, auf dem neuesten Stand sein. Sind die Daten nicht zutreffend oder unvollständig im Hinblick auf die Zweckbestimmung der Datei, so sieht Artikel 6 Buchstabe d vor, daß sie gelöscht oder berichtigt werden müssen.

Artikel 6 Buchstabe e bezieht sich auf die Höchstdauer der Aufbewahrung personenbezogener Daten. Dieser Bestimmung zufolge ist die Aufbewahrung von Daten in einer Form, die die Identifizierung der betroffenen Personen ermöglicht, nur während des Zeitraums zulässig, der für das Erreichen des Ziels erforderlich ist, für das die Daten erhoben worden sind.

In bestimmten Fällen kann es allerdings nach einer gewissen Frist, wenn eine Verarbeitung ihre eigentliche Zweckbestimmung verloren hat, notwendig sein, sie zu vor allem historischen Zwecken oder für die Forschung aufzubewahren. Artikel 6 Buchstabe e legt deshalb gemäß der Stellungnahme des Parlaments (Änderung Nr. 60) fest, daß die Mitgliedstaaten geeignete Garantien für Daten vorsehen können, die für historische, statistische oder wissenschaftliche Zwecke archiviert werden, um zum einen den strikten Grundsatz der Zweckbestimmung und das Recht auf Löschung, zum anderen die Erfordernisse der Forschung zu verbinden.

Nach Artikel 6 Absatz 2 ist der Verantwortliche der Verarbeitung verpflichtet, für die Einhaltung der Bestimmungen über die Qualität der Daten in Artikel 6 Absatz 1 zu sorgen.

ABSCHNITT II
GRUNDSÄTZE IN BEZUG AUF DIE ZULÄSSIGKEIT DER VERARBEITUNG
VON DATEN

Artikel 7

Die Mitgliedstaaten sehen vor, daß die Verarbeitung personenbezogener Daten lediglich erfolgen darf, wenn eine der folgenden Voraussetzungen erfüllt ist:

a) Die betroffene Person hat ohne jeden Zweifel ihre Einwilligung gegeben;

b) die Verarbeitung ist erforderlich für die Erfüllung eines Vertrags, dessen Vertragspartei die betroffene Person ist, oder für die Durchführung vorvertraglicher Maßnahmen, die auf Antrag der betroffenen Person erfolgen;

c) die Verarbeitung ist für die Erfüllung einer rechtlichen Verpflichtung erforderlich, der der für die Verarbeitung Verantwortliche unterliegt;

d) die Verarbeitung ist erforderlich für die Wahrung lebenswichtiger Interessen der betroffenen Person;

e) die Verarbeitung ist erforderlich für die Wahrnehmung einer Aufgabe, die im öffentlichen Interesse liegt oder in Ausübung öffentlicher Gewalt erfolgt und dem für die Verarbeitung Verantwortlichen oder dem Dritten, dem die Daten übermittelt werden, übertragen wurde;

f) die Verarbeitung ist erforderlich zur Verwirklichung des berechtigten Interesses, das von dem für die Verarbeitung Verantwortlichen oder von dem bzw. den Dritten wahrgenommen wird, denen die Daten übermittelt werden, sofern nicht das Interesse oder die Grundrechte und Grundfreiheiten der betroffenen Person, die gemäß Artikel 1 Absatz 1 geschützt sind, überwiegen.

Erwägungsgründe: 22, 30, 31, 32 und 35

Begründung:

In Artikel 7 sind in einer vereinfachten und neugeordneten Form die Voraussetzungen für die rechtmäßige Verarbeitung personenbezogener Daten zusammengefaßt, die in dem ursprünglichen Vorschlag in den Artikeln 5, 6 und 8 standen. Gemäß der Stellungnahme des Parlaments in den Änderungen Nr. 27, 28 und 29 ist die Unterscheidung zwischen öffentlichem und privatem Sektor aufgehoben worden.

Auf die Verarbeitung von Daten zu einem anderen Zweck als dem, zu dem die Verarbeitung ursprünglich vorgenommen wurde (ursprünglich Artikel 5.1.b) sowie auf die rechtmäßigen Kriterien für die Übermittlung personenbezogener Daten (ursprüngliche Artikel 6 und 8.2) wird nicht speziell eingegangen. Der allgemeine Grundsatz der Zweckbestimmung (geänderter Artikel 6.1.b) und die in dem geänderten Artikel 7 festgelegten Voraussetzungen werden für ausreichend gehalten.

Die in den Änderungen Nr. 30 und 32 vorgeschlagenen spezifischen Voraussetzungen allerdings sind nur teilweise in der geänderten Fassung aufgegriffen worden.

Die Einwilligung wird nicht mehr als wichtigstes Kriterium angesehen, von dem es Ausnahmen gibt, sondern als eine von mehreren möglichen Voraussetzungen (geänderter Artikel 7 a).

Statt einer Bezugnahme auf ein „vertragsähnliches Verhältnis", ein von vielen Stellen als vage eingeordneter Begriff, der auch unter den Begriff „vertragliches Verhältnis" oder den des „berechtigten Interesses" (Buchstabe f) des geänderten Artikels 7 fällt, wurde der Begriff der „vorvertraglichen Maßnahmen, die auf Antrag der betroffenen Person erfolgen" aufgenommen, um die Situation vor Schaffung eines vertraglichen Verhältnisses abzudecken (geänderter Artikel 7 b).

Die Verarbeitung infolge einer durch einzelstaatliche oder gemeinschaftliche Rechtvorschriften auferlegten Verpflichtung (geänderter Artikel 7 c) wurde beibehalten.

Dies gilt auch für die Buchstaben e und f (teilweise) des geänderten Artikels 7.

Buchstabe d wurde für Fälle hinzugefügt, in denen die betroffene Person lebenswichtige Interessen an der Verarbeitung ihrer personenbezogenen Daten hat, ihre Einwilligung aber nicht geben kann (beispielsweise schwere medizinische Fälle).

Buchstabe f – der teilweise der Änderung Nr. 32 des Parlaments entspricht – stellt eine Ausarbeitung des ursprünglichen Artikels 8.1. Buchstabe c dar, in dem berücksichtigt wird, daß es bedeutende berechtigte Interessen neben den Interessen des Verantwortlichen der Verarbeitung und der betroffenen Person geben kann, die berücksichtigt werden müssen. Artikel 8.1 Buchstabe b des ursprünglichen Textes wurde gestrichen, weil die Kommission festgestellt hat, daß in bestimmten Fällen allgemein zugängliche Quellen empfindliche personenbezogene Daten enthalten können. Darüber hinaus sind die Daten in den meisten Fällen für spezielle Zwecke verarbeitet worden und sollten deshalb nicht für andere Zwecke benutzt werden, ohne daß die anderen Bestimmungen der Richtlinie zugrunde gelegt würden.

ABSCHNITT III
BESONDERE KATEGORIEN DER VERARBEITUNG

Artikel 8
Verarbeitung besonderer Kategorien personenbezogener Daten

(1) Die Mitgliedstaaten untersagen die Verarbeitung personenbezogener Daten, aus denen die rassische und ethnische Herkunft, politische Meinungen, religiöse oder philosophische Überzeugungen oder die Gewerkschaftszugehörigkeit hervorgehen, sowie von Daten über Gesundheit oder Sexualleben.

(2) Absatz 1 findet in folgenden Fällen keine Anwendung:

a) Die betroffene Person hat ausdrücklich in die Verarbeitung der genannten Daten eingewilligt, es sei denn, nach den Rechtsvorschriften des Mitgliedstaats kann das Verbot nach Absatz 1 durch die Einwilligung der betroffenen Person nicht aufgehoben werden; oder

b) die Verarbeitung ist erforderlich, um den Rechten und Pflichten des für die Verarbeitung Verantwortlichen auf dem Gebiet des Arbeitsrechts Rechnung zu tragen, sofern dies aufgrund von einzelstaatlichem Recht, das angemessene Garantien vorsieht, zulässig ist; oder

c) die Verarbeitung ist zum Schutz lebenswichtiger Interessen der betroffenen Person oder eines Dritten erforderlich, sofern die Person aus physischen oder rechtlichen Gründen außerstande ist, ihre Einwilligung zu geben; oder

d) die Verarbeitung erfolgt auf der Grundlage angemessener Garantien durch eine politisch, philosophisch, religiös oder gewerkschaftlich ausgerichtete Stiftung, Vereinigung oder sonstige Organisation, die keinen Erwerbszweck verfolgt, im Rahmen ihrer rechtmäßigen Tätigkeiten und unter der Voraussetzung, daß sich die Verarbeitung nur auf die Mitglieder der Organisation oder auf Personen, die im Zusammenhang mit deren Tätigkeitszweck regelmäßige Kontakte mit ihr unterhalten, bezieht und die Daten nicht ohne Einwilligung der betroffenen Personen an Dritte weitergegeben werden; oder

e) die Verarbeitung bezieht sich auf Daten, die die betroffene Person offenkundig öffentlich gemacht hat, oder ist zur Geltendmachung, Ausübung oder Verteidigung rechtlicher Ansprüche vor Gericht erforderlich.

(3) Absatz 1 gilt nicht, wenn die Verarbeitung der Daten zum Zweck der Gesundheitsvorsorge, der medizinischen Diagnostik, der Gesundheitsversorgung oder Behandlung oder für die Verwaltung von Gesundheitsdiensten erforderlich ist und die Verarbeitung dieser Daten durch ärztliches Personal erfolgt, das nach dem einzelstaatlichen Recht, einschließlich der von den zuständigen einzelstaatlichen Stellen erlassenen Regelungen, dem Berufsgeheimnis unterliegt, oder durch sonstige Personen, die einer entsprechenden Geheimhaltungspflicht unterliegen.

(4) Die Mitgliedstaaten können vorbehaltlich angemessener Garantien aus Gründen eines wichtigen öffentlichen Interesses entweder im Wege einer nationalen Rechtsvorschrift oder im Wege einer Entscheidung der Kontrollstelle andere als die in Absatz 2 genannten Ausnahmen vorsehen.

(5) Die Verarbeitung von Daten, die Straftaten, strafrechtliche Verurteilungen oder Sicherungsmaßregeln betreffen, darf nur unter behördlicher Aufsicht oder aufgrund von einzelstaatlichem Recht, das angemessene Garantien vorsieht, erfolgen, wobei ein Mitgliedstaat jedoch Ausnahmen aufgrund innerstaatlicher Rechtsvorschriften, die geeignete besondere Garantien vorsehen, festlegen kann. Ein vollständiges Register der strafrechtlichen Verurteilungen darf allerdings nur unter behördlicher Aufsicht geführt werden.

Die Mitgliedstaaten können vorsehen, daß Daten, die administrative Strafen oder zivilrechtliche Urteile betreffen, ebenfalls unter behördlicher Aufsicht verarbeitet werden müssen.

(6) Die in den Absätzen 4 und 5 vorgesehenen Abweichungen von Absatz 1 sind der Kommission mitzuteilen.

(7) Die Mitgliedstaaten bestimmen, unter welchen Bedingungen eine nationale Kennziffer oder andere Kennzeichen allgemeiner Bedeutung Gegenstand einer Verarbeitung sein dürfen.

Erwägungsgründe: 31, 33 – 36, 60 und 70

Begründung:

Dieser Artikel entspricht dem ursprünglichen Artikel 17.

Allgemein wird davon ausgegangen, daß das Recht auf Privatsphäre nicht durch den Inhalt personenbezogener Daten, sondern durch den Kontext der Verarbeitung personenbezogener Daten gefährdet wird. Unter den Mitgliedstaaten herrscht allerdings ein breiter Konsens darüber, daß es bestimmte Kategorien von Daten gibt, die aufgrund ihres Inhalts das Risiko mit sich bringen, das Recht der betroffenen Person auf Privatsphäre zu verletzen. Deshalb enthält Artikel 8 des Richtlinienvorschlags strikte Beschränkungen der Verarbeitung und Benutzung der nachstehenden Kategorien empfindlicher Daten: rassische Herkunft (einschließlich Informationen über die Hautfarbe); politische Meinung, religiöse, philosophische oder moralische Überzeugung, einschließlich der Tatsache, daß eine Person keiner Glaubensgemeinschaft angehört (diese Kategorien umfassen Informationen über Tätigkeiten der betroffenen Person im Hinblick auf politische, religiöse oder philosophische Überzeugungen); Informationen über Gewerkschaftszugehörigkeit, die Gesundheit der betroffenen Person (einschließlich Informationen über ihre frühere, derzeitige und zukünftige physische und geistige Gesundheit sowie Informationen über Drogen- und Alkoholmißbrauch); Informationen über das Sexualleben. Auch andere als religiöse oder philosophische Anschauungen können empfindliche Daten darstellen; deshalb wurden die „moralischen Überzeugungen"[1] hinzugefügt.

Der ursprüngliche Artikel 17 wurde verändert und neu geordnet, um bestimmte, vom Parlament genannte Punkte aufzunehmen (Änderung Nr. 63, 149, 65).

Als allgemeiner Grundsatz steht in Absatz 1, daß die Verarbeitung (automatisiert

---

[1] Der Begriff wurde schließlich doch nicht in den Richtlinientext mit aufgenommen.

oder manuell, wie vom Parlament in Änderung Nr. 63 gefordert) „empfindlicher" Daten untersagt ist.

Absatz 2 enthält einige Ausnahmen von dieser allgemeinen Regel:

- statt dem Erfordernis „ausdrückliche, schriftliche Einwilligung, ohne Zwang" als allgemeine Voraussetzung für die Verarbeitung derartiger Daten, von der es Ausnahmen geben kann, wurde es für sinnvoller gehalten, eine derartige Einwilligung als eine von verschiedenen Ausnahmemöglichkeiten von dem allgemeinen Verbot der Verarbeitung derartiger Daten aufzunehmen.

- Die Verarbeitung derartiger Daten erfolgt durch Stiftungen oder Vereinigungen politischer, philosophischer, religiöser oder gewerkschaftlicher Art als Teil ihrer berechtigten Ziele unter der Voraussetzung, daß sie sich nur auf die Mitglieder und Korrespondenzpartner bezieht, die ihre Einwilligung zu der Einbeziehung gegeben haben, und daß sie Dritten nicht übermittelt werden. Dies wird für eine notwendige Funktion demokratischer Gesellschaften gehalten. Eine solche Verarbeitung wird auch gemäß dem Vorschlag des Parlaments (Änderung Nr. 149) von der in Abschnitt VIII[1] dieses Kapitels vorgesehenen Meldepflicht befreit.

- Die Verarbeitung erfolgt unter Bedingungen, die offenkundig die Privatsphäre und die Grundfreiheiten der betroffenen Person nicht gefährden. Beispiele für eine derartige Verarbeitung sind Daten politischer Art über einen Politiker, Namenslisten von Personen, die für einen kurzen Zeitraum und unter Einhaltung strikter Sicherheitsvorkehrungen Gegenstand von Meinungsumfragen sind.

Wie Artikel 17 Absatz 2 des ursprünglichen Vorschlags ermöglicht Absatz 3[2] Ausnahmen aus „wichtigen Gründen des öffentlichen Interesses". Derartige Ausnahmen dürften insbesondere internationalen Menschenrechtsorganisationen, die solche Daten für ihre Arbeit benötigen, gewährt werden, vorausgesetzt, daß sie entsprechende Sicherheitsvorkehrungen vorsehen.

Der Meinung des Parlaments (Änderung Nr. 65), demzufolge Daten über strafrechtliche Verurteilungen lediglich von Justizbehörden gespeichert werden dürfen, ist in Absatz 4[3] dieses Artikels teilweise Rechnung getragen. Neben den Justizbehörden können derartige Daten auch von den unmittelbar von den entsprechenden Gerichtsentscheiden betroffenen Personen oder ihren Vertretern aufbewahrt werden. Aufgrund der besonderen Empfindlichkeit derartiger Daten wurde es für richtig gehalten, Ausnahmen nur über gesetzliche Bestimmungen zuzulassen, die auch geeignete Garantien vorsehen (geänderter Artikel 8.4).

---

[1] Jetzt Abschnitt IX.
[2] Nunmehr Abs. 4.
[3] Nunmehr Abs. 5.

Der vorgeschlagene Absatz 3. A (Änderung Nr. 65 des Parlaments, zweiter Teil), in dem die Mitgliedstaaten aufgefordert werden, festzulegen, unter welchen Bedingungen eine nationale Kennziffer – sofern eine solche besteht – oder jedes andere Kennzeichen allgemeiner Bedeutung verwendet werden darf, wurde an- und in Absatz 5[1] aufgenommen.

Artikel 9
Verarbeitung personenbezogener Daten und Meinungsfreiheit

Die Mitgliedstaaten sehen für die Verarbeitung personenbezogener Daten, die allein zu journalistischen, künstlerischen oder literarischen Zwecken erfolgt, Abweichungen und Ausnahmen von diesem Kapitel sowie von den Kapiteln IV und VI nur insofern vor, als sich dies als notwendig erweist, um das Recht auf Privatsphäre mit den für die Freiheit der Meinungsäußerung geltenden Vorschriften in Einklang zu bringen.

Erwägungsgründe: 17 und 37

Begründung:

Dieser Artikel entspricht dem ursprünglichen Artikel 19. Die Mitgliedstaaten sind aufgefordert, Ausnahmen von den Bestimmungen der Richtlinie für die Presse und die audiovisuellen Medien vorzusehen, soweit sie erforderlich sind, um die Grundrechte der Menschen, insbesondere das Recht auf Privatsphäre, mit dem Recht auf freie Meinungsäußerung zu vereinbaren; in diesem Bereich besteht die Gefahr eines Konflikts zwischen den beiden Kategorien der Grundrechte. Der gewählte Ansatz hebt die Verpflichtung hervor, bei einer Ausnahmeregelung die betroffenen Interessen abzuwägen. Dabei kann unter anderem berücksichtigt werden, daß die betroffene Person über Rechtsmittel oder das Recht auf eine Gegendarstellung verfügt, ein Verhaltenskodex existiert oder durch die Europäische Menschenrechtskonvention und die allgemeinen Rechtsgrundsätze Beschränkungen festgelegt sind.

Im Hinblick auf den ursprünglichen Wortlaut sind aus Gründen der Harmonisierung

---

[1] Abs. 7 der verabschiedeten Richtlinienfassung.

Ausnahmebestimmungen für Presseorgane, audiovisuelle Medien und Journalisten (Hinzufügung zu dem ursprünglichen Text) für die Mitgliedstaaten zwingend vorgesehen. Spezifiziert wird, daß derartige Ausnahmen nur Verarbeitungen für journalistische Zwecke betreffen. Unter den Begriff Journalisten fallen sowohl Reporter/Fotografen als auch Autoren z. B. Biographen.

ABSCHNITT IV
INFORMATION DER BETROFFENEN PERSON

In Abschnitt IV sind alle Bestimmungen über die Informationen der betroffenen Personen zusammengefaßt, die in dem ursprünglichen Vorschlag an verschiedenen Stellen aufgeführt waren (ursprüngliche Artikel 9, 13, 14.3).

Artikel 10
Information bei der Erhebung personenbezogener Daten bei der betroffenen Person

Die Mitgliedstaaten sehen vor, daß die Person, bei der die sie betreffenden Daten erhoben werden, vom für die Verarbeitung Verantwortlichen oder seinem Vertreter zumindest die nachstehenden Informationen erhält, sofern diese ihr noch nicht vorliegen:

a) Identität des für die Verarbeitung Verantwortlichen und gegebenenfalls seines Vertreters,

b) Zweckbestimmungen der Verarbeitung, für die die Daten bestimmt sind,

c) weitere Informationen, beispielsweise betreffend

- **die Empfänger oder Kategorien der Empfänger der Daten,**
- **die Frage, ob die Beantwortung der Fragen obligatorisch oder freiwillig ist, sowie mögliche Folgen einer unterlassenen Beantwortung,**
- **das Bestehen von Auskunfts- und Berichtigungsrechten bezüglich sie betreffender Daten,**

sofern sie unter Berücksichtigung der spezifischen Umstände, unter denen die Daten erhoben werden, notwendig sind, um gegenüber der betroffenen Person eine Verarbeitung nach Treu und Glauben zu gewährleisten.

Erwägungsgründe: 25, 38
Begründung:¹

(...)

Die faire rechtmäßige Erhebung personenbezogener Daten setzt voraus, daß die betroffene Person darüber entscheidet, ob sie den Personen, die die Daten erheben, sie betreffende Daten auf der Grundlage zuverlässiger Fakten bekannt gibt, die die Zweckbestimmung der Verarbeitung, die Identität des Verantwortlichen der Verarbeitung, die Frage, ob eine gesetzliche Verpflichtung für die Offenlegung der Daten besteht, ob diese Offenlegung freiwillig erfolgt, sowie möglich Konsequenzen einer unterlassenen Beantwortung betreffen. Damit sie ihre Rechte geltend machen und die Benutzung der sie betreffenden Daten tatsächlich kontrollieren kann, sollte sie aber auch über ihre Rechte auf Auskunft und Berichtigung sowie die Empfänger der Daten unterrichtet sein.

Im Hinblick auf den ursprünglichen Wortlaut wurden folgende Änderungen vorgenommen:

- im Titel wird herausgestellt, daß dieser Artikel Anwendung findet, wenn personenbezogene Daten bei der betroffenen Person erhoben werden;

- dies wird in Absatz 1 bestätigt, in dem herausgestellt wird, daß der Erhalt der Information nicht nur ein Recht der betroffenen Person darstellt (das auf Anfrage ausgeübt wird), sondern eine Verpflichtung des Verantwortlichen der Verarbeitung, wenn personenbezogene Daten bei den betroffenen Personen erhoben werden. Die Durchführung wird von den besonderen Umständen der Erhebung abhängen;

(...)

Artikel 11
Informationen für den Fall, daß die Daten nicht bei der betroffenen Person erhoben wurden

(1) Für den Fall, daß die Daten nicht bei der betroffenen Person erhoben wurden, sehen die Mitgliedstaaten vor, daß die betroffene Person bei Beginn der Speicherung der Daten bzw. im Fall einer beabsichtigten Weitergabe der Daten an Dritte spätestens bei der ersten Übermittlung vom für die Verarbeitung

---

¹ Begründung zu Artikel 11 des geänderten Vorschlags der Kommission.

Verantwortlichen oder seinem Vertreter zumindest die nachstehenden Informationen erhält, sofern diese ihr noch nicht vorliegen:

a) Identität des für die Verarbeitung Verantwortlichen und gegebenenfalls seines Vertreters,

b) Zweckbestimmungen der Verarbeitung,

c) weitere Informationen, beispielsweise betreffend

- **die Datenkategorien, die verarbeitet werden,**

- **die Empfänger oder Kategorien der Empfänger der Daten,**

- **das Bestehen von Auskunfts- und Berichtigungsrechten bezüglich sie betreffender Daten,**

  sofern sie unter Berücksichtigung der spezifischen Umstände, unter denen die Daten erhoben werden, notwendig sind, um gegenüber der betroffenen Person eine Verarbeitung nach Treu und Glauben zu gewährleisten.

(2) Absatz 1 findet – insbesondere bei Verarbeitungen für Zwecke der Statistik oder der historischen oder wissenschaftlichen Forschung – keine Anwendung, wenn die Information der betroffenen Person unmöglich ist, unverhältnismäßigen Aufwand erfordert oder die Speicherung oder Weitergabe durch Gesetz ausdrücklich vorgesehen ist. In diesen Fällen sehen die Mitgliedstaaten geeignete Garantien vor.

Erwägungsgründe: 25, 39 und 40

Begründung:[1]

Dieser Artikel entspricht dem ursprünglichen Artikel 14 Absatz 3 über das Recht der betroffenen Person, „die Existenz einer Datei, ihre wichtigsten Zweckbestimmungen sowie die Identität und den gewöhnlichen Aufenthalt, den Sitz oder die Niederlassung des für die Datei Verantwortlichen zu kennen".

Der ursprüngliche Wortlaut wurde wie folgt geändert:

Das Recht auf Information kann auf Antrag wahrgenommen werden. „Name und Anschrift des Verantwortlichen der Verarbeitung oder seines Vertreters" sind an die Stelle von „gewöhnlicher Aufenthalt, Sitz oder Niederlassung des für die Datei Verantwortlichen" getreten, da Name und Anschrift als ausreichende Information für die Ausübung der Rechte der betroffenen Person angesehen werden. Die Dritten oder die betroffenen Datenkategorien werden ebenfalls für wichtig gehalten und wurden

---

[1] Begründung zu Artikel 10 und 12 des geänderten Kommissionsvorschlags.

zu den Informationen hinzugefügt, auf deren Kenntnis die betroffene Person Anspruch hat.

Ausnahmen von diesem Recht auf Information können die Mitgliedstaaten auf der Grundlage und zu den Voraussetzungen des Artikel 14 Absatz 1[1] festlegen (Staatssicherheit, Verteidigung, öffentliche Sicherheit usw.). (...)

Damit die betroffene Person ihre Rechte geltend machen kann, fordert Absatz 1, daß der Verantwortliche der Datei die betroffene Person über die Übermittlung sie betreffender Daten unterrichtet. Die betroffene Person kann dann ihr Recht auf Auskunft wahrnehmen und Widerspruch gegen eine Fortsetzung der betreffenden Verarbeitung einlegen.

(...)

In dem geänderten Text wird nicht zwischen öffentlichem und privatem Sektor unterschieden (die Verpflichtung, zum Zeitpunkt der Übermittlung zu informieren, galt in dem ursprünglichen Wortlaut hauptsächlich für den Privatsektor).

Auf die „online-Abfrage" wird nicht eingegangen, da diese im Konzept der Übermittlung enthalten ist.

(...)

Neben der Zweckbestimmung der Verarbeitung, der Art der betreffenden Daten und dem Namen und der Anschrift des Verantwortlichen der Verarbeitung (oder seines Vertreters), wurde für erforderlich gehalten, daß die betroffene Person auch über die Empfänger oder die Kategorien der Empfänger und das Recht auf Auskunft, Berichtigung und Widerspruch[2] unterrichtet wird.

Absatz 3[3] des (...) entspricht Artikel 10 des ursprünglichen Textes über die besonderen Ausnahmen von der Pflicht zur Benachrichtigung der betroffenen Person (wenn sich die Benachrichtigung als unmöglich erweist oder mit unverhältnismäßigen Bemühungen verbunden ist, ihr ein überwiegendes berechtigtes Interesse[4] des Verantwortlichen der Verarbeitung oder ein vergleichbares Interesse eines Dritten entgegensteht). Hinzugefügt wurde, daß die Kontrollbehörde bei der Genehmigung einer Ausnahmebestimmung gegebenenfalls geeignete Garantien vorzusehen hat (damit die Rechte und Freiheiten der betroffenen Person durch die mangelnde In-

---

[1] Artikel 13 der verabschiedeten Fassung.

[2] Im verabschiedeten Richtlinientext ist die generelle Informationspflicht bzgl. des Widerspruchsrechts entfallen. Allerdings enthält Artikel 14 Buchstabe b eine Hinweispflicht im Fall der Direktwerbung.

[3] Nunmehr Abs. 2.

[4] Der Ausnahmetatbestand der überwiegenden berechtigten Interessen ist nicht in die Richtlinie aufgenommen worden. Statt dessen liegt nach Artikel 11 Abs. 2 Buchstabe d der Richtlinie auch dann eine Ausnahme vor, wenn eine Speicherung oder Weitergabe ausdrücklich gesetzlich vorgesehen ist.

formation nicht über Gebühr beeinträchtigt werden)[1].

Bei der Gewährung von Ausnahmen von der Informationspflicht der betroffenen Person sind insbesondere die Menschenrechts- und humanitären Organisationen zu achten, damit die berechtigte Arbeit derartiger Organisationen nicht in unangemessener Art und Weise behindert wird.

ABSCHNITT V
AUSKUNFTSRECHT DER BETROFFENEN PERSON

Artikel 12
Auskunftsrecht

Die Mitgliedstaaten garantieren jeder betroffenen Person das Recht, vom für die Verarbeitung Verantwortlichen folgendes zu erhalten:

a) frei und ungehindert in angemessenen Abständen ohne unzumutbare Verzögerung oder übermäßige Kosten

- **die Bestätigung, daß es Verarbeitungen sie betreffender Daten gibt oder nicht gibt, sowie zumindest Informationen über die Zweckbestimmungen dieser Verarbeitungen, die Kategorien der Daten, die Gegenstand der Verarbeitung sind, und die Empfänger oder Kategorien der Empfänger, an die die Daten übermittelt werden;**

- **eine Mitteilung in verständlicher Form über die Daten, die Gegenstand der Verarbeitung sind, sowie die verfügbaren Informationen über die Herkunft der Daten;**

- **Auskunft über den logischen Aufbau der automatisierten Verarbeitung der sie betreffenden Daten, zumindest im Fall automatisierter Entscheidungen im Sinne von Artikel 15 Absatz 1;**

b) je nach Fall die Berichtigung, Löschung oder Sperrung von Daten, deren Verarbeitung nicht den Bestimmungen dieser Richtlinie entspricht, insbesondere wenn diese Daten unvollständig oder unrichtig sind;

---

[1] Die Textpassage zu den „geeigneten Garantien" wurde in Artikel 11 Abs. 2 Satz 2 letztlich so gefasst, dass die Mitgliedstaaten derartige Garantien vorsehen.

c) die Gewähr, daß jede Berichtigung, Löschung oder Sperrung, die entsprechend Buchstabe b) durchgeführt wurde, den Dritten, denen die Daten übermittelt wurden, mitgeteilt wird, sofern sich dies nicht als unmöglich erweist oder kein unverhältnismäßiger Aufwand damit verbunden ist.

Erwägungsgründe: 25 und 41

Begründung:[1]

Dieser Artikel enthält die Bestimmungen des ursprünglichen Artikels 14 zu dem Auskunftsrecht der betroffenen Person im Hinblick auf ihre personenbezogenen Daten und das damit verbundene Recht auf Berichtigung, Löschung oder Sperrung derartiger Daten (Ziffer 4 (und 7)). Wie in Artikel 14 Ziffer 4 des ursprünglichen Textes hat die betroffene Person gemäß dem geänderten Artikel 13 Ziffer 1[2] das Recht, in angemessenen Abständen, unverzüglich und ohne überhöhte Kosten eine Bestätigung des Vorhandenseins sie betreffender personenbezogener Daten und gegebenenfalls die Übermittlung dieser Daten in verständlicher Form zu erhalten.

Es obliegt den Mitgliedstaaten, festzulegen, wie derartige Informationen der betroffenen Person übermittelt werden, um beispielsweise die Bekanntmachung der Daten an die entsprechende Person zu gewährleisten oder die Wahrnehmung des Rechtes sowohl des Verantwortlichen der Verarbeitung als auch der betroffenen Person zu erleichtern, wenn bestimmte Datenverarbeitungsvorgänge betroffen sind, insbesondere im Fall manueller Dateien. Die Mitgliedstaaten haben ebenfalls durch einzelstaatliche Rechtsvorschriften zu bestimmen, was „in angemessenen Abständen" bedeutet. Werden die Interessen der betroffenen Person und des Verantwortlichen der Verarbeitung abgewogen, so können die innerstaatlichen Rechtsvorschriften der Mitgliedstaaten vorsehen, daß der Verantwortliche der Verarbeitung einer betroffenen Person, die ihr Recht auf Auskunft wahrnimmt, nicht mehr als die tatsächlich entstandenen Kosten in Rechnung stellt. Die Kosten dürfen nicht überhöht sein.

(...) Das Auskunftsrecht kann auf Antrag wahrgenommen werden. Der betroffenen Person wird das Recht gewährt, Informationen über die Herkunft (nicht die allgemeine Herkunft, das wäre zu vage und somit sinnlos) und die allgemeine Verwendung (nicht die genaue Benutzung, dies könnte zu belastend und bürokratisch sein) der betreffenden personenbezogenen Daten zu erhalten. Darüber hinaus können die Mitgliedstaaten spezielle Vorschriften über die Wahrnehmung des Auskunftsrechts der betroffenen Person erlassen, wenn es um medizinische Daten geht. Aus Gründen des Schutzes der betroffenen Person vor einem extremen psychologischen Schock kann ihr eine derartige Information durch einen ärztlichen Sachverständigen übermittelt werden.

---

[1] Begründung zu Artikel 13 des geänderten Vorschlags der Kommission.
[2] Artikel 12 Buchstabe a der verabschiedeten Fassung.

(...) Die Auskunft auf Antrag eines Dritten ist allerdings erlaubt, sofern sie sich auf einzelstaatliche oder gemeinschaftliche Rechtsvorschriften stützt (Beispiel: Bescheinigungen über den Familienstatus usw., die für die Feststellung der Rechte für verschiedene Leistungen der sozialen Sicherheit erforderlich sind).

Artikel 13 Ziffer 3[1] (ursprünglicher Artikel 14 Ziffer 5) gibt der betroffenen Person das Recht auf Berichtigung, Löschung oder Sperrung von Daten, wenn ihre Verarbeitung mit der Richtlinie unvereinbar ist. Im Vergleich zu Ziffer 5 des ursprünglichen Textes wurden geringfügige Änderungen vorgenommen, die darauf abzielen, den geänderten Text wie vom Parlament gefordert (Änderung Nr. 46) klarer zu machen.

Die Änderung Nr. 49 wurde ebenfalls teilweise aufgenommen. „Ganz oder teilweise fehlende Informationen" wurden „unvollständige Daten" genannt und in den geänderten Artikel 13 Ziffer 3[2] aufgenommen. (...)

Der Wortlaut der Richtlinie („entsprechend den Umstanden")[3] überläßt die konkrete Form der Rechte der betroffenen Person im Hinblick auf Berichtigung, Löschung oder Sperrung in den verschiedenen Situationen, in denen personenbezogene Daten in Verletzung der Richtlinie verarbeitet und benutzt werden, den Datenschutzgesetzen der Mitgliedstaaten.

Artikel 13 Ziffer 4[4] entspricht dem ursprünglichen Artikel 14 Ziffer 7. Dieser Absatz greift das Interesse der betroffenen Person auf, daß Dritten, denen unzutreffende oder unvollständige Daten übermittelt wurden, die Berichtigung, Löschung oder Sperrung der Daten mitgeteilt wird, damit sie sie ebenfalls berichtigen, löschen oder sperren können.

Artikel 13 Ziffer 5[5] wurde als zusätzliche Sicherung im Fall von Entscheidungen durch automatische Mittel eingefügt, die zu Ergebnissen führen, die den Interessen der betroffenen Person entgegenstehen. In diesem Fall hat die betroffene Person das Recht, die bei der entsprechenden Verarbeitung verwendeten Begründungen zu erfahren[6].

---

[1] Jetzt Artikel 12 Buchstabe b.
[2] Siehe Fn. 1.
[3] Der Begriff wurde ersetzt; die Richtlinie formuliert nunmehr „je nach Fall".
[4] Nunmehr Artikel 12 Buchstabe c.
[5] Jetzt Artikel 12 Abs. 1 Buchstabe a dritter Spiegelstrich.
[6] Die verabschiedete Fassung spricht von „Auskunft über den logischen Aufbau".

ABSCHNITT VI
AUSNAHMEN UND EINSCHRÄNKUNGEN

Artikel 13
Ausnahmen und Einschränkungen

(1) Die Mitgliedstaaten können Rechtsvorschriften erlassen, die die Pflichten und Rechte gemäß Artikel 6 Absatz 1, Artikel 10, Artikel 11 Absatz 1, Artikel 12 und Artikel 21 beschränken, sofern eine solche Beschränkung notwendig ist für

a) die Sicherheit des Staates;

b) die Landesverteidigung;

c) die öffentliche Sicherheit;

d) die Verhütung, Ermittlung, Feststellung und Verfolgung von Straftaten oder Verstößen gegen die berufsständischen Regeln bei reglementierten Berufen;

e) ein wichtiges wirtschaftliches oder finanzielles Interesse eines Mitgliedstaats oder der Europäischen Union einschließlich Währungs-, Haushalts- und Steuerangelegenheiten;

f) Kontroll-, Überwachungs- und Ordnungsfunktionen, die dauernd oder zeitweise mit der Ausübung öffentlicher Gewalt für die unter den Buchstaben c), d) und e) genannten Zwecke verbunden sind;

g) den Schutz der betroffenen Person und der Rechte und Freiheiten anderer Personen.

(2) Vorbehaltlich angemessener rechtlicher Garantien, mit denen insbesondere ausgeschlossen wird, daß die Daten für Maßnahmen oder Entscheidungen gegenüber bestimmten Personen verwendet werden, können die Mitgliedstaaten in Fällen, in denen offensichtlich keine Gefahr eines Eingriffs in die Privatsphäre der betroffenen Person besteht, die in Artikel 12 vorgesehenen Rechte gesetzlich einschränken, wenn die Daten ausschließlich für Zwecke der wissenschaftlichen Forschung verarbeitet werden oder personenbezogen nicht länger als erforderlich lediglich zur Erstellung von Statistiken aufbewahrt werden.

Erwägungsgründe: 42 – 44

Begründung:[1]

Der Artikel entspricht dem ursprünglichen Artikel 15. Er erlaubt den Mitgliedstaaten eine Beschränkung des Auskunftsrechts der betroffenen Person, um ein überwiegendes öffentliches Interesse oder ein Interesse einer Person zu schützen, das den gleichen Wert hat wie das Recht auf Privatsphäre der betroffenen Person. Den Mitgliedstaaten obliegt die Entscheidung, inwieweit sie in ihr inländisches Datenschutzgesetz Ausnahmen auf der Grundlage von Artikel 14 aufnehmen, es sei denn, solche Ausnahmen sind aufgrund einer gemeinschaftsrechtlichen Verpflichtung (z. B. auf dem Gebiet der Bankenaufsicht oder der Geldwäsche) zwingend vorgeschrieben. Die in dieser Bestimmung dargelegten Ausnahmen beschränken sich allerdings auf die für die Erhaltung grundlegender Werte in einer demokratischen Gesellschaft erforderlichen Beschränkungen, die durch Gesetz erlassen werden müssen.

(...) Der geänderte Artikel 14[2] beschränkt sich nicht nur auf die Verarbeitung durch den öffentlichen Bereich, sondern[3] auch auf Verarbeitung durch den Privatsektor.

Das Verzeichnis der Interessen in Absatz 1, die eine Beschränkung des Auskunftsrechts gemäß Artikel 14 der Richtlinie rechtfertigen, ist erschöpfend.

Der Begriff „Sicherheit des Staates" ist als Schutz der nationalen Souveränität gegen Bedrohungen von innen und außen auszulegen. „Strafverfolgung" betrifft die Verfolgung von Verbrechen, die bereits begangen wurden, während das Konzept „Öffentliche Sicherheit" alle politischen Funktionen staatlicher Organe einschließlich der Verbrechensverhütung umfaßt. Das „zwingende wirtschaftliche und finanzielle Interesse eines Mitgliedstaats oder der Europäischen Gemeinschaft" bezieht sich auf alle wirtschaftspolitischen Maßnahmen und Mittel zur Finanzierung der Politik eines Mitgliedstaats oder der Gemeinschaft, z. B. Devisenkontrollen, Kontrollen des Außenhandels und Steuererhebung. Nur ein bedeutendes Interesse dieser Art rechtfertigt allerdings eine Beschränkung des Auskunftsrechts. Schließlich wird ein Interesse einer anderen Person, einschließlich gegebenenfalls dem des Verantwortlichen der Verarbeitung selbst, das dem Auskunftsrecht der betroffenen Person oder den Rechten und Freiheiten anderer entspricht, als ausreichender Grund für die Beschränkung des Auskunftsrechts angesehen. Derartige Interessen sind: die Betriebsgeheimnisse anderer; Regeln für das Berufsgeheimnis, das für die Tätigkeit von Juristen oder Ärzten gilt; das Recht einer Person, ihre eigene Verteidigung in einem Gerichtsverfahren vorzubereiten; der Schutz der Menschenrechte. Ausnahmen von dem Recht der betroffenen Person auf Zugriff zu den sie betreffenden Daten, die sich im Besitz von Menschenrechtsorganisationen befinden, sollten von den Kon-

---

[1] Begründung zu Artikel 14 des geänderten Kommissionsvorschlags.
[2] Jetzt Artikel 13.
[3] Sinngemäß müsste der Satz nach dem Komma lauten „sondern betrifft auch Verarbeitungen durch den Privatsektor."

trollbehörden in Fällen gestattet werden, in denen ein unbeschränkter Zugriff andere Personen (wie vertrauliche Informationsquellen) oder die überwiegenden Interessen derartiger Organisationen gefährden kann. Wird der betroffenen Person die Auskunft über sie betreffende, in einer Datei gespeicherte Daten aufgrund eines Interesses nach Artikel 14 Ziffer 1 verweigert, so sieht Artikel 14 Ziffer 2[1] vor, daß die Datenschutzbehörde auf Antrag der genannten Person die notwendigen Überprüfungen der Datei vornehmen muß, in der die Daten enthalten sind (wie in dem ursprünglichen Vorschlag Artikel 15 Ziffer 2). Zweck dieser Kontrolle ist es, nachzuprüfen, ob die Verarbeitung angesichts der in dieser Richtlinie festgelegten Kriterien zulässig ist. Bei der Kontrolle muß die Datenschutzbehörde alles vermeiden, was den gemäß Absatz 1 geschützten Interessen zuwiderläuft.

Aufgrund von Artikel 14 Ziffer 3[2] (ursprünglich Artikel 15 Ziffer 3) können die Mitgliedstaaten das Auskunftsrecht für Daten einschränken, die vorübergehend Gegenstand einer Verarbeitung für statistische Zwecke sind, da derartige Vorgänge nur eine geringfügige Bedrohung der betroffenen Person darstellen.

ABSCHNITT VII
WIDERSPRUCHSRECHT DER BETROFFENEN PERSON

Artikel 14
Widerspruchsrecht der betroffenen Person

Die Mitgliedstaaten erkennen das Recht der betroffenen Person an,

a) zumindest in den Fällen von Artikel 7 Buchstaben e) und f) jederzeit aus überwiegenden, schutzwürdigen, sich aus ihrer besonderen Situation ergebenden Gründen dagegen Widerspruch einlegen zu können, daß sie betreffende Daten verarbeitet werden; dies gilt nicht bei einer im einzelstaatlichen Recht vorgesehenen entgegenstehenden Bestimmung. Im Fall eines berechtigten Widerspruchs kann sich die vom für die Verarbeitung Verantwortlichen vorgenommene Verarbeitung nicht mehr auf diese Daten beziehen;

b) auf Antrag kostenfrei gegen eine vom für die Verarbeitung Verantwortlichen beabsichtigte Verarbeitung sie betreffender Daten für Zwecke der Direktwerbung Widerspruch einzulegen oder vor der ersten Weitergabe personenbezogener Daten an Dritte oder vor deren erstmaliger Nutzung im Auftrag Dritter zu Zwecken der Direktwerbung informiert zu werden und ausdrücklich

---

[1] Vgl. nunmehr Artikel 28 Abs. 4 Satz 2.
[2] Jetzt Artikel 13 Abs. 2.

auf das Recht hingewiesen zu werden, kostenfrei gegen eine solche Weitergabe oder Nutzung Widerspruch einlegen zu können.

Die Mitgliedstaaten ergreifen die erforderlichen Maßnahmen, um sicherzustellen, daß die betroffenen Personen vom Bestehen des unter Buchstabe b) Unterabsatz 1 vorgesehenen Rechts Kenntnis haben.

Erwägungsgründe: 25, 30 und 45

Begründung:[1]

(...) Absatz 2[2] greift Artikel 9 Absatz 3 des ursprünglichen Vorschlags auf. Er führt aus, daß der Verantwortliche der Verarbeitung im Fall des Widerspruchs unter den in Absatz 1 vorgesehenen Bedingungen verpflichtet ist, die Verarbeitung einzustellen.

Absatz 3[3] führt die Bestimmungen von Artikel 14 Absatz 6 des ursprünglichen Vorschlags weiter aus. Die Verpflichtungen des Verantwortlichen der Verarbeitung gegenüber den betroffenen Personen werden präzisiert, wenn er in Anwendung der übrigen Bestimmungen des Richtlinienvorschlags ermächtigt ist, Dritten für besondere Werbezwecke Daten zu übermitteln. Diese Verpflichtungen gelten unabhängig von der Art der Werbung, ob es sich um eine kommerzielle Werbung oder um eine Werbung durch oder für eine karitative Vereinigung oder eine politische Partei handelt. Diese Verpflichtungen bestehen für den Verantwortlichen der Verarbeitung darin, sich zu vergewissern, daß den betroffenen Personen vor der Übermittlung ausdrücklich die Möglichkeit angeboten wurde, die Daten unentgeltlich löschen zu lassen. Diese Verpflichtung gilt auch, wenn die Daten nicht übermittelt, sondern für dieselben Zwecke von einem Verantwortlichen der Verarbeitung im Auftrag eines Dritten benutzt werden. Der Verantwortliche der Verarbeitung kann seinen Verpflichtungen bei seinen regelmäßigen Kontakten mit den betroffenen Personen nachkommen, ohne notwendigerweise eine spezifische Korrespondenz zu führen.

Dieser Absatz betrifft nur die schriftliche Werbung. Die Maßnahmen für den Schutz der Personen gegen unerwünschte, durch Telekommunikationsmittel vorgenommene Anfragen sind in dem geänderten Richtlinienvorschlag vorgesehen, mit dem Personen im Rahmen der Telekommunikationsnetze geschützt werden sollen.

---

[1] Begründung zu Artikel 15 des geänderten Kommissionsvorschlags.
[2] Der Gedanke hat in Artikel 14 Buchstabe a Satz 2 seinen Niederschlag gefunden.
[3] Jetzt Artikel 14 Buchstabe b.

Artikel 15
Automatisierte Einzelentscheidungen

(1) Die Mitgliedstaaten räumen jeder Person das Recht ein, keiner für sie rechtliche Folgen nach sich ziehenden und keiner sie erheblich beeinträchtigenden Entscheidung unterworfen zu werden, die ausschließlich aufgrund einer automatisierten Verarbeitung von Daten zum Zwecke der Bewertung einzelner Aspekte ihrer Person ergeht, wie beispielsweise ihrer beruflichen Leistungsfähigkeit, ihrer Kreditwürdigkeit, ihrer Zuverlässigkeit oder ihres Verhaltens.

(2) Die Mitgliedstaaten sehen unbeschadet der sonstigen Bestimmungen dieser Richtlinie vor, daß eine Person einer Entscheidung nach Absatz 1 unterworfen werden kann, sofern diese

a) im Rahmen des Abschlusses oder der Erfüllung eines Vertrags ergeht und dem Ersuchen der betroffenen Person auf Abschluß oder Erfüllung des Vertrags stattgegeben wurde oder die Wahrung ihrer berechtigten Interessen durch geeignete Maßnahmen – beispielsweise die Möglichkeit, ihren Standpunkt geltend zu machen – garantiert wird oder

b) durch ein Gesetz zugelassen ist, das Garantien zur Wahrung der berechtigten Interessen der betroffenen Person festlegt.

Erwägungsgrund: 41

Begründung:[1]

Die Gefahr einer mißbräuchlichen Verwendung der Informatik bei der Entscheidungsfindung ist eine der Hauptgefahren der Zukunft: Das von der Maschine gelieferte Ergebnis, die immer höher entwickelte Software und Expertensysteme zugrundelegt, hat einen scheinbar objektiven und unbestreitbaren Charakter, dem der menschliche Entscheidungsträger übermäßige Bedeutung beimessen kann, wenn er seiner Verantwortung nicht nachkommt. Artikel 16 Absatz 1 legt deshalb den Grundsatz fest, demzufolge eine Person das Recht hat, einer Verwaltungsmaßnahme oder Entscheidung im privaten Bereich, die ihr vorgehalten wird, nicht unterworfen zu sein, die sich ausschließlich auf eine automatisierte Verarbeitung stützt, die ein Persönlichkeitsprofil erstellt.

Dieser Absatz 1 ist im Vergleich zu dem ursprünglichen Vorschlag überarbeitet worden, um genauer auf die Fälle einzugehen, für die seine Bestimmungen gelten.

Drei Bedingungen müssen gegeben sein:

---

[1] Begründung zu Artikel 16 des geänderten Vorschlags.

- Die Person muß einer beschwerenden Entscheidung unterworfen sein. Es muß sich um eine Entscheidung handeln, die ihr gegenüber wirksam ist, die für sie Konsequenzen hat; die Tatsache beispielsweise, daß kommerzielle Prospekte einer Reihe durch Computer bestimmter Personen zugeschickt werden, stellt keine beschwerende Entscheidung dar.

- Es muß sich um eine Entscheidung handeln, die sich ausschließlich auf eine automatisierte Verarbeitung stützt: Verboten ist die strikte Anwendung der von dem System erzielten Ergebnisse durch den Benutzer. Die Informatik kann eine Hilfe für die Entscheidung darstellen, in keinem Fall aber die einzige Grundlage für diese sein; für die menschliche Beurteilung muß Raum sein.

  Im Widerspruch zu diesem Grundsatz stünde beispielsweise, wenn ein Arbeitgeber die Bewerbung eines Arbeitsuchenden lediglich aufgrund der Ergebnisse eines psychotechnischen Computertests ablehnen würde, oder auch die Produktion von Listen über derartige Beurteilungssoftware, die Noten zuweisen und die Bewerber in einer bestimmten Reihenfolge auf der Grundlage ihres Persönlichkeitstest einordnen;

- Die Verarbeitung hat auf die die Person betreffenden Daten Variable anzuwenden, die ein Standardprofil der Persönlichkeit bestimmen (das als gut oder als schlecht eingestuft wird), was alle Fälle ausschließt, in denen das System keine Definition des Persönlichkeitsprofils gibt: die Tatsache beispielsweise, daß eine Person aus einem Geldautomaten nicht den gewünschten Betrag erhalten kann, weil sie ihren Kredit bereits erschöpft hat, fällt nicht unter eine solche Definition.

In der geänderten Fassung ist aufgrund des Grundsatzes, demzufolge der erforderliche Teil der menschlichen Beurteilung den Risiken entsprechen muß, die eine Entscheidung für den Menschen mit sich bringt, die auf ihn ein Persönlichkeitsprofil anwendet, (...).

Eine parlamentarische Änderung (Nr. 46) schlug vor, eine solche Entscheidung im Falle der Einwilligung der Person oder im Rahmen eines Vertrags oder einer vertragsähnlichen Vertrauensbeziehung zu erlauben.

Der geänderte Vorschlag nimmt die vorgeschlagenen Umstände nicht auf; wenn ein für die betroffene Person ungünstiges Machtverhältnis besteht (beispielsweise der Fall der arbeitsuchenden Person), so könnten weder ihre Einwilligung noch die Perspektive eines Vertrags eine ausreichende Garantie bieten.

Nach Absatz 2 kann die Person einer Unterscheidung nach Absatz 1 unterworfen werden, wenn diese im Rahmen eines zwischen ihr und dem Verantwortlichen der Verarbeitung geschlossenen Vertrages ergeht oder im Rahmen des Abschlusses eines solchen Vertrages, sofern die Person entweder zufriedengestellt wird oder geeignete Maßnahmen (die die Mitgliedstaaten präzisieren können) die Wahrung ihrer berechtigten Interessen garantieren. Diese Garantie kann aus einer Rechtsvor-

schrift, den Meldeverfahren oder auch betriebsinternen Maßnahmen entstehen.
So kann beispielsweise für die Kreditvergabe an eine Einzelperson auf die Technik
des „credit scoring" zurückgegriffen werden, wenn die positiven Kreditvergabeent-
scheidungen lediglich auf der Grundlage einer automatischen Risikobewertung ergehen; bei negativer Punktzahl muß die Wahrung der berechtigten Interessen der
betroffenen Person garantiert werden (beispielsweise, wenn die endgültige Entscheidung ausgesetzt wird, bis die Dienste eine nicht automatische Prüfung der Akte
vorgenommen haben können).

ABSCHNITT VIII
VERTRAULICHKEIT UND SICHERHEIT DER VERARBEITUNG

Artikel 16
Vertraulichkeit der Verarbeitung

**Personen, die dem für die Verarbeitung Verantwortlichen oder dem Auftrags-
verarbeiter unterstellt sind und Zugang zu personenbezogenen Daten haben,
sowie der Auftragsverarbeiter selbst dürfen personenbezogene Daten nur auf
Weisung des für die Verarbeitung Verantwortlichen verarbeiten, es sei denn, es
bestehen gesetzliche Verpflichtungen.**

Artikel 17
Sicherheit der Verarbeitung

**(1) Die Mitgliedstaaten sehen vor, daß der für die Verarbeitung Verantwortli-
che die geeigneten technischen und organisatorischen Maßnahmen durchführen muß, die für den Schutz gegen die zufällige oder unrechtmäßige Zerstörung, den zufälligen Verlust, die unberechtigte Änderung, die unberechtigte
Weitergabe oder den unberechtigten Zugang – insbesondere wenn im Rahmen
der Verarbeitung Daten in einem Netz übertragen werden – und gegen jede
andere Form der unrechtmäßigen Verarbeitung personenbezogener Daten
erforderlich sind.**

**Diese Maßnahmen müssen unter Berücksichtigung des Standes der Technik
und der bei ihrer Durchführung entstehenden Kosten ein Schutzniveau gewährleisten, das den von der Verarbeitung ausgehenden Risiken und der Art
der zu schützenden Daten angemessen ist.**

(2) Die Mitgliedstaaten sehen vor, daß der für die Verarbeitung Verantwortliche im Fall einer Verarbeitung in seinem Auftrag einen Auftragsverarbeiter auszuwählen hat, der hinsichtlich der für die Verarbeitung zu treffenden technischen Sicherheitsmaßnahmen und organisatorischen Vorkehrungen ausreichende Gewähr bietet; der für die Verarbeitung Verantwortliche überzeugt sich von der Einhaltung dieser Maßnahmen.

(3) Die Durchführung einer Verarbeitung im Auftrag erfolgt auf der Grundlage eines Vertrags oder Rechtsakts, durch den der Auftragsverarbeiter an den für die Verarbeitung Verantwortlichen gebunden ist und in dem insbesondere folgendes vorgesehen ist:

- **Der Auftragsverarbeiter handelt nur auf Weisung des für die Verarbeitung Verantwortlichen;**

- **die in Absatz 1 genannten Verpflichtungen gelten auch für den Auftragsverarbeiter, und zwar nach Maßgabe der Rechtsvorschriften des Mitgliedstaats, in dem er seinen Sitz hat.**

(4) Zum Zwecke der Beweissicherung sind die datenschutzrelevanten Elemente des Vertrags oder Rechtsakts und die Anforderungen in bezug auf Maßnahmen nach Absatz 1 schriftlich oder in einer anderen Form zu dokumentieren.

Erwägungsgründe: 25, 46 und 47

Begründung:[1]

Dieser Artikel entspricht Artikel 18 des ursprünglichen Textes.

Eine Bedrohung des Rechtes auf Privatsphäre der betroffenen Person kommt nicht nur von dem Verantwortlichen der Verarbeitung, der die personenbezogenen Daten für seine eigenen Zwecke erhebt, speichert, verarbeitet und übermittelt.

Das Recht auf Privatsphäre ist auch gefährdet, wenn die Daten durch Dritte über nicht genehmigten Zugriff zu den Daten und deren Verwendung mißbraucht werden.

Gemäß Artikel 17 haben die Mitgliedstaaten insbesondere den Verantwortlichen der Verarbeitung zu verpflichten, zum Schutz der Datenverarbeitung gegen die Gefahr unzulässigen Zugriffs durch Dritte oder zufälligen Datenverlusts, einschließlich zufälliger oder unrechtmäßiger Zerstörung, nicht genehmigter Umgestaltung oder nicht genehmigtem Zugriff zu den Daten und jede andere nicht genehmigte Verarbeitung geeignete technische und organisatorische Maßnahmen zu treffen.

Die Änderung Nr. 67 wurde teilweise berücksichtigt. Statt „automatisierte Dateien" wurde die „automatisierte Verarbeitung der Daten" verwendet. Der Bezug auf die

---

[1] Begründung zu Artikel 17 und 24 des geänderten Vorschlags.

„Kosten für die Maßnahmen" wurde gestrichen. In dem geänderten Text wird der Begriff „Verantwortlicher der Verarbeitung" verwendet.

Aus Gründen der Klarheit wurden einige geringfügigere Änderungen vorgenommen. In Absatz 1 wurde die „nicht genehmigte Zerstörung" durch die „unrechtmäßige Zerstörung" ersetzt, der „nicht genehmigte Zugriff" durch die „nicht genehmigte Weitergabe"; im englischen Text trat "the state of technology" an die Stelle von "the state of the art". In Absatz 2 wurde in der englischen Fassung "adequate security" durch "appropriate security" ersetzt.

(...)

Auftragsverarbeitung

Dieser Artikel greift Artikel 22 des ursprünglichen Vorschlags auf. Er verfolgt das Ziel, zu verhindern, daß eine Verarbeitung durch einen Dritten im Auftrag des Verantwortlichen dazu führt, den Schutz der betroffenen Person zu verringern.

Der Begriff „mit der Verarbeitung beauftragte Person", der nach der Stellungnahme des Parlaments in die Liste der Begriffsbestimmungen aufgenommen wurde, wird in dem Wortlaut des Artikels verwendet. Gemäß Absatz 2 kann diese Person – wie vom Parlament beantragt – nur im Rahmen des mit dem Verantwortlichen der Verarbeitung geschlossenen Vertrags handeln. Vorgeschlagen wird, einen ausdrücklichen Bezug auf die Verpflichtungen aus den nationalen Durchführungsvorschriften dieser Richtlinie beizubehalten, die die mit der Verarbeitung beauftragte Person ebenfalls betreffen.

ABSCHNITT IX

MELDUNG

Artikel 18
Pflicht zur Meldung bei der Kontrollstelle

(1) Die Mitgliedstaaten sehen eine Meldung durch den für die Verarbeitung Verantwortlichen oder gegebenenfalls seinen Vertreter bei der in Artikel 28 genannten Kontrollstelle vor, bevor eine vollständig oder teilweise automatisierte Verarbeitung oder eine Mehrzahl von Verarbeitungen zur Realisierung einer oder mehrerer verbundener Zweckbestimmungen durchgeführt wird.

(2) Die Mitgliedstaaten können eine Vereinfachung der Meldung oder eine Ausnahme von der Meldepflicht nur in den folgenden Fällen und unter folgenden Bedingungen vorsehen:

- Sie legen für Verarbeitungskategorien, bei denen unter Berücksichtigung der zu verarbeitenden Daten eine Beeinträchtigung der Rechte und Freiheiten der betroffenen Personen unwahrscheinlich ist, die Zweckbestimmungen der Verarbeitung, die Daten oder Kategorien der verarbeiteten Daten, die Kategorie(n) der betroffenen Personen, die Empfänger oder Kategorien der Empfänger, denen die Daten weitergegeben werden, und die Dauer der Aufbewahrung fest, und/oder

- der für die Verarbeitung Verantwortliche bestellt entsprechend dem einzelstaatlichen Recht, dem er unterliegt, einen Datenschutzbeauftragten, dem insbesondere folgendes obliegt:

  - die unabhängige Überwachung der Anwendung der zur Umsetzung dieser Richtlinie erlassenen einzelstaatlichen Bestimmungen,

  - die Führung eines Verzeichnisses mit den in Artikel 21 Absatz 2 vorgesehenen Informationen über die durch den für die Verarbeitung Verantwortlichen vorgenommene Verarbeitung,

  um auf diese Weise sicherzustellen, daß die Rechte und Freiheiten der betroffenen Personen durch die Verarbeitung nicht beeinträchtigt werden.

(3) Die Mitgliedstaaten können vorsehen, daß Absatz 1 keine Anwendung auf Verarbeitungen findet, deren einziger Zweck das Führen eines Registers ist, das gemäß den Rechts- oder Verwaltungsvorschriften zur Information der Öffentlichkeit bestimmt ist und entweder der gesamten Öffentlichkeit oder allen Personen, die ein berechtigtes Interesse nachweisen können, zur Einsichtnahme offensteht.

(4) Die Mitgliedstaaten können die in Artikel 8 Absatz 2 Buchstabe d) genannten Verarbeitungen von der Meldepflicht ausnehmen oder die Meldung vereinfachen.

(5) Die Mitgliedstaaten können die Meldepflicht für nicht automatisierte Verarbeitungen von personenbezogenen Daten generell oder in Einzelfällen vorsehen oder sie einer vereinfachten Meldung unterwerfen.

Erwägungsgründe: 25, 48 – 52

Begründung:[1]

Artikel 18 greift die Artikel 7 und 11 des ursprünglichen Vorschlags über die Meldung von Dateien im öffentlichen und im privaten Sektor bei der Kontrollbehörde auf. Gemäß dem Wunsch des Parlaments in seiner Stellungnahme wurden diese

---

[1] Begründung zu Artikel 18 bzw. 19 des geänderten Vorschlags.

Bestimmungen zusammengefaßt. Diese Form hat den Vorteil, hervorzuheben, daß bei der Meldung unabhängig von dem Sektor, in dem die Datenverarbeitungen erfolgen, derselbe Ansatz für die Meldung zugrunde gelegt werden muß.

Gegenstand, Tragweite und Inhalt der ursprünglichen Bestimmungen wurden allerdings geändert, um die Stellungnahme des Parlaments zu berücksichtigen und die Kohärenz des geänderten Vorschlags zu gewährleisten. Die Änderungen des Parlaments (Nummern 39, 40, 41, 118 und 119) führen zu einer Entwicklung der Bestimmungen über die Meldung in mehreren Artikeln. Durch die Meldung soll neben der Transparenz der Verarbeitungen wie in dem ursprünglichen Vorschlag eine selektive Kontrolle der Zulässigkeit der Verarbeitungen durch die Kontrollbehörde sichergestellt werden. Je nach dem Risikograd, den sie aufweisen, hat die Kontrolle im allgemeinen a posteriori und in einigen beschränkten Fällen a priori zu erfolgen.

1. Artikel 18 Absatz 1 ändert die in dem ursprünglichen Vorschlag vorgesehene Meldepflicht wie folgt:

a) Um die Kohärenz des in dem geänderten Vorschlag zugrundegelegten Ansatzes zu gewährleisten, wird vorgeschlagen, daß die Meldung die Verarbeitung personenbezogener Daten und nicht mehr die Datei betrifft. Diese Änderung richtet die Kontrolle mehr an der Benutzung und den Vorgängen im Zusammenhang mit den Daten im Hinblick auf die Realisierung bestimmter Zweckbestimmungen aus (Art der Vorgänge, der Verknüpfungen, der Übermittlungen an Dritte, Art der erhobenen, gespeicherten Daten usw.) und weniger an der speziellen technischen Gestaltung der Daten in Dateien, die im Hinblick auf den Schutz der Personen möglicherweise wenig bedeutend ist, wenn die Daten automatisiert sind;

b) das Kriterium der Datenübermittlung an Dritte, das in dem ursprünglichen Vorschlag zugrundegelegt wurde, um die Verpflichtung zu begründen, wurde wegen der Kritik an seinem unangemessenen Charakter nicht aufgenommen, da bestimmte Übermittlungen an Dritte die Rechte der Personen nicht beeinträchtigen; außerdem sollte berücksichtigt werden, daß hingegen interne Verarbeitungen Risiken aufweisen können, insbesondere wenn ihr Ziel darin besteht, Bevölkerungsgruppen auszuwählen. In diesem Zusammenhang schien es zweckmäßig, die Meldepflicht auf alle Verarbeitungen personenbezogener Daten vor ihrer Durchführung auszudehnen. Dieser Ansatz soll die Verantwortlichen der Verarbeitung veranlassen, die erforderlichen Maßnahmen für die Einhaltung der ihnen obliegenden Pflichten vor der Realisierung ihrer Verarbeitungen zu planen. Für eine Beurteilung der praktischen Auswirkungen dieser Änderung müssen allerdings die Bestimmungen des Artikels 19[1] über die Vereinfachung und Befreiung von Meldepflicht berücksichtigt werden;

c) um die Berücksichtigung der globalen, bisweilen vielschichtigen Realität der durch einen Verantwortlichen der Verarbeitung vorgenommenen Verarbeitungen zu

---

[1] Nunmehr Artikel 18 Abs. 2 – 5.

berücksichtigen und eine übermäßige Häufung der Meldungen zu vermeiden, wird vorgeschlagen, daß eine Meldung das gesamte Paket der – repetitiven oder nichtrepetitiven – Verarbeitungen betrifft, mit denen eine oder mehrere vom Standpunkt des Verantwortlichen der Verarbeitung und der betroffenen Personen aus miteinander verbundene Zweckbestimmung(en) realisiert werden sollen. So dürfte beispielsweise nur eine Meldung für alle Verarbeitungen gefordert werden, die die Kreditverwaltung betreffen und von einer Kreditanstalt vorgenommen werden, um die Kreditanträge zu berücksichtigen, zu prüfen, die Kredite zu gewähren, die geschuldeten Außenstände einzutreiben und strittige Fälle zu verfolgen;

d) zur Vermeidung übermäßiger administrativer Schritte wird vorgeschlagen, hinzuzufügen, daß die Meldepflicht nur vollständig oder teilweise automatisierte Verarbeitungen betrifft, um den Mitgliedstaaten freizustellen, ob sie die Pflicht gemäß Artikel 21 auf die manuellen Daten ausdehnen wollen.

(...)

3. Artikel 18 Absatz 3 betrifft die Meldung von Änderungen an den Verarbeitungen. Die Meldepflicht der an den Verarbeitungen vorgenommenen Änderungen, die den Inhalt der zuvor erfolgten Meldung, die in dem ursprünglichen Vorschlag vorgesehen ist, betreffen, wird beibehalten, um die Aktualisierung der allgemein zugänglichen Verarbeitungen sowie die weitere Kontrolle zu gewährleisten; diese ist besonders wichtig, wenn die Zweckbestimmung der Verarbeitung verändert wird oder neuen Kategorien von Dritten die Daten, auf die sie sich bezieht, übermittelt werden können.

(...)

5. Der Vollständigkeit der Vorstellung dieser Bestimmungen halber ist herauszustellen, daß die vollständig oder teilweise automatisierten Verarbeitungen, die weder unter das Verfahren zur Vereinfachung oder Befreiung von der Meldepflicht gemäß Artikel 19[1], noch unter das Verfahren der vorherigen Prüfung fallen, und somit den Kontrollbehörden in Anwendung der Bestimmungen des Artikels 18 gemeldet werden, normalerweise (...) nur der nachträglichen Kontrolle der zuständigen Behörden unterworfen sind. Die Kontrollbehörde vergewissert sich natürlich der Konformität des befolgten Meldeverfahrens im Hinblick auf die Art der Verarbeitung.

6. Die Anwendung der Gemeinschaftsverfahren gemäß den Artikeln 33[2] und 34[3], dürfte im Sinne der Stellungnahme des Parlaments (Änderung Nr. 39) die für das gute Funktionieren des Binnenmarkts insbesondere im Hinblick auf die Artikel 18 und 19 insbesondere erforderlichen besonderen Harmonisierungen ermöglichen.

---

[1] Nunmehr Artikel 18 Abs. 2 – 5.
[2] Entfallen.
[3] Nunmehr Artikel 31.

Vereinfachung und Befreiung von der Meldepflicht

Artikel 19 Abs. 2[1] greift die Änderung Nr. 39 des Parlaments auf, die auf die Vereinfachung des Verfahrens für bestimmte Verarbeitungskategorien abzielt, und entwickelt sie weiter.

(...) wird vorgeschlagen, den Mitgliedstaaten die Verpflichtung zu übertragen, eine derartige Maßnahme zur Vereinfachung des Verfahrens zu treffen. Im übrigen haben sie die Möglichkeit, von der Meldepflicht zu befreien.

Um eine im Hinblick auf das Ziel des Schutzes der Personen kohärente gemeinsame Politik zu entwickeln, wird vorgeschlagen, ein Kriterium aufzunehmen, das den Bereich bestimmt, in dem eine Vereinfachung oder Befreiung von der Meldepflicht zweckmäßig ist. Dieses Kriterium zielt auf die Verarbeitungen ab, die nicht geeignet sind, die Rechte und Freiheiten der betroffenen Personen zu beeinträchtigen.

Erfahrungsgemäß erfüllen zahlreiche Verarbeitungen personenbezogener Daten in großen oder kleinen staatlichen oder privaten Organisationen dieses Kriterium und machen deshalb keine detaillierte oder allgemeine Offenlegung erforderlich. Es kann sich um in ihrem Inhalt und ihrer Tragweite naturgemäß rechtlich weitgehend geregelte Verarbeitungen handeln, um einfache Verarbeitungen, bei denen sich die betroffenen Personen regelmäßig der Zulässigkeit der Verarbeitung vergewissern können, um Verarbeitungen, die die betroffenen Personen naturgemäß nicht schädigen können oder um Verarbeitungen, die zwar aufgrund ihrer Art empfindlicher sind, deren konkretes Umfeld aber die erforderlichen Garantien mit sich bringt.

In Artikel 19 Absatz 3 wird vorgeschlagen, in bezug auf die Änderung Nr. 23 des Parlaments zu erwägen, daß für die Verarbeitungen mit dem Ziel der Erstellung von Schreiben oder Dokumenten durch Textverarbeitung, der Erfüllung gesetzlicher, buchhaltungsbezogener, steuerlicher oder sozialer Verpflichtungen oder auch der Abfrage allgemein zugänglicher dokumentarischer Dienste die Vereinfachung oder Befreiung von der Meldepflicht in Betracht zu ziehen ist.

Die Mitgliedstaaten haben je nach ihrer Erfahrung und den einzelstaatlichen Besonderheiten der bereits erfolgten oder neuen Verarbeitungen diese Vereinfachungen oder auch Befreiungen schrittweise zu ermöglichen. Davon könnten beispielsweise auch Verarbeitungen betroffen sein, die darauf abzielen, die Lohnzettel des Personals einer Behörde oder eines Betriebs zu erstellen, bestimmte Verarbeitungen für die wissenschaftliche Forschung oder auch bestimmte Verarbeitungen im Zusammenhang mit der Führung medizinischer Unterlagen von Patienten im Gesundheitswesen.

Artikel 19 Absatz 2 greift die Änderung Nr. 39 des Parlaments auf, derzufolge die Vereinfachung der Meldepflicht der Mitgliedstaaten Gegenstand eines Rechtsakts zu

---

[1] Nunmehr Artikel 18 Abs. 2.

sein hat. Es wird allerdings vorgeschlagen, im Geiste dieser Änderung deutlich zu machen, daß das Verfahren für die Ausarbeitung der Vereinfachungs- oder Befreiungsmaßnahme die unabhängige Kontrollbehörde voraussetzt. Damit die Verantwortlichen der Verarbeitung in völliger Sicherheit beurteilen können, ob die von ihnen geplanten Verarbeitungen im Hinblick auf die Vereinfachungsmaßnahme konform sind, wird vorgeschlagen, daß in der letztgenannten Maßnahme alle genannten Verarbeitungskategorien beschrieben und insbesondere ihre Zweckbestimmung aufgeführt wird, die Daten oder Datenkategorien, die sie betreffen, die Kategorien der betroffenen Personen, die Dritten oder Kategorien von Dritten, denen die Daten übermittelt werden, die Dauer der Aufbewahrung der Daten sowie die möglichen Bedingungen für die Durchführung der genannten Verarbeitungen. Artikel 19 Absatz 3 greift dieselbe Änderung Nr. 39 des Parlaments auf, der zufolge der Klarheit halber darauf hingewiesen werden soll, daß die Vereinfachung oder Befreiung von der Meldepflicht den Verantwortlichen der Verarbeitung von keiner anderen Verpflichtung aus dieser Richtlinie entbindet.

Den Mitgliedstaaten steht frei, die Bestimmungen des Abschnitts VIII[1] auf manuelle Dateien anzuwenden und diese gegebenenfalls anzupassen[2].

Artikel 19
Inhalt der Meldung

(1) Die Mitgliedstaaten legen fest, welche Angaben die Meldung zu enthalten hat. Hierzu gehört zumindest folgendes:
a) Name und Anschrift des für die Verarbeitung Verantwortlichen und gegebenenfalls seines Vertreters;

b) die Zweckbestimmung(en) der Verarbeitung;

c) eine Beschreibung der Kategorie(n) der betroffenen Personen und der diesbezüglichen Daten oder Datenkategorien;

d) die Empfänger oder Kategorien von Empfängern, denen die Daten mitgeteilt werden können;

e) eine geplante Datenübermittlung in Drittländer;

f) eine allgemeine Beschreibung, die es ermöglicht, vorläufig zu beurteilen, ob die Maßnahmen nach Artikel 17 zur Gewährleistung der Sicherheit der Verarbeitung angemessen sind.

---

[1] Jetzt Abschnitt IX.
[2] Begründung zu Artikel 20 des geänderten Vorschlags.

(2) Die Mitgliedstaaten legen die Verfahren fest, nach denen Änderungen der in Absatz 1 genannten Angaben der Kontrollstelle zu melden sind.

Begründung:[1]

(...)

2. Artikel 18 Absatz 2[2] fügt Präzisierungen über den Inhalt der Meldung hinzu:

a) Die Angabe der Kategorie(n) der von der Verarbeitung betroffenen Personen wird hinzugefügt (ehemalige Kunden des Unternehmens, Personal des Unternehmens, Prospekt oder Empfänger einer Sozialhilfe usw.);

b) außerdem wird hinzugefügt, daß die Information über Dritte, denen die Daten übermittelt werden, im Hinblick auf Kategorien von Dritten präzisiert werden kann (Änderung Nr. 39);

c) zu der Beschreibung der Daten, auf die sich die Verarbeitung bezieht, wird die Möglichkeit hinzugefügt, nur Datenkategorien zu präzisieren; dies reicht aus, wenn ein zu umfassendes technisches Detail keine wichtigen Elemente für das Verständnis der betreffenden Verarbeitung hinzufügen würde;

d) die Existenz von Datentransfers in Drittländer wird als Angabe hinzugefügt, um die Anwendung der sie betreffenden spezifischen Bestimmungen zu erleichtern und die Berücksichtigung ihres spezifischen Kontexts zu gewährleisten;

e) die in dem ursprünglichen Vorschlag vorgesehene Beschreibung der Sicherheitsmaßnahmen wird beibehalten, weil ihre Kontrolle vor allem im Rahmen der Entwicklung der über Telekommunikationsnetze im Fernzugriff erfolgten Verarbeitungen von Bedeutung ist.

Artikel 20
Vorabkontrolle

(1) Die Mitgliedstaaten legen fest, welche Verarbeitungen spezifische Risiken für die Rechte und Freiheiten der Personen beinhalten können, und tragen dafür Sorge, daß diese Verarbeitungen vor ihrem Beginn geprüft werden.

(2) Solche Vorabprüfungen nimmt die Kontrollstelle nach Empfang der Meldung des für die Verarbeitung Verantwortlichen vor, oder sie erfolgen durch

---

[1] Begründung zu Artikel 18 des geänderten Vorschlags.
[2] Nunmehr Artikel 19.

den Datenschutzbeauftragten, der im Zweifelsfall die Kontrollstelle konsultieren muß.

(3) Die Mitgliedstaaten können eine solche Prüfung auch im Zuge der Ausarbeitung einer Maßnahme ihres Parlaments oder einer auf eine solche gesetzgeberische Maßnahme gestützten Maßnahme durchführen, die die Art der Verarbeitung festlegt und geeignete Garantien vorsieht.

Erwägungsgründe: 53 und 54

Begründung:[1]

(...)

4. In den Absätzen 4 und 5[2] wurde die Stellungnahme des Parlaments aufgegriffen (Änderungen Nr. 40, 41, 118 und 119), derzufolge bestimmte Verarbeitungen, die geeignet sind, besondere Risiken im Hinblick auf die Rechte und Freiheiten der betroffenen Personen mit sich zu bringen, vor ihrer Durchführung Gegenstand einer Stellungnahme oder einer Genehmigung der Kontrollbehörde sein müssen.

Die verschiedenen institutionellen Ansätze in den einzelnen Mitgliedstaaten wurden berücksichtigt; es schien jedoch besser, in Artikel 18 Absatz 4 eine Verpflichtung der Mitgliedstaaten aufzunehmen, derartige Verarbeitungen vor ihrer Durchführung einer vorherigen Prüfung durch die Kontrollbehörde zu unterziehen. Die Mitgliedstaaten können diese nicht zwingende Prüfung durch eine gesetzliche Genehmigung oder eine Genehmigung durch die Kontrollbehörde ersetzen.

Diese besonderen Risiken können beispielsweise an der Art der verarbeiteten Daten liegen, insbesondere der in Artikel 8 genannten Daten, an der Tragweite der Verarbeitung, wenn sie eine ganze nationale Bevölkerung betrifft, oder auch an den Zweckbestimmungen, wie beispielsweise dem Ausschluß der betroffenen Personen von der Begünstigung durch ein Recht, eine Leistung oder einen Vertrag (schwarze Listen, Verarbeitungen für die Auskunft Dritter über die Zahlungsfähigkeit natürlicher Personen).

(...)

Dieser in demselben Artikel vorgeschlagene Ansatz dürfte die Mitgliedstaaten nicht daran hindern, auf der Grundlage ihrer Erfahrung für bestimmte Kategorien der genannten Verarbeitungen Maßnahmen für die Vereinfachung und Befreiung von der Meldepflicht gemäß Artikel 19[3] zu treffen.

---

[1] Begründung zu Artikel 18 des geänderten Vorschlags.
[2] Jetzt Artikel 20 Abs. 1.
[3] Jetzt Artikel 18 Abs. 2 bis 4.

Artikel 21
Öffentlichkeit der Verarbeitungen

(1) Die Mitgliedstaaten erlassen Maßnahmen, mit denen die Öffentlichkeit der Verarbeitungen sichergestellt wird.

(2) Die Mitgliedstaaten sehen vor, daß die Kontrollstelle ein Register der gemäß Artikel 18 gemeldeten Verarbeitungen führt. Das Register enthält mindestens die Angaben nach Artikel 19 Absatz 1 Buchstaben a) bis e).

Das Register kann von jedermann eingesehen werden.

(3) Die Mitgliedstaaten sehen vor, daß für Verarbeitungen, die von der Meldung ausgenommen sind, der für die Verarbeitung Verantwortliche oder eine andere von den Mitgliedstaaten benannte Stelle zumindest die in Artikel 19 Absatz 1 Buchstaben a) bis e) vorgesehenen Angaben auf Antrag jedermann in geeigneter Weise verfügbar macht.

Die Mitgliedstaaten können vorsehen, daß diese Bestimmungen keine Anwendung auf Verarbeitungen findet, deren einziger Zweck das Führen von Registern ist, die gemäß den Rechts- und Verwaltungsvorschriften zur Information der Öffentlichkeit bestimmt sind und die entweder der gesamten Öffentlichkeit oder allen Personen, die ein berechtigtes Interesse nachweisen können, zur Einsichtnahme offenstehen.

Erwägungsgrund: 25

Begründung:

Artikel 21 greift Artikel 7 Absatz 1 des ursprünglichen Vorschlags auf, der die Führung des Registers der gemeldeten Dateien des öffentlichen Sektors und die Möglichkeit ihrer Abfrage durch jede Person betrifft. Artikel 21 erweitert diese Bestimmung im Sinne der Stellungnahme des Parlaments (Änderungen Nr. 37 und 39) auf alle gemeldeten Verarbeitungen unabhängig vom Bereich der Zugehörigkeit des Verantwortlichen der Verarbeitung.

Die Abfrage aus dem Register kann allerdings – wie das Parlament beantragt – unter denselben Bedingungen wie in Artikel 13 für die Beschränkung der Ausübung des Auskunftsrechts der Personen für sie betreffende Daten eingeschränkt werden.

Im Sinne der Stellungnahme des Parlaments (Änderung Nr. 39) präzisiert Artikel 21 den Mindestinhalt des Registers, das die Informationen in Artikel 18 Absatz 2 enthalten muß, mit Ausnahme allerdings der Informationen über die Maßnahmen, die getroffen werden, um die Sicherheit der Verarbeitung zu gewährleisten, damit deren Wirksamkeit nicht beeinträchtigt wird.

KAPITEL III

RECHTSBEHELFE, HAFTUNG UND SANKTIONEN

Artikel 22
Rechtsbehelfe

Unbeschadet des verwaltungsrechtlichen Beschwerdeverfahrens, das vor Beschreiten des Rechtsweges insbesondere bei der in Artikel 28 genannten Kontrollstelle eingeleitet werden kann, sehen die Mitgliedstaaten vor, daß jede Person bei der Verletzung der Rechte, die ihr durch die für die betreffende Verarbeitung geltenden einzelstaatlichen Rechtsvorschriften garantiert sind, bei Gericht einen Rechtsbehelf einlegen kann.

Erwägungsgrund: 55

Begründung:

Artikel 22 greift Artikel 14 Absatz 8 des ursprünglichen Vorschlags auf. Die Tragweite dieser Bestimmung wurde allerdings erweitert. Vorgeschlagen wird, daß die einzelstaatlichen Rechtsvorschriften den betroffenen Personen Rechtsbehelfe zur Verfügung stellen, um ihnen gegebenenfalls zu ermöglichen, nicht nur ihre in Artikel 14 des ursprünglichen Vorschlag aufgelisteten Komplementärrechte zu verteidigen, sondern allgemeiner alle Rechte, die ihnen die Richtlinie zuerkennt.

Artikel 23
Haftung

(1) Die Mitgliedstaaten sehen vor, daß jede Person, der wegen einer rechtswidrigen Verarbeitung oder jeder anderen mit den einzelstaatlichen Vorschriften zur Umsetzung dieser Richtlinie nicht zu vereinbarenden Handlung ein Schaden entsteht, das Recht hat, von dem für die Verarbeitung Verantwortlichen Schadensersatz zu verlangen.

(2) Der für die Verarbeitung Verantwortliche kann teilweise oder vollständig von seiner Haftung befreit werden, wenn er nachweist, daß der Umstand, durch den der Schaden eingetreten ist, ihm nicht zur Last gelegt werden kann.

Erwägungsgrund: 55

Begründung:

Gemäß Absatz 1 dieses Artikels wie auch gemäß Artikel 21 Absatz 1 des ursprünglichen Vorschlags, ist der Verantwortliche der Verarbeitung verpflichtet, Schadensersatz für jeden Schaden einer Person zu leisten, den er aufgrund einer mit dieser Richtlinie unvereinbaren Verarbeitung oder Maßnahme verursacht hat. Gemäß der Stellungnahme des Parlaments (Änderung Nr. 73) wurde der Begriff der „unzulässigen" Verarbeitung als Grundlage der Haftung eingeführt. Außerdem wurde der Begriff „Datei" durch den Begriff „Verarbeitung" ersetzt. Diese neue Formulierung ermöglicht ein Aufgreifen des Inhalts von Absatz 2 dieses Artikels gemäß den Anregungen des Parlaments. Mit der Verwendung des Begriffs Verarbeitung schließt der geänderte Vorschlag, wie das Parlament gewünscht hat, die eigentliche Speicherung der personenbezogenen Daten als mögliche Grundlage der Haftung ein. Die Kommission behält hingegen die Möglichkeit für die Mitgliedstaaten bei, eine Befreiung von der Haftung vorzusehen, wenn geeignete Sicherheitsvorkehrungen getroffen wurden. Der Wortlaut des Textes wurde allerdings überarbeitet. Außerdem präzisiert die Kommission aufgrund der Stellungnahme des Parlaments, daß die Befreiung von der Haftung nur teilweise oder vollständig erfolgen kann.

Artikel 24
Sanktionen

Die Mitgliedstaaten ergreifen geeignete Maßnahmen, um die volle Anwendung der Bestimmungen dieser Richtlinie sicherzustellen, und legen insbesondere die Sanktionen fest, die bei Verstößen gegen die zur Umsetzung dieser Richtlinie erlassenen Vorschriften anzuwenden sind.

Erwägungsgrund: 55

Begründung:[1]

Mit den in den Vorschlag eingebrachten Änderungen soll die Stellungnahme des Parlaments berücksichtigt werden (Änderung Nr. 77). Sie legen das Gewicht auf die Personen, die möglicherweise mit Sanktionen belegt werden. Es handelt sich ganz allgemein um jede Person, die die nationalen Durchführungsvorschriften dieser Richtlinie nicht einhält und insbesondere – wie das Parlament in seiner Stellungnahme hervorhebt – um Behörden und Organisationen des öffentlichen Rechts.

---

[1] Begründung zu Artikel 25 des geänderten Vorschlags.

KAPITEL IV

ÜBERMITTLUNG PERSONENBEZOGENER DATEN IN DRITTLÄNDER

Artikel 25
Grundsätze

(1) Die Mitgliedstaaten sehen vor, daß die Übermittlung personenbezogener Daten, die Gegenstand einer Verarbeitung sind oder nach der Übermittlung verarbeitet werden sollen, in ein Drittland vorbehaltlich der Beachtung der aufgrund der anderen Bestimmungen dieser Richtlinie erlassenen einzelstaatlichen Vorschriften zulässig ist, wenn dieses Drittland ein angemessenes Schutzniveau gewährleistet.

(2) Die Angemessenheit des Schutzniveaus, das ein Drittland bietet, wird unter Berücksichtigung aller Umstände beurteilt, die bei einer Datenübermittlung oder einer Kategorie von Datenübermittlungen eine Rolle spielen; insbesondere werden die Art der Daten, die Zweckbestimmung sowie die Dauer der geplanten Verarbeitung, das Herkunfts- und das Endbestimmungsland, die in dem betreffenden Drittland geltenden allgemeinen oder sektoriellen Rechtsnormen sowie die dort geltenden Standesregeln und Sicherheitsmaßnahmen berücksichtigt.

(3) Die Mitgliedstaaten und die Kommission unterrichten einander über die Fälle, in denen ihres Erachtens ein Drittland kein angemessenes Schutzniveau im Sinne des Absatzes 2 gewährleistet.

(4) Stellt die Kommission nach dem Verfahren des Artikels 31 Absatz 2 fest, daß ein Drittland kein angemessenes Schutzniveau im Sinne des Absatzes 2 des vorliegenden Artikels aufweist, so treffen die Mitgliedstaaten die erforderlichen Maßnahmen, damit keine gleichartige Datenübermittlung in das Drittland erfolgt.

(5) Zum geeigneten Zeitpunkt leitet die Kommission Verhandlungen ein, um Abhilfe für die gemäß Absatz 4 festgestellte Lage zu schaffen.

(6) Die Kommission kann nach dem Verfahren des Artikels 31 Absatz 2 feststellen, daß ein Drittland aufgrund seiner innerstaatlichen Rechtsvorschriften oder internationaler Verpflichtungen, die es insbesondere infolge der Verhandlungen gemäß Absatz 5 eingegangen ist, hinsichtlich des Schutzes der Privatsphäre sowie der Freiheiten und Grundrechte von Personen ein angemessenes Schutzniveau im Sinne des Absatzes 2 gewährleistet.

Die Mitgliedstaaten treffen die aufgrund der Feststellung der Kommission gebotenen Maßnahmen.

Erwägungsgründe: 56, 57, 66 und 67

Begründung:[1]

Dieser Artikel, der Artikel 25 des ursprünglichen Vorschlags aufgreift, enthält den Grundsatz, demzufolge der Transfer personenbezogener Daten von einem Mitgliedstaat in ein Drittland nur stattfinden darf, wenn dieses Land ein angemessenes Schutzniveau gewährleistet. Ohne eine derartige Bestimmung läge es auf der Hand, daß die Bemühung in der Gemeinschaft, den Menschen ein hohes Schutzniveau zu garantieren, durch die Weitergabe in Drittländer zunichte gemacht werden könnten, die keinen ausreichenden Schutz gewährleisten.

Der freie Verkehr der Daten zwischen den Mitgliedstaaten, der mit dem vorliegenden Richtlinienvorschlag eingeführt werden soll, setzt voraus, daß für die Weitergabe in Drittländer gemeinsame Bestimmungen angenommen werden.

(...)

In Ziffer 2[2] werden die Faktoren aufgeführt, die für die Beurteilung des angemessenen Charakters zu berücksichtigen sind. Sie umfassen alle Umstände im Zusammenhang mit einem Transfer oder einer Kategorie von Transfers, wie die Art der Daten, die Zweckbestimmung der Verarbeitung, die gesetzlichen Bestimmungen des betreffenden Landes. Dazu sind die allgemeinen und sektoriellen gesetzlichen Vorschriften, ihre tatsächliche Anwendung sowie die in den Verhaltenskodexen ausgedrückten berufsständischen Regeln zu prüfen. Entsprechend dem Wunsch des Parlaments in seiner Stellungnahme (insbesondere Änderung Nr. 79) wird in der neuen Ziffer 2 hervorgehoben, daß der angemessene Charakter des Schutzes im Hinblick auf einen Transfer von Daten oder einer Kategorie von Datentransfer zu beurteilen ist.

Absatz 3, der Artikel 24 Absatz 2 des ursprünglichen Vorschlags aufgreift, wurde gemäß der Stellungnahme des Parlaments (Änderung Nr. 79) geändert, derzufolge die Mitgliedstaaten den angemessenen Charakter des Schutzes beurteilen und auf dieser Grundlage gegebenenfalls beschließen, den Transfer zu untersagen. Sie teilen der Kommission die Verbotsfälle mit.

Entsprechend der Stellungnahme des Parlaments (Änderung Nr. 80) sieht der geänderte Vorschlag in Absatz 4 dieses Artikels, die dem ursprünglichen Absatz 3 entspricht, vor, daß die Kommission die Stellungnahme der in Artikel 32[3] genannten Datenschutzgruppe einzuholen hat, bevor sie Verhandlungen mit einem Drittland einleitet.

---

[1] Begründung zu Artikel 26 des geänderten Vorschlags.
[2] Jetzt Abs. 2.
[3] Nunmehr Artikel 30 Absatz 1 Buchstabe b.

Artikel 26
Ausnahmen

(1) Abweichend von Artikel 25 sehen die Mitgliedstaaten vorbehaltlich entgegenstehender Regelungen für bestimmte Fälle im innerstaatlichen Recht vor, daß eine Übermittlung oder eine Kategorie von Übermittlungen personenbezogener Daten in ein Drittland, das kein angemessenes Schutzniveau im Sinne des Artikels 25 Absatz 2 gewährleistet, vorgenommen werden kann, sofern

a) die betroffene Person ohne jeden Zweifel ihre Einwilligung gegeben hat oder

b) die Übermittlung für die Erfüllung eines Vertrags zwischen der betroffenen Person und dem für die Verarbeitung Verantwortlichen oder zur Durchführung von vorvertraglichen Maßnahmen auf Antrag der betroffenen Person erforderlich ist oder

c) die Übermittlung zum Abschluß oder zur Erfüllung eines Vertrags erforderlich ist, der im Interesse der betroffenen Person vom für die Verarbeitung Verantwortlichen mit einem Dritten geschlossen wurde oder geschlossen werden soll, oder

d) die Übermittlung entweder für die Wahrung eines wichtigen öffentlichen Interesses oder zur Geltendmachung, Ausübung oder Verteidigung von Rechtsansprüchen vor Gericht erforderlich oder gesetzlich vorgeschrieben ist oder

e) die Übermittlung für die Wahrung lebenswichtiger Interessen der betroffenen Person erforderlich ist oder

f) die Übermittlung aus einem Register erfolgt, das gemäß den Rechts- oder Verwaltungsvorschriften zur Information der Öffentlichkeit bestimmt ist und entweder der gesamten Öffentlichkeit oder allen Personen, die ein berechtigtes Interesse nachweisen können, zur Einsichtnahme offensteht, soweit die gesetzlichen Voraussetzungen für die Einsichtnahme im Einzelfall gegeben sind.

(2) Unbeschadet des Absatzes 1 kann ein Mitgliedstaat eine Übermittlung oder eine Kategorie von Übermittlungen personenbezogener Daten in ein Drittland genehmigen, das kein angemessenes Schutzniveau im Sinne des Artikels 25 Absatz 2 gewährleistet, wenn der für die Verarbeitung Verantwortliche ausreichende Garantien hinsichtlich des Schutzes der Privatsphäre, der Grundrechte und der Grundfreiheiten der Personen sowie hinsichtlich der Ausübung der damit verbundenen Rechte bietet; diese Garantien können sich insbesondere aus entsprechenden Vertragsklauseln ergeben.

(3) Der Mitgliedstaat unterrichtet die Kommission und die anderen Mitgliedstaaten über die von ihm nach Absatz 2 erteilten Genehmigungen.

Legt ein anderer Mitgliedstaat oder die Kommission einen in bezug auf den Schutz der Privatsphäre, der Grundrechte und der Personen hinreichend begründeten Widerspruch ein, so erläßt die Kommission die geeigneten Maßnahmen nach dem Verfahren des Artikels 31 Absatz 2.

Die Mitgliedstaaten treffen die aufgrund des Beschlusses der Kommission gebotenen Maßnahmen.

(4) Befindet die Kommission nach dem Verfahren des Artikels 31 Absatz 2, daß
bestimmte Standardvertragsklauseln ausreichende Garantien gemäß Absatz 2
bieten, so treffen die Mitgliedstaaten die aufgrund der Feststellung der Kommission gebotenen Maßnahmen.

Erwägungsgründe: 58 – 60

Begründung:[1]

(...)

Die Beratungen mit den beteiligten Kreisen haben ergeben, daß in bestimmten Fällen Ausnahmen von dem oben genannten Grundsatz erforderlich sind. Deshalb sah
sich die Kommission im Lichte der Stellungnahme des Parlaments veranlaßt, den
ursprünglichen Vorschlag zu überarbeiten. Sie schlägt vor, daß das Verbot der
Transfers in Drittländer, die kein angemessenes Schutzniveau gewährleisten, von
Ausnahmebestimmungen begleitet wird, die mit dem Schutz der Personen vereinbar
sind. Dem geänderten Vorschlag zufolge kann die Weitergabe in ein Drittland, das
kein angemessenes Schutzniveau gewährleistet, erfolgen, wenn die betroffene Person ihre Einwilligung zu der geplanten Weitergabe im Rahmen vorvertraglicher
Beziehungen gegeben hat oder wenn die Weitergabe für die Erfüllung eines Vertrags
zwischen der betroffenen Person und dem Verantwortlichen der Verarbeitung erforderlich ist. In diesem Fall wird die betroffene Person über die Weitergabe oder die
Möglichkeit der Weitergabe in ein oder mehrere Drittländer unterrichtet, die kein
angemessenes Schutzniveau gewährleisten. Sie kann beschließen, ob sie das Risiko
einer derartigen Weitergabe eingehen will oder nicht. Diese Ausnahmebestimmungen scheinen insbesondere für die Weitergabe von Daten im Zusammenhang mit
Vorgängen von Banken und anderen Kreditinstituten sinnvoll zu sein. Ein Transfer
in ein Drittland, das kein angemessenes Schutzniveau gewährleistet, kann außerdem
berechtigt sein, wenn er für die Wahrung eines wichtigen öffentlichen Interesses
oder die Wahrung lebenswichtiger Interessen der betroffenen Person erforderlich ist.
Mit diesen Ausnahmen soll die internationale Zusammenarbeit (zum Beispiel bei der
Bekämpfung der Geldwäsche oder im Rahmen der Überwachung der Finanzinstitute) ermöglicht werden; auch die Weitergabe medizinischer Daten in Fällen, in denen
die betroffene Person ihren Willen nicht zum Ausdruck bringen könnte, soll möglich
gemacht werden. (...)

---

[1] Begründung zu Artikel 26 und 27 des geänderten Vorschlags.

Artikel 27[1] greift mit einigen Änderungen den Gedanken von Artikel 25 des ursprünglichen Vorschlags auf. Dem neuen Text zufolge kann der Mitgliedstaat einen Transfer oder eine Kategorie von Transfers personenbezogener Daten in ein Drittland genehmigen, das kein angemessenes Schutzniveau gewährleistet, wenn der Verantwortliche der Verarbeitung ausreichende Nachweise erbringen kann, die garantieren, daß die Rechte der betroffenen Personen tatsächlich wahrgenommen werden, und wenn die anderen Mitgliedstaaten oder die Kommission sich der geplanten Maßnahme nicht nach einem in diesem Artikel vorgesehenen Verfahren widersetzen. Im Fall des Widerspruchs kann die Kommission die geeigneten Maßnahmen treffen; sie kann insbesondere beschließen, den Transfer zu untersagen, ihn von weiteren Bedingungen abhängig zu machen oder Verhandlungen mit dem Verantwortlichen der Verarbeitung einleiten, für den die Transfers erfolgen, um Lösungen für die gesamte Gemeinschaft herbeizuführen.

KAPITEL V

VERHALTENSREGELN

Artikel 27

(1) Die Mitgliedstaaten und die Kommission fördern die Ausarbeitung von Verhaltensregeln, die nach Maßgabe der Besonderheiten der einzelnen Bereiche zur ordnungsgemäßen Durchführung der einzelstaatlichen Vorschriften beitragen sollen, die die Mitgliedstaaten zur Umsetzung dieser Richtlinie erlassen.

(2) Die Mitgliedstaaten sehen vor, daß die Berufsverbände und andere Vereinigungen, die andere Kategorien von für die Verarbeitung Verantwortlichen vertreten, ihre Entwürfe für einzelstaatliche Verhaltensregeln oder ihre Vorschläge zur Änderung oder Verlängerung bestehender einzelstaatlicher Verhaltensregeln der zuständigen einzelstaatlichen Stelle unterbreiten können.

Die Mitgliedstaaten sehen vor, daß sich diese Stelle insbesondere davon überzeugt, daß die ihr unterbreiteten Entwürfe mit den zur Umsetzung dieser Richtlinie erlassenen einzelstaatlichen Vorschriften in Einklang stehen. Die Stelle holt die Stellungnahmen der betroffenen Personen oder ihrer Vertreter ein, falls ihr dies angebracht erscheint.

---

[1] Siehe nunmehr Artikel 26 Abs. 2 und 3.

(3) Die Entwürfe für gemeinschaftliche Verhaltensregeln sowie Änderungen oder Verlängerungen bestehender gemeinschaftlicher Verhaltensregeln können der in Artikel 29 genannten Gruppe unterbreitet werden. Die Gruppe nimmt insbesondere dazu Stellung, ob die ihr unterbreiteten Entwürfe mit den zur Umsetzung dieser Richtlinie erlassenen einzelstaatlichen Vorschriften in Einklang stehen. Sie holt die Stellungnahmen der betroffenen Personen oder ihrer Vertreter ein, falls ihr dies angebracht erscheint. Die Kommission kann dafür Sorge tragen, daß die Verhaltensregeln, zu denen die Gruppe eine positive Stellungnahme abgegeben hat, in geeigneter Weise veröffentlicht werden.

Erwägungsgrund: 61

Begründung:[1]

Die Verhaltensregeln, für die die in anderen Bereichen verwendete Bezeichnung in dem geänderten Vorschlag verwendet wird, waren Gegenstand von Artikel 20 des ursprünglichen Vorschlags. Diese Bestimmung zielte darauf ab, die Ausarbeitung von ausschließlich gemeinschaftlichen Verhaltensregeln zu fördern. Der geänderte Vorschlag enthält zwei Artikel, einen zu den nationalen Verhaltensregeln, den anderen zu den gemeinschaftlichen Verhaltensregeln.

Nationale Verhaltensregeln

Die einschlägige Erfahrung einiger Mitgliedstaaten veranlaßt die Kommission, in ihren geänderten Vorschlag eine Bestimmung aufzunehmen, die die Ausarbeitung von Verhaltensregeln auf einzelstaatlicher Ebene fördert. Die Verhaltensregeln können ein günstiger Faktor für eine gute Akzeptanz der geltenden Rechtsvorschriften sein, da die Berufsgruppen unmittelbar an der Umsetzung der Rechtsvorschrift beteiligt sind. Gleichzeitig läßt sich somit eine zu sehr ins Detail gehende gesetzgeberische Intervention vermeiden, sofern ihre Lösungen zufriedenstellend sind.

Es gibt sehr unterschiedliche Verhaltensregeln, je nach ihrem Inhalt, der Berufsgruppe, die sie ausgearbeitet hat, usw. Sie weisen allerdings alle die nachstehenden Merkmale auf:

- Die Initiative und die Ausarbeitung der Verhaltensregeln stehen unter der ausschließlichen Verantwortung der Berufsverbände, unabhängig von den Ermutigungen, die sie von seiten der staatlichen Behörden in dieser Hinsicht erhalten können;

- ihre Tragweite beschränkt sich darauf, die geltende Rechtsvorschrift umzusetzen oder klar auszudrücken, ohne davon abweichen zu können;

---

[1] Begründung zu Artikel 28 und 29 des geänderten Vorschlags.

- Sie haben weder gegenüber Dritten, noch gegenüber den Gerichten bindende Wirkung; diese können immer das Gesetz geltend machen, das sie anzuwenden haben.

Wie die Rechtsvorschriften bestimmter Mitgliedstaaten allerdings deutlich machen, ist es möglich, daß die staatliche Behörde und insbesondere der Gesetzgeber die von den Wirtschaftsverbänden ausgearbeiteten Verhaltensregeln übernehmen und ihnen zwingenden legislativen Charakter verleihen.

Um den Verhaltensregeln eine gewisse Autorität zu verleihen, ohne damit ihre Merkmale zu verändern, schlägt die Kommission in Anlehnung an die Stellungnahme des Parlaments für die gemeinschaftlichen Verhaltensregeln (Änderung Nr. 72) vor, die Ausarbeitung der Verhaltensregeln der Stellungnahme der zuständigen nationalen Behörde zu unterwerfen.

So wird vorgeschlagen, der Kontrollbehörde zu übertragen, die Begründetheit der Verhaltensregeln und die Repräsentativität der Interessenverbände, die sie vorbereitet haben, zu prüfen, eine öffentliche Verbreitung der Verhaltensregeln zu gewährleisten, die Stellungnahmen der betroffenen Personen oder ihrer Vertreter einzuholen und eine Stellungnahme zu formulieren, die mit den Verhaltensregeln veröffentlicht wird.

Gemeinschaftliche Verhaltensregeln

Der geänderte Vorschlag orientiert sich an der Stellungnahme des Parlaments (Änderung Nr. 27) und den Bestimmungen des Artikels 29, wobei präzisiert wird, daß die der Kontrollbehörde für die nationalen Verhaltensregeln übertragenen Befugnisse der gemeinschaftlichen Datenschutzgruppe übertragen werden. Zur Unterrichtung der Öffentlichkeit wird es Aufgabe der Kommission sein, über die Veröffentlichung der Verhaltensregeln zusammen mit der Stellungnahme der Datenschutzgruppe im Amtsblatt der EG zu entscheiden.

KAPITEL VI

KONTROLLSTELLE UND GRUPPE FÜR DEN SCHUTZ VON

PERSONEN BEI DER VERARBEITUNG PERSONENBEZOGENER DATEN

Artikel 28
Kontrollstelle

(1) Die Mitgliedstaaten sehen vor, daß eine oder mehrere öffentliche Stellen beauftragt werden, die Anwendung der von den Mitgliedstaaten zur Umset-

zung dieser Richtlinie erlassenen einzelstaatlichen Vorschriften in ihrem Hoheitsgebiet zu überwachen.

Diese Stellen nehmen die ihnen zugewiesenen Aufgaben in völliger Unabhängigkeit wahr.

(2) Die Mitgliedstaaten sehen vor, daß die Kontrollstellen bei der Ausarbeitung von Rechtsverordnungen oder Verwaltungsvorschriften bezüglich des Schutzes der Rechte und Freiheiten von Personen bei der Verarbeitung personenbezogener Daten angehört werden.

(3) Jede Kontrollstelle verfügt insbesondere über:

- Untersuchungsbefugnisse, wie das Recht auf Zugang zu Daten, die Gegenstand von Verarbeitungen sind, und das Recht auf Einholung aller für die Erfüllung ihres Kontrollauftrags erforderlichen Informationen;

- wirksame Einwirkungsbefugnisse, wie beispielsweise die Möglichkeit, im Einklang mit Artikel 20 vor der Durchführung der Verarbeitungen Stellungnahmen abzugeben und für eine geeignete Veröffentlichung der Stellungnahmen zu sorgen, oder die Befugnis, die Sperrung, Löschung oder Vernichtung von Daten oder das vorläufige oder endgültige Verbot einer Verarbeitung anzuordnen, oder die Befugnis, eine Verwarnung oder eine Ermahnung an den für die Verarbeitung Verantwortlichen zu richten oder die Parlamente oder andere politische Institutionen zu befassen;

- das Klagerecht oder eine Anzeigebefugnis bei Verstößen gegen die einzelstaatlichen Vorschriften zur Umsetzung dieser Richtlinie.

Gegen beschwerende Entscheidungen der Kontrollstelle steht der Rechtsweg offen.

(4) Jede Person oder ein sie vertretender Verband kann sich zum Schutz der die Person betreffenden Rechte und Freiheiten bei der Verarbeitung personenbezogener Daten an jede Kontrollstelle mit einer Eingabe wenden. Die betroffene Person ist darüber zu informieren, wie mit der Eingabe verfahren wurde.

Jede Kontrollstelle kann insbesondere von jeder Person mit dem Antrag befasst werden, die Rechtmäßigkeit einer Verarbeitung zu überprüfen, wenn einzelstaatliche Vorschriften gemäß Artikel 13 Anwendung finden. Die Person ist unter allen Umständen darüber zu unterrichten, daß eine Überprüfung stattgefunden hat.

(5) Jede Kontrollstelle legt regelmäßig einen Bericht über ihre Tätigkeit vor. Dieser Bericht wird veröffentlicht.

(6) Jede Kontrollstelle ist im Hoheitsgebiet ihres Mitgliedstaats für die Ausübung der ihr gemäß Absatz 3 übertragenen Befugnisse zuständig, unabhängig

vom einzelstaatlichen Recht, das auf die jeweilige Verarbeitung anwendbar ist. Jede Kontrollstelle kann von einer Kontrollstelle eines anderen Mitgliedstaats um die Ausübung ihrer Befugnisse ersucht werden.

Die Kontrollstellen sorgen für die zur Erfüllung ihrer Kontrollaufgaben notwendige gegenseitige Zusammenarbeit, insbesondere durch den Austausch sachdienlicher Informationen.

(7) Die Mitgliedstaaten sehen vor, daß die Mitglieder und Bediensteten der Kontrollstellen hinsichtlich der vertraulichen Informationen, zu denen sie Zugang haben, dem Berufsgeheimnis, auch nach Ausscheiden aus dem Dienst, unterliegen.

Erwägungsgründe: 52, 62 – 64

Begründung:[1]

Dieser Artikel, der Artikel 26 des ursprünglichen Vorschlags aufgreift, sieht die Schaffung einer Kontrollbehörde vor, deren wesentliches Merkmal ihre Unabhängigkeit ist.

Die Kommission greift in ihrem geänderten Vorschlag die Stellungnahme des Parlaments auf (Änderungen Nr. 84, 85, 86 und 87).

a) Benennung der Kontrollbehörden: Gemäß Absatz 1 können die Mitgliedstaaten mehrere unabhängige Kontrollbehörden benennen. Dies scheint für Mitgliedstaaten mit föderalistischer Struktur, wie insbesondere Deutschland, unerläßlich.

b) Befugnisse der Kontrollbehörden: Neben den Befugnissen der Kontrollbehörden aufgrund der obengenannten Bestimmungen insbesondere im Rahmen des Meldeverfahrens wird vorgeschlagen, diesen Behörden Untersuchungs- und Eingriffsbefugnisse gegenüber den Verantwortlichen der Verarbeitung – unter der Kontrolle der gerichtlichen Instanzen – zu übertragen.

Die Untersuchungsbefugnisse sollen der Kontrollbehörde die Möglichkeit geben, bei den Verantwortlichen der Verarbeitung die für die Erfüllung ihrer Aufgabe erforderlichen Informationen zu sammeln. Diese Befugnisse finden insbesondere im Zugang zu den Daten, die Gegenstand der Verarbeitung sind, Ausdruck. Um die Rechte der der Kontrolle der Behörde unterworfenen Personen zu achten, müssen diese Befugnisse natürlich unter strikter Einhaltung der Vertraulichkeit ausgeübt werden, die für die betreffenden Daten nach dem innerstaatlichen Recht gilt. Eine diesbezügliche Bestimmung steht in Absatz 6.

Zur Erfüllung ihrer Aufgabe benötigt die Kontrollbehörde auch tatsächliche Eingriffsbefugnisse, wie das Parlament in seiner Stellungnahme ausgeführt hat; sie

---

[1] Begründung zu Artikel 30 des geänderten Vorschlags.

wurden in den geänderten Vorschlag aufgenommen: Befugnis zur Anordnung der Sperrung oder Löschung von Daten, Verbot einer Verarbeitung usw. Hingegen scheint es nicht erforderlich, in dem Wortlaut der Richtlinie auf die Rechtsform dieser Maßnahmen einzugehen, die das Parlament in seiner Stellungnahme als Sanktionen bezeichnet.

Außerdem wird vorgeschlagen, daß die Kontrollbehörde befugt ist, die Justizbehörde zu befassen, wenn sie Verstöße gegen die einzelstaatlichen Bestimmungen zur Durchführung der Richtlinie feststellt. Diese Befugnis wird in den geltenden innerstaatlichen Gesetzen im allgemeinen anerkannt. Sie ergibt sich logischerweise zum einen aus der Untersuchungsbefugnis, weil es nicht normal wäre, wenn eine mit dem Schutz von Personen beauftragte Person nicht die Justizbehörde befassen würde, wenn sie einen Verstoß gegen den Schutz der Personen feststellen sollte, zum anderen aus dem Recht jeder Person, bei der Kontrollbehörde Beschwerde einzulegen. Die Konsequenz aus dieser Beschwerde kann das Befassen der Justizbehörde sein.

c) <u>Vorlage von Jahresberichten</u>: Es ist sehr wichtig, daß die Kontrollbehörde in regelmäßigen Abständen einen Tätigkeitsbericht vorlegen kann, in dem sie die möglichen Schwierigkeiten bei der Umsetzung der Rechtsvorschriften hervorhebt und damit die neuen Leitlinien angibt.

Artikel 29
Datenschutzgruppe

(1) Es wird eine Gruppe für den Schutz von Personen bei der Verarbeitung personenbezogener Daten eingesetzt (nachstehend „Gruppe" genannt).

Die Gruppe ist unabhängig und hat beratende Funktion.

(2) Die Gruppe besteht aus je einem Vertreter der von den einzelnen Mitgliedstaaten bestimmten Kontrollstellen und einem Vertreter der Stelle bzw. der Stellen, die für die Institutionen und Organe der Gemeinschaft eingerichtet sind, sowie einem Vertreter der Kommission.

Jedes Mitglied der Gruppe wird von der Institution, der Stelle oder den Stellen, die es vertritt, benannt. Hat ein Mitgliedstaat mehrere Kontrollstellen bestimmt, so ernennen diese einen gemeinsamen Vertreter. Gleiches gilt für die Stellen, die für die Institutionen und die Organe der Gemeinschaft eingerichtet sind.

(3) Die Gruppe beschließt mit der einfachen Mehrheit der Vertreter der Kontrollstellen.

(4) Die Gruppe wählt ihren Vorsitzenden. Die Dauer der Amtszeit des Vorsitzenden beträgt zwei Jahre. Wiederwahl ist möglich.

(5) Die Sekretariatsgeschäfte der Gruppe werden von der Kommission wahrgenommen.

(6) Die Gruppe gibt sich eine Geschäftsordnung.

(7) Die Gruppe prüft die Fragen, die der Vorsitzende von sich aus oder auf Antrag eines Vertreters der Kontrollstellen oder auf Antrag der Kommission auf die Tagesordnung gesetzt hat.

Erwägungsgrund: 65

Begründung:[1]

Mit diesem Artikel, der Artikel 27 des ursprünglichen Vorschlags aufgreift, wird ein Ausschuß mit beratender Funktion eingesetzt.

a) Bezeichnung der Gruppe

Es wird vorgeschlagen, die Bezeichnung der Datenschutzgruppe gemäß Artikel 1 Absatz 1 zu harmonisieren.

b) Zusammensetzung und Vorsitz der Gruppe

Die Änderungen des Parlaments (Änderungen Nr. 88 und 128) betreffen vor allem die Zusammensetzung und den Vorsitz der Gruppe. Um deren Unabhängigkeit zu gewährleisten, deren Notwendigkeit sie in der Begründung des ursprünglichen Vorschlags hervorgehoben hat, akzeptiert die Kommission die Lösungen der Stellungnahme des Parlaments über den Vorsitz der Gruppe, nicht aber die Änderungen, die die Zusammensetzung betreffen:

- Vorsitz der Gruppe: Die Kommission schlägt vor, daß die Gruppe einen Vorsitzenden mit einer Amtszeit von zwei Jahren wählt, der wiedergewählt werden kann. Dieser Zeitraum erscheint für eine gewisse Stabilität in der Gruppe ausreichend;

- Zusammensetzung der Gruppe: Die Kommission bleibt bei ihrem ursprünglichen Vorschlag, demzufolge sich die Gruppe aus Vertretern der einzelstaatlichen Kontrollbehörden gemäß den vorstehenden Bestimmungen zusammensetzt. Sollten einige Mitgliedstaaten die ihnen freistehende Möglichkeit nutzen, mehrere Kontrollbehörden zu benennen, so wird der Gleichbehandlung halber vorgeschlagen, daß die Vertretung der Behörden der betreffenden Mitgliedstaaten in der gemeinschaftlichen Gruppe über eine gemeinsame Vertretung sichergestellt wird. Ohne eine derartige Bestimmung könnte die Nutzung der in den vorstehenden Artikeln vorgesehenen Möglichkeit zu einem Ungleichgewicht der Vertretungen in der Gruppe führen.

---

[1] Begründung zu Artikel 31 des geänderten Vorschlags.

Die Kommission wünscht in der Gruppe vertreten zu sein; ihre Dienststellen sollen deren Sekretariat übernehmen.

Artikel 30

(1) Die Gruppe hat die Aufgabe,

(a) alle Fragen im Zusammenhang mit den zur Umsetzung dieser Richtlinie erlassenen einzelstaatlichen Vorschriften zu prüfen, um zu einer einheitlichen Anwendung beizutragen;

(b) zum Schutzniveau in der Gemeinschaft und in Drittländern gegenüber der Kommission Stellung zu nehmen;

(c) die Kommission bei jeder Vorlage zur Änderung dieser Richtlinie, zu allen Entwürfen zusätzlicher oder spezifischer Maßnahmen zur Wahrung der Rechte und Freiheiten natürlicher Personen bei der Verarbeitung personenbezogener Daten sowie zu allen anderen Entwürfen von Gemeinschaftsmaßnahmen zu beraten, die sich auf diese Rechte und Freiheiten auswirken;

(d) Stellungnahmen zu den auf Gemeinschaftsebene erarbeiteten Verhaltensregeln abzugeben.

(2) Stellt die Gruppe fest, daß sich im Bereich des Schutzes von Personen bei der Verarbeitung personenbezogener Daten zwischen den Rechtsvorschriften oder der Praxis der Mitgliedstaaten Unterschiede ergeben, die die Gleichwertigkeit des Schutzes in der Gemeinschaft beeinträchtigen könnten, so teilt sie dies der Kommission mit.

(3) Die Gruppe kann von sich aus Empfehlungen zu allen Fragen abgeben, die den Schutz von Personen bei der Verarbeitung personenbezogener Daten in der Gemeinschaft betreffen.

(4) Die Stellungnahmen und Empfehlungen der Gruppe werden der Kommission und dem in Artikel 31 genannten Ausschuß übermittelt.

(5) Die Kommission teilt der Gruppe mit, welche Konsequenzen sie aus den Stellungnahmen und Empfehlungen gezogen hat. Sie erstellt hierzu einen Bericht, der auch dem Europäischen Parlament und dem Rat übermittelt wird. Dieser Bericht wird veröffentlicht.

(6) Die Gruppe erstellt jährlich einen Bericht über den Stand des Schutzes natürlicher Personen bei der Verarbeitung personenbezogener Daten in der Gemeinschaft und in Drittländern, den sie der Kommission, dem Europäischen Parlament und dem Rat übermittelt. Dieser Bericht wird veröffentlicht.

Erwägungsgrund: 65

Begründung:[1]

Aufgaben der Datenschutzgruppe

Dieser Artikel bestimmt die Aufgaben der Gruppe. Dem Vorschlag zufolge soll die Gruppe den beratenden Charakter, wie in dem ursprünglichen Vorschlag vorgesehen, behalten. Die Gruppe hat die Kommission insbesondere zum Zeitpunkt der Ausübung der Rechtsetzungsbefugnis oder der Vorlage neuer Vorschläge zu beraten. Sie wird zu der homogenen Anwendung der in Anwendung der Richtlinie erlassenen Vorschriften beizutragen haben sowie zu der Ausarbeitung einer gemeinsamen Politik für grenzüberschreitende Bewegungen in Drittländer. Die Kommission wird der Gruppe jede in diesem Bereich geplante Maßnahme zur Stellungnahme vorlegen.

Die Gruppe nimmt ihre Aufgaben über Stellungnahmen und Empfehlungen wahr, die sie der Kommission und gegebenenfalls dem Beratenden Ausschuß unterbreitet. Dazu greift der geänderte Vorschlag teilweise die Stellungnahme des Parlaments auf (Änderungen Nr. 90, 91 und 92).

Die Kommission teilt der Gruppe mit, welche Konsequenzen sie aus ihren Stellungnahmen gezogen hat, indem sie Berichte veröffentlicht, die dem Parlament übermittelt werden. Die Gruppe erstellt jährlich einen Bericht über den Stand des Schutzes in der Gemeinschaft und in den Drittländern. Dieser der Kommission und dem Parlament übermittelte Bericht wird veröffentlicht.

Die Kommission teilt den (in der Änderung Nr. 89 ausgedrückten) Wunsch des Parlaments, das Sekretariat der Gruppe mit den notwendigen Mitteln auszustatten, die ihm die Erfüllung der von der Richtlinie übertragenen Aufgaben ermöglichen. Insbesondere im Rahmen des Haushaltsverfahrens sorgt die Kommission dafür, daß die Gruppe über diese Mittel verfügt. Es scheint allerdings nicht zweckmäßig, eine diesbezügliche Bestimmung in den geänderten Vorschlag aufzunehmen.

---

[1] Begründung zu Artikel 32 des geänderten Vorschlags.

KAPITEL VII

GEMEINSCHAFTLICHE DURCHFÜHRUNGSMASSNAHMEN

Artikel 31
Ausschußverfahren

(1) Die Kommission wird von einem Ausschuß unterstützt, der sich aus Vertretern der Mitgliedstaaten zusammensetzt und in dem der Vertreter der Kommission den Vorsitz führt.

(2) Der Vertreter der Kommission unterbreitet dem Ausschuß einen Entwurf der zu treffenden Maßnahmen. Der Ausschuß gibt seine Stellungnahme zu diesem Entwurf innerhalb einer Frist ab, die der Vorsitzende unter Berücksichtigung der Dringlichkeit der betreffenden Frage festsetzen kann.

Die Stellungnahme wird mit der Mehrheit abgegeben, die in Artikel 148 Absatz 2 des Vertrags vorgesehen ist. Bei der Abstimmung im Ausschuß werden die Stimmen der Vertreter der Mitgliedstaaten gemäß dem vorgenannten Artikel gewogen. Der Vorsitzende nimmt an der Abstimmung nicht teil.

Die Kommission erlässt Maßnahmen, die unmittelbar gelten. Stimmen sie jedoch mit der Stellungnahme des Ausschusses nicht überein, werden sie von der Kommission unverzüglich dem Rat mitgeteilt. In diesem Fall gilt folgendes:

- **Die Kommission verschiebt die Durchführung der von ihr beschlossenen Maßnahmen um drei Monate vom Zeitpunkt der Mitteilung an;**

- **Der Rat kann innerhalb des im ersten Gedankenstrich genannten Zeitraums mit qualifizierter Mehrheit einen anderslautenden Beschluß fassen.**

Erwägungsgründe: 66 und 67

SCHLUSSBESTIMMUNGEN

Artikel 32

(1) Die Mitgliedstaaten erlassen die erforderlichen Rechts- und Verwaltungsvorschriften, um dieser Richtlinie binnen drei Jahren nach ihrer Annahme nachzukommen.

Wenn die Mitgliedstaaten derartige Vorschriften erlassen, nehmen sie in den Vorschriften selbst oder durch einen Hinweis bei der amtlichen Veröffentlichung auf diese Richtlinie Bezug. Die Mitgliedstaaten regeln die Einzelheiten der Bezugnahme.

(2) Die Mitgliedstaaten tragen dafür Sorge, daß Verarbeitungen, die zum Zeitpunkt des Inkrafttretens der einzelstaatlichen Vorschriften zur Umsetzung dieser Richtlinie bereits begonnen wurden, binnen drei Jahren nach diesem Zeitpunkt mit diesen Bestimmungen in Einklang gebracht werden.

Abweichend von Unterabsatz 1 können die Mitgliedstaaten vorsehen, daß die Verarbeitungen von Daten, die zum Zeitpunkt des Inkrafttretens der einzelstaatlichen Vorschriften zur Umsetzung dieser Richtlinie bereits in manuellen Dateien enthalten sind, binnen zwölf Jahren nach Annahme dieser Richtlinie mit den Artikeln 6, 7 und 8 in Einklang zu bringen sind. Die Mitgliedstaaten gestatten jedoch, daß die betroffene Person auf Antrag und insbesondere bei Ausübung des Zugangsrechts die Berichtigung, Löschung oder Sperrung von Daten erreichen kann, die unvollständig, unzutreffend oder auf eine Art und Weise aufbewahrt sind, die mit den vom für die Verarbeitung Verantwortlichen verfolgten rechtmäßigen Zwecken unvereinbar ist.

(3) Abweichend von Absatz 2 können die Mitgliedstaaten vorbehaltlich geeigneter Garantien vorsehen, daß Daten, die ausschließlich zum Zwecke der historischen Forschung aufbewahrt werden, nicht mit den Artikeln 6, 7 und 8 in Einklang gebracht werden müssen.

(4) Die Mitgliedstaaten teilen der Kommission den Wortlaut der innerstaatlichen Vorschriften mit, die sie auf dem unter diese Richtlinie fallenden Gebiet erlassen.

Erwägungsgründe: 69 und 70

Begründung:[1]

In Artikel 35 Ziffer 2 des geänderten Vorschlags ist eine Übergangsmaßnahme vorgesehen, die – wie das Parlament in seiner Stellungnahme zu der Meldung (Änderung Nr. 37) anregt – ein schrittweises Inkrafttreten der Bestimmungen in Anwendung der Richtlinie im Hinblick auf Verarbeitungen ermöglicht, die vor dem Inkrafttreten dieser Vorschriften erfolgt sind. Eine Dreijahresfrist scheint dafür angemessen.

(...)

---

[1] Begründung zu Artikel 35, 36 und 37 des geänderten Vorschlags.

Artikel 33

Die Kommission legt dem Europäischen Parlament und dem Rat regelmäßig, und zwar erstmals drei Jahre nach dem in Artikel 32 Absatz 1 genannten Zeitpunkt, einen Bericht über die Durchführung dieser Richtlinie vor und fügt ihm gegebenenfalls geeignete Änderungsvorschläge bei. Dieser Bericht wird veröffentlicht.

Die Kommission prüft insbesondere die Anwendung dieser Richtlinie auf die Verarbeitung personenbezogener Bild- und Tondaten und unterbreitet geeignete Vorschläge, die sich unter Berücksichtigung der Entwicklung der Informationstechnologie und der Arbeiten über die Informationsgesellschaft als notwendig erweisen könnten.

Begründung:[1]

(...) Gemäß dem Wunsch des Parlaments (Änderung Nr. 95) wird in Artikel 36 vorgeschlagen, daß der regelmäßige Bericht über die Anwendung der Richtlinie, der der Kommission, dem Parlament und dem Rat vorgelegt wird, Gegenstand einer Veröffentlichung ist.

Artikel 34

Diese Richtlinie ist an die Mitgliedstaaten gerichtet.

---

[1] Begründung zu Artikel 35, 36 und 37 des geänderten Vorschlags.

Anhang

Arbeitsprogramm für die bessere Durchführung der Datenschutzrichtlinie (2003-2004)[1]

Die im vorliegenden Bericht enthaltene Prüfung der Durchführung in den Mitgliedstaaten bringt Probleme zum Vorschein, die gelöst werden müssen, wenn die Richtlinie die beabsichtigte Wirkung voll entfalten soll. Das nachfolgende Arbeitsprogramm umfasst Maßnahmen, die ab dem Zeitpunkt der Annahme dieses Berichts bis Ende 2004 durchgeführt werden sollen und gemeinsame Anstrengungen der Europäischen Kommission, der Mitgliedstaaten (einschließlich der Beitrittsländer) und ihrer nationalen Kontrollstellen sowie in einigen Fällen auch der Vertreter der für die Verarbeitung Verantwortlichen erforderlich machen werden.

Eine allgemeine, ernste Sorge, die bereits angesprochen wurde, gilt dem Befolgungsgrad, der Durchsetzung und dem Kenntnisstand über den Datenschutz, die offensichtlich unzureichend sind. Ein allgemeiner Aktionspunkt der Kommission, der für alle im Folgenden aufgeführten Initiativen gilt, wird daher die Zusammenarbeit mit Mitgliedstaaten, Kontrollstellen und Betroffenen zur Ermittlung der Gründe hierfür und zur Erarbeitung gangbarer Lösungen für diesen Problemkreis sein.

Initiativen der Kommission

Aktion 1: Erörterungen mit den Mitgliedstaaten und den Datenschutzbehörden

Im Laufe des Jahres 2003 werden die Kommissionsdienststellen bilaterale Sitzungen mit den Mitgliedstaaten abhalten. Der Hauptzweck dieser Sitzungen wird die Erörterung der Änderungen sein, die erforderlich sind, um die einzelstaatlichen Rechtsvorschriften voll mit den Anforderungen der Richtlinie in Einklang zu bringen. Die Beteiligung der zuständigen Datenschutzbehörden kann bei einigen Fragen erforderlich sein. Der Bedarf an einer strengeren Durchsetzung könnte ebenfalls ein Thema dieser bilateralen Erörterungen sein. Auch die mangelhafte Mittelausstattung der Kontrollstellen sollte erörtert werden.

Diese Sitzungen können ergänzt werden durch Erörterungen der fehlerhaften Durchführung der Richtlinie auf den „Paketsitzungen", die regelmäßig vom Generalsekretariat der Kommission und/oder der GD Binnenmarkt mit den Mitgliedstaaten durchgeführt werden.

---

[1] Auszug aus dem Ersten Bericht der Kommission über die Durchführung der Datenschutzrichtlinie (EG 95/46) - KOM(2003) 265 endgültig. Der Bericht ist abrufbar unter
http:// europa.eu.int/comm/internal_market/privacy/lawreport_de.htm.

Erörterungen in der Artikel 29-Datenschutzgruppe und dem Artikel-31-Ausschuss sollen es ermöglichen, bestimmte Fragen, die eine große Zahl von Mitgliedstaaten betreffen, auf multilateraler Basis anzugehen, wobei diese Diskussionen selbstverständlich nicht zu einer De-facto-Änderung der Richtlinie führen sollen. Neben der Ad-hoc-Erörterung spezifischer Fragen schlägt die Kommission vor, dass jede Gruppe im Laufe des Jahres 2003 eine komplette Sitzung auf dieses Thema verwendet.

Aktion 2: Einbeziehung der Beitrittsländer in die Bemühungen um eine bessere und einheitlichere Durchführung der Richtlinie

Der vorliegende Bericht befasst sich fast ausschließlich mit der Situation in den 15 Mitgliedsländern. Vor der Vollendung des Arbeitsprogramms werden 10 neue Mitgliedstaaten der Union beigetreten sein. Vertreter der Kontrollstellen mehrerer Kandidatenländer nehmen seit 2002 an Sitzungen der Artikel 29-Datenschutzgruppe teil. Ab dem Datum der Unterzeichnung der Beitrittsverträge werden die Beitrittsländer zu allen Sitzungen der Datenschutzgruppe und des Artikel-31-Ausschusses eingeladen. Bilaterale Erörterungen und möglicherweise "peer reviews" sollen in vernünftigem Maße bis zum Beitritt und darüber hinaus weitergeführt werden, um die bestmögliche Angleichung der Rechtsvorschriften der neuen Mitgliedstaaten an die Richtlinien zu erreichen und die Zahl der Vertragsverletzungsverfahren möglichst gering zu halten.

Aktion 3: Verbesserung der Mitteilung aller Rechtsvorschriften zur Umsetzung der Richtlinie und der Genehmigungen nach Artikel 26 Absatz 2 der Richtlinie

Die Kommissionsdienststellen werden in enger Zusammenarbeit mit den Datenschutzbehörden und den Mitgliedstaaten mit der Erhebung von Daten über die Durchführung der Richtlinie fortfahren, und sie werden insbesondere die Bereiche ermitteln, in denen deutliche Lücken bei den mitgeteilten Umsetzungsmaßnahmen bestehen; sie werden sich der Mitarbeit der Mitgliedstaaten zu versichern suchen, um diese Lücken schnellstmöglich zu füllen. Die Kommission wird den Austausch bewährter Verfahren erleichtern, wenn dies hilfreich erscheint.

Die Kommission wird ihre formellen Befugnisse nach Artikel 226 EG-Vertrag ausüben, wenn dieser kooperative Ansatz (6.1, 6.2 und 6.3) nicht zu den erforderlichen Ergebnissen führt.

Darüber hinaus werden die Mitgliedstaaten und ihre Kontrollstellen die erforderlichen Vorkehrungen treffen müssen, um (gemäß Artikel 26 Absatz 3) einzelstaatliche Genehmigungen für internationale Übermittlungen (nach Artikel 26 Absatz 2 der Richtlinie) zu melden. Die Kommission wird dies mit den Mitgliedstaaten und ihren Kontrollstellen erörtern.

Die Kommission wird eine neue Seite auf ihrer Website[1] einrichten, auf der sie gut strukturiert nicht nur alle Informationen veröffentlichen wird, die zur Erarbeitung des vorliegenden Berichts erhoben wurden, sondern auch Informationen über die Arbeiten, die im Rahmen dieses Arbeitsprogramms durchgeführt werden sollen. Sie wird ferner die nationalen Kontrollstellen auffordern, Entscheidungen und Empfehlungen, die von Datenschutzbehörden angenommen wurden, und wichtige Leitfäden und Hinweise, die sie veröffentlicht haben, zu dieser Website beizusteuern, wobei der Schwerpunkt auf Gebieten liegen soll, in denen eine ausgeglichenere Auslegung und Anwendung des Rechts erforderlich ist.

Beitrag der Artikel 29-Datenschutzgruppe[2]

Die Kommission begrüßt die Beiträge der Artikel 29-Datenschutzgruppe zur Erreichung einer einheitlicheren Anwendung der Richtlinie. Sie möchte an die Bedeutung der Transparenz in diesem Prozess erinnern und unterstützt die derzeitigen Anstrengungen der Gruppe um ihre Arbeit noch transparenter zu machen.

Aktion 4: Durchsetzung

Die Kommission fordert die Artikel 29-Datenschutzgruppe auf, die Frage der besseren Durchsetzung insgesamt periodisch zu erörtern. Dies dürfte unter anderem zum Austausch und zur Annahme bewährter Verfahren führen. Darüber hinaus sollte die Gruppe erwägen, sektorale Untersuchungen auf EU-Ebene durchzuführen und die diesbezüglichen Normen anzugleichen. Ziel solcher gemeinsamer Untersuchungen wäre es, ein genaueres Bild von der Durchführung der Datenschutzvorschriften in der Gemeinschaft zu bekommen und den betroffenen Sektoren gemeinsame Empfehlungen und praktische Hinweise an die Hand zu geben, um die Einhaltung auf möglichst einfache Weise sicherzustellen.

Aktion 5: Meldung und Öffentlichkeit der Verarbeitungen

Die Europäische Kommission teilt weitgehend die Kritik, die von für die Verarbeitung Verantwortlichen während der Prüfung bezüglich der unterschiedlichen Inhalte der für sie geltenden Meldeanforderungen ausgesprochen wurde. Die Kommission empfiehlt eine stärkere Nutzung der Ausnahmeregelungen, und insbesondere der in Artikel 18 Absatz 2 der Richtlinie vorgesehenen Möglichkeit, nämlich der Ernen-

---

[1] www.europa.eu.int/comm/privacy.
[2] Diese Liste lässt das allgemeine Arbeitsprogramm der Artikel 29-Datenschutzgruppe unberührt, das abrufbar ist unter: http://europa.eu.int/comm/internal_market/privacy/docs/wpdocs/2003/wp71_en.pdf.

nung eines Datenschutzbeauftragten, die zu einer Befreiung von den Meldeanforderungen führt.

Die Kommission fordert die Artikel 29-Datenschutzgruppe auf, zu einer einheitlicheren Durchführung der Richtlinie beizutragen, indem sie Vorschläge für eine wesentliche Vereinfachung der Meldeanforderungen in den Mitgliedstaaten und für Zusammenarbeitsmechanismen zur Vereinfachung der Meldungen internationaler Unternehmen mit Niederlassungen in mehreren Mitgliedstaaten unterbreitet. Diese Vorschläge müssen gegebenenfalls auch Vorschläge zur Änderung einzelstaatlicher Rechtsvorschriften enthalten. Die Kommission ist bereit, selbst Vorschläge zu unterbreiten, falls die Datenschutzgruppe dies nicht innerhalb einer angemessenen Frist tun kann (12 Monate).

Aktion 6: Einheitlichere Bestimmungen über Informationspflichten

Die Kommission teilt die Auffassung, dass der derzeitige Flickenteppich aus unterschiedlichen und sich überschneidenden Anforderungen hinsichtlich der Informationen, die die für die Verarbeitung Verantwortlichen den betroffenen Personen erteilen müssen, die Wirtschaftsteilnehmer unnötig belastet, ohne zu dem erreichten Schutzniveau beizutragen.

Sofern die Informationsanforderungen an für die Verarbeitung Verantwortliche mit der Richtlinie unvereinbar sind, ist zu hoffen, das dies schnell im Wege eines Dialogs mit den Mitgliedstaaten und korrigierender rechtlicher Maßnahmen ihrerseits gelöst werden kann. Zusätzlich dazu ruft die Kommission die Artikel 29-Datenschutzgruppe auf, bei der Suche nach einer einheitlicheren Auslegung von Artikel 10 mitzuwirken.

Aktion 7: Vereinfachung der Anforderungen für internationale Übermittlungen

Parallel zu den Diskussionen, mit denen die Änderungen herbeigeführt werden sollen, die notwendig sind, um die Rechtsvorschriften der Mitgliedstaaten richtlinienkonform zu machen, fordert die Kommission die Artikel 29-Datenschutzgruppe auf, den letzten Bericht des Workshops zur internationalen Bearbeitung von Beschwerden als Grundlage für weitere Erörterungen heranzuziehen, um eine grundlegende Annäherung bestehender Praktiken in den Mitgliedstaaten und die Vereinfachung der Bedingungen für internationale Datenübermittlungen zu erreichen.

Die Kommission selbst beabsichtigt, ihre Befugnisse nach Artikel 25 Absatz 6 und 26 Absatz 4 stärker zu nutzen, die die besten Möglichkeiten bieten, den regulatorischen Rahmen für Wirtschaftsteilnehmer zu vereinfachen und gleichzeitig einen angemessenen Schutz für Daten sicherzustellen, die in Drittländer übermittelt werden.

In Zusammenarbeit mit der Artikel 29-Datenschutzgruppe und dem Artikel-31-Ausschuss erwartet die Kommission Fortschritte in vier Bereichen:

a) eine stärkere Nutzung von Entscheidungen über die Angemessenheit des Datenschutzes in Drittländern nach Artikel 25 Absatz 6, während zugleich selbstverständlich ein ausgewogener Ansatz gegenüber Drittländern gewahrt wird, der mit den Verpflichtungen der EU innerhalb der WTO in Einklang steht;

b) weitere Entscheidungen auf der Grundlage von Artikel 26 Absatz 4, sodass die Wirtschaftsteilnehmer zwischen mehr Standardvertragsklauseln wählen können, die so weit wie möglich auf Klauseln beruhen, die von Unternehmensvertretern vorgelegt werden, z.b. von der International Chamber of Commerce und anderen Unternehmensverbänden;

c) die Rolle verbindlicher unternehmensinterner Vorschriften (Vorschriften, die für eine Unternehmensgruppe mit Niederlassungen in mehreren unterschiedlichen Rechtsräumen innerhalb und außerhalb der EU verbindlich sind) bei der Gewährleistung angemessener Garantien für unternehmensinterne Übermittlungen personenbezogener Daten;

d) die einheitlichere Auslegung von Artikel 26 Absatz 1 der Richtlinie (zulässige Ausnahmen von den Anforderungen für einen angemessenen Schutz bei Übermittlungen in Drittländer) und der einzelstaatlichen Bestimmungen zu ihrer Umsetzung.

All diese Arbeiten sollten mit angemessener Transparenz und periodischen Beiträgen von Betroffenen durchgeführt werden.

Andere Initiativen

Aktion 8: Förderung von Technologien zur Verbesserung des Datenschutzes

Die Kommission arbeitet bereits auf dem Gebiet der Technologien zur Verbesserung des Datenschutzes, insbesondere in der Forschung, z.B. im Rahmen von Projekten wie RAPID[1] und PISA[2].

Sie schlägt vor, 2003 einen Fach-Workshop zu veranstalten, um im Hinblick auf PETs zu sensibilisieren und eine Möglichkeit zu bieten, eingehend die Maßnahmen zu erörtern, die ergriffen werden könnten, um die Entwicklung und den Einsatz von

---

[1] Roadmap for Advanced Research in Privacy and Identity Management - Strategieleitfaden für die angewandte Forschung im Bereich Schutz der Privatsphäre und Identitätsmanagement.

[2] Privacy-Enhancing Intelligent Software Agents - Intelligente Softwareagenten zur Erweiterung des Datenschutzes.

PETs zu fördern, wie z.B. die Rolle, die Gütesiegel, Zertifizierungssysteme oder PIAs[1] in Europa spielen könnten.

Sie fordert die Datenschutzgruppe auf, die Frage der PETs weiterhin zu erörtern und darüber nachzudenken, welche Maßnahmen die nationalen Kontrollstellen ergreifen könnten, um die Nutzung dieser Technologien auf nationaler Ebene weiter zu fördern.

Im Anschluss an den Fach-Workshop, und unter Berücksichtigung der davon ausgehenden Impulse wird die Kommission weitere Vorschläge zur Förderung der PETs auf europäischer Ebene unterbreiten. Bei diesen Vorschlägen wird besonders berücksichtigt werden, dass Regierungen und Einrichtungen des öffentlichen Sektors ermutigt werden müssen, mit gutem Beispiel voranzugehen und PETs bei ihren Verarbeitungen, z.B. in den E-Government-Anwendungen, zu benutzen.

Aktion 9: Förderung von Selbstregulierung und von europäischen Verhaltenskodizes

Die Kommission ist enttäuscht, dass so wenige Einrichtungen sektorale Verhaltenskodizes vorgelegt haben, die auf Gemeinschaftsebene angewandt werden können. Sie wird die Erarbeitung von Verhaltenskodizes, die der Artikel 29-Datenschutzgruppe zur Prüfung vorgelegt werden[2], weiterhin unterstützen und dabei beraten (innerhalb der durch die verfügbaren Ressourcen gesetzten Grenzen). Sie fordert Branchen und Interessengruppen dazu auf, eine viel aktivere Rolle zu übernehmen, da sie glaubt, dass die Selbstregulierung und insbesondere Verhaltenskodizes eine wichtige Rolle bei der zukünftigen Entwicklung des Datenschutzes innerhalb und außerhalb der EU spielen sollten, nicht zuletzt, um zu detaillierte Rechtsvorschriften zu vermeiden.

Mit demselben Ziel hat die Kommission in ihrem an die europäischen Sozialpartner gerichteten Konsultationspapier zum Datenschutz am Arbeitsplatz ihre Hoffnung zum Ausdruck gebracht, dass diese Verhandlungen über eine europäische Vereinbarung auf diesem Gebiet aufnehmen. Die Kommission bedauert, dass die Sozialpartner keine Verhandlungen über diese Frage vereinbart haben, und sie hofft, dass die Möglichkeit von Kollektivvereinbarungen in diesem Bereich weiter ausgelotet wird.

---

[1] Privacy Impact Assessments.

[2] Derzeit prüft die Artikel 29-Datenschutzgruppe folgende Beiträge: Verhaltenskodex zur Direktwerbung der FEDMA; Verhaltenskodex über die Verarbeitung personenbezogener Daten durch Headhunter der AESC und Verhaltenskodex über europaweite Anzeige der Rufnummer des Anrufers der ETP. Ein früherer Antrag der IATA genügte den Anforderungen an einen Verhaltenskodex nach Artikel 27 der Richtlinie nicht, wurde aber von der Artikel 29-Datenschutzgruppe in ihrer Stellungnahme WP 49 vom 13. September 2001 positiv bewertet.
http://europa.eu.int/comm/internal_market/privacy/docs/wpdocs/2001/wp49de.pdf.

Aktion 10: Sensibilisierung

Die Kommission beabsichtigt, eine Eurobarometer-Umfrage zu den Fragen durchzuführen, die Gegenstand der 2002 durchgeführten Online-Konsultation waren. Sie hofft, dass einige Datenschutzbehörden sich an dieser Initiative beteiligen werden und dass es gemeinsame Bemühungen geben wird, Datenschutzfragen zum Gegenstand öffentlicher Diskussionen zu machen. Sie fordert die Mitgliedstaaten auf, mehr Ressourcen für die Sensibilisierung bereitzustellen, insbesondere in den Haushalten der nationalen Kontrollstellen.

Fazit

Der vorliegende Bericht ist ein erster Schritt zur Auswertung der Angaben über die Durchführung der Richtlinie 95/46/EG und zur Ermittlung der Maßnahmen, die erforderlich sind, um die wichtigsten Probleme in Angriff zu nehmen, die dabei zu Tage treten. Die Kommission hofft, dass diese Analyse Regierungen, Datenschutzbehörden und Wirtschaftsteilnehmern dabei helfen wird, klarzustellen, was getan werden muss, um eine bessere Anwendung der Richtlinie in der EU zu erreichen mit einer rigoroseren Durchsetzung, einer besseren Befolgung und einer stärkeren Sensibilisierung der betroffenen Personen und der für die Verarbeitung Verantwortlichen für ihre Rechte und Pflichten.

Die Kommission erwartet, dass die Mitgliedstaaten erforderlichenfalls ihre Gesetzgebung ändern, um die Befolgung der Richtlinie zu erreichen, und ihre Kontrollstellen mit ausreichenden Mitteln ausstatten. Sie erwartet ferner, dass Mitgliedstaaten und Kontrollstellen alle vertretbaren Anstrengungen unternehmen, um ein Umfeld zu schaffen, das die Befolgung der Vorschriften für die für die Verarbeitung Verantwortlichen – und nicht zuletzt diejenigen, die europaweit und/oder international tätig sind – weniger kompliziert und aufwändig macht, und dass sie alles tun, um zu vermeiden, dass Auflagen gemacht werden, auf die verzichtet werden kann, ohne, dass das durch die Richtlinie garantierte hohe Schutzniveau Schaden leidet.

Die Kommission fordert die Bürger auf, die ihnen durch die Gesetzgebung verliehenen Rechte zu nutzen, und sie fordert die für die Verarbeitung Verantwortlichen auf, alle Schritte zu unternehmen, die notwendig sind, um die Einhaltung der Rechtsvorschriften zu gewährleisten. Die Kommission wird die technische Entwicklung und die Ergebnisse des in diesem Bericht enthaltenen Arbeitsprogramms genau verfolgen und gegen Ende 2004 Vorschläge für Folgemaßnahmen unterbreiten. Dann werden sowohl die Kommission als auch die Mitgliedstaaten erheblich mehr Erfahrung mit der Durchführung der Richtlinie haben als zum jetzigen Zeitpunkt.

Stichwortverzeichnis

IT-Recht

RDV erscheint mit
6 Ausgaben im Jahr.
19. Jahrgang 2003
Jahresabo € 120,-
Einzelheft € 25,-
zzgl. Versandkosten

Schwerpunktthemen:

- Recht der Datenverarbeitung

- BDSG/Datenschutz

- Rechtsprobleme bei Internet
  und anderen Netzen

- Personaldatenverabeitung

- Rechtspolitische Entwicklungen im
  nationalen und internationalen Bereich

- Multimedia- und Kommunikationsrecht

RDV wird von der Gesellschaft für Datenschutz und Datensicherung e.V. (GDD)
redaktionell betreut und mitherausgegeben.

für besserWisser

DATAKONTEXT
Tel.: 02234 / 96610-0 • Fax: 02234 / 96610-9 • www.datakontext.com • fachverlag@datakontext.com

26 Jahre